CLASSIQUES EN POCHE

Collection
dirigée
par
Hélène Monsacré

HOMÈRE

ODYSSÉE

Chants VIII à XV

Texte établi et traduit par Victor Bérard
Notes de Silvia Milanezi

Sixième tirage

LES BELLES LETTRES

2025

Ce texte et la traduction sont repris du volume correspondant dans la Collection des Universités de France (C.U.F.), toujours disponible avec apparat critique et scientifique.
Homère, Odyssée, *Tome II*

95 bd Raspail 75006 Paris.
www.lesbelleslettres.com

Première édition 2001

ISBN : 978-2-251-79958-2
ISSN : 1275-4544

ODYSSÉE

Chants VIII - XV

[ΣΥΣΤΑΣΙΣ ΠΡΟΣ ΤΟΥΣ ΦΑΙΑΚΑΣ]

ΤΑ ΠΕΡΙ ΚΙΚΟΝΑΣ ΚΑΙ ΛΩΤΟΦΑΓΟΥΣ

Ἦμος δ' ἠριγένεια φάνη ῥοδοδάκτυλος Ἠώς,
ὤρνυτ' ἄρ' ἐξ εὐνῆς ἱερὸν μένος Ἀλκινόοιο·
ἂν δ' ἄρα διογενὴς ὦρτο πτολίπορθος Ὀδυσσεύς·

. . . .

τοῖσιν δ' ἡγεμόνευ' ἱερὸν μένος Ἀλκινόοιο
Φαιήκων ἀγορὴν δ', ἥ σφιν παρὰ νηυσὶ τέτυκτο·
ἐλθόντες δὲ κάθιζον ἐπὶ ξεστοῖσι λίθοισι
πλησίον. ἡ δ' ἀνὰ ἄστυ μετῴχετο Παλλὰς Ἀθήνη,
εἰδομένη κήρυκι δαΐφρονος Ἀλκινόοιο,
καί ῥα ἑκάστῳ φωτὶ παρισταμένη φάτο μῦθον·
ΑΘΗ. — Δεῦτ' ἄγε, Φαιήκων ἡγήτορες ἠδὲ μέδοντες,
εἰς ἀγορὴν ἰέναι, ὄφρα ξείνοιο πύθησθε,
ὃς νέον Ἀλκινόοιο δαΐφρονος ἵκετο δῶμα
πόντον ἐπιπλαγχθείς, δέμας ἀθανάτοισιν ὁμοῖος.
Ὣς εἰποῦσ' ὤτρυνε μένος καὶ θυμὸν ἑκάστου·
καρπαλίμως δ' ἔμπληντο βροτῶν ἀγοραί τε καὶ ἕδραι
ἀγρομένων. πολλοὶ δ' ἄρ' ἐθηήσαντο ἰδόντες
υἱὸν Λαέρταο δαΐφρονα· τῷ γὰρ Ἀθήνη

vers 9 : νόστον Ὀδυσσῆι μεγαλήτορι μητιόωσα

1. Sur cette épithète, cf. VII, 167, et Durante, 1962, 25-43.

2. Dans l'*Iliade*, qualificatif attribué soit à des divinités comme Arès, Enyo, soit à des héros comme Achille, Ulysse, etc. Dans l'*Odyssée*, en revanche, l'épithète s'applique uniquement à Ulysse.

Réception phéacienne
Kikones et Lotophages

(CHANT VIII.) Dans son berceau de brume, aussitôt qu'apparut l'Aurore aux doigts de roses, Sa Force et Sainteté[1] le roi Alkinoos s'élança de son lit, et le pilleur de Troie[2], le rejeton des dieux, Ulysse se leva...........

Sa Force et Sainteté leur montra le chemin pour gagner l'agora voisine des vaisseaux. Une fois arrivés, ils prirent siège ensemble sur les pierres polies. Mais Pallas Athéna s'en allait par la ville, sous les traits d'un héraut du sage Alkinoos, ménager le retour de son grand cœur d'Ulysse[3]. Elle arrêtait chacun et lui donnait l'avis :

Athéna. – « Par ici, conseillers et doges phéaciens ! allez à l'agora ! vous verrez l'étranger que vient de recevoir le sage Alkinoos : il a roulé les mers ! il est beau comme un dieu ! »

Ce discours excitant le zèle en tous les cœurs, la foule en un instant avait empli les sièges ; dans les deux agoras[4], on se pressait pour admirer le sage Ulysse :

3. En II, 9-10, les hérauts incitent également le habitants d'Ithaque à se rendre à l'assemblée. Pour la convocation des assemblées, cf. Ruzé, 1997, 35-41.

4. Sur l'*agora* grecque et les assemblées, cf. Martin, 1952. Voir aussi, Finley, 1986, 93 sq. ; Ruzé, 1997, particulièrement, 25-29 et 35-106.

θεσπεσίην κατέχευε χάριν κεφαλῇ τε καὶ ὤμοις
[καί μιν μακρότερον καὶ πάσσονα θῆκε ἰδέσθαι,
ὥς κεν Φαιήκεσσι φίλος πάντεσσι γένοιτο
δεινός τ' αἰδοῖός τε καὶ ἐκτελέσειεν ἀέθλους
πολλούς, τοὺς Φαίηκες ἐπειρήσαντ' Ὀδυσῆος].
Αὐτὰρ ἐπεί ῥ' ἤγερθεν ὁμηγερέες τε γένοντο,
τοῖσιν δ' Ἀλκίνοος ἀγορήσατο καὶ μετέειπε·
ΑΛΚ. — Κέκλυτε, Φαιήκων ἡγήτορες ἠδὲ μέδοντες·
ξεῖνος ὅδ', οὐ οἶδ' ὅς τις, ἀλώμενος ἵκετ' ἐμὸν δῶ,
ἠὲ πρὸς ἠοίων ἢ ἑσπερίων ἀνθρώπων,
πομπὴν δ' ὀτρύνει καὶ λίσσεται ἔμπεδον εἶναι·
ἡμεῖς δ', ὡς τὸ πάρος περ, ἐποτρυνώμεθα πομπήν.
οὐδὲ γὰρ οὐδέ τις ἄλλος, ὅτις κ' ἐμὰ δώμαθ' ἵκηται,
ἐνθάδ' ὀδυρόμενος δηρὸν μένει εἵνεκα πομπῆς.
ἀλλ' ἄγε νῆα μέλαιναν ἐρύσσομεν εἰς ἅλα δῖαν
πρωτόπλοον· κούρω δὲ δύω καὶ πεντήκοντα
κρινάσθων κατὰ δῆμον, ὅσοι πάρος εἰσὶν ἄριστοι·
δησάμενοι δ' εὖ πάντες ἐπὶ κληῖσιν ἐρετμὰ
ἔκβητ'· αὐτὰρ ἔπειτα θοὴν ἀλεγύνετε δαῖτα
ἡμέτερον δ' ἐλθόντες· ἐγὼ δ' εὖ πᾶσι παρέξω.
κούροισιν μὲν ταῦτ' ἐπιτέλλομαι· αὐτὰρ οἱ ἄλλοι
σκηπτοῦχοι βασιλῆες ἐμὰ πρὸς δώματα καλὰ
ἔρχεσθ', ὄφρα ξεῖνον ἐνὶ μεγάροις φιλέωμεν.
μηδέ τις ἀρνείσθω· καλέσασθε δὲ θεῖον ἀοιδόν,

vers 27 : ὄφρ' εἴπω τά με θυμὸς ἐνὶ στήθεσσι κελεύει

5. C'est la deuxième fois qu'elle agit sur le physique d'Ulysse en lui donnant une apparence plus agréable ; cf. VI, 229-231.

6. Cf. VIII, 145 sq.

7. En effet, jusqu'ici Ulysse s'est contenté de raconter ses dernières mésaventures en taisant son identité qui ne sera dévoilée qu'au chant IX, 19.

Athéna lui versait sur la tête et le buste une grâce céleste et le faisait paraître et plus grand et plus fort, pour conquérir le cœur de tous les Phéaciens[5] et gagner leur respect, leur crainte et la victoire aux différents concours, lorsque ces Phéaciens provoqueraient Ulysse[6].

Quand le peuple accouru, l'assemblée fut complète, Alkinoos, prenant la parole, leur dit :

ALKINOOS. – « Doges et conseillers de Phéacie, deux mots : voici ce que mon cœur me dicte en ma poitrine ! J'ai là cet étranger dont j'ignore le nom[7] ; en ma demeure, après naufrage il est venu ; mais nous arrive-t-il des peuples de l'aurore ou de ceux du couchant ? Il prie qu'on le ramène et veut être fixé. Nous, comme à l'ordinaire, hâtons sa reconduite ! Jamais, au grand jamais, on ne vint sous mon toit pour vivre dans l'angoisse, en attendant sans fin la journée du retour. Allons ! vite ! tirons à la vague divine un vaisseau préparé pour son premier voyage ; dans le peuple, levons cinquante-deux rameurs de vaillance éprouvée[8] ; chacun d'eux à son banc ira lier sa rame, puis ils débarqueront et reviendront chez moi nous préparer tout aussitôt un prompt festin ; je fournirai pour tous... Jeunes gens, j'ai parlé... Mais vous, les rois à sceptre, il faut venir aussi en ma belle demeure ; je veux que nous fêtions notre hôte en ma grand-salle. Allons ! pas de refus[9] ! et qu'on

8. Les bateaux des Phéaciens, « amis de la rame », sont plus puissants que celui sur lequel embarque Télémaque – vingt rameurs (I, 309). Les bateaux que les Achéens ont utilisés pour se rendre à Troie comportaient une cinquantaine de rames.

9. Alkinoos convoque l'assemblée non pas pour délibérer avec ses pairs, mais pour leur transmettre les décisions qu'il a prises la veille ; cf. Ruzé, 1997, 65-66. Sur la politique chez les Phéaciens, cf. Bartoletti, 1936, 213-265.

Δημόδοκον· τῷ γάρ ῥα θεὸς πέρι δῶκεν ἀοιδὴν
τέρπειν, ὅππῃ θυμὸς ἐποτρύνῃσιν ἀείδειν.
Ὣς ἄρα φωνήσας ἡγήσατο· τοὶ δ' ἅμ' ἕποντο
σκηπτοῦχοι· κῆρυξ δὲ μετῴχετο θεῖον ἀοιδόν·
κούρω δὲ κρινθέντε δύω καὶ πεντήκοντα
βήτην, ὡς ἐκέλευσ', ἐπὶ θῖν' ἁλὸς ἀτρυγέτοιο.
Αὐτὰρ ἐπεί ῥ' ἐπὶ νῆα κατήλυθον ἠδὲ θάλασσαν,
νῆα μὲν οἵ γε μέλαιναν ἁλὸς βένθος δὲ ἔρυσσαν,
ἐν δ' ἱστόν τ' ἐτίθεντο καὶ ἱστία νηὶ μελαίνῃ,
ἠρτύναντο δ' ἐρετμὰ τροποῖσ' ἐν δερματίνοισι,
ὑψοῦ δ' ἐν νοτίῳ τήν γ' ὥρμισαν, αὐτὰρ ἔπειτα
βάν ῥ' ἴμεν Ἀλκινόοιο δαΐφρονος ἐς μέγα δῶμα.
πλῆντο δ' ἄρ' αἴθουσαί τε καὶ ἕρκεα καὶ δόμοι ἀνδρῶν.
Τοῖσιν δ' Ἀλκίνοος δυοκαίδεκα μῆλ' ἱέρευσεν,
ὀκτὼ δ' ἀργιόδοντας ὕας, δύο δ' εἰλίποδας βοῦς.
τοὺς δέρον ἀμφί θ' ἕπον, τετύκοντό τε δαῖτ' ἐρατεινήν·
κῆρυξ δ' ἐγγύθεν ἦλθεν ἄγων ἐρίηρον ἀοιδόν,
τὸν περὶ Μοῦσ' ἐφίλησε, δίδου δ' ἀγαθόν τε κακόν τε·
ὀφθαλμῶν μὲν ἄμερσε, δίδου δ' ἡδεῖαν ἀοιδήν·
τῷ δ' ἄρα Ποντόνοος θῆκε θρόνον ἀργυρόηλον
μέσσῳ δαιτυμόνων, πρὸς κίονα μακρὸν ἐρείσας·
κὰδ δ' ἐκ πασσαλόφι κρέμασεν φόρμιγγα λίγειαν
αὐτοῦ ὑπὲρ κεφαλῆς καὶ ἐπέφραδε χερσὶν ἑλέσθαι
κῆρυξ, πὰρ δ' ἐτίθει κάνεον καλήν τε τράπεζαν,
πὰρ δὲ δέπας οἴνοιο, πιεῖν ὅτε θυμὸς ἀνώγοι·
οἱ δ' ἐπ' ὀνείαθ' ἑτοῖμα προκείμενα χεῖρας ἴαλλον.

vers 54 : πάντα κατὰ μοῖραν· ἀνὰ δ' ἱστία λευκὰ πέτασσαν
vers 58 : ἀγρομένων· πολλοὶ δ' ἄρ ἔσαν νέοι ἠδὲ παλαιοί

aille chercher notre aède divin, notre Démodocos que la déesse a fait le charmeur sans rival, quel que soit le sujet où l'engage son cœur[10]. »

Il dit et, leur montrant la route, il s'en alla devant les rois à sceptre. Un héraut se rendit chez l'aède divin. Cinquante-deux rameurs, que l'on avait levés suivant l'ordre du roi, descendirent au bord de la mer inféconde. Quand ils eurent atteint le navire et la mer, le noir croiseur fut amené en eau profonde, puis, dans ce noir vaisseau, on chargea mât et voiles ; aux estropes de cuir, on attacha les rames tout le long du bordage ; on déploya la voile ; en rade, on fut mouiller sous le cap de l'aval, et l'on revint ensuite à la grande maison du sage Alkinoos. Tout était déjà plein, enceinte, entrées et salles ; la foule se pressait, jeunes, vieux, mélangés. Pour eux, Alkinoos ses hôtes, le roi avait fait immoler huit cochons aux dents blanches, douze brebis, deux bœufs à la démarche torse, qu'on avait écorchés et qu'on parait déjà pour apprêter le plus aimable des festins.

Le héraut reparut, menant le brave aède à qui la Muse aimante avait donné sa part et de biens et de maux, car, privé de la vue, il avait reçu d'elle le chant mélodieux[11]. Pour lui faire une place au centre du festin, Pontonoos prit un fauteuil aux clous d'argent, qu'il s'en vint adosser à la haute colonne, et, pendant au crochet, au-dessus de sa tête, la cithare au chant clair, il lui montrait à la reprendre de ses mains, puis approchait de lui, sur une belle table, la corbeille du pain et la coupe de vin pour boire à son envie. Alors, aux parts de choix préparées et servies, ils tendirent les mains.

10. Démodocos est le plus grand des aèdes de l'*Odyssée* : il chante trois épisodes (VIII, 73-82 ; VIII, 266-369 et VIII, 477-532). Cf. Pucci, 1995, 294-312, et Pralon, 1997, 305-315.

11. Le poète de l'*Odyssée* ne précise pas la cause de la cécité de Démodocos, alors que dans l'*Iliade* celle de Tamyris est le résultat de son *hubris*, cf. II, 599. Sur la cécité des aèdes, cf. Bowra, 420-422.

Αὐτὰρ ἐπεὶ πόσιος καὶ ἐδητύος ἐξ ἔρον ἕντο,
Μοῦσ' ἄρ' ἀοιδὸν ἀνῆκεν ἀειδέμεναι κλέα ἀνδρῶν,
οἴμης τῆς τότ' ἄρα κλέος οὐρανὸν εὐρὺν ἵκανε,
νεῖκος Ὀδυσσῆος καὶ Πηλεΐδεω Ἀχιλῆος,
ὥς ποτε δηρίσαντο θεῶν ἐν δαιτὶ θαλείῃ
ἐκπάγλοισ' ἐπέεσσι, ἄναξ δ' ἀνδρῶν Ἀγαμέμνων
χαῖρε νόῳ, ὅ τ' ἄριστοι Ἀχαιῶν δηριόωντο·
ὣς γάρ οἱ χρείων μυθήσατο Φοῖβος Ἀπόλλων
Πυθοῖ ἐν ἠγαθέῃ, ὅθ' ὑπέρβη λάινον οὐδὸν
[χρησόμενος· τότε γάρ ῥα κυλίνδετο πήματος ἀρχὴ
Τρωσί τε καὶ Δαναοῖσι Διὸς μεγάλου διὰ βουλάς].
ταῦτ' ἄρ' ἀοιδὸς ἄειδε περικλυτός. αὐτὰρ Ὀδυσσεὺς
πορφύρεον μέγα φᾶρος ἑλὼν χερσὶ στιβαρῇσι
κὰκ κεφαλῆς εἴρυσσε, κάλυψε δὲ καλὰ πρόσωπα·
αἴδετο γὰρ Φαίηκας ὑπ' ὀφρύσι δάκρυα λείβων.
ἤτοι ὅτε λήξειεν ἀείδων θεῖος ἀοιδός,
δάκρυ' ὀμορξάμενος κεφαλῆς ἄπο φᾶρος ἕλεσκε
καὶ δέπας ἀμφικύπελλον ἑλὼν σπείσασκε θεοῖσιν·
αὐτὰρ ὅτ' ἂψ ἄρχοιτο καὶ ὀτρύνειαν ἀείδειν
Φαιήκων οἱ ἄριστοι, ἐπεὶ τέρποντ' ἐπέεσσιν,
ἂψ Ὀδυσεὺς κατὰ κρᾶτα καλυψάμενος γοάασκεν.

[Ἔνθ' ἄλλους μὲν πάντας ἐλάνθανε δάκρυα λείβων·
Ἀλκίνοος δέ μιν οἶος ἐπεφράσατ' ἠδὲ νόησεν
ἥμενος ἄγχ' αὐτοῦ, βαρὺ δὲ στενάχοντος ἄκουσεν,
αἶψα δὲ Φαιήκεσσι φιληρέτμοισι μετηύδα·

12. Cet épisode ne faisait pas partie de l'*Iliade*. Certains spécialistes pensent qu'il s'insérait dans les *Cypria* (Van der Mühl, 1954, 1-5). D'autres pensent qu'il serait un pastiche de la dispute entre Agamemnon et Achille au début de l'*Iliade* (Marg, 1956, 16-29 et Rüter, 1969, 247-254). Sur ce chant, voir aussi Nagy, 1979, 15-25, et Edwards, 1985.

Quand on eut satisfait la soif et l'appétit, l'aède, que la Muse inspirait, se leva. Il choisit, dans la geste humaine, un épisode dont le renom montait alors jusques aux cieux : la querelle d'Ulysse et du fils de Pélée[12], leur dispute en un opulent festin des dieux, leurs terribles discours et la joie[13] qu'en son cœur, en ressentait le chef suprême Agamemnon ; car, voyant les deux rois achéens en querelle, l'Atride repensait aux dires prophétiques de Phoebos Apollon dans la bonne Pytho[14], un jour qu'il en avait franchi le seuil de pierre pour consulter l'oracle[15], au temps où le grand Zeus décidait de rouler Danaens et Troyens dans le flot du malheur[16].

Or, tandis que chantait le glorieux aède, Ulysse avait saisi son écharpe de pourpre et, de ses mains vaillantes, la tirait sur son front[17]. De cette grande écharpe, il voila ses beaux traits : devant les Phéaciens, il eût rougi des pleurs qui gonflaient ses paupières ; mais, à chaque repos de l'aède divin, il essuyait ses pleurs, rejetait son écharpe et, de sa double coupe, faisait l'offrande aux dieux, puis, à chaque reprise, quand, charmés de ses vers, les chefs des Phéaciens redemandaient l'aède, Ulysse, ramenant l'écharpe, sanglotait...

À toute l'assistance, il sut cacher ses larmes : le seul Alkinoos s'en douta, puis les vit – ils siégeaient côte à côte –, et l'entendit enfin lourdement sangloter. Vite il dit à ses bons rameurs de Phéacie :

13. Allusion à une prédiction d'Apollon, selon laquelle la fin de la guerre serait proche au moment où une querelle éclaterait entre ces héros. Cf. Nagy, 1979, 24-25.

14. C'est-à-dire Delphes, où Apollon à travers la Pythie, sa prêtresse, rendait des oracles.

15. Avant son départ pour Troie.

16. Dans les *Cypria*, Zeus manifesterait son intention de détruire toute la race humaine.

17. Sur ce geste et ces pleurs, cf. Monsacré, 1984, 144.

ΑΛΚ. — Κέκλυτε, Φαιήκων ἡγήτορες ἠδὲ μέδοντες·
ἤδη μὲν δαιτὸς κεκορήμεθα θυμὸν ἐίσης
φόρμιγγός θ', ἣ δαιτὶ συνήορός ἐστι θαλείῃ.
νῦν δ' ἐξέλθωμεν καὶ ἀέθλων πειρηθῶμεν.
  Ὣς ἄρα φωνήσας ἡγήσατο· τοὶ δ' ἅμ' ἕποντο.
κὰδ δ' ἐκ πασσαλόφι κρέμασεν φόρμιγγα λίγειαν,
Δημοδόκου δ' ἕλε χεῖρα καὶ ἔξαγεν ἐκ μεγάροιο
κῆρυξ, ἦρχε δὲ τῷ αὐτὴν ὁδὸν ἥν περ οἱ ἄλλοι
Φαιήκων οἱ ἄριστοι, ἀέθλια θαυμανέοντες·
βὰν δ' ἴμεν εἰς ἀγορήν· ἅμα δ' ἕσπετο πολὺς ὅμιλος,
μυρίοι· ἂν δ' ἵσταντο νέοι πολλοί τε καὶ ἐσθλοί.
ὦρτο μὲν Ἀκρόνεώς τε καὶ Ὠκύαλος καὶ Ἐλατρεὺς
Ναυτεύς τε Πρυμνεύς τε [καὶ Ἀγχίαλος καὶ Ἐρετμεὺς
Ποντεύς τε Πρῳρεύς τε], Θόων Ἀναβησίνεώς τε
Ἀμφίαλός θ', υἱὸς Πολυνήου Τεκτονίδαο.
ἂν δὲ καὶ Εὐρύαλος, βροτολοιγῷ ἶσος Ἄρηι,
Ναυβολίδης, ὃς ἄριστος ἔην εἶδός τε δέμας τε
πάντων Φαιήκων μετ' ἀμύμονα Λαοδάμαντα·
ἂν δ' ἔσταν τρεῖς παῖδες ἀμύμονος Ἀλκινόοιο,
Λαοδάμας θ' Ἅλιός τε καὶ ἀντίθεος Κλυτόνηος.
  Οἱ δ' ἤτοι πρῶτον μὲν ἐπειρήσαντο πόδεσσι·
τοῖσι δ' ἀπὸ νύσσης τέτατο δρόμος· οἱ δ' ἅμα πάντες
καρπαλίμως ἐπέτοντο κονίοντες πεδίοιο·
τῶν δὲ θέειν ὄχ' ἄριστος ἔην Κλυτόνηος ἀμύμων·

vers 101 : πάντων, ὥς χ' ὁ ξεῖνος ἐνίσπῃ οἷσι φίλοισι,
vers 102 : οἴκαδε νοστήσας, ὅσον περιγινόμεθ' ἄλλων
vers 103 : πύξ τε παλαισμοσύνῃ τε καὶ ἅλμασιν ἠδὲ πόδεσσιν

18. Les plus importants jeux athlétiques dans la poésie épique sont sans doute ceux qu'Achille offre en l'honneur de Patrocle tué au combat, *Il.*, XXIII, 262 sq.

ALKINOOS. – « Doges et conseillers de Phéacie, deux mots ! Voici que de la table, où chacun eut sa part, nos cœurs ont bien joui, comme aussi de la lyre, dont la place est marquée au plus beau des festins. Il est temps de sortir et de nous mettre aux jeux ! Rentré en son logis, je voudrais que notre hôte pût dire à tous les siens qu'à la boxe, à la lutte, au saut comme à la course, nous sommes sans rivaux[18]. »

Il dit, montrant la route, et les autres suivirent. Le héraut, raccrochant la cithare au chant clair, prit par la main Démodocos et l'emmena. Au sortir du manoir, il lui servit de guide dans la rue que prenaient les chefs des Phéaciens pour aller voir les jeux. On gagna l'agora : la foule, par milliers, accourait sur leurs pas. Bientôt se présenta la plus noble jeunesse, et l'on vit se lever Dugaillard, Vitenmer, Laviron, Lenocher, Delapoupe, Du Bord, Delarame, Dularge, Delaproue, Lecoureur, le fils de Montabord, et Doublemer, le fils de Flotte-Carpentier[19], puis Euryale, égal à ce fléau d'Arès ; pour la taille et les traits, ce fils de Naubolos n'avait pas un rival ; le seul Laodamas parmi les Phéaciens était encor plus beau. Enfin Laodamas, Klytoneus et leur frère, le divin Halios, se levèrent aussi : c'étaient trois fils de l'éminent Alkinoos.

Pour disputer d'abord l'épreuve de la course, on se mit à la borne où la piste s'ouvrait[20] : tous ensemble, d'un vol, ils filèrent dans un nuage de poussière ; l'éminent Klytoneus fut vainqueur sans conteste ; d'une

19. Les personnages cités dans ces vers, comme la plupart des noms des Phéaciens, se rapportent à la mer et à ses travaux, comme Halios, Naubolos, Nausicaa ou Klytoneus ; ce que V. Bérard essaie de rendre en français. Il faut noter que le poète de l'*Odyssée* se complaît à inventer des noms parlants et à dresser des catalogues ; cf. Mühlestein, 1969, 67-94.

20. La borne de départ des courses à pied est admirablement bien conservée au stade d'Olympie. Pour les compétitions athlétiques dans l'*Odyssée*, voir Visa, 1994, 31-40.

ὅσσόν τ' ἐν νειῷ οὖρον πέλει ἡμιόνοιιν,
τόσσον ὑπεκπροθέων λαοὺς ἵκεθ'· οἱ δὲ λίποντο.
οἱ δὲ παλαισμοσύνης ἀλεγεινῆς πειρήσαντο·
τῇ δ' αὖτ' Εὐρύαλος ἀπεκαίνυτο πάντας ἀρίστους.
ἅλματι δ' Ἀμφίαλος πάντων προφερέστατος ἦεν.
δίσκῳ δ' αὖ πάντων πολὺ φέρτατος ἦεν Ἐλατρεύς,
πὺξ δ' αὖ Λαοδάμας, ἀγαθὸς παῖς Ἀλκινόοιο.
Αὐτὰρ ἐπεὶ δὴ πάντες ἐτέρφθησαν φρέν' ἀέθλοις,
τοῖσ' ἄρα Λαοδάμας μετέφη, παῖς Ἀλκινόοιο·
ΛΑΟ. — Δεῦτε, φίλοι, τὸν ξεῖνον ἐρώμεθα εἴ τιν' ἄεθλον
οἶδέ τε καὶ δεδάηκε· φυήν γε μὲν οὐ κακός ἐστι
μηρούς τε κνήμας τε καὶ ἄμφω χεῖρας ὕπερθεν
αὐχένα τε στιβαρὸν ⟨στῆθός τε⟩ μέγ', οὐδέ τι ἥβης
δεύεται, ἀλλὰ κακοῖσι συνέρρηκται πολέεσσιν.
οὐ γὰρ ἐγώ γέ τί φημι κακώτερον ἄλλο θαλάσσης
ἄνδρά γε συγχεῦαι, εἰ καὶ μάλα καρτερὸς εἴη.
Τὸν δ' αὖτ' Εὐρύαλος ἀπαμείβετο φώνησέν τε·
ΕΥΡ. — Λαοδάμα, μάλα τοῦτο ἔπος κατὰ μοῖραν ἔειπες.
αὐτὸς νῦν προκάλεσσαι ἰὼν καὶ πέφραδε μῦθον.
Αὐτὰρ ἐπεὶ τό γ' ἄκουσ' ἀγαθὸς παῖς Ἀλκινόοιο,
στῆ ῥ' ἐς μέσσον ἰὼν καὶ Ὀδυσσῆα προσέειπε·
ΛΑΟ. — Δεῦρ' ἄγε καὶ σύ, ξεῖνε πάτερ, πείρησαι ἀέθλων,
[εἴ τινά που δεδάηκας· ἔοικε δέ σ' ἴδμεν ἀέθλους.]
οὐ μὲν γὰρ μεῖζον κλέος ἀνέρος, ὄφρά κεν ἦσιν
[ἢ ὅ τι ποσσίν τε ῥέξῃ καὶ χερσὶν ἑῇσιν].
ἀλλ' ἄγε πείρησαι, σκέδασον δ' ἀπὸ κήδεα θυμοῦ·
σοὶ δ' ὁδὸς οὐκέτι δηρὸν ἀπέσσεται, ἀλλά τοι ἤδη
νηῦς τε κατείρυσται καὶ ἐπαρτέες εἰσὶν ἑταῖροι.
Τὸν δ' ἀπαμειβόμενος προσέφη πολύμητις Ὀδυσσεύς·

bonne tirée de mulets au labour, il tenait les devants quand il revint au peuple, ayant semé les autres. Puis ce fut la main plate et ses halètements : Euryale vainquit tout le choix des lutteurs. Mais, au saut, Doublemer en dernier l'emporta. Au disque, Laviron l'emporta mieux encore. À la boxe, ce fut le brave fils d'Alkinoos, Laodamas.

Quand le plaisir des jeux eut charmé tous les cœurs, le fils d'Alkinoos, Laodamas, leur dit :

LAODAMAS. – « Maintenant, chers amis, demandons à notre hôte s'il n'est pas quelque sport qu'il connaisse et pratique. Voyez comme il est fait ! ces cuisses, ces mollets, cette paire de bras, les muscles de ce col et cette ample poitrine ! Non ! il n'a rien encor perdu de se jeunesse ; mais il a tant souffert qu'il en reste brisé ! Il n'est rien, croyez-moi, de pire que la mer pour vous abattre un homme, et le plus vigoureux. »

Euryale, prenant la parole, intervint :

EURYALE. – « Très bien, Laodamas ! tu parles comme un sage. C'est à toi maintenant d'aller faire l'invite et de lui dire un mot. »

Sitôt qu'il entendit, le bon Laodamas s'avança dans l'arène pour inviter Ulysse :

LAODAMAS. – « À ton tour, maintenant, l'étranger, notre père ! viens t'essayer aux jeux auxquels tu t'entraînas : tu dois bien en connaître ! Est-il en cette vie une gloire plus grande que de savoir jouer des jambes et des bras[21] ? Allons, viens essayer et balaie les chagrins ! Le départ viendra vite : le navire est à flot et l'équipage, prêt. »

Ulysse l'avisé lui fit cette réponse :

21. Pour qui vit dans une société pacifique, les jeux sont le seul moyen d'obtenir la gloire. Dans la littérature post-homérique, les jeux donneront naissance aux épinicies qui firent la gloire de Pindare et de Bacchylide.

ΟΔΥ. — Λαοδάμα, τί με ταῦτα κελεύετε κερτομέοντες;
κήδεά μοι καὶ μᾶλλον ἐνὶ φρεσὶν ἤ περ ἄεθλοι,
ὃς πρὶν μὲν μάλα πολλὰ πάθον καὶ πολλὰ μόγησα,
νῦν δὲ μεθ' ὑμετέρῃ ἀγορῇ νόστοιο χατίζων
ἧμαι, λισσόμενος βασιλῆά τε πάντά τε δῆμον.
Τὸν δ' αὖτ' Εὐρύαλος ἀπαμείβετο νείκεσέ τ' ἄντην·
ΕΥΡ. — Οὐ γάρ σ' οὐδέ, ξεῖνε, δαήμονι φωτὶ ἐίσκω
ἄθλων, οἷά τε πολλὰ μετ' ἀνθρώποισι πέλονται,
ἀλλὰ τῷ ὅς θ' ἅμα νηὶ πολυκληῗδι θαμίζων,
ἀρχὸς ναυτάων οἵ τε πρηκτῆρες ἔασι,
φόρτου τε μνήμων καὶ ἐπίσκοπος ᾖσιν ὁδαίων
κερδέων θ' ἁρπαλέων· οὐδ' ἀθλητῆρι ἔοικας.
Τὸν δ' ἄρ' ὑπόδρα ἰδὼν προσέφη πολύμητις Ὀδυσσεύς·
ΟΔΥ. — Ξεῖν', οὐ καλὸν ἔειπες· ἀτασθάλῳ ἀνδρὶ ἔοικας.
οὕτως οὐ⟨χ ἅμα⟩ πάντ⟨α⟩ θεοὶ χαρίεντα διδοῦσιν
ἀνδράσιν, οὔτε φυὴν οὔτ' ἂρ φρένας οὔτ' ἀγορητύν.
ἄλλος μὲν γὰρ εἶδος ἀκιδνότερος πέλει ἀνήρ,
ἀλλὰ θεὸς μορφὴν ἔπεσι στέφει· οἱ δέ τ' ἐς αὐτὸν
τερπόμενοι λεύσσουσιν· ὁ δ' ἀσφαλέως ἀγορεύει
αἰδοῖ μειλιχίῃ, μετὰ δὲ πρέπει ἀγρομένοισιν·
ἐρχόμενον δ' ἀνὰ ἄστυ θεὸν ὣς εἰσορόωσιν·
ἄλλος δ' αὖ εἶδος μὲν ἀλίγκιος ἀθανάτοισιν·
ἀλλ' οὔ οἱ χάρις ἀμφὶ περιστέφεται ἐπέεσσιν·
ὡς καὶ σοὶ εἶδος μὲν ἀριπρεπές· οὐδέ κεν ἄλλως
οὐδὲ θεὸς τεύξειε· νόον δ' ἀποφώλιός ἐσσι.

22. Contrairement à Laodamas, Euryale agit en rustre : au lieu d'inviter son hôte à s'exercer à un sport pour son propre plaisir et pour celui des spectateurs, il le défie, ce qui est contraire aux règles d'hospitalité. Voir Bloch, 1998, 295-296.

ULYSSE. – « Pourquoi, Laodamas, ces railleries d'invite[22] ? Si mon cœur s'abandonne aux chagrins plus qu'aux jeux, c'est que j'ai tant souffert naguère et tant peiné ! Ah ! dans votre assemblée, où tu me vois assis, je n'ai qu'une pensée : le retour que, du roi et du peuple, j'implore. »

En réponse, Euryale se mit à le railler :

EURYALE. – « Ah ! non ! je ne vois rien, mais rien en toi, notre hôte, d'un connaisseur des jeux, même en prenant tous ceux dont usent les humains ! Si jamais, sur les bancs d'un vaisseau, tu montas, ce fut pour commander des marins au commerce, noter la cargaison ou surveiller le fret et vos gains de voleurs[23]... Mais un athlète, toi ! »

Ulysse l'avisé le toisa et lui dit :

ULYSSE. – « C'est bien mal dit, mon hôte ! Un maître fou, c'est toi ! Beauté, raison, bien dire, on voit qu'en un même homme, les dieux presque jamais ne mettent tous les charmes. L'un n'a reçu du ciel que médiocre figure ; mais ses discours sont pleins d'une telle beauté qu'il charme tous les yeux[24] : sa parole assurée, sa réserve polie le marquent dans la foule ; quand il va par les rues, c'est un dieu qu'on admire... J'en sais d'autres qui sont d'une beauté divine, mais qui, dans leurs discours, manquent toujours de grâce[25]... C'est ainsi que, sur toi, brille tant de beauté qu'un dieu même n'aurait pas fait

23. L'affront d'Euryale est appuyé : Ulysse, parti à Troie pour combattre à la tête de ses troupes massées sur ses navires, est assimilé à un pirate.

24. Une des caractéristiques d'Ulysse : on notera ici la malice dont il fait preuve en livrant un indice sur son identité qui ne sera révélée qu'en IX, 19. Pour une analyse de ce passage, cf. Solmsen, 1954, pp. 1-15.

25. Pour une opposition entre beauté divine et intelligence, cf. VIII, 266 sq.

ὤρινας μοι θυμὸν ἐνὶ στήθεσσι φίλοισι
εἰπὼν οὐ κατὰ κόσμον· ἐγὼ δ' οὐ νῆις ἀέθλων,
ὡς σύ γε μυθεῖαι, ἀλλ' ἐν πρώτοισιν ὀίω
ἔμμεναι, ὄφρ' ἥβῃ τε πεποίθεα χερσί τ' ἐμῇσι.
νῦν δ' ἔχομαι κακότητι καὶ ἄλγεσι· πολλὰ γὰρ ἔτλην,
ἀνδρῶν τε πτολέμους ἀλεγεινά τε κύματα πείρων.
ἀλλὰ καὶ ὧς, κακὰ πολλὰ παθών, πειρήσομ' ἀέθλων·
θυμοδακὴς γὰρ μῦθος· ἐπώτρυνας δέ με εἰπών.
Ἦ ῥα καὶ αὐτῷ φάρει ἀναΐξας λάβε δίσκον
μείζονα καὶ πάχετον στιβαρώτερον οὐκ ὀλίγον περ
ἢ οἵῳ Φαίηκες ἐδίσκεον ἀλλήλοισι.
τόν ῥα περιστρέψας ἧκε στιβαρῆς ἀπὸ χειρός·
βόμβησεν δὲ λίθος· κατὰ δὲ πτῆξαν ποτὶ γαίῃ
Φαίηκες δολιχήρετμοι, ναυσικλυτοὶ ἄνδρες,
λᾶος ὑπὸ ῥιπῆς· ὁ δ' ὑπέρπτατο σήματα πάντων
ῥίμφα θέων ἀπὸ χειρός· ἔθηκε δὲ τέρματ' Ἀθήνη
ἀνδρὶ δέμας ἐικυῖα, ἔπος τ' ἔφατ' ἔκ τ' ὀνόμαζε·
ΑΘΗ. — Καί κ' ἀλαός τοι, ξεῖνε, διακρίνειε τὸ σῆμα
ἀμφαφόων· ἐπεὶ οὔ τι μεμιγμένον ἐστὶν ὁμίλῳ,
ἀλλὰ πολὺ πρῶτον. σὺ δὲ θάρσει τόνδε γ' ἄεθλον·
οὔ τις Φαιήκων τόδε γ' ἵξεται οὐδ' ὑπερήσει.
Ὣς φάτο· γήθησεν δὲ πολύτλας δῖος Ὀδυσσεύς,
χαίρων οὕνεχ' ἑταῖρον ἐνηέα λεῦσσ' ἐν ἀγῶνι,
καὶ τότε κουφότερον μεταφώνεε Φαιήκεσσι·

26. Malgré ses capacités à manier l'arc (*Od.*, XXII), c'est à la course qu'excelle Ulysse dans les jeux en l'honneur de Patrocle (*Il.*, XXIII, 740 sq.), tandis que Teucros et Mérion rivalisent au tir à l'arc (*Il.*, XXIII, 859).

plus bel ouvrage. Mais ton esprit, du vent ! Tu m'as levé le cœur au plus profond de moi, avec tes mots de rustre ! Je ne suis pas, aux jeux, l'apprenti que tu crois[26]. J'étais dans les premiers, tant que j'avais pour moi mes bras et ma jeunesse. Maintenant la misère et les chagrins me tiennent : j'ai trop longtemps pâti à batailler sur terre, à peiner sur les flots... Mais n'importe ! je vais, après tant de souffrances, m'essayer à vos jeux. Tes discours m'ont mordu le cœur : c'est un défi pour moi que tes paroles[27]. »

À ces mots, il s'élance et, sans même quitter son écharpe, il va prendre un disque bien plus large et beaucoup plus pesant que tous ceux dont avaient jouté les Phéaciens[28]. Il le tourne une fois, et le disque en ronflant quitte sa main vaillante, et tous ces armateurs, ces gens aux longues rames saluent jusques au sol, sous le vent de la pierre, et le disque, passant toutes les autres marques, continue de courir. Lui, restait, main levée.

Prenant les traits d'un homme, Athéna vint marquer l'arrêt et lui cria :

ATHÉNA. – « Un aveugle, notre hôte, un aveugle à tâtons distinguerait ta marque ; elle n'est pas mêlée à la foule des autres. Bravo pour ce coup-là! personne en Phéacie n'est capable d'aller jusqu'ici ni plus loin. »

À ces mots, le divin Ulysse s'applaudit d'avoir en cette arène un témoin favorable.

C'est d'un cœur plus léger qu'il dit aux Phéaciens, le héros d'endurance :

27. Dans l'éthique homérique, les héros doivent relever les défis afin de montrer leur *arété*, « excellence ». S'y refuser reviendrait à exposer une faiblesse de caractère, à être tenu pour lâche ; cf. *Il.*, III, 30 sq.

28. Les disques archaïques pesaient approximativement 7 kg, alors que ceux en métal de l'époque classique variaient entre 1,5 kg et 5,7 kg.

ΟΔΥ. — Τοῦτον νῦν ἀφίκεσθε, νέοι, τάχα δ' ὕστερον ἄλλον
ἥσειν ἢ τοσσοῦτον δίομαι ἢ' ἔτι μᾶσσον.
τῶν δ' ἄλλων ὅτινα κραδίη θυμός τε κελεύει,
δεῦρ' ἄγε πειρηθήτω, ἐπεὶ μ' ἐχολώσατε λίην,
ἢ πὺξ ἠὲ πάλῃ ἢ καὶ ποσίν· οὔ τι μεγαίρω
πάντων Φαιήκων πλήν γ' αὐτοῦ Λαοδάμαντος·
ξεῖνος γάρ μοι ὅδ' ἐστί· τίς ἂν φιλέοντι μάχοιτο;
ἄφρων δὴ κεῖνός γε καὶ οὐτιδανὸς πέλει ἀνήρ,
ὅς τις ξεινοδόκῳ ἔριδα προφέρηται ἀέθλων
δήμῳ ἐν ἀλλοδαπῷ· ἕο δ' αὐτοῦ πάντα κολούει.
τῶν δ' ἄλλων οὔ πέρ τιν' ἀναίνομαι οὐδ' ἀθερίζω,
ἀλλ' ἐθέλω ἴδμεν καὶ πειρηθήμεναι ἄντην.
πάντα γὰρ οὐ κακός εἰμι, μετ' ἀνδράσιν ὅσσοι ἄεθλοι·
εὖ μὲν τόξον οἶδα ἐΰξοον ἀμφαφάασθαι·
πρῶτός κ' ἄνδρα βάλοιμι διστεύσας ἐν ὁμίλῳ
ἀνδρῶν δυσμενέων, εἰ καὶ μάλα πολλοὶ ἑταῖροι
ἄγχι παρασταῖεν καὶ τοξαζοίατο φωτῶν·
[οἶος δή με Φιλοκτήτης ἀπεκαίνυτο τόξῳ
δήμῳ ἔνι Τρώων, ὅτε τοξαζοίμεθ' Ἀχαιοί.
τῶν δ' ἄλλων ἐμέ φημι πολὺ προφερέστερον εἶναι,
ὅσσοι νῦν βροτοί εἰσιν ἐπὶ χθονὶ σῖτον ἔδοντες·
ἀνδράσι δὲ προτέροισιν ἐριζέμεν οὐκ ἐθελήσω,
οὔθ' Ἡρακλῆι οὔτ' Εὐρύτῳ Οἰχαλιῆι,
οἵ ῥα καὶ ἀθανάτοισιν ἐρίζεσκον περὶ τόξων.
τώ ῥα καὶ αἶψ' ἔθανεν μέγας Εὔρυτος, οὐδ' ἐπὶ γῆρας
ἵκετ' ἐνὶ μεγάροισι· χολωσάμενος γὰρ Ἀπόλλων
⟨ἑ⟩ κτάνεν, οὕνεκά μιν προκαλίζετο τοξάζεσθαι.]

29. Cf. *Od.*, III, 190 et note.

30. Dans l'*Iliade* il n'y a aucune mention à leurs *agones*. Selon les commentateurs, ces vers devraient donner un indice supplémentaire sur l'identité du héros.

31. Chez Hadès, Héraclès porte encore son arc (XI, 606). Ulysse lui est d'ailleurs comparé en XI, 618 sq.

ULYSSE. – « Et d'un qu'il vous faudrait atteindre, jeunes gens ! Je m'en vais tout à l'heure en placer un second au même endroit, je pense, et peut-être plus loin. Maintenant, si le cœur vous en dit, bon courage ! à tous les autres jeux, qu'on vienne me tâter ! On m'a trop irrité : boxe, course ou main plate, je ne refuse rien et ne veux récuser de tous les Phéaciens qu'un seul, Laodamas. C'est mon hôte : comment lutter contre un ami ? Il faudrait être fou ou de cœur misérable pour provoquer aux jeux celui qui vous accueille en pays étranger : c'est s'amputer soi-même ! Mais à part celui-là, je dis ne refuser ni dédaigner personne. Me voici prêt à vous regarder dans les yeux. Qu'on vienne me tâter ! Je puis tenir ma place à tous les jeux des braves ; mais c'est l'arc en bois fin que je sais manier. Du premier coup, ma flèche, en la cohue des ennemis, atteint son homme, quand même, autour de lui, cent compagnons voudraient le couvrir en tirant. De tous les Achéens, Philoctète[29] était seul à l'emporter sur moi quand, au pays de Troie, nous concourions à l'arc[30]. Mais, au monde, il n'est plus autre mangeur de pain qu'on puisse, et de fort loin, me comparer, je crois. Oh ! il fut des héros devant qui je m'incline : tel Héraclès[31] et tel Eurytos[32] d'Œchalie[33] ; car ceux-là, c'est les dieux qu'à l'arc ils égalaient. Il en coûta la vie à ce grand Eurytos ! Si l'âge, en son palais, ne vint pas le surprendre, ce fut qu'en sa colère, Apollon le tua, quand à l'arc Eurytos eut provoqué le dieu[34]... Et

32. Héros qui organisa un concours à l'arc pour attribuer la main de sa fille au vainqueur : Héraclès l'emporta. Cet épisode était raconté dans la *Prise d'Œchalie* attribuée à Créophile. Pour une analyse de ces vers, cf. Marcozzi, 1994, 79-86.

33. Plusieurs cités grecques portent ce nom et, selon les commentateurs, qu'on les place en Eubée, en Thessalie ou en Messénie, toutes avaient un rapport avec Héraclès.

34. Ce défi ne fait pas parti du cycle épique. Il apparaît cependant dans les *Argonautiques* d'Apollonios de Rhodes, I, 89.

δουρὶ δ' ἀκοντίζω ὅσον οὐκ ἄλλός τις ὀιστῷ.
οἴοισιν δείδοικα ποσὶν μή τίς με παρέλθῃ
Φαιήκων· λίην γὰρ ἀεικελίως ἐδαμάσθην
κύμασιν ἐν πολλοῖσ', ἐπεὶ οὐ κομιδὴ κατὰ νῆα
ἦεν ἐπηετανός· τώ μοι φίλα γυῖα λέλυνται.
Ὣς ἔφαθ'· οἳ δ' ἄρα πάντες ἀκὴν ἐγένοντο σιωπῇ·
Ἀλκίνοος δέ μιν οἶος ἀμειβόμενος προσέειπε·
ΑΛΚ. — Ξεῖν', ἐπεὶ οὐκ ἀχάριστα μεθ' ἡμῖν ταῦτ' ἀγορεύεις,
ἀλλ' ἐθέλεις ἀρετὴν σὴν φαινέμεν, ἥ τοι ὀπηδεῖ,
χωόμενος ὅτι σ' οὗτος ἀνὴρ ἐν ἀγῶνι παραστὰς
νείκεσεν, ὡς ἂν σὴν ἀρετὴν βροτὸς οὔ τις ὄνοιτο
ὅς τις ἐπίσταιτο ᾗσι φρεσὶν ἄρτια βάζειν·
ἀλλ' ἄγε νῦν ἐμέθεν ξυνίει ἔπος, ὄφρα καὶ ἄλλῳ
εἴπῃς ἡρώων, ὅτε κεν σοῖσ' ἐν μεγάροισι
δαινύῃ παρὰ σῇ τ' ἀλόχῳ καὶ σοῖσι τέκεσσιν,
ἡμετέρης ἀρετῆς μεμνημένος, οἷα καὶ ἡμῖν
Ζεὺς ἐπὶ ἔργα τίθησι διαμπερὲς ἐξ ἔτι πατρῶν.
οὐ γὰρ πυγμάχοι εἰμὲν ἀμύμονες οὐδὲ παλαισταί,
ἀλλὰ ποσὶ κραιπνῶς θέομεν καὶ νηυσὶν ἄριστοι·
αἰεὶ δ' ἧμιν δαίς τε φίλη κίθαρίς τε χοροί τε
εἵματά τ' ἐξημοιβὰ λοετρά τε θερμὰ καὶ εὐναί·
ἀλλ' ἄγε, Φαιήκων βητάρμονες ὅσσοι ἄριστοι,
παίσατε, ὥς χ' ὁ ξεῖνος ἐνίσπῃ οἷσι φίλοισι,
οἴκαδε νοστήσας, ὅσσον περιγινόμεθ' ἄλλων
ναυτιλίῃ καὶ ποσσὶ καὶ ὀρχηστυῖ καὶ ἀοιδῇ·
Δημοδόκῳ δέ τις αἶψα κιὼν φόρμιγγα λίγειαν
οἰσέτω, ἥ που κεῖται ἐν ἡμετέροισι δόμοισιν.
Ὣς ἔφατ' Ἀλκίνοος θεοείκελος· ὦρτο δὲ κῆρυξ
οἴσων φόρμιγγα γλαφυρὴν δόμου ἐκ βασιλῆος.
αἰσυμνῆται δὲ κριτοὶ ἐννέα πάντες ἀνέσταν,
δήμιοι, οἳ κατ' ἀγῶνα ἐὺ πρήσσεσκον ἕκαστα,
λείηναν δὲ χορόν, καλὸν δ' εὔρυναν ἀγῶνα.
κῆρυξ δ' ἐγγύθεν ἦλθε φέρων φόρμιγγα λίγειαν
Δημοδόκῳ· ὁ δ' ἔπειτα κί' ἐς μέσον· ἀμφὶ δὲ κοῦροι

je plante ma pique aussi loin, et plus loin que les autres leur flèche... Je n'excepte qu'un jeu : je craindrais vos coureurs. J'ai, sous les coups de la mer, trop durement pâti : faute d'avoir à bord les soins de chaque jour, j'ai les jambes rompues. »

Il dit ; tous se taisaient. Alors, dans le silence, le seul Alkinoos, en réponse, lui dit :

ALKINOOS. – « Mon hôte, tes discours ne sauraient nous déplaire : tu désires montrer que ta valeur subsiste, irrité que cet homme ait osé dans l'arène insulter ta vaillance en des mots dont jamais un sage n'eût usé. Mais comprends mes raisons : quand, ayant retrouvé tes enfants et femme, tu auras à ta table un héros qui voudra connaître nos mérites, il faut que tu lui dises en quels travaux Zeus nous maintient de père en fils. Non ! la boxe n'est pas notre fort, ni la lutte : nous sommes bons coureurs et marins excellents ; mais pour nous, en tout temps, rien ne vaut le festin, la cithare et la danse, le linge toujours frais, les bains chauds et l'amour[35]... Allons ! entrez au jeu, toute la fleur de nos danseurs de Phéacie ! de retour au logis, je voudrais que notre hôte pût dire à tous les siens qu'à la rame, à la course, au chant et à la danse nous sommes sans rivaux. Vite ! à Démodocos qu'on s'en aille chercher la cithare au chant clair : elle est restée chez moi. »

Ainsi parlait Alkinoos, semblable aux dieux. Le héraut se leva et s'en alla chercher à la maison du roi la cithare bombée. Dans le peuple, on choisit neuf juges de l'arène, qui, pour tout apprêter se levant de leur place, aplanirent le sol. Comme ils en avaient fait un beau terrain de lutte, le héraut reparut, rapportant à l'aède la cithare au chant clair. Alors Démodocos s'avança dans

35. Ce passage évoque les idéaux d'une société qui vit en paix. Le luxe est toutefois contrebalancé par la pratique du sport qui raffermit le corps et l'esprit. Sur l'hédonisme des Phéaciens, cf. Bliss, 1968, 53-73.

πρωθῆβαι ἵσταντο, δαήμονες ὀρχηθμοῖο,
πέπληγον δὲ χορὸν ⟨λ⟩εῖον ποσίν· αὐτὰρ Ὀδυσσεὺς
μαρμαρυγὰς θηεῖτο ποδῶν, θαύμαζε δὲ θυμῷ.

ΑΡΕΩΣ ΚΑΙ ΑΦΡΟΔΙΤΗΣ ΜΟΙΧΕΙΑ

Αὐτὰρ ὁ φορμίζων ἀνεβάλλετο καλὸν ἀείδειν
ἀμφ' Ἄρεος φιλότητος ἐυστεφάνου τ' Ἀφροδίτης,
ὡς τὰ πρῶτ' ἐμίγησαν ἐν Ἡφαίστοιο δόμοισι
λάθρῃ· πολλὰ δ' ἔδωκε, λέχος δ' ᾔσχυνε καὶ εὐνὴν
Ἡφαίστοιο ἄνακτος· ἄφαρ δέ οἱ ἄγγελος ἦλθεν
Ἥλιος, ὅ σφ' ἐνόησε μιγαζομένους φιλότητι.
Ἥφαιστος δ' ὡς οὖν θυμαλγέα μῦθον ἄκουσε,
βῆ ῥ' ἴμεν ἐς χαλκεῶνα κακὰ φρεσὶ βυσσοδομεύων,
ἐν δ' ἔθετ' ἀκμοθέτῳ μέγαν ἄκμονα, κόπτε δὲ δεσμοὺς
ἀρρήκτους, ἀλύτους, ὄφρ' ἔμπεδον αὖθι μένοιεν.
αὐτὰρ ἐπεὶ δὴ τεῦξε δόλον κεχολωμένος Ἄρει,
βῆ ῥ' ἴμεν ἐς θάλαμον, ὅθι οἱ φίλα δέμνι' ἔκειτο,
ἀμφὶ δ' ἄρ' ἑρμῖσιν χέε δέσματα κύκλῳ ἁπάντῃ·
πολλὰ δὲ καὶ καθύπερθε μελαθρόφιν ἐξεκέχυντο,
ἠύτ' ἀράχνια λεπτά, τά γ' οὔ κέ τις οὐδὲ ἴδοιτο
οὐδὲ θεῶν μακάρων· περὶ γὰρ δολόεντα τέτυκτο.
Αὐτὰρ ἐπεὶ δὴ πάντα δόλον περὶ δέμνια χεῦε,
εἴσατ' ἴμεν ἐς Λῆμνον, ἐυκτίμενον πτολίεθρον,

36. Sur ces chœurs, cf. Webster, 1970, 1 sq.

37. Pour ce chant de Démodocos, cf. Burkert, 1960, 130-144 ; voir aussi Schmidt, 1998, 195-219. Pour la présentation risible des dieux et le rire qu'ils suscitent, cf. Friedländer, 1934, 209-226 ; di Luca, 1993, 145-170 ; Collobert, 2000, 133-141.

38. Si dans l'*Iliade* ces dieux ne vivent pas une aventure amoureuse, ils sont très liés et la tendresse qui les unit est soulignée parti-

le cercle ; la fleur des jeunes gens, champions de la danse, debout autour de lui, voltaient et, de leurs pieds, frappaient le plan de l'aire. Ulysse était tout yeux devant ces passe-pieds dont son cœur s'étonnait[36]...

Les amours d'Arès et d'Aphrodite[37]

Démodocos alors préluda, puis se mit à bellement chanter.

Il disait les amours d'Arès et de son Aphrodite au diadème[38], leur premier rendez-vous secret chez Héphaestos et tous les dons d'Arès, et la couche souillée du seigneur Héphaestos[39], et le Soleil[40] allant raconter au mari qu'il les avait trouvés en pleine œuvre d'amour. Héphaestos accueillit sans plaisir la nouvelle ; mais, courant à sa forge[41], il roulait la vengeance au gouffre de son cœur. Quand il eut au billot dressé sa grande enclume, il forgea des réseaux de chaînes infrangibles pour prendre nos amants. Puis, le piège achevé, furieux contre Arès, il revint à la chambre où se trouvait son lit : aux pieds, il attacha des chaînes en réseau ; au plafond, il pendit tout un autre réseau, vraie toile d'araignée, – un piège sans pareil, imperceptible à tous, même aux dieux bienheureux ! et quand, autour du lit, il eut tendu la trappe, il feignit un départ vers les murs de Lemnos, la

culièrement en XXI, 415 sq. Arès et Aphrodite étaient également unis dans un culte commun dans différentes cités comme Athènes (Paus., I, 8, 4), Argos et Mantinée (II, 25, 1). Cf. Farnell, II, 1896, 745.

39. Dans l'*Iliade*, ce dieu a pour épouse Aglaé, une des Grâces, (XVIII, 282) ; ce mariage avec Aphrodite n'est pas évoqué dans d'autres textes épiques.

40. Hélios est toujours celui que l'on consulte pour connaître la vérité puisque « le plus haut » voit tout. Cf., entre autres, *Il.*, III, 277 ; *H. h. Déméter*, 62 sq.

41. Pour une description très vivante de ce lieu et du dieu au travail, cf. *Il.*, XVIII, 368 sq.

ἥ οἱ γαιάων πολὺ φιλτάτη ἐστὶν ἁπασέων.
οὐδ' ἀλαὸς σκοπιὴν εἶχε χρυσήνιος Ἄρης, 285
ὡς ἴδεν Ἥφαιστον κλυτοτέχνην νόσφι κιόντα,
βῆ δ' ἴμεναι πρὸς δῶμα περικλυτοῦ Ἡφαίστοιο,
ἰσχανόων φιλότητος ἐυστεφάνου Κυθερείης.

Ἡ δὲ νέον παρὰ πατρὸς ἐρισθενέος Κρονίωνος
ἐρχομένη κατ' ἄρ' ἕζεθ'· ὁ δ' εἴσω δώματος ᾔει 290
ἔν τ' ἄρα οἱ φῦ χειρὶ ἔπος τ' ἔφατ' ἔκ τ' ὀνόμαζε·
ΑΡΗΣ — Δεῦρο, φίλη, λέκτρον δέ· τραπείομεν εὐνηθέντε·
οὐ γὰρ ἔθ' Ἥφαιστος μεταδήμιος, ἀλλά που ἤδη
οἴχεται ἐς Λῆμνον μετὰ Σίντιας ἀγριοφώνους.
Ὣς φάτο· τῇ δ' ἀσπαστὸν ἐείσατο κοιμηθῆναι. 295
τὼ δ' ἐς δέμνια βάντε κατέδραθον· ἀμφὶ δὲ δεσμοὶ
τεχνήεντες ἔχυντο πολύφρονος Ἡφαίστοιο·
οὐδέ τι κινῆσαι μελέων ἦν οὐδ' ἀναεῖραι·
καὶ τότε δὴ γίνωσκον ὅ τ' οὐκέτι φυκτὰ πέλοντο.
Ἀγχίμολον δέ σφ' ἦλθε περικλυτὸς Ἀμφιγυήεις, 300
αὖτις ὑποστρέψας πρὶν Λήμνου γαῖαν ἱκέσθαι·
Ἠέλιος γάρ οἱ σκοπιὴν ἔχε εἶπέ τε μῦθον· 302
ἔστη δ' ἐν προθύροισι· χόλος δέ μιν ἄγριος ᾕρει· 304
σμερδαλέον δ' ἐβόησε γέγωνέ τε πᾶσι θεοῖσι· 305

vers 303 : βῆ δ' ἴμεναι πρὸς δῶμα, φίλον τετιημένος ἦτορ

42. Les rapports entre Héphaïstos et Lemnos sont soulignés dans l'*Il.*, I, 593. Dans cette île volcanique, il recevait un culte et la cité principale portait le nom d'Héphaistia. Cf. Farnell, V, 1896, 374-395.

43. La déesse de Cythère est Aphrodite. Sur cette île au sud du Péloponnèse (selon Hérodote, I, 105), on lui rendait un culte qui serait d'origine phénicienne. Sur cette épithète, cf. Boedeker, 1974, 14-42.

ville de son cœur entre toutes les terres[42]. Arès, qui le guettait, n'avait pas l'œil fermé : dès qu'il vit en chemin le glorieux artiste, il prit ses rênes d'or, et le voilà courant chez le noble Héphaestos, tout de feu pour sa Kythérée au diadème[43] !

La fille du Cronide à la force invincible rentrait tout justement du manoir de son père et venait de s'asseoir. Arès entra chez elle et, lui prenant la main, lui dit et déclara :

ARÈS. – « Vite au lit, ma chérie ! quel plaisir de s'aimer ! Héphaestos est en route ; il doit être à Lemnos, parmi ses Sintiens au parler de sauvages[44]. »

Il dit, et le désir du lit prit la déesse. Mais, à peine montés sur le cadre et couchés, l'ingénieux réseau de l'habile Héphaestos leur retombait dessus : plus moyen de bouger, de lever bras ni jambe ; ils voyaient maintenant qu'on ne pouvait plus fuir. Et voici que rentrait la gloire des boiteux[45] ! avant d'être à Lemnos, il avait tourné bride, sur un mot du Soleil qui lui faisait la guette ; il revenait chez lui, la rage dans le cœur.

Debout au premier seuil, affolé de colère, avec des cris de fauve, il appelait les dieux :

44. Ce peuple, cité également dans l'*Il.*, I, 594, était associé aux Thraces.

45. En grec, *amphiguêeis*. Cette épithète, utilisée à maintes reprises dans l'*Iliade*, apparaît ici pour la première fois. Certains, comme V. Bérard, la traduisent comme « l'illustre boiteux », d'autres comme « celui qui est boiteux des deux pieds ». Récemment on a proposé d'autres traductions : « le dieu de la double hache », ou encore « celui qui est parfaitement adroit ». Sur la question, cf. Humbach, 1969, 569-578 ; Melazzo, 1991, 55-66. La traduction « boiteux » est sans doute une contamination provoquée par le récit qu'Héphaïstos donne de ses malheurs au chant XVIII de l'*Iliade* : sa mère l'ayant jeté du haut de l'Olympe, il serait devenu infirme. Sur la question, cf. Milanezi, 2000, 13-39.

ΗΦΑ. — Ζεῦ πάτερ ἠδ' ἄλλοι μάκαρες θεοὶ αἰὲν ἐόντες,
δεῦθ', ἵνα ἔργα γελαστὰ καὶ οὐκ ἐπιεικτὰ ἴδησθε,
ὡς ἐμὲ χωλὸν ἐόντα Διὸς θυγάτηρ Ἀφροδίτη
αἰὲν ἀτιμάζει, φιλέει δ' ἀΐδηλον Ἄρηα,
οὕνεχ' ὁ μὲν καλός τε καὶ ἀρτίπος· αὐτὰρ ἐγώ γε
ἠπεδανὸς γενόμην· ἀτὰρ οὔ τί μοι αἴτιος ἄλλος,
ἀλλὰ τοκῆε δύω· τὼ μὴ γείνασθαι ὄφελλον.
ἀλλ' ὄψεσθ' ἵνα τώ γε καθεύδετον ἐν φιλότητι,
εἰς ἐμὰ δέμνια βάντες· ἐγὼ δ' ὁρόων ἀκάχημαι.
οὐ μέν σφεας ἔτ' ἔολπα μίνυνθά γε κειέμεν οὕτω,
καὶ μάλα περ φιλέοντε· τάχ' οὐκ ἐθελήσετον ἄμφω
εὕδειν· ἀλλά σφωε δόλος καὶ δεσμὸς ἐρύξει,
εἰς ὅ κέ μοι μάλα πάντα πατὴρ ἀποδῷσιν ἔεδνα,
ὅσσά οἱ ἐγγυάλιξα κυνώπιδος εἵνεκα κούρης·
οὕνεκά οἱ καλὴ θυγάτηρ, ἀτὰρ οὐκ ἐχέθυμος.
Ὣς ἔφαθ'· οἱ δ' ἀγέροντο θεοὶ ποτὶ χαλκοβατὲς δῶ·
ἦλθε Ποσειδάων γαιήοχος· ἦλθ' ἐριούνης
Ἑρμείας· ἦλθεν δὲ ἄναξ ἑκάεργος Ἀπόλλων·
θηλύτεραι δὲ θεαὶ μένον αἰδοῖ οἴκοι ἑκάστη.
Ἔσταν δ' ἐν προθύροισι θεοί, δωτῆρες ἐάων·
ἄσβεστος δ' ἄρ' ἐνῶρτο γέλως μακάρεσσι θεοῖσι
τέχνας εἰσορόωσι πολύφρονος Ἡφαίστοιο.

46. Sur l'infirmité d'Héphaïstos, cf. *Il.* XVIII, 394 sq.

47. Sur cette épithète, une variante métrique de *philommeidês*, « la déesse des sourires », cf. Boedeker, 1974, 32-42.

48. Héphaïstos, dans l'*Odyssée*, est le fils de Zeus et d'Héra, alors que, dans l'*Iliade*, il semble être issu uniquement d'Héra, comme chez Hés., *Th.*, 927.

HÉPHAESTOS. – « Zeus le père et vous tous, éternels Bienheureux ! arrivez ! vous verrez de quoi rire ! un scandale ! C'est vrai : je suis boiteux[46] ; mais la fille de Zeus[47], Aphrodite, ne vit que pour mon déshonneur ; elle aime cet Arès, pour la seule raison qu'il est beau, l'insolent ! qu'il a les jambes droites ! Si je naquis infirme, à qui la faute ? à moi ? ou à mes père et mère[48] ? Ah ! comme ils auraient dû ne pas me mettre au monde ! Mais venez ! vous verrez où nos gens font l'amour : c'est dans mon propre lit ! J'enrage de les voir. Oh ! je crois qu'ils n'ont plus grande envie d'y rester : quelque amour qui les tienne, ils vont bientôt ne plus vouloir dormir à deux. Mais la trappe tiendra le couple sous les chaînes, tant que notre beau-père ne m'aura pas rendu jusqu'au moindre cadeau que je lui consignai pour sa chienne de fille[49] ! La fille était jolie, mais trop dévergondée ! »

Ainsi parlait l'époux, et vers le seuil de bronze, accouraient tous les dieux, et d'abord Posidon, le maître de la terre, puis l'obligeant Hermès, puis Apollon, le roi à la longue portée[50] ; les déesses, avec la pudeur de leur sexe, demeuraient au logis[51]...

Sur le seuil, ils étaient debout, ces Immortels qui nous donnent les biens, et, du groupe de ces Bienheureux, il montait un rire inextinguible[52] : ah ! la belle œuvre d'art de l'habile Héphaestos !

49. Sur le retour des *eedna*, cf. I, 275-278 et note ; II, 196 et note. Pour une discussion de ces vers, voir aussi Snodgrass, 1974, 114-125 ; Finley, 1955, 167-194 ; Perysinakis, 1991, 297-302, et Scheid-Tissinier, 1994.

50. Cette épithète fait allusion aux flèches d'Apollon avec lesquelles le dieu frappe ou repousse de loin.

51. Pour une étude sur l'*aidôs*, « pudeur » dans la pensée grecque, cf. Cairns, 1993.

52. Sur cette expression, cf. *Il.*, I, 599-600. Voir aussi Arnould, 1990, 166-167 et 227.

Ὧδε δέ τις εἴπεσκε ἰδὼν ἐς πλησίον ἄλλον·
ΧΟΡ. — Οὐκ ἀρετᾷ κακὰ ἔργα· κιχάνει τοι βραδὺς ὠκύν·
ὡς καὶ νῦν Ἥφαιστος ἐὼν βραδὺς εἷλεν Ἄρηα,
ὠκύτατόν περ ἐόντα θεῶν, οἳ Ὄλυμπον ἔχουσι,
χωλὸς ἐών, τέχνῃ· τὸ καὶ μοιχάγρι' ὀφέλλει.
Ὣς οἱ μὲν τοιαῦτα πρὸς ἀλλήλους ἀγόρευον·
Ἑρμῆν δὲ προσέειπε ἄναξ, Διὸς υἱός, Ἀπόλλων·
ΑΠΟ. — Ἑρμεία, Διὸς υἱέ, διάκτορε, δῶτορ ἐάων,
ἦ ῥά κεν ἐν δεσμοῖσ' ἐθέλοις κρατεροῖσι πιεσθεὶς
εὕδειν ἐν λέκτροισι παρὰ χρυσῇ Ἀφροδίτῃ;
Τὸν δ' ἠμείβετ' ἔπειτα διάκτορος Ἀργειφόντης·
ΕΡΜ. — Αἲ γὰρ τοῦτο γένοιτο, ἄναξ ἑκατηβόλ' Ἄπολλον·
δεσμοὶ μὲν τρὶς τόσσοι ἀπείρονες ἀμφὶς ἔχοιεν·
ὑμεῖς δ' εἰσορόῳτε θεοὶ πᾶσαί τε θέαιναι·
αὐτὰρ ἐγὼν εὕδοιμι παρὰ χρυσῇ Ἀφροδίτῃ.
Ὣς ἔφατ'· ἐν δὲ γέλως ὦρτ' ἀθανάτοισι θεοῖσιν·
οὐ δὲ Ποσειδάωνα γέλως ἔχε· λίσσετο δ' αἰεὶ
Ἥφαιστον κλυτοεργόν, ὅπως λύσειεν Ἄρηα,
καί μιν φωνήσας ἔπεα πτερόεντα προσηύδα·

ΠΟΣ. — Λῦσον· ἐγὼ δέ τοι αὐτὸν ὑπίσχομαι, ὡς σὺ κελεύ⟨σ⟩εις,
τίσειν αἴσιμα πάντα μετ' ἀθανάτοισι θεοῖσι.
Τὸν δ' αὖτε προσέειπε περικλυτὸς Ἀμφιγυήεις·
ΗΦΑ. — Μή με, Ποσείδαον γαιήοχε, ταῦτα κέλευε.
δειλαί τοι δειλῶν γε καὶ ἐγγύαι ἐγγυάασθαι.
πῶς ἂν ἐγώ σε δέοιμι μετ' ἀθανάτοισι θεοῖσιν,
εἴ κεν Ἄρης οἴχοιτο χρέος καὶ δεσμὸν ἀλύξας;
Τὸν δ' αὖτε προσέειπε Ποσειδάων ἐνοσίχθων·

Se regardant l'un l'autre, ils se disaient entre eux :

LE CHŒUR. – « Le bonheur ne suit pas la mauvaise conduite... Boiteux contre coureur ! Voilà que ce bancal d'Héphaestos prend Arès ! Le plus vite des dieux, des maîtres de l'Olympe, est dupe du boiteux... Il va falloir payer le prix de l'adultère[53]. »

Tels étaient les discours qu'ils échangeaient entre eux. Alors le fils de Zeus, le seigneur Apollon, prit Hermès à partie :

APOLLON. – « Hermès, le fils de Zeus, le porteur de messages, le semeur de richesses, je crois que, volontiers, tu te laisserais prendre sous de pesants réseaux, pour dormir en ce lit de l'Aphrodite d'or[54] ! »

Hermès, le messager rayonnant, de répondre :

HERMÈS. – « Ah ! plût au ciel seigneur à la longue portée ! Qu'on me charge, Apollon ! et trois fois plus encore, de chaînes infinies et venez tous me voir, vous tous, dieux et déesses ; mais que je dorme aux bras de l'Aphrodite d'or ! »

Il disait et le rire éclata chez les dieux. Seul Posidon, sans rire, implorant d'Héphaestos la liberté d'Arès, disait ces mots ailés au glorieux artiste :

POSIDON. – « Lâche-le ! sur ton ordre, il paiera tous les frais : je m'en porte garant devant les Immortels. »

La gloire des boiteux alors lui répondit :

HÉPHAESTOS. – « Pas d'ordres ! Posidon, ô maître de la terre ! car à mauvais payeur, mauvaises garanties ! Devant les Immortels, quel moyen de contrainte aurai-je contre toi, quand Arès envolé oubliera dette et chaînes ? »

Mais l'Ébranleur du sol, Posidon, répliqua :

53. Le renvoi de l'épouse impliquerait une compensation du prix payé pour sa main. Cf. Cantarella, 1964, 199-214.

54. Il est très rare de trouver dans la littérature grecque des textes où Apollon apparaît la plaisanterie à la bouche. Cf. Lesky, 1961, 30-40, et Hart, 1943, 263-278.

ΠΟΣ. — Ἥφαιστ', εἴ περ γάρ κεν Ἄρης χρείως ὑπαλύξας
οἴχηται φεύγων, αὐτός τοι ἐγὼ τάδε τίσω.
Τὸν δ' ἠμείβετ' ἔπειτα περικλυτὸς Ἀμφιγυήεις·
ΗΦΑ. — Οὐκ ἔστ' οὐδὲ ἔοικε τεὸν ἔπος ἀρνήσασθαι.
Ὣς εἰπὼν δεσμὸν ἀνίει μένος Ἡφαίστοιο·
τὼ δ' ἐπεὶ ἐκ δεσμοῖο λύθεν, κρατεροῦ περ ἐόντος,
αὐτίκ' ἀναΐξαντε, ὁ μὲν Θρῄκην δὲ βεβήκει,
ἡ δ' ἄρα Κύπρον ἵκανε φιλομμειδὴς Ἀφροδίτη,
ἐς Πάφον, ἔνθά τέ οἱ τέμενος βωμός τε θυήεις·
ἔνθα δέ μιν Χάριτες λοῦσαν καὶ χρῖσαν ἐλαίῳ
ἀμβρότῳ, οἷα θεοὺς ἐπενήνοθεν αἰὲν ἐόντας,
ἀμφὶ δὲ εἵματα ἕσσαν ἐπήρατα, θαῦμα ἰδέσθαι.
Ταῦτ' ἄρ' ἀοιδὸς ἄειδε περικλυτός· αὐτὰρ Ὀδυσσεὺς
τέρπετ' ἐνὶ φρεσὶ ᾗσιν ἀκούων ἠδὲ καὶ ἄλλοι
Φαίηκες δολιχήρετμοι, ναυσικλυτοὶ ἄνδρες.

Ἀλκίνοος δ' Ἅλιον καὶ Λαοδάμαντα κέλευσε
μουνὰξ ὀρχήσασθαι, ἐπεί σφισιν οὔ τις ἔριζεν.
οἱ δ' ἐπεὶ οὖν σφαῖραν καλὴν μετὰ χερσὶν ἕλοντο,
πορφυρέην, τήν σφιν Πόλυβος ποίησε δαΐφρων,
τὴν ἕτερος ῥίπτασκε ποτὶ νέφεα σκιόεντα
ἰδνωθεὶς ὀπίσω· ὁ δ' ἀπὸ χθονὸς ὑψόσ' ἀερθεὶς
ῥηιδίως μεθέλεσκε, πάρος ποσὶν οὖδας ἱκέσθαι.
Αὐτὰρ ἐπεὶ δὴ σφαίρῃ ἀν' ἰθὺν πειρήσαντο,
ὀρχείσθην δὴ ἔπειτα ποτὶ χθονὶ πουλυβοτείρῃ
ταρφέ' ἀμειβομένω· κοῦροι δ' ἐπελήκεον ἄλλοι
ἑστεῶτες κατ' ἀγῶνα· πολὺς δ' ὑπὸ κόμπος ὀρώρει.
Δὴ τότ' ἄρ' Ἀλκίνοον προσεφώνεε δῖος Ὀδυσσεύς·

55. Cette région sauvage était considérée comme la patrie d'Arès également dans l'*Iliade*, XIII, 301.

56. Aphrodite, dont le nom poétique depuis l'*Iliade* est Kypris, recevait un culte à Chypre et particulièrement à Paphos, raison pour laquelle on plaçait sa résidence sur cette île ; cf. *H. h. Aphr.*, 59. Voir aussi Burkert, 1985, 152-156.

POSIDON. – « Héphaestos, si jamais Arès vient à s'enfuir et à nier sa dette, c'est moi qui te paierai. »

La gloire des boiteux alors lui répondit :

HÉPHAESTOS. – « Je ne puis ni ne veux douter de ta parole. »

Il dit et mit sa force à lever le filet. Le couple, délivré de ces chaînes pesantes, prenait son vol, lui vers la Thrace[55], elle vers Chypre. Elle allait à Paphos[56], l'Aphrodite aux sourires[57] ! retrouver son enclos, l'encens de son autel, et, l'ayant mise au bain, les Grâces la frottaient de cette huile divine qui reluit sur la peau des dieux toujours vivants, puis elles lui passaient une robe charmante, enchantement des yeux !

Voilà ce que chantait le glorieux aède. Ulysse à l'écouter trouvait autant de charme que tous ces armateurs et gens aux longues rames du peuple phéacien.

Alkinoos alors fit danser seul à seul deux de ses fils, Laodamas et Halios : ils étaient hors concours. Ils prirent à deux mains un beau ballon de pourpre que, pour eux, avait fait Polybe, un habile homme : échine renversée, quand l'un d'eux l'envoyait jusqu'aux sombres nuées, l'autre, sautant en l'air, le recevait au vol, avant de retoucher le sol de ses deux pieds. Puis, ayant terminé ces jeux de haute balle, ils dansèrent au ras de la terre nourrice, en rapides croisés, et, debout dans l'arène, les autres jeunes gens leur battaient la cadence : quel bruit il en montait !

Ulysse le divin dit à Alkinoos :

57. En grec *philommeides*. Cette épithète soulignant la séduction qui émane de la déesse serait forgée sur *philô* et *meidiaô*. Cependant, les Anciens connaissaient une autre épithète, *philommêdês* (Hés., *Th.*, 200), qui rappelait ses origines. En effet, Aphrodite était née des *medea* ou du sexe de Cronos. Voir West, 1971, *ad Hes. Th.* 200, et Chantraine, *DE*, s. v. *meidiaô*.

ΟΔΥ. — Ἀλκίνοε κρεῖον, πάντων ἀριδείκετε λαῶν,
ἠμὲν ἀπείλησας βητάρμονας εἶναι ἀρίστους·
ἠδ' ἄρ' ἑτοῖμα τέτυκτο· σέβας μ' ἔχει εἰσορόωντα.
Ὣς φάτο· γήθησεν δ' ἱερὸν μένος Ἀλκινόοιο,
αἶψα δὲ Φαιήκεσσι φιληρέτμοισι μετηύδα·
ΑΛΚ. — Κέκλυτε, Φαιήκων ἡγήτορες ἠδὲ μέδοντες·
ὁ ξεῖνος μάλα μοι δοκέει πεπνυμένος εἶναι.
ἀλλ' ἄγε οἱ δῶμεν ξεινήιον, ὡς ἐπιεικές·
δώδεκα γὰρ κατὰ δῆμον ἀριπρεπέες βασιλῆες
ἀρχοὶ κραίνουσι, τρισκαιδέκατος δ' ἐγὼ αὐτός·
τῶν οἱ ἕκαστος φᾶρος ἐυπλυνὲς ἠδὲ χιτῶνα
καὶ χρυσοῖο τάλαντον ἐνείκατε τιμήεντος·
αἶψα δὲ πάντα φέρωμεν ἀολλέα, ὄφρ' ἐνὶ χερσὶ
ξεῖνος ἔχων ἐπὶ δόρπον ἴῃ χαίρων ἐνὶ θυμῷ·
Εὐρύαλος δέ μιν αὐτὸ⟨ς⟩ ἀρεσσάσθω ἐπέεσσι
καὶ δώρῳ, ἐπεὶ οὔ τι ἔπος κατὰ μοῖραν ἔειπεν.
Ὣς ἔφαθ'· οἱ δ' ἄρα πάντες ἐπῄνεον ἠδὲ κέλευον,
δῶρα δ' ἄρ' οἰσέμεναι πρόεσαν κήρυκα ἕκαστος.
Τὸν δ' αὖτ' Εὐρύαλος ἀπαμείβετο φώνησέν τε·
ΕΥΡ. — Ἀλκίνοε κρεῖον, πάντων ἀριδείκετε λαῶν,
τοὶ γὰρ ἐγὼ τὸν ξεῖνον ἀρέσσομαι, ὡς σὺ κελεύεις·
δώσω οἱ τόδ' ἄορ παγχάλκεον, ᾧ ἔπι κώπη
ἀργυρέη, κολεὸν δὲ νεοπρίστου ἐλέφαντος
ἀμφιδεδίνηται· πολέος δέ οἱ ἄξιον ἔσται.
Ὣς εἰπὼν ἐν χερσὶ τίθει ξίφος ἀργυρόηλον,
καί μιν φωνήσας ἔπεα πτερόεντα προσηύδα·
ΕΥΡ. — Χαῖρε, πατ⟨ὴ⟩ρ ὦ ξεῖνε· ἔπος δ' εἴ πέρ τι βέβακται
δεινόν, ἄφαρ τὸ φέροιεν ἀναρπάξασαι ἄελλαι·
σοὶ δὲ θεοὶ ἄλοχον ἰδέειν καὶ πατρίδ' ἱκέσθαι
δοῖεν, ἐπεὶ δὴ δηθὰ φίλων ἄπο πήματα πάσχεις.

Ulysse. – « Seigneur Alkinoos, l'honneur de tout ce peuple, tu m'avais dit combien excellent vos danseurs ; mais la preuve en est faite et leur vue me confond. »

Cet éloge remplit de joie Sa Sainte Force. Aussitôt, à ses bons rameurs de Phéacie, Alkinoos de dire :

Alkinoos. – « Doges et conseillers de Phéacie, deux mots. Notre hôte m'apparaît tout rempli de sagesse. Allons ! comme d'usage, offrons-lui les présents de l'hospitalité ! Nous avons douze rois de marque dans ce peuple, douze chefs souverains, et je suis le treizième : que chacun fasse donc apporter une écharpe tout fraîchement lavée, une robe, un talent de son or le plus fin[58] ; sans retard, à notre hôte offrons le tout ensemble ; c'est d'un cœur plus joyeux qu'ayant nos dons en mains, il rentrera souper. Mais Euryale aussi, pour ses mots malsonnants, devra lui présenter un don et des excuses ! »

Il dit ; tous d'applaudir et de donner les ordres, et chacun au logis envoya son héraut pour chercher son présent. Euryale, à son tour, lui fit cette réponse :

Euryale. – « Seigneur Alkinoos, l'honneur de tout ce peuple, j'obéis à ton ordre et vais, pour apaiser notre hôte, lui donner ce glaive tout en bronze ; la poignée est d'argent ; la gaine est d'un ivoire qui vient d'être scié : il saura l'estimer à sa valeur, je pense. »

Il dit et déposa entre les mains d'Ulysse le glaive aux clous d'argent, puis reprit la parole et dit ces mots ailés :

Euryale. – « Avec tous mes souhaits, l'étranger, notre père ! S'il te fut adressé quelque mot violent, que le prenne et l'emporte aussitôt la bourrasque ! et que les Immortels t'accordent la faveur de rentrer au pays, de revoir ton épouse, après avoir souffert si longtemps loin des tiens ! »

58. Il est impossible de préciser à quel système pondéral le poète fait allusion. Depuis l'époque archaïque, deux systèmes coexistent en Grèce : l'euboïque et l'éginète où un talent pèse respectivement 25,86 kg et 37,80 kg.

Τὸν δ' ἀπαμειβόμενος προσέφη πολύμητις Ὀδυσσεύς·
ΟΔΥ. — Καὶ σύ, φίλος, μάλα χαῖρε· θεοὶ δέ τοι ὄλβια δοῖεν·
μηδέ τί τοι ξίφεός γε ποθὴ μετόπισθε γένοιτο
τούτου, ὃ δή μοι δῶκας ἀρεσσάμενος ἐπέεσσιν.
Ἦ ῥα καὶ ἀμφ' ὤμοισι θέτο ξίφος ἀργυρόηλον·
δύσετό τ' ἠέλιος, καὶ τῷ κλυτὰ δῶρα παρῆεν,
καὶ τά γ' ἐς Ἀλκινόοιο φέρον κήρυκες ἀγαυοί·
δεξάμενοι δ' ἄρα παῖδες ἀμύμονος Ἀλκινόοιο
μητρὶ παρ' αἰδοίῃ ἔθεσαν περικαλλέα δῶρα.
τοῖσιν δ' ἡγεμόνευ' ἱερὸν μένος Ἀλκινόοιο·
ἐλθόντες δὲ κάθιζον ἐν ὑψηλοῖσι θρόνοισι.
Δή ῥα τότ' Ἀρήτην προσέφη μένος Ἀλκινόοιο·
ΑΛΚ. — Δεῦρο, γύναι, φέρε χηλὸν ἀριπρεπέ', ἥ τις ἀρίστη·
ἐν δ' αὐτὴ θὲς φᾶρος ἐϋπλυνὲς ἠδὲ χιτῶνα·
ἀμφὶ δέ οἱ πυρὶ χαλκὸν ἰήνατε, θέρμετε δ' ὕδωρ,
ὄφρα λοεσσάμενός τε ἰδών τ' εὖ κείμενα πάντα
δῶρα, τά οἱ Φαίηκες ἀμύμονες ἐνθάδ' ἔνεικαν,
δαιτί τε τέρπηται καὶ ἀοιδῆς ὕμνον ἀκούων.
καί οἱ ἐγὼ τόδ' ἄλεισον ἐμὸν περικαλλὲς ὀπάσσω,
χρύσεον, ὄφρ' ἐμέθεν μεμνημένος ἤματα πάντα
σπένδῃ ἐνὶ μεγάρῳ Διί τ' ἄλλοισίν τε θεοῖσιν.
Ὣς ἔφατ'· Ἀρήτη δὲ μετὰ δμῳῇσιν ἔειπεν
ἀμφὶ πυρὶ στῆσαι τρίποδα μέγαν ὅττι τάχιστα·
αἱ δὲ λοετροχόον τρίποδ' ἵστασαν ἐν πυρὶ κηλέῳ,
ἐν δ' ἄρ' ὕδωρ ἔχεον, ὑπὸ δὲ ξύλα δαῖον ἑλοῦσαι.
γάστρην μὲν τρίποδος πῦρ ἄμφεπε· θέρμετο δ' ὕδωρ·
τόφρα δ' ἄρ' Ἀρήτη ξείνῳ περικαλλέα χηλὸν
ἐξέφερεν θαλάμοιο, τίθει δ' ἐνὶ κάλλιμα δῶρα,
ἐσθῆτα χρυσόν τε, τά οἱ Φαίηκες ἔδωκαν·

Ulysse l'avisé lui fit cette réponse :

Ulysse. – « Accepte aussi mes vœux : que les dieux, mon ami, te comblent de bonheur, et, puisque avec des mots qui nous réconcilient, tu me donnes ce glaive, puisses-tu n'en avoir jamais aucun regret ! »

Il disait et passait autour de son épaule le glaive aux clous d'argent.

Au coucher du soleil, les présents étaient là et les nobles hérauts les portaient chez le roi. Les fils de l'éminent Alkinoos prenaient ces cadeaux magnifiques, pour les poser auprès de leur auguste mère. Sa Force et Sainteté leur montrait le chemin. On rentra : dans les hauts fauteuils, on fut s'asseoir.

Sa Force Alkinoos, appelant Arété :

Alkinoos. – « Femme, prends le meilleur de nos coffres de luxe et mets-y pour ton compte une robe, une écharpe tout fraîchement lavée ; puis, sur le feu, posez à chauffer la bassine, et, quand l'eau sera chaude, que notre hôte aille au bain ! Je veux qu'à son retour, voyant en sûreté les présents qu'il reçut de nos rois phéaciens, il goûte mieux encore le festin et les chants que nous dira l'aède. Pour mon cadeau, voici ma belle coupe en or, afin qu'à tout jamais, il garde ma mémoire lorsque, dans sa grand-salle, il boira soit à Zeus, soit à quelque autre dieu. »

Il disait : Arété donna l'ordre à ses femmes de mettre au feu le grand trépied tout à l'instant. Sur la flamme avivée, les servantes plantèrent le trépied chauffe-bain et, l'ayant rempli d'eau, entassèrent dessous les bûches à flamber, et bientôt l'eau chauffa dans la panse du vase, que la flamme léchait. Mais la reine Arété apportait du trésor son coffre le plus beau, qu'elle offrit à son hôte, puis déposait au fond les cadeaux magnifiques, les vêtements et l'or, présents des Phéaciens, ajoutait pour son

ἐν δ' αὐτῇ φᾶρος θῆκεν καλόν τε χιτῶνα
καί μιν φωνήσασ' ἔπεα πτερόεντα προσηύδα·
ΑΡΗ. — Αὐτὸς νῦν ἴδε πῶμα, θοῶς δ' ἐπὶ δεσμὸν ἴηλον,
μή τίς τοι καθ' ὁδὸν δηλήσεται, ὁππότ' ἂν αὖτε
εὕδησθα γλυκὺν ὕπνον ἰὼν ἐν νηὶ μελαίνῃ.
Αὐτὰρ ἐπεὶ τό γ' ἄκουσε πολύτλας δῖος Ὀδυσσεύς,
αὐτίκ' ἐπήρτυε πῶμα, θοῶς δ' ἐπὶ δεσμὸν ἴηλε
ποικίλον, ὅν ποτέ μιν δέδαε φρεσὶ πότνια Κίρκη.
αὐτόδιον δ' ἄρα μιν ταμίη λούσασθαι ἀνώγει
εἰς ἀσάμινθον βάνθ'· ὁ δ' ἄρ' ἀσπάσι(ο)ς ἴδε θυμῷ
θερμὰ λοέτρ', ἐπεὶ οὔ τι κομιζόμενός γε θάμιζεν,
ἐπεὶ δὴ λίπε δῶμα Καλυψοῦς ἠυκόμοιο·
τόφρα δέ οἱ κομιδή γε θεῷ ὣς ἔμπεδος ἦεν.
Τὸν δ' ἐπεὶ οὖν δμφαὶ λοῦσαν καὶ χρῖσαν ἐλαίῳ,
ἀμφὶ δέ μιν χλαῖναν καλὴν βάλον ἠδὲ χιτῶνα,
ἔκ ῥ' ἀσαμίνθου βὰς ἄνδρας μέτα οἰνοποτῆρας
ἤιε· Ναυσικάα δὲ θεῶν ἄπο κάλλος ἔχουσα
στῆ ῥα παρὰ σταθμὸν τέγεος πύκα ποιητοῖο,
θαύμαζεν δ' Ὀδυσῆα ἐν ὀφθαλμοῖσιν ὁρῶσα
καί μιν φωνήσασ' ἔπεα πτερόεντα προσηύδα·
ΝΑΥ. — Χαῖρε, ξεῖν', ἵνα καί ποτ' ἐὼν ἐν πατρίδι γαίῃ
μνήσῃ ἐμεῦ, ὅτι μοι πρώτῃ ζῳάγρι' ὀφέλλεις.
Τὴν δ' ἀπαμειβόμενος προσέφη πολύμητις Ὀδυσσεύς·
ΟΔΥ. — Οὕτω νῦν Ζεὺς θείη, ἐρίγδουπος πόσις Ἥρης,
οἴκαδέ τ' ἐλθέμεναι καὶ νόστιμον ἦμαρ ἰδέσθαι.
τῷ κέν τοι καὶ κεῖθι θεῷ ὣς εὐχετοφμην
αἰεὶ ἤματα πάντα· σὺ γάρ μ' ἐβιώσαο, κούρη.

vers 464 : Ναυσικάα, θύγατερ μεγαλήτορος Ἀλκινόοιο

compte une écharpe avec la plus belle de ses robes, et disait, élevant la voix, ces mots ailés à l'adresse d'Ulysse :

ARÉTÉ. – « Vite ! à toi maintenant de veiller au couvercle et d'y mettre le nœud : il ne faut pas qu'en route, à bord du noir vaisseau, on te trompe à nouveau[59] lorsque tu dormiras du plus doux des sommeils. »

Le héros d'endurance, Ulysse le divin, eut à peine entendu qu'ajustant le couvercle il y mettait un nœud dont l'auguste Circé lui avait autrefois enseigné le secret. L'intendante aussitôt vint l'inviter au bain. Il fut à la baignoire : en voyant ce bain chaud, quelle joie dans son cœur ! il n'avait pas donné grand temps à sa toilette, depuis qu'il n'était plus là-bas chez Calypso, la nymphe aux beaux cheveux : ah ! là-bas ! il avait tout le confort d'un dieu !

Les femmes, l'ayant mis au bain et frotté d'huile, le vêtirent d'un beau manteau et d'une robe. Sorti de la baignoire, il allait retrouver les héros qui buvaient, lorsque Nausicaa, que les dieux faisaient belle, se dressa au montant de l'épaisse embrasure, et ses yeux étonnés fixant les yeux d'Ulysse, elle éleva la voix et dit ces mots ailés :

NAUSICAA. – « Bon voyage, notre hôte ! au pays de tes pères, quand tu seras rentrée, garde mon souvenir ! car c'est à moi d'abord que devrait revenir le prix de ton salut. »

Ulysse l'avisé lui fit cette réponse :

ULYSSE. – « Nausicaa, la fille du fier Alkinoos ! fasse l'époux d'Héra, le Zeus retentissant, qu'en mon logis, je voie la journée du retour, aussi vrai que mes vœux, quand je serai là-bas, te resteront fidèles : tu me seras un dieu, tous les jours d'une vie que je te dois, ô vierge ! »

59. Anticipation probable du récit qui raconte le séjour d'Ulysse chez Éole (X, 31 sq.).

Ἦ ῥα καὶ ἐς θρόνον ἷζε παρ' Ἀλκίνοον βασιλῆα.
οἱ δ' ἤδη μοίρας τε νέμον κερόωντό τε οἶνον.
κῆρυξ δ' ἐγγύθεν ἦλθεν ἄγων ἐρίηρον ἀοιδόν,
Δημόδοκον λαοῖσι τετιμένον, εἷσε δ' ἄρ' αὐτὸν
μέσσῳ δαιτυμόνων, πρὸς κίονα μακρὸν ἐρείσας.
Δὴ τότε κήρυκα προσέφη πολύμητις Ὀδυσσεύς,
νώτου ἀπὸ προταμών, ἐπὶ δὲ πλεῖον ἐλέλειπτο,
ἀργιόδοντος ὑός· θαλερὴ δ' ἦν ἀμφὶς ἀλοιφή·

ΟΔΥ. — Κῆρυξ, τῆ δή· τοῦτο πόρε κρέας, ὄφρα φάγῃσι,
Δημοδόκῳ, καί μιν προσπτύξομαι ἀχνύμενός περ·
πᾶσι γὰρ ἀνθρώποισιν ἐπιχθονίοισιν ἀοιδοὶ
τιμῆς ἔμμοροί εἰσι καὶ αἰδοῦς, οὕνεκ' ἄρά σφεας
οἴμας Μοῦσ' ἐδίδαξε, φίλησε δὲ φῦλον ἀοιδῶν.
Ὣς ἄρ' ἔφη· κῆρυξ δὲ φέρων ἐν χερσὶν ἔθηκεν
ἥρωι Δημοδόκῳ· ὁ δ' ἐδέξατο, χαῖρε δὲ θυμῷ.
οἱ δ' ἐπ' ὀνείαθ' ἑτοῖμα προκείμενα χεῖρας ἴαλλον.
Αὐτὰρ ἐπεὶ πόσιος καὶ ἐδητύος ἐξ ἔρον ἕντο,
δὴ τότε Δημόδοκον προσέφη πολύμητις Ὀδυσσεύς·

ΟΔΥ. — Δημόδοκ', ἔξοχα δή σε βροτῶν αἰνίζομ' ἁπάντων.
ἢ σέ γε Μοῦσ' ἐδίδαξε, Διὸς παῖς, ἢ σέ γ' Ἀπόλλων.
λίην γὰρ κατὰ κόσμον Ἀχαιῶν οἶτον ἀείδεις,
[ὅσσ' ἔρξάν τ' ἔπαθόν τε καὶ ὅσσ' ἐμόγησαν Ἀχαιοί,]
ὥς τέ που ἢ' αὐτὸς παρεὼν ἢ' ἄλλου ἀκούσας.
ἀλλ' ἄγε δὴ μετάβηθι καὶ ἵππου κόσμον ἄεισον,
[δουρατέου, τὸν Ἐπειὸς ἐποίησεν σὺν Ἀθήνῃ,]
ὅν ποτ' ἐς ἀκρόπολιν δόλῳ ἤγαγε δῖος Ὀδυσσεύς,

60. Ulysse honore l'aède en lui offrant le meilleur morceau de viande, c'est-à-dire le filet, comme Ménélas l'a fait à l'égard de Télémaque. Cf. Pucci, 1995, 306.

Il dit et s'en alla reprendre son fauteuil auprès d'Alkinoos.

Comme on tranchait les parts et qu'on mêlait le vin, le héraut reparut, menant le brave aède, Démodocos, que tout ce peuple révérait ; il s'en vint l'installer au centre du festin, le fauteuil adossé à la haute colonne.

Ulysse l'avisé appela le héraut, puis, taillant au filet d'un porc aux blanches dents un morceau que bardait une abondante graisse, – le plus gros y restait :

ULYSSE. – « Héraut, prends cette part et la porte à l'aède ! qu'il mange[60] ! et dis-lui bien que, malgré mon chagrin, je veux le saluer ! Il n'est homme ici-bas qui ne doive aux aèdes l'estime et le respect : car n'apprennent-ils pas de la Muse leurs pièces ? la Muse qui chérit la race des chanteurs ! »

Il dit : prenant la viande en ses mains, le héraut s'en fut l'offrir à son seigneur Démodocos, et ce don mit la joie dans le cœur de l'aède. Alors, aux parts de choix préparées et servies, ils tendirent les mains.

Quand on eut satisfait la soif et l'appétit, Ulysse l'avisé dit à Démodocos :

ULYSSE. – « C'est toi, Démodocos, que, parmi les mortels, je révère entre tous, car la fille de Zeus, la Muse, fut ton maître, ou peut-être Apollon[61] ! Quand tu chantes si bien le sort des Achéens, leurs maux et leurs exploits et toutes leurs traverses, l'as-tu vu de tes yeux ou par les yeux d'un autre ? Mais poursuis ! et dis-nous l'histoire du cheval de bois[62], que fit avec Épeios[63] Athéna, et comment le divin Ulysse introduisit ce piège dans la

61. Apollon est le maître des harmonies, celui que les Muses accompagnent comme un chœur. Selon Hés., *Th.*, 94-95, « c'est par les Muses et par l'archer Apollon qu'il est sur terre des chanteurs et des citharistes ».

62. Dans l'*Iliade*, il n'est pas question de cette ruse qui permit aux Achéens de prendre Troie. Cet épisode était raconté dans la *Petite Iliade* et dans l'*Iliou persis*. Cf. Hainsworth, *ad v.* 492-493.

63. Personnage apparaissant également dans la *Petite Iliade*.

ἀνδρῶν ἐμπλήσας οἳ Ἴλιον ἐξαλάπαξαν.
αἴ κεν δή μοι ταῦτα κατὰ μοῖραν καταλέξῃς,
αὐτίκ' ἐγὼ πᾶσιν μυθήσομαι ἀνθρώποισιν
ὡς ἄρα τοι πρόφρων θεὸς ὤπασε θέσπιν ἀοιδήν.
Ὣς φάθ'· ὁ δ' ὁρμηθεὶς θεοῦ ἤρχε⟨θ', ὑ⟩φαινε δ' ἀοιδήν,
ἔνθεν ἑλὼν ὡς οἱ μὲν ἐυσσέλμων ἐπὶ νηῶν
βάντες ἀπέπλειον, πῦρ ἐν κλισίῃσι βαλόντες,
Ἀργεῖοι· τοὶ δ' ἤδη ἀγακλυτὸν ἀμφ' Ὀδυσῆα
εἵατ' ἐνὶ Τρώων ἀγορῇ κεκαλυμμένοι ἵππῳ·
αὐτοὶ γάρ μιν Τρῶες ἐς ἀκρόπολιν ἐρύσαντο·
ὣς ὁ μὲν ἑστήκει· τοὶ δ' ἄκριτα πόλλ' ἀγόρευον
ἥμενοι ἀμφ' αὐτόν· τρίχα δέ σφισι ἥνδανε βουλή,
ἠὲ διαπλῆξαι κοῖλον δόρυ νηλέι χαλκῷ,
ἢ κατὰ πετράων βαλέειν ἐρύσαντας ἐπ' ἄκρης,
ἢ' ἐάαν μέγ' ἄγαλμα θεῶν θελκτήριον εἶναι·
τῇ περ δὴ καὶ ἔπειτα τελευτήσεσθαι ἔμελλεν·
αἶσα γὰρ ἦν ἀπολέσθαι, ἐπὴν πόλις ἀμφικαλύψῃ
δουράτεον μέγαν ἵππον, ὅθ' εἵατο πάντες ἄριστοι
Ἀργείων Τρώεσσι φόνον καὶ κῆρα φέροντες.
ἤειδεν δ' ὡς ἄστυ διέπραθον υἷες Ἀχαιῶν
ἱππόθεν ἐκχύμενοι, κοῖλον λόχον ἐκπρολιπόντες·
ἄλλον δ' ἄλλῃ ἄειδε πόλιν κεραϊζέμεν αἰπύν,
αὐτὰρ Ὀδυσσῆα προτὶ δώματα Δηιφόβοιο
βήμεναι, ἠΰτ' Ἄρηα, σὺν ἀντιθέῳ Μενελάῳ·
κεῖθι δὴ αἰνότατον πόλεμον φάτο τολμήσαντα
νικῆσαι καὶ ἔπειτα διὰ μεγάθυμον Ἀθήνην.
ταῦτ' ἄρ' ἀοιδὸς ἄειδε περικλυτός. αὐτὰρ Ὀδυσσεὺς
τήκετο, δάκρυ δ' ἔδευεν ὑπὸ βλεφάροισι παρειάς.
ὡς δὲ γυνὴ κλαίῃσι φίλον πόσιν ἀμφιπεσοῦσα,
ὃς προπάροιθεν ἑῆς πόλιος λαῶν τε πέσῃσι,
ἄστεϊ καὶ τεκέεσσιν ἀμύνων νηλεὲς ἦμαρ·
ἡ μὲν τὸν θνῄσκοντα καὶ ἀσπαίροντα ἰδοῦσα

64. La dispute concernant le cheval en bois était racontée dans l'*Iliou persis*. Sur cet épisode, cf. Andersen, 1977, 7-18.

ville, avec son chargement des pilleurs d'Ilion ! Si tu peux tout au long nous conter cette histoire, j'irai dire partout qu'un dieu, qui te protège, dicte ton chant divin. »

Il eut à peine dit que, sous l'élan du dieu, l'aède préludait, puis leur tissait son hymne. Il avait pris la scène au point où ceux d'Argos, ayant incendié leurs tentes, s'éloignaient sur les bancs de leur flotte ; mais déjà, aux côtés du glorieux Ulysse, les chefs étaient à Troie, cachés dans le cheval que les Troyens avaient tiré sur l'acropole. Le cheval était là, debout, sur l'agora ; assis autour de lui, les Troyens discouraient pêle-mêle, sans fin, sans pouvoir entre trois avis se décider : les uns auraient voulu, d'un bronze sans pitié, éventrer ce bois creux, et d'autres le tirer jusqu'au bord de la roche pour le précipiter, et d'autres le garder comme une grande offrande qui charmerait les dieux[64]. C'est par là qu'après tout, ils devaient en finir : leur perte était fatale, du jour que leur muraille avait emprisonné ce grand cheval de bois, où tous les chefs d'Argos apportaient aux Troyens le meurtre et le trépas... Et l'aède chanta la ville ravagée, et jaillis du cheval, les Achéens quittant le creux de l'embuscade, et chacun d'eux pillant son coin de ville haute, et, brave comme Arès, Ulysse accompagnant le divin Ménélas jusque chez Déiphobe[65], et tous deux affrontant la plus dure des luttes et devant leur victoire au grand cœur d'Athéna.

Mais, tandis que chantait le glorieux aède, Ulysse faiblissait : les larmes inondaient ses joues sous ses paupières. La femme pleure ainsi, jetée sur son époux, quand il tombe au-devant des murs et de son peuple, pour écarter de sa cité, de ses enfants, la journée sans merci ; elle le voit qui meurt, qui déjà se convulse ; elle

65. Après la mort d'Alexandre, Hélène aurait épousé Déiphobe, fils de Priam et d'Hécube. Cet épisode serait raconté dans la *Petite Iliade*.

ἀμφ' αὐτῷ χυμένη λίγα κωκύει· οἱ δέ τ' ὄπισθε
κόπτοντες δούρεσσι μετάφρενον ἠδὲ καὶ ὤμους
εἴρερον εἰς ἀνάγουσι, πόνον τ' ἐχέμεν καὶ ὀιζύν·
τῆς δ' ἐλεεινοτάτῳ ἄχεϊ φθινύθουσι παρειαί·
ὣς Ὀδυσεὺς ἐλεεινὸν ὑπ' ὀφρύσι δάκρυον εἶβεν.]

Ἔνθ' ἄλλους μὲν πάντας ἐλάνθανε δάκρυα λείβων·
Ἀλκίνοος δέ μιν οἶος ἐπεφράσατ' ἠδὲ νόησεν
ἥμενος ἄγχ' αὐτοῦ, βαρὺ δὲ στενάχοντος ἄκουσεν,
αἶψα δὲ Φαιήκεσσι φιληρέτμοισι μετηύδα·
ΑΛΚ. — Κέκλυτε, Φαιήκων ἡγήτορες ἠδὲ μέδοντες·
Δημόδοκος δ' ἤδη σχεθέτω φόρμιγγα λίγειαν·
οὐ γάρ πως πάντεσσι χαριζόμενος τάδ' ἀείδει.
ἐξ οὗ δορπέομέν τε καὶ ὤρορε θεῖος ἀοιδός,
ἐκ τοῦδ' οὔ πω παύσατ' ὀιζυροῖο γόοιο
ὁ ξεῖνος· μάλα πού μιν ἄχος φρένας ἀμφιβέβηκεν.
ἀλλ' ἄγ' ὁ μὲν σχεθέτω, ἵν' ὁμῶς τερπώμεθα πάντες,
ξεινοδόκοι καὶ ξεῖνος, ἐπεὶ πολὺ κάλλιον οὕτως·
εἵνεκα γὰρ ξείνοιο τάδ' αἰδοίοιο [τέτυκται,
πομπὴ καὶ φίλα δῶρα, τά οἱ δίδομεν φιλέοντες.
ἀντὶ κασιγνήτου ξεῖνός θ' ἱκέτης τε]τέτυκται
[ἀνέρι, ὅς τ' ὀλίγον περ ἐπιψαύῃ πραπίδεσσι].
τὼ νῦν μηδὲ σὺ κεῦθε νοήμασι κερδαλέοισιν
ὅττι κέ σ' εἴρωμαι· φάσθαι δέ σε κάλλιόν ἐστι.
[εἴπ' ὄνομ' ὅττι σε κεῖθι κάλεον μήτηρ τε πατήρ τε
ἄλλοι θ' οἳ κατὰ ἄστυ καὶ οἳ περιναιετάουσιν·
οὐ μὲν γάρ τις πάμπαν ἀνώνυμός ἐστ' ἀνθρώπων,
οὐ κακὸς οὐδὲ μὲν ἐσθλός, ἐπὴν τὰ πρῶτα γένηται,
ἀλλ' ἐπὶ πᾶσι τίθενται, ἐπεί κε τέκωσι, τοκῆες.
εἰπὲ δέ μοι γαῖάν τε τεὴν δῆμόν τε πόλιν τε,
ὄφρά σε τῇ πέμπωσι τιτυσκόμεναι φρεσὶ νῆες·

s'attache à lui, et crie, et se lamente, et voici, dans son dos, les lances ennemies qui viennent lui tailler la nuque et les épaules ! et voici l'esclavage et ses dures misères ! et les affres du deuil lui ravagent les joues[66]. Tels, les pleurs de pitié tombaient des yeux d'Ulysse.

À toute l'assistance, il put cacher ses larmes. Le seul Alkinoos s'en douta, puis les vit – ils siégeaient côte à côte –, et l'entendit enfin lourdement sangloter.

Vite, il dit à ses bons rameurs de Phéacie :

ALKINOOS. – « Doges et conseillers de Phéacie, deux mots. C'est assez pour l'aède ! laisse, ô Démodocos, la cithare au chant clair ! Car peut-être ces chants ne plaisent pas à tous. Je vois qu'en ce repas, les sanglots de douleur n'ont pas quitté notre hôte, depuis que s'est levé notre aède divin : il faut qu'un grand chagrin ait envahi son âme ! Donc, assez pour l'aède ! inviteur, invités, je veux la joie de tous : n'est-ce pas mieux ainsi ?

Si nous sommes ici, c'est pour fêter notre hôte. Tout est prêt maintenant, le départ, les cadeaux qu'à l'ami nous offrons : l'hôte et le suppliant ne sont-ils pas des frères, pour peu que l'on conserve au cœur quelque sagesse ?

Mais à ton tour, mon hôte, il faut ne rien cacher : sans feinte, réponds-moi ; rien ne vaut la franchise. Dis-nous quel est le nom que là-bas te donnaient et ton père et ta mère et tous ceux de ta ville et de vos alentours ; car jamais on ne vit qu'un homme fût sans nom ; qu'on soit noble ou vilain, chacun en reçoit un le jour de sa naissance ; aux enfants sitôt nés, c'est le don des parents. Dis-nous quelle est ta terre et ton peuple et la ville, où devront te porter nos vaisseaux phéaciens qui, doués de

66. Sur cette image et sur les pleurs d'Ulysse, cf. Griffin, 1976, 161-187 ; Monsacré, 1984, 152 sq. ; Pucci, 1979, 126 et 1995, 304-307.

οὐ γὰρ Φαιήκεσσι κυβερνητῆρες ἔασιν,
οὐδέ τι πηδάλι' ἔστι, τά τ' ἄλλαι νῆες ἔχουσιν·
ἀλλ' αὐταὶ ἴσασι νοήματα καὶ φρένας ἀνδρῶν
καὶ πάντων ἴσασι πόλιας καὶ πίονας ἀγροὺς 560
ἀνθρώπων καὶ λαῖτμα τάχισθ' ἁλὸς ἐκπερόωσιν
ἠέρι καὶ νεφέλῃ κεκαλυμμέναι· οὐδέ ποτέ σφιν
οὔτέ τι πημανθῆναι ἔπι δέος οὔτ' ἀπολέσθαι. 563

ἀλλ' ἄγε μοι τόδε εἰπὲ καὶ ἀτρεκέως κατάλεξον, 572
ὅππῃ ἀπεπλάγχθης τε καὶ ἅς τινας ἵκεο χώρας
ἀνθρώπων, αὐτούς τε πόλιάς τ' εὐναιετοώσας· 574
εἰπὲ δ' ὅ τι κλαίεις καὶ ὀδύρεαι ἔνδοθι θυμῷ 577
Ἀργείων Δαναῶν ἠδ' Ἰλίου οἶτον ἀκούων·
τὸν δὲ θεοὶ μὲν τεῦξαν, ἐπεκλώσαντο δ' ὄλεθρον
ἀνθρώποισ', ἵνα ᾖσι καὶ ἐσσομένοισιν ἀοιδή. 580
ἦ τίς τοι καὶ πηὸς ἀπέφθιτο Ἰλιόθι πρό,
ἐσθλὸς ἐών, γαμβρὸς ἢ πενθερός, οἵ τε μάλιστα
κήδιστοι τελέθουσι μεθ' αἷμά τε καὶ γένος αὐτῶν;
ἦ που τις καὶ ἑταῖρος ἀνὴρ κεχαρισμένα εἰδώς,
ἐσθλός; ἐπεὶ οὐ μέν τι κασιγνήτοιο χερείων 585
γίνεται ὅς κεν ἑταῖρος ἐὼν πεπνυμένα εἰδῇ.]

vers 564 : ἀλλὰ τόδ' ὥς ποτε πατρὸς ἐγὼ εἰπόντος ἄκουσα
565 : Ναυσιθόου, ὃς ἔφασκε Ποσειδάων' ἀγάσεσθαι
566 : ἡμῖν, οὕνεκα πομποὶ ἀπήμονές εἰμεν ἁπάντων.
567 : φῆ ποτε Φαιήκων ἀνδρῶν εὐεργέα νῆα
568 : ἐκ πομπῆς ἀνιοῦσαν ἐν ἠεροειδέι πόντῳ
569 : ῥαίσεσθαι, μέγα δ' ἧμιν ὄρος πόλει ἀμφικαλύψειν
570 : ὣς ἀγόρευ' ὁ γέρων· τὰ δέ κεν θεὸς ἢ τελέσειεν
571 : ἤ κ' ἀτέλεστ' εἴη, ὥς οἱ φίλον ἔπλετο θυμῷ
vers 575 : ἡμὲν ὅσοι χαλεποί τε καὶ ἄγριοι οὐδὲ δίκαιοι,
576 : οἵ τε φιλόξεινοι καὶ σφιν νόος ἐστὶ θεουδής

raison, voguent sans le pilote et sans le gouvernail qu'ont les autres navires ; ils savent deviner, d'eux-mêmes, les désirs et les pensées des hommes ; connaissant les cités et les grasses campagnes du monde tout entier, ils font leurs traversées sur le gouffre des mers, sans craindre ni la moindre avarie ni la perte dans les brumes et les nuées qui les recouvrent... Mais voici quel avis autrefois me donna Nausithoos mon père : Posidon, disait-il, nous en voudrait un jour de notre renommée d'infaillibles passeurs et, lorsque rentrerait de quelque reconduite un solide croiseur du peuple phéacien, le dieu le briserait dans la brume des mers, puis couvrirait le bourg du grand mont qui l'encercle[67]. Ces discours de vieillard, en verrons-nous l'effet ? resteront-ils sans suite ? C'est le secret des dieux. Mais, voyons, point par point, sans feinte, conte-moi les lieux où tu erras, les contrées que tu vis, les mœurs des habitants, la beauté de leurs villes ! étaient-ce des sauvages, des bandits sans justice, ou des gens accueillants, qui respectent les dieux ? Dis-moi pourquoi ces pleurs ? et pourquoi ce chagrin, qui remplissait ton âme en entendant le sort des héros danaens et des gens d'Ilion ? C'est l'ouvrage des dieux : s'ils ont filé la mort à tant de ces humains, c'est pour fournir des chants aux gens de l'avenir[68]. Sous les murs d'Ilion, aurais-tu donc perdu quelque noble allié, un beau-frère, un beau-père ? quelqu'un de ces amis que l'on aime le mieux après son propre sang et sa propre famille ? un brave compagnon, loyal et dévoué ? car avoir un ami toujours plein de sagesse, c'est avoir mieux qu'un frère ! »

67. Sur cette prophétie qui se réalise en partie, cf. XIII, 159-187 ; Ballabriga, 1998, 198-203.

68. Pour le rapport entre gloire, *kleos*, deuil, *penthos*, et *akhos*, douleur, cf. Nagy, 1979, 100-102.

Τὸν δ' ἀπαμειβόμενος προσέφη πολύμητις Ὀδυσσεύς·
ΟΔΥ. — Ἀλκίνοε κρεῖον, πάντων ἀριδείκετε λαῶν,
ἤτοι μὲν τόδε καλὸν ἀκουέμεν ἐστὶν ἀοιδοῦ
τοιοῦδ' οἷος ὅδ' ἐστί, θεοῖσ' ἐναλίγκιος αὐδήν·
οὐ γὰρ ἐγώ γέ τί φημι τέλος χαριέστερον εἶναι
ἢ ὅτ' ἂν εὐφροσύνη μὲν ἔχῃ κάτα δῆμον ἅπαντα,
δαιτυμόνες δ' ἀνὰ δώματ' ἀκουάζωνται ἀοιδοῦ
ἥμενοι ἑξείης, παρὰ δὲ πλήθωσι τράπεζαι
σίτου καὶ κρειῶν, μέθυ δ' ἐκ κρητῆρος ἀφύσσων
οἰνοχόος φορέῃσι καὶ ἐγχείῃ δεπάεσσι·
τοῦτό τί μοι κάλλιστον ἐνὶ φρεσὶ εἴδεται εἶναι.
σοὶ δ' ἐμὰ κήδεα θυμὸς ἐπετράπετο στονόεντα
εἴρεσθ', ὄφρ' ἔτι μᾶλλον ὀδυρόμενος στεναχίζω·
τί πρῶτον, ⟨τί δ'⟩ ἔπειτα, τί δ' ὕστατ⟨ά τοι⟩ καταλέξω,
κήδε' ἐπεί μοι πολλὰ δόσαν θεοὶ οὐρανίωνες;
Νῦν δ' ὄνομα πρῶτον μυθήσομαι, ὄφρα καὶ ὑμεῖς
εἴδετ', ἐγὼ δ' ἂν ἔπειτα, φυγὼν ὕπο νηλεὲς ἦμαρ,
ὑμῖν ξεῖνος ἔω καὶ ἀπόπροθι δώματα ναίων·

1. Tout en louant le mode de vie des Phéaciens, Ulysse oppose sa conception de la poésie à la leur. En effet, si les chants de l'aède servent à procurer le plaisir des Phéaciens, Ulysse en se transformant

(CHANT IX.) Ulysse l'avisé lui fit cette réponse :

ULYSSE. – « Seigneur Alkinoos, l'honneur de tout ce peuple, j'apprécie le bonheur d'écouter un aède, quand il vaut celui-ci : il est tel que sa voix l'égale aux Immortels ! et le plus chers objet de mes vœux, je te jure, est cette vie de tout un peuple en bon accord, lorsque, dans les manoirs, on voit en longues files les convives siéger pour écouter l'aède, quand, aux tables, le pain et les viandes abondent et qu'allant au cratère, l'échanson vient offrir et verser dans les coupes. Voilà, selon mon gré, la plus belle des vies ! Mais, touché par mes pleurs, tu veux savoir ma peine : tu veux donc redoubler ma tristesse et mes larmes ? Ah ! par où débuter ? par où continuer ? et comment jusqu'au bout te conter les souffrances, dont m'ont comblé les dieux, les habitants du ciel ?

Mais je veux commencer en vous disant mon nom : que vous le sachiez tous ! et, si le jour cruel m'épargne, que, pour vous, je sois toujours un hôte, si loin que je demeure[1] !

en aède tentera, comme le souligne à maintes reprises Ch. Segal, 1994, de regagner son *kleos*, sa renommée fondée sur sa valeur guerrière.

2. Pour la discussion de la bibliographie concernant la localisation d'Ithaque et des îles qui font partie du royaume d'Ulysse, cf. Heubeck, *ad v.* 21-27.

εἴμ' Ὀδυσεὺς Λαερτιάδης, ὃς πᾶσι δόλοισιν
ἀνθρώποισι μέλω, καί μευ κλέος οὐρανὸν ἵκει·
ναιετάω δ' Ἰθάκην εὐδείελον· ἐν δ' ὄρος αὐτῇ
Νήριτον εἰνοσίφυλλον, ἀριπρεπές· ἀμφὶ δὲ νῆσοι
πολλαὶ ναιετάουσι μάλα σχεδὸν ἀλλήλῃσι,
Δουλίχιόν τε Σάμη τε καὶ ὑλήεσσα Ζάκυνθος·
αὐτὴ δὲ χθαμαλή, πανυπερτάτη ἐν ἁλὶ κεῖται
πρὸς ζόφον· αἱ δέ τ' ἄνευθε πρὸς ἠῶ τ' ἠέλιόν τε·
τρηχεῖ', ἀλλ' ἀγαθὴ κουροτρόφος· οὔ τι ἐγώ γε
ἧς γαίης δύναμαι γλυκερώτερον ἄλλο ἰδέσθαι.

[ἦ μέν μ' αὐτόθ' ἔρυκε Καλυψώ, δῖα θεάων,
ἐν σπέεσι γλαφυροῖσι, [λιλαιομένη πόσιν εἶναι·
ὣς δ' αὔτως Κίρκη κατερήτυεν ἐν μεγάροισιν
Αἰαίη δολόεσσα,] λιλαιομένη πόσιν εἶναι,
ἀλλ' ἐμὸν οὔ ποτε θυμὸν ἐνὶ στήθεσσιν ἔπειθεν·
ὣς οὐδὲν γλύκιον ἧς πατρίδος οὐδὲ [τοκήων
γίνεται, εἴ περ καί τις ἀπόπροθι πίονα οἶκον
γαίῃ ἐν ἀλλοδαπῇ ναίει ἀπάνευθε] τοκήων·]

εἰ δ' ἄγε τοι καὶ νόστον ἐμὸν πολυκηδέ' ἐνίσπω,
ὅν μοι Ζεὺς ἐφέηκεν ἀπὸ Τροίηθεν ἰόντι.
Ἰλιόθεν με φέρων ἄνεμος Κικόνεσσι πέλασσεν,
Ἰσμάρῳ. ἔνθα δ' ἐγὼ πόλιν ἔπραθον, ὤλεσα δ' αὐτούς.

3. Cette montagne d'Ithaque est évoquée aussi dans l'*Il.*, II, 632 et dans l'*Od.*, XVII, 207.

4. Sur la localisation de ces îles, cf. I, 246 et note, II, 631-637, et Heubeck, *ad loc.*

5. Cf. particulièrement I, 55-57 ; V, 118-144 et 203-213.

C'est moi qui suis Ulysse, oui, ce fils de Laërte, de qui le monde entier chante toutes les ruses et porte aux nues la gloire. Ma demeure d'Ithaque[2] est perchée comme une aire, sous le Nérite[3] aux bois tremblants, au beau profil. Des îles habitées se pressent tout autour, Doulichion, Samé, Zante la forestière[4] ; mais, au fond du noroît, sur la mer, mon Ithaque apparaît la plus basse, laissant à l'est et au midi les autres îles. Elle n'est que rochers, mais nourrit de beaux gars : cette terre ! il n'est rien à mes yeux de plus doux.

Oui ! là-bas, Calypso, au creux de ses cavernes m'enfermait et brûlait, cette toute divine, de m'avoir pour époux[5] ; au manoir d'Aiaié[6], la perfide Circé[7] voulait pareillement me garder pour époux ! Jamais, au fond de moi, mon cœur ne consentit. Oh ! non, rien n'est plus doux que patrie et parents ; dans l'exil, à quoi bon la plus riche demeure, parmi les étrangers et loin de ses parents[8] ?

Mais puisque tu le veux, c'est aussi mon retour que je m'en vais vous dire, et toutes les angoisses, dont Zeus me poursuivit en revenant de Troie.

En partant d'Ilion, le vent qui nous portait nous mit sous l'Ismaros[9], au pays des Kikones[10]. Là, je pillai la

6. L'île de Circé, Aiaié ou Aia, désigne la magicienne. Selon les Anciens, ce pays se trouvait en Méditerranée orientale, et plus précisément au nord-ouest de Naples, au cap Circeo.

7. Cette magicienne serait, selon Hés., *Th.*, 956-962, fille d'Hélios et de Perséis. Son frère Aiétès serait le père de Médée. Pour l'épisode de Circé, voir chants X et XII.

8. Les vers 29-35 furent très critiqués par les Anciens en raison de la morale « inconvenante » qu'ils transmettaient. Cependant, les scholiastes les excusaient, affirmant que le poète de l'*Odyssée* s'adressait à un auditoire efféminé de Phéaciens. Voir le commentaire de Bérard, *ad loc.*

9. Montagne sur la côte de Thrace au nord-est de Thasos.

10. Peuple de Thrace. Dans l'*Iliade*, les Kikones sont des alliés des Troyens (II, 846-847).

ἐκ πόλιος δ' ἀλόχους καὶ κτήματα πολλὰ λαβόντες
δασσάμεθ', ὡς μή τίς μοι ἀτεμβόμενος κίοι ἴσης.
ἔνθ' ἦτοι μὲν ἐγὼ διερῷ ποδὶ φευγέμεν ἡμέας
ἠνώγεα· τοὶ δὲ μέγα νήπιοι οὐκ ἐπίθοντο.
ἔνθα δὲ πολλὸν μὲν μέθυ πίνετο· πολλὰ δὲ μῆλα
ἔσφαζον παρὰ θῖνα καὶ εἰλίποδας ἕλικας βοῦς.
τόφρα δ' ἄρ' οἰχόμενοι Κίκονες Κικόνεσσι γεγώνευν,
οἵ σφιν γείτονες ἦσαν ἅμα πλέονες καὶ ἀρείους
ἤπειρον ναίοντες, ἐπιστάμενοι μὲν ἀφ' ἵππων
ἀνδράσι μάρνασθαι, καὶ ὅθι χρὴ πεζὸν ἐόντα.
ἦλθον ἔπειθ' ὅσα φύλλα καὶ ἄνθεα γίνεται ὥρῃ
ἠέριοι· τότε δή ῥα κακὴ Διὸς αἶσα παρέστη
ἡμῖν αἰνομόροισιν, ἵν' ἄλγεα πολλὰ πάθοιμεν.
ὄφρα μὲν ἠὼς ἦν καὶ ἀέξετο ἱερὸν ἦμαρ,
τόφρα δ' ἀλεξόμενοι μένομεν πλέονάς περ ἐόντας·
ἦμος δ' Ἠέλιος μετενίσσετο βουλυτὸν δέ,
καὶ τότε δὴ Κίκονες κλῖναν δαμάσαντες Ἀχαιούς.
ἓξ δ⟨ὲ⟩ ἑκάς ⟨σφῆς⟩ νηὸς ἐυκνήμιδες ἑταῖροι
ὤλονθ'· οἱ δ' ἄλλοι φύγομεν θάνατόν τε μόρον τε.
Ἔνθεν δὲ προτέρω πλέομεν ἀκαχήμενοι ἦτορ,
ἄσμενοι ἐκ θανάτοιο, φίλους ὀλέσαντες ἑταίρους·
οὐδ' ἄρα μοι προτέρω νῆες κίον ἀμφιέλισσαι,
πρίν τινα τῶν δειλῶν ἑτάρων τρὶς ἕκαστον ἀῦσαι,
οἳ θάνον ἐν πεδίῳ Κικόνων ὕπο δῃωθέντες.

vers 54 : στησάμενοι δ' ἐμάχοντο μάχην παρὰ νηυσὶ θοῇσι,
55 : βάλλον δ' ἀλλήλους χαλκήρεσιν ἐγχείῃσιν

11. Lors du retour de Troie, Ulysse et ses compagnons ont pratiqué razzias et pillages pour amasser des richesses. Ce butin commun était partagé en lots par le chef, et Ulysse insiste dans ces vers (cf. aussi v. 549) sur son équanimité.

ville et tuai les guerriers et lorsque, sous les murs, on partagea les femmes et le tas des richesses, je fis si bien les lots que personne en partant n'eut pour moi de reproches[11]. Alors j'aurais voulu que nous songions à fuir du pied le plus rapide ; mais ces fous refusèrent. Le vin qui se but là ! et les moutons qu'on égorgea sur cette plage ! et les vaches cornues à la démarche torse ! cependant qu'à grands cris, nos Kikones couraient appeler leurs voisins. Ceux de l'intérieur, plus nombreux et plus braves, envoient leurs gens montés qui combattaient en selle ou, s'il fallait, à pied[12]. Plus denses qu'au printemps les feuilles et les fleurs, aussitôt ils arrivent : Zeus, pour notre malheur, nous mettait sous le coup du plus triste destin ; quelle charge de maux ! Ils se mettent en ligne et le combat s'engage sous le flanc des croiseurs : on s'attaque à grands coups de javelots de bronze. Tant que dure l'aurore et que grandit le jour sacré, nous résistons, sans plier sous le nombre ; mais quand le jour penchant vient libérer les bœufs, les Kikones vainqueurs rompent mes Achéens, et six hommes guêtrés succombent sans pouvoir regagner leur navire ; nous autres, nous fuyons le trépas et le sort.

Nous reprenons la mer, l'âme navrée, contents d'échapper à la mort, mais pleurant les amis : sur les doubles gaillards, avant de démarrer, je fais héler trois fois chacun des malheureux tombés en cette plaine, victimes des Kikones[13]...

12. Il ne s'agit pas dans le texte de cavaliers armés, comme la traduction pourrait le laisser croire, mais de guerriers qui se présentent au combat sur leurs chars, comme dans l'*Iliade*, et qui en descendent pour livrer bataille. Cf. Heubeck, *ad* v. 49.

13. Les Achéens abandonnent leurs compagnons sans leur accorder les rites funèbres qui s'imposent. Les nommer solennellement revenait, d'une certaine façon, à faire vivre leur mémoire. De plus, cette salutation permettrait aux âmes des trépassés de rejoindre en paix le royaume d'Hadès.

νηυσὶ δ' ἐπῶρσ' ἄνεμον Βορέην νεφεληγερέτα Ζεὺς
λαίλαπι θεσπεσίῃ, σὺν δὲ νεφέεσσι κάλυψε
γαῖαν ὁμοῦ καὶ πόντον· ὀρώρει δ' οὐρανόθεν νύξ.
αἱ μὲν ἔπειτ' ἐφέροντ' ἐπικάρσιαι· ἱστία δέ σφι
τριχθά τε καὶ τετραχθὰ διέσχισε ἲς ἀνέμοιο,
καὶ τὰ μὲν ἐς νῆας κάθεμεν, δείσαντες ὄλεθρον,
αὐτὰς δ' ἐσσυμένως προερέσσαμεν ἤπειρον δέ.
Ἔνθα δύω νύκτας δύο τ' ἤματα συνεχὲς αἰεὶ
κείμεθ', ὁμοῦ καμάτῳ τε καὶ ἄλγεσι θυμὸν ἔδοντες.
ἀλλ' ὅτε δὴ τρίτον ἦμαρ ἐυπλόκαμος τέλεσ' Ἠώς,
ἱστοὺς στησάμενοι ἀνά θ' ἱστία λεύκ' ἐρύσαντες
ἥμεθα· τὰς δ' ἄνεμός τε κυβερνῆταί τ' ἴθυνον.
καί νύ κεν ἀσκηθὴς ἱκόμην ἐς πατρίδα γαῖαν·
ἀλλά με κῦμα ῥόος τε περιγνάμπτοντα Μάλειαν
καὶ Βορέης ἀπέωσε, παρέπλαγξεν δὲ Κυθήρων.
Ἔνθεν δ' ἐννῆμαρ φερόμην ὀλοοῖσ' ἀνέμοισι
πόντον ἐπ' ἰχθυόεντ'· αὐτὰρ δεκάτῃ ἐπέβημεν
γαίης Λωτοφάγων, οἵ τ' ἄνθινον εἶδαρ ἔδουσιν·
ἔνθα δ' ἐπ' ἠπείρου βῆμεν καὶ ἀφυσσάμεθ' ὕδωρ·
αἶψα δὲ δεῖπνον ἕλοντο θοῇς παρὰ νηυσὶν ἑταῖροι.
Αὐτὰρ ἐπεὶ σίτοιό τ' ἐπασσάμεθ' ἠδὲ ποτῆτος,
δὴ τότ' ἐγὼν ἑτάρους προΐειν πεύθεσθαι ἰόντας,

14. Cette épithète rappelle que Zeus est une divinité liée aux phénomènes météorologiques. Selon Hés., *Th.*, 504, il reçut des Titans la foudre et l'éclair qui lui assurent le pouvoir sur les mortels et sur les immortels. Lors de ses épiphanies, Zeus peut aussi emprunter l'apparence de la pluie ou de l'éclair, ou le son du tonnerre.

15. Vent du nord.

16. Sur ce cap et son caractère dangereux, cf. III, 304 et note.

17. Île au sud du Péloponnèse. À partir de là, Ulysse est projeté vers le Couchant, sur des eaux et des terres inconnues des Achéens.

Mais, nos vaisseaux en mer, Zeus, l'assembleur des nues[14], nous déchaîne un Borée aux hurlements d'enfer[15] : il noie sous les nuées le rivage et les flots ; la nuit tombe du ciel, et notre flotte fuit, en donnant à la bande, et la rage du vent nous fend en trois et quatre pièces nos voilures... Il fallut amener – on risquait de se perdre –, et pousser vers la terre à grands efforts de rames. Là, deux jours et deux nuits, nous restons étendus, accablés de fatigue et rongés de chagrin. Quand, du troisième jour, l'Aurore aux belles boucles annonce la venue, nous replantons les mâts, hissons les blanches voiles, et l'on n'a qu'à s'asseoir et qu'à laisser mener le vent et les pilotes... J'allais donc, sain et sauf, revenir au pays !

Mais voici qu'au détour du Malée[16], le courant, la houle et le Borée me ferment le détroit, puis le port de Cythère[17]. Alors, neuf jours durant, les vents de mort m'emportent sur la mer aux poissons. Le dixième nous met aux bords des Lotophages[18], chez ce peuple qui n'a, pour tout mets, qu'une fleur[19].

On arrive ; on débarque ; on va puiser de l'eau, et l'on prépare en hâte le repas que l'on prend sous le flanc des croiseurs. Quand on a satisfait la soif et l'appétit, j'envoie trois de mes gens reconnaître les lieux, à quels

18. Les Lotophages ou les « mangeurs de lotus » sont un peuple mythique. En suivant Hérodote, IV, 176 sq., les commentateurs associent le pays des Lotophages à la petite Syrte et plus particulièrement à Djerba (cf. Bérard, *ad loc.*). Voir Page, 1972, 3-21, et Ballabriga, 1998, 75-85.

19. Sous ce nom les Anciens connaissaient différentes plantes. En Égypte, il s'agirait du nénuphar ou *nymphea lotus* (cf. Hérodote, II, 92, et Théophraste, *Histoire des plantes*, IV, 8, 9-11) ; le lotus de Libye serait un fruit rouge et sucré comme la figue ou la datte que certains associent au *zizuphus lotus*, jujubier. Sur la question, cf. Ballabriga, 1998, 68.

ἄνδρε δύω κρίνας, τρίτατον κήρυχ' ἅμ' ὀπάσσας·
οἱ δ' αἶψ' οἰχόμενοι μίγεν ἀνδράσι Λωτοφάγοισιν·
οὐδ' ἄρα Λωτοφάγοι μήδονθ' ἑτάροισιν ὄλεθρον
ἡμετέροισ', ἀλλά σφι δόσαν λωτοῖο πάσασθαι·
τῶν δ' ⟨ὅ⟩ς τις λωτοῖο φάγοι μελιηδέα καρπόν,
οὐκέτ' ἀπαγγεῖλαι πάλιν ἤθελεν οὐδὲ νέεσθαι.
τοὺς μὲν ἐγὼν ἐπὶ νῆας ἄγον κλαίοντας ἀνάγκῃ,
νηυσὶ δ' ἐνὶ γλαφυρῇσιν ὑπὸ ζυγὰ δῆσα ἐρύσσας.
αὐτὰρ τοὺς ἄλλους κελόμην ἐρίηρας ἑταίρους
σπερχομένους νηῶν ἐπιβαινέμεν ὠκειάων,
μή πως τις λωτοῖο φαγὼν νόστοιο λάθηται·
οἱ δ' αἶψ' εἴσβαινον καὶ ἐπὶ κληῖσι κάθιζον,
ἑξῆς δ' ἑζόμενοι πολιὴν ἅλα τύπτον ἐρετμοῖς.
Ἔνθεν δὲ προτέρω πλέομεν ἀκαχήμενοι ἦτορ,
Κυκλώπων δ' ἐς γαῖαν ὑπερφιάλων ἀθεμίστων
ἱκόμεθ', οἵ ῥα θεοῖσι πεποιθότες ἀθανάτοισιν
οὔτε φυτεύουσιν χερσὶν φυτὸν οὔτ' ἀρόωσι·

vers 89 : οἵ τινες ἀνέρες εἶεν ἐπὶ χθονὶ σῖτον ἔδοντες
vers 96 : ἀλλ' αὐτοῦ βούλοντο μετ' ἀνδράσι Λωτοφάγοισι
97 : λωτὸν ἐρεπτόμενοι μενέμεν νόστου τε λαθέσθαι
vers 109 : ἀλλὰ τά γ' ἄσπαρτα καὶ ἀνήροτα πάντα φύονται,
110 : πυροὶ καὶ κριθαὶ ἠδ' ἄμπελοι, αἵ τε φέρουσι
111 : οἶνον ἐριστάφυλον, καὶ σφιν Διὸς ὄμβρος ἀέξει

20. Le même vers se trouve en X, 101. On notera l'opposition entre mangeur de pain = homme civilisé et non-mangeur de pain = sauvage.

21. Rester au pays des Lotophages est en quelque sorte une façon de mourir. Non seulement les compagnons d'Ulysse risquent de perdre

mangeurs de pain appartient cette terre[20] – deux hommes de mon choix, auxquels j'avais adjoint en troisième un héraut. Mais, à peine en chemin, mes envoyés se lient avec des Lotophages qui, loin de méditer le meurtre de nos gens, leur servent du lotos. Or, sitôt que l'un d'eux goûte à ces fruits de miel, il ne veut plus rentrer ni donner de nouvelles : tous voudraient se fixer chez ces mangeurs de dattes, et gorgés de ces fruits, remettre à tout jamais la date du retour[21]...

Je dus les ramener de force, tout en pleurs, et les mettre à la chaîne, allongés sous les bancs, au fond de leurs vaisseaux. Puis je fis rembarquer mes gens restés fidèles : pas de retard ! à bord ! et voguent les navires ! J'avais peur qu'à manger de ces dattes, les autres n'oubliassent aussi la date du retour[22].

Mes gens sautent à bord et vont s'asseoir aux bancs, puis, chacun en sa place, la rame bat le flot qui blanchit sous les coups.

Nous reprenons la mer, l'âme toujours navrée. De là, nous arrivons au pays des Yeux Ronds[23], brutes sans foi ni lois, qui, dans les Immortels, ont tant de confiance qu'ils ne font de leurs mains ni plants ni labourages ; sans travaux ni semailles, le sol leur fournit tout, orges, froments, vignoble et vin de grosses grappes, que les ondées de Zeus viennent gonfler pour eux[24].

la mémoire du retour, mais, en même temps, ils s'exposent à oublier leur statut de héros, digne d'être chanté par l'épopée.

22. Jeu de mots entre *lotos-lathetai*, « lotos » et « oubli » que V. Bérard rend par « dattes » et « date ».

23. Les Cyclopes. Certains spécialistes, comme V. Bérard, situent le pays de Cyclopes entre Baïes et le Vésuve, au nord du golfe de Naples. L'île aux Chèvres, devant le pays des Cyclopes, ne serait pas l'actuelle Capri, mais Nisida située sur la côte nord du golfe.

24. Comme la Libye ou les Champs Élysées décrits par Ménélas à Télémaque, l'île des Cyclopes est un pays d'âge d'or où le travail de la terre et ses souffrances n'existent pas.

τοῖσιν δ' οὔτ' ἀγοραὶ βουληφόροι οὔτε θέμιστες,
ἀλλ' οἵ γ' ὑψηλῶν ὀρέων ναίουσι κάρηνα
ἐν σπέεσι γλαφυροῖσι· θεμιστεύει δὲ ἕκαστος
παίδων ἠδ' ἀλόχων· οὐδ' ἀλλήλων ἀλέγουσι.
Νῆσος ἔπειτ' Ἐλάχεια παρὲκ λιμένος τετάνυσται,
γαίης Κυκλώπων οὔτε σχεδὸν οὔτ' ἀπὸ τηλοῦ,
ὑλήεσσ'· ἐν δ' αἶγες ἀπειρέσιαι γεγάασιν
ἄγριαι· οὐ μὲν γὰρ πάτος ἀνθρώπων ἀπερύκει·
οὐδέ μιν εἰσοιχνεῦσι κυνηγέται, οἵ τε καθ' ὕλην
ἄλγεα πάσχουσιν κορυφὰς ὀρέων ἐφέποντες·
ἀλλ' ἥ γ' ἄσπαρτος καὶ ἀνήροτος ἤματα πάντα
ἀνδρῶν χηρεύει, βόσκει δέ τε μηκάδας αἶγας.
οὐ γὰρ Κυκλώπεσσι νέες πάρα μιλτοπάρῃοι,
οὐδ' ἄνδρες νηῶν ἔνι τέκτονες, οἵ κε κάμοιεν
νῆας ἐυσσέλμους, αἵ κεν τελέοιεν ἕκαστα
ἄστε' ἐπ' ἀνθρώπων ἱκνεύμεναι, οἷά τε πολλὰ
ἄνδρες ἐπ' ἀλλήλους νηυσὶν περόωσι θάλασσαν·
οἵ κέ σφιν καὶ νῆσον ἐυκτιμένην ἐκάμοντο.
οὐ μὲν γάρ τι κακή γε, φέροι δέ κεν ὥρια πάντα.
ἐν μὲν γὰρ λειμῶνες ἁλὸς πολιοῖο παρ' ὄχθας
ὑδρηλοὶ μαλακοί· μάλα κ' ἄφθιτοι ἄμπελοι εἶεν.
ἐν δ' ἄροσις λείη· μάλα κεν βαθὺ λήιον αἰεὶ
εἰς ὥρας ἀμῷεν, ἐπεὶ μάλα πῖαρ ὑπ' οὖδας.
ἐν δὲ λιμὴν εὔορμος, ἵν' οὐ χρεὼ πείσματός ἐστιν,

vers 122 : οὔτ' ᾧ ἄρα ποίμνῃσιν καταΐσχεται οὔτ' ἀρότοισιν
vers 137 : οὔτ' εὐνὰς βαλέειν οὔτε πρυμνήσι' ἀνάψαι

Chez eux, pas d'assemblée qui juge ou délibère ; mais, au haut des grands monts, au creux de sa caverne, chacun, sans s'occuper d'autrui, dicte sa loi à ses enfants et femmes[25].

Au-devant de leur port, ni trop près ni trop loin de cette Cyclopie, s'offre l'Île Petite.

C'est une île en forêt où les chèvres sauvages se multiplient sans fin. Jamais un pas humain ne va les y troubler. Jamais de ces chasseurs ne vont les y poursuivre, qui prennent tant de peine à courir les forêts sur la cime des monts ; ni charrues ni bétails ne leur disputent l'île : sans labours ni semailles, tous les jours de l'année, l'île vide d'humains ne sert que de pâtis à ces chèvres bêlantes.

C'est que, chez les Yeux Ronds, il n'est pas un navire aux joues de vermillon et pas un charpentier pour construire une flotte. Car si ces gens avaient de bons vaisseaux à rames pour aller, à travers les mers, de ville en ville, chercher tant de produits qu'échangent les humains, ah ! la belle cité que porterait leur île ! tous les fruits y viendraient ; leur terre est excellente ; près des flots écumants, il est, sur le rivage, des prairies arrosées, molles, où l'on aurait des vignes éternelles ; et quel labour facile ! et les hautes moissons qu'on ferait chaque été ! car c'est un gras terroir que recouvrent ces mottes[26].

Cette île a, dans son port, des cales si commodes que, sans amarre à terre et sans jeter les ancres et sans lier les câbles, on laisse les vaisseaux, une fois remisés, jusqu'au jour où le cœur à nouveau se décide ou que les

25. Ces vers s'opposent à I, 70-71, où Polyphème apparaît comme le roi des Cyclopes. Sur leur manque d'organisation et sur leur extrême barbarie, cf. Heubeck, *ad* v. 106-115.

26. Ulysse regarde la terre des Cyclopes comme le ferait un futur colonisateur, un homme civilisé, avisé, qui saurait tirer profit de ce que lui offre une nature exubérante et fertile.

ἀλλ' ἐπικέλσαντας μεῖναι χρόνον, εἰς ὅ κεν αὖτε 138
θυμὸς ἐποτρύνῃ καὶ ἐπιπνεύσωσιν ἀῆται.
αὐτὰρ ἐπὶ κρατὸς λιμένος ῥέει ἀγλαὸν ὕδωρ, 140
κρήνη ὑπὸ σπείους· περὶ δ' αἴγειροι πεφύασιν.
"Ενθα κατεπλέομεν, καί τις θεὸς ἡγεμόνευεν· 142
ἀὴρ γὰρ περὶ νηυσὶ βαθεῖ' ἦν, οὐδὲ σελήνη 144
οὐρανόθεν προὔφαινε, κατείχετο δὲ νεφέεσσιν. 145
ἔνθ' οὔ τις τὴν νῆσον ἐσέδρακεν ὀφθαλμοῖσιν·
οὔτ' οὖν κύματα μακρὰ κυλινδόμενα προτὶ χέρσον
ἐσίδομεν, πρὶν νῆας ἐυσσέλμους ἐπικέλσαι.
κελσάσῃσι δὲ νηυσὶ καθείλομεν ἱστία πάντα,
ἐκ δὲ καὶ αὐτοὶ βῆμεν ἐπὶ ῥηγμῖνι θαλάσσης, 150
ἔνθα δ' ἀποβρίξαντες ἐμείναμεν Ἠῶ δῖαν.
Ἦμος δ' ἠριγένεια φάνη ῥοδοδάκτυλος Ἠώς,
νῆσον θαυμάζοντες ἐδινεόμεσθα κατ' αὐτήν·
ὦρσαν δὲ Νύμφαι, κοῦραι Διὸς αἰγιόχοιο,
αἶγας ὀρεσκῴους, ἵνα δειπνήσειαν ἑταῖροι. 155
αὐτίκα καμπύλα τόξα καὶ αἰγανέας δολιχαύλους
εἱλόμεθ' ἐκ νηῶν, διὰ δὲ τρίχα κοσμηθέντες
βάλλομεν· αἶψα δ' ἔδωκε θεὸς μενοεικέα θήρην·
νῆες μέν μοι ἕποντο δυώδεκα, ἐς δὲ ἑκάστην
ἐννέα λάγχανον αἶγας· ἐμοὶ δὲ δέκ' ἔξελον οἴῳ. 160
Ὣς τότε μὲν πρόπαν ἦμαρ ἐς ἠέλιον καταδύντα
ἥμεθα δαινύμενοι κρέα τ' ἄσπετα καὶ μέθυ ἡδύ·
οὐ γάρ πω νηῶν ἐξέφθιτο οἶνος ἐρυθρός,
ἀλλ' ἐνέην· πολλὸν γὰρ ἐν ἀμφιφορεῦσι ἕκαστοι
ἠφύσαμεν Κικόνων ἱερὸν πτολίεθρον ἑλόντες. 165
Κυκλώπων δ' ἐς γαῖαν ἐλεύσσομεν ἐγγὺς ἐόντων
καπνόν τ', αὐτῶν τε φθογγ⟨ῆς αἴοντες ἴδ'⟩ αἰγῶν·
ἦμος δ' ἠέλιος κατέδυ καὶ ἐπὶ κνέφας ἦλθε,
δὴ τότε κοιμήθημεν ἐπὶ ῥηγμῖνι θαλάσσης.

27. Les Grecs honoraient des nymphes des eaux, les Naïades, des monts, les Oréades, des arbres, les Dryades, des bois, les Alséides, etc.

vents se lèvent. À l'orée de ce port, s'épanche l'onde claire d'une source sous roche, en un cercle de trembles.

C'est là que nous entrons : un dieu nous pilotait en cette nuit profonde, qui ne laissait rien voir. Autour de nos vaisseaux, la brume était épaisse et, dans le ciel chargé de nuages, la lune n'avait pas un rayon. Aussi personne à bord, avant qu'on échouât les solides croiseurs, n'avait aperçu l'île ni vu la grosse mer qui roulait sur ses bords.

Les vaisseaux échoués, les voiles amenées, on débarque, on s'étend sur la grève et l'on dort jusqu'à l'aube divine.

Mais, sitôt qu'apparaît, dans son berceau de brume, l'Aurore aux doigts de roses, nous battons la forêt de cette île enchantée, où les filles du Zeus à l'égide, les Nymphes[27], faisaient lever les chèvres de leurs gîtes du mont : quel dîner pour nos gens ! Vite, l'on prend à bord les arcs courbés et les épieux aux longues douilles ; les tireurs se déploient, partagés en trois bandes, et les dieux nous octroient une si belle chasse que mes douze vaisseaux ont chacun leurs neuf chèvres ; pour mon bord seulement, on en prélève dix[28]. Aussi, tout un grand jour, jusqu'au soleil couchant, nous restons au festin : on avait du bon vin, des viandes à foison ! Nous n'avions pas encore épuisé le vin rouge que nous avions à bord ; car chacun avait fait son plein dans les amphores, quand nous avions pillé la ville des Kikones avec ses sanctuaires. La terre des Yeux Ronds était là, toute proche : nous voyions ses fumées ; nous entendions leurs voix et celles de leurs chèvres... Au coucher du soleil, quand vient le crépuscule, on s'étend pour dormir sur la grève de mer.

C'est probablement à ces dernières que le poète de l'*Odyssée* fait allusion dans ces vers.

28. Ulysse reçoit une part d'honneur en tant que commandant de toute cette flotte.

ΚΥΚΛΩΠΕΙΑ

Ἦμος δ' ἠριγένεια φάνη ῥοδοδάκτυλος Ἠώς,
καὶ τότ' ἐγὼν ἀγορὴν θέμενος μετὰ πᾶσιν ἔειπον·
ΟΔΥ. — Ἄλλοι μὲν νῦν μίμνετ', ἐμοὶ ἐρίηρες ἑταῖροι·
αὐτὰρ ἐγὼ σὺν νηί τ' ἐμῇ καὶ ἐμοῖσ' ἑτάροισιν
ἐλθὼν τῶνδ' ἀνδρῶν πειρήσομαι, οἵ τινές εἰσιν,
ἤ ῥ' οἵ γ' ὑβρισταί τε καὶ ἄγριοι οὐδὲ δίκαιοι,
ἦε φιλόξεινοι καί σφιν νόος ἐστὶ θεουδής.
Ὣς εἰπὼν ἀνὰ νηὸς ἔβην, ἐκέλευσα δ' ἑταίρους
αὐτούς τ' ἀμβαίνειν ἀνά τε πρυμνήσια λῦσαι.
οἱ δ' αἶψ' εἴσβαινον καὶ ἐπὶ κληῖσι κάθιζον,
ἑξῆς δ' ἑζόμενοι πολιὴν ἅλα τύπτον ἐρετμοῖς.
Ἀλλ' ὅτε δὴ τὸν χῶρον ἀφικόμεθ' ἐγγὺς ἐόντα,
ἔνθα δ' ἐπ' ἐσχατιῇ σπέος εἴδομεν, ἄγχι θαλάσσης,
ὑψηλόν, δάφνῃσι κατηρεφές· ἔνθα δὲ πολλὰ
μῆλ', ὄιές τε καὶ αἶγες, ἰαύεσκον· περὶ δ' αὐλὴ
ὑψηλὴ δέδμητο κατωρυχέεσσι λίθοισι
μακρῇσίν τε πίτυσσιν ἰδὲ δρυσὶν ὑψικόμοισιν.
ἔνθα δ' ἀνὴρ ἐνίαυε πελώριος, ὅς ῥα ⟨ἅ⟩ μῆλα
οἶος ποιμαίνεσκεν ἀπόπροθεν, οὐδὲ μετ' ἄλλους
πωλεῖτ', ἀλλ' ἀπάνευθεν ἐὼν ἀθεμίστια ᾔδη.
καὶ γὰρ θαῦμ' ἐτέτυκτο πελώριον, οὐδὲ ἐῴκει
ἀνδρί γε σιτοφάγῳ, ἀλλὰ ῥίῳ ὑλήεντι
ὑψηλῶν ὀρέων, ὅ τε φαίνεται οἶον ἀπ' ἄλλων.

Le Cyclope

Aussitôt qu'apparaît, dans son berceau de brume l'Aurore aux doigts de roses, j'appelle tout le monde à l'assemblée et dis :

Ulysse. – « Fidèles équipages, le gros de notre flotte va demeurer ici ; mais je vais prendre, moi, mon navire et mes hommes ; je veux tâter ces gens et savoir ce qu'ils sont, des bandits sans justice, un peuple de sauvages ou des gens accueillants qui respectent les dieux. »

Je dis et, m'embarquant, j'ordonne à l'équipage d'embarquer à son tour et de larguer l'amarre. Mes gens sautent à bord et vont s'asseoir aux bancs, puis, chacun en sa place, la rame bat le flot qui blanchit sous les coups.

Nous eûmes vite atteint l'endroit, d'ailleurs tout proche, où sur le premier cap et dominant la mer s'offrait à nos regards une haute caverne, ombragée de lauriers. Elle servait d'étable à de nombreux troupeaux de brebis et de chèvres, avec sa cour profonde, dont l'enceinte était faite de gros blocs arrachés, de chênes à panache et de pins au long fût. C'est là que notre monstre humain avait son gîte ; c'est là qu'il vivait seul, à paître ses troupeaux, ne fréquentant personne, mais toujours à l'écart et ne pensant qu'au crime[29]. Ah ! le monstre étonnant ! il n'avait rien d'un bon mangeur de pain, d'un homme : on aurait dit plutôt quelque pic forestier qu'on voit se détacher sur le sommet des monts.

29. Comme tout monstre ou géant de conte de fée, le Cyclope est présenté comme méchant (cf. aussi les Lestrygons en X, 106 sq.). Pour les géants de l'*Odyssée*, cf. Pinsent, 1993, 97-115.

Δὴ τότε τοὺς ἄλλους κελόμην ἐρίηρας ἑταίρους
αὐτοῦ πὰρ νηΐ τε μένειν καὶ νῆα ἔρυσθαι.
αὐτὰρ ἐγὼ κρίνας ἑτάρων δυοκαίδεκ' ἀρίστους
βῆν· ἀτὰρ αἴγεον ἀσκὸν ἔχον μέλανος οἴνοιο,
ἡδέος, ὅν μοι ἔδωκε Μάρων, Εὐάνθεος υἱός,
ἱρεὺς Ἀπόλλωνος, ὃς Ἴσμαρον ἀμφιβεβήκει,
οὕνεκά μιν σὺν παιδὶ περισχόμεθ' ἠδὲ γυναικὶ
ἁζόμενοι· ᾤκει γὰρ ἐν ἄλσεϊ δενδρήεντι
Φοίβου Ἀπόλλωνος. ὁ δέ μοι πόρεν ἀγλαὰ δῶρα·
χρυσοῦ μέν μοι δῶκ' εὐεργέος ἑπτὰ τάλαντα,
δῶκε δέ μοι κρητῆρα πανάργυρον, αὐτὰρ ἔπειτα
οἶνον ἐν ἀμφιφορεῦσι δυώδεκα πᾶσιν ἀφύσσας
ἡδύν, ἀκηράσιον, θεῖον ποτόν· οὐδέ τις αὐτὸν
ἠείδη δμώων οὐδ' ἀμφιπόλων ἐνὶ οἴκῳ,
ἀλλ' αὐτὸς ἄλοχός τε φίλη ταμίη τε μί' οἴη·
τὸν δ' ὅτε πίνοιεν μελιηδέα οἶνον ἐρυθρόν,
ἓν δέπας ἐμπλήσας ὕδατος ἀνὰ εἴκοσι μέτρα
χεῦ'· ὀδμὴ δ' ἡδεῖα ἀπὸ κρητῆρος ὀδώδει,
θεσπεσίη· τότ' ἂν οὔ τοι ἀποσχέσθαι φίλον ἦεν.

vers 212 : τοῦ φέρον ἐμπλήσας ἀσκὸν μέγαν, ἐν δὲ καὶ ἦα
213 : κωρύκῳ· αὐτίκα γάρ μοι ὀίσατο θυμὸς ἀγήνωρ
214 : ἄνδρ' ἐπελεύσεσθαι μεγάλην ἐπιειμένον ἀλκήν,
215 : ἄγριον, οὔτε δίκας εὖ εἰδότα οὔτε θέμιστας

Je débarque et j'ordonne à mon brave équipage de garder le vaisseau sans bouger de la grève ; mais je pars, n'emmenant que douze hommes d'élite que j'avais désignés. J'emportais avec moi une outre, en peau de chèvre, de ce vin noir si doux, que le fils d'Évantheus, Maron[30], m'avait donné. Prêtre de l'Apollon qui veille sur Ismare[31], nous l'avions épargné, lui, sa femme et son fils, en respectant son toit, sous les arbres du bois de Phoebos Apollon. Aussi m'avait-il fait des cadeaux magnifiques, me donnant sept talents de son or travaillé, me donnant un cratère, où tout était d'argent, et me donnant enfin un lot de douze amphores de ce vin de liqueur ; sans une goutte d'eau, c'était boisson de dieu, dont personne au logis, ni servants ni servantes, ne savait la cachette, hors son épouse et lui et la seule intendante. Pour le boire en vin rouge, aussi doux que le miel, il fallait n'en verser qu'une coupe remplie dans vingt mesures d'eau et, du cratère, alors, l'odeur montait si douce que c'en était divin et que n'en pas goûter aurait paru sans charmes. J'en avais donc empli ma grande outre ; avec elle, j'avais le sac de cuir pour les provisions ; car, en mon cœur fougueux, je n'avais qu'une envie : aborder ce sauvage, prodige de vigueur, qui se moquait des lois humaines et divines.

30. Ce nom est forgé à partir de Maronée, une cité de la côte sud de Thrace réputée pour ses vins. Il serait, selon Hés., fr. 238 M.-W., le petit-fils de Dionysos dont le culte en Thrace est évoqué par Hérodote, V, 7.

31. Hérodote, VII, 109, connaissait un lac de Thrace portant le nom d'Ismaris qui se trouvait entre Maronée et Strymé.

Καρπαλίμως δ' εἰς ἄντρον ἀφικόμεθ', οὐδέ μιν ἔνδον
εὕρομεν· ἀλλ' ἐνόμευε νομὸν κάτα πίονα μῆλα.
ἐλθόντες δ' εἰς ἄντρον ἐθηεύμεσθα ἕκαστα·
ταρσοὶ μὲν τυρῶν βρῖθον· στείνοντο δὲ σηκοὶ
ἀρνῶν ἠδ' ἐρίφων· διακεκριμέναι δὲ ἕκασται
ἔρχατο, χωρὶς μὲν πρόγονοι, χωρὶς δὲ μέτασσαι,
χωρὶς δ' αὖθ' ἕρσαι· ναῖον δ' ὀρῷ ἄγγεα πάντα,
γαυλοί τε σκαφίδες τε, τετυγμένα, τοῖσ' ἐν ἄμελγεν
ἔνθ' ἐμὲ μὲν πρώτισθ' ἕταροι λίσσοντ' ἐπέεσσι
τυρῶν αἰνυμένους ἰέναι πάλιν, αὐτὰρ ἔπειτα
καρπαλίμως ἐπὶ νῆα θοὴν ἐρίφους τε καὶ ἄρνας
σηκῶν ἐξελάσαντας ἐπιπλεῖν ἁλμυρὸν ὕδωρ·
ἀλλ' ἐγὼ οὐ πιθόμην, ἦ τ' ἂν πολὺ κέρδιον ἦεν,
ὄφρ' αὐτόν τε ἴδοιμι καὶ εἴ μοι ξείνια δοίη.
οὐδ' ἄρ' ἔμελλ' ἑτάροισι φανεὶς ἐρατεινὸς ἔσεσθαι.
Ἔνθα δὲ πῦρ κήαντες ἐθύσαμεν ἠδὲ καὶ αὐτοὶ
τυρῶν αἰνύμενοι φάγομεν μένομέν τέ μιν ἔνδον
ἥμενοι, εἶος ἐπῆλθε νέμων· φέρε δ' ὄβριμον ἄχθος
ὕλης ἀζαλέης, ἵνα οἱ ποτιδόρπιον εἴη,
ἔντοσθεν δ' ἄντροιο βαλὼν δουμαγδὸν ἔθηκεν·
ἡμεῖς δὲ δείσαντες ἀπεσσύμεθ' ἐς μυχὸν ἄντρου.
αὐτὰρ ὅ γ' εἰς εὐρὺ σπέος ἤλασε πίονα μῆλα,
πάντα μάλ' ὅσσ' ἤμελγε, τὰ δ' ἄρσενα λεῖπε θύρηφι,
ἀρνειούς τε τράγους τε βαθεί⟨η⟩ ἐκτὸ⟨ς⟩ ἐν αὐλ⟨ῇ⟩.
Αὐτὰρ ἔπειτ' ἐπέθηκε θυρεὸν μέγαν ὑψόσ' ἀείρας,
ὄβριμον· οὐκ ἂν τόν γε δύω καὶ εἴκοσ' ἅμαξαι
⟨ὑψη⟩λαὶ τετράκυκλοι ἀπ' οὔδεος ὀχλίσσειαν·

Rapidement, nous arrivons à la caverne : il n'était pas chez lui ; il était au pacage avec ses gras moutons. Nous entrons dans la grotte et faisons la revue : claies chargées de fromages ; agnelets et chevreaux dans les enclos bondés – chaque âge avait ses stalles, les aînés par ici et les cadets par là, plus loin les nouveau-nés – ; des vases en métal, tous regorgeant de lait, les terrines, les seaux, qui lui servaient à traire.

Mais aussitôt entrés, mes gens n'ont de paroles que pour me supplier de prendre les fromages, les agneaux, les chevreaux, de vider les enclos et de nous en aller en courant, au croiseur, retrouver l'onde amère. C'est moi qui refusai ; ah ! qu'il eût mieux valu ! Mais je voulais le voir et savoir les présents qu'il nous ferait, cet hôte[32] ! Il n'allait se montrer à mes gens que trop tôt, et non pour leur plaisir... Nous restons. Nous faisons du feu, un sacrifice, et, nous étant servis, nous mangeons des fromages. Puis, dans la grotte assis, nous restons à l'attendre.

Le voici qui revient, ramenant son troupeau : il porte à pleine charge un tas de branches mortes, pour le feu du souper ; sous la voûte, il les jette avec un tel fracas qu'éperdus nous fuyons au fond de la caverne. Il fait alors entrer dans cette vaste salle tout le troupeau dodu des femelles à traire ; mais il laisse au-dehors, dans le creux de la cour, les boucs et les béliers. Puis il ferme l'entrée avec un gros rocher qu'il lève et met debout : même avec vingt-deux hauts fardiers à quatre roues, on n'eût pas fait bouger cette pierre du sol.

32. La curiosité d'Ulysse et son appât du gain sont la cause de son malheur. De la même manière, la curiosité de ses compagnons retardera son retour (X, 38 sq.).

τόσσην ἠλίβατον πέτρην ἐπέθηκε θύρῃσιν,
ἑζόμενος δ' ἤμελγεν ὄις καὶ μηκάδας αἶγας,
πάντα κατὰ μοῖραν, καὶ ὑπ' ἔμβρυον ἧκε ἑκάστῃ.
αὐτίκα δ' ἥμισυ μὲν θρέψας λευκοῖο γάλακτος
πλεκτοῖσ' ἐν ταλάροισιν ἀμησάμενος κατέθηκεν,
ἥμισυ δ' αὖτ' ἔστησεν ἐν ἄγγεσιν, ὄφρά οἱ εἴη
πίνειν αἰνυμένῳ καί οἱ ποτιδόρπιον εἴη.
  Αὐτὰρ ἐπεὶ δὴ σπεῦσε πονησάμενος τὰ ἃ ἔργα,
καὶ τότε πῦρ ἀνέκαιε καὶ εἴσιδεν, εἴρετο δ' ἡμέας·
ΠΟΛ. — Ὦ ξεῖνοι, τίνες ἐστέ; πόθεν πλεῖθ' ὑγρὰ κέλευθα;
ἤ τι κατὰ πρῆξιν ἦ μαψιδίως ἀλάλησθε
οἷά τε ληιστῆρες, ὑπὲρ ἅλα, τοί τ' ἀλόωνται
ψυχὰς παρθέμενοι, κακὸν ἀλλοδαποῖσι φέροντες;
  Ὣς ἔφαθ'· ἡμῖν δ' αὖτε κατεκλάσθη φίλον ἦτορ
δεισάντων φθόγγόν τε βαρὺν αὐτόν τε πέλωρον·
ἀλλὰ καὶ ὣς μιν ἔπεσσιν ἀμειβόμενος προσέειπον·
ΟΔΥ. — Ἡμεῖς τοι Τροίηθεν ἀποπλαγχθέντες Ἀχαιοὶ
παντοίοισ' ἀνέμοισιν ὑπὲρ μέγα λαῖτμα θαλάσσης,
οἴκαδε ἱέμενοι ἄλλην ὁδόν, ἄλλα κέλευθα
ἤλθομεν· οὕτω που Ζεὺς ἤθελε μητίσασθαι.
λαοὶ δ' Ἀτρεΐδεω Ἀγαμέμνονος εὐχόμεθ' εἶναι,
τοῦ δὴ νῦν γε μέγιστον ὑπουράνιον κλέος ἐστί·
τόσσην γὰρ διέπερσε πόλιν καὶ ἀπώλεσε λαοὺς
πολλούς. ἡμεῖς δ' αὖτε κιχανόμενοι τὰ σὰ γοῦνα
ἱκόμεθ', εἴ τι πόροις ξεινήιον ἠὲ καὶ ἄλλως
δοίης δωτίνην, ἥ τε ξείνων θέμις ἐστίν.
ἀλλ' αἰδεῖο, φέριστε, θεούς· ἱκέται δέ τοί εἰμεν·
Ζεὺς δ' ἐπιτιμήτωρ ἱκετάων τε ξείνων τε
[ξείνιος, ὃς ξείνοισιν ἅμ' αἰδοίοισιν ὀπηδεῖ].

Quand il a pour portail ce roc infranchissable, il s'assied et se met à traire d'affilée tout son troupeau bêlant de brebis et de chèvres ; puis, lâchant le petit sous le pis de chacune, il fait de son lait blanc cailler une moitié, qu'il égoutte et dépose en ses paniers de joncs ; mais il avait gardé le reste en ses terrines pour le boire à son heure ou pendant son souper. Ce travail achevé – et ce ne fut pas long –, il ranime le feu, nous voit et nous demande :

POLYPHÈME. – « Étrangers, votre nom ? d'où nous arrivez-vous sur les routes des ondes ? faites-vous le commerce ? n'êtes-vous que pirates qui, follement, courez et croisez sur les flots et, risquant votre vie, vous en allez piller les côtes étrangères[33] ? »

Il disait. Nous sentions notre cœur éclater, sous la peur de ce monstre et de sa voix terrible. Mais que faire ? Je prends la parole et lui dis :

ULYSSE. – « Nous sommes Achéens. Nous revenions de Troie. Mais les vents de toute aire nous ont fait, hors de route, errer sur cet immense abîme de la mer : quand nous comptions rentrer, quels chemins ! quel voyage pour venir jusqu'ici ! C'est Zeus assurément qui l'avait décidé... Guerriers d'Agamemnon, nous avons eu l'honneur de servir cet Atride, dont le renom n'a plus son égal sous les cieux, si grande était la ville, qu'il pilla jusqu'au sol, et si nombreux les gens, dont il causa la perte ! Nous voici maintenant chez toi, à tes genoux, espérant recevoir ton hospitalité et quelqu'un des présents, que l'on se fait entre hôtes. Crains les dieux, brave ami ! tu vois des suppliants : Zeus se fait le vengeur des suppliants, de l'hôte ! Zeus est l'Hospitalier, qui amène les hôtes et veut qu'on les respecte ! »

33. Polyphème méprise les lois de l'hospitalité en interrogeant les étrangers avant de les avoir nourris. Les dernières questions du Cyclope sont en tout point semblables à celles que Nestor adresse à Télémaque en III, 71-74.

Ὣς ἐφάμην· ὁ δέ μ' αὐτίκ' ἀμείβετο νηλέι θυμῷ·
ΠΟΛ. — Νήπιός εἰς, ὦ ξεῖν', ἢ τηλόθεν εἰλήλουθας,
ὅς με θεοὺς κέλεαι ἢ δειδίμεν ἠ' ἀλέασθαι.
οὐ γὰρ Κύκλωπες Διὸς αἰγιόχου ἀλέγουσιν
οὐδὲ θεῶν μακάρων, ἐπεὶ ἦ πολὺ φέρτεροί εἰμεν.
οὐδ' ἂν ἐγὼ Διὸς ἔχθος ἀλευάμενος πεφιδοίμην
οὔτε σεῦ οὔθ' ἑτάρων, εἰ μὴ θυμός με κελεύοι.
ἀλλά μοι εἴφ' ὅπῃ ἔσχες ἰὼν εὐεργέα νῆα,
ἤ που ἐπ' ἐσχατιῆς ἢ καὶ σχεδόν, ὄφρα δαείω.
Ὣς φάτο πειράζων, ἐμὲ δ' οὐ λάθε εἰδότα πολλά·
ἀλλά μιν ἄψορρον προσέφην δολίοισ' ἐπέεσσι·
ΟΔΥ. — Νῆ' ⟨ἀμὴ⟩ν κατέαξε Ποσειδάων ἐνοσίχθων,
πρὸς πέτρῃσι βαλὼν ὑμῆς ἐπὶ πείρασι γαίης,
ἄκρῃ προσπελάσας· ἄνεμος δ' ἐκ πόντου ἔνεικεν.
αὐτὰρ ἐγὼ σὺν τοῖσ⟨ιδ'⟩ ὑπέκφυγον αἰπὺν ὄλεθρον.
Ὣς ἐφάμην· ὁ δέ μ' οὐδὲν ἀμείβετο νηλέι θυμῷ·
ἀλλ' ὅ γ' ἀναΐξας ἑτάροισ' ἐπὶ χεῖρας ἴαλλε,
σὺν δὲ δύω μάρψας ὥς τε σκύλακας ποτὶ γαίῃ
κόπτ'· ἐκ δ' ἐγκέφαλος χαμάδις ῥέε, δεῦε δὲ γαῖαν·
τοὺς δὲ διὰ μελεϊστὶ ταμὼν ὁπλίσσατο δόρπον·
ἤσθιε δ' ὥς τε λέων ὀρεσίτροφος, οὐδ' ἀπέλειπεν,
ἔγκατά τε σάρκας τε καὶ ὀστέα μυελόεντα.
ἡμεῖς δὲ κλαίοντες ἀνεσχέθομεν Διὶ χεῖρας,
σχέτλια ἔργ' ὁρόωντες· ἀμηχανίη δ' ἔχε θυμόν.

34. Sur l'*hubris* des Cyclopes, et sur toute cette tirade, cf. Nestle, 1942, 60-65. Certains spécialistes, comme Alden, 1993, 75-95, considèrent l'opposition entre Polyphème et Ulysse comme une sorte de préfiguration de l'*hubris* des prétendants dans le palais d'Ithaque.

Je disais ; mais ce cœur sans pitié me répond :

POLYPHÈME. – « Tu fais l'enfant, mon hôte ! ou tu nous viens de loin ! Tu veux que, moi, je craigne et respecte les dieux ! Sache que les Yeux Ronds n'ont à se soucier ni des dieux fortunés ni du Zeus à l'égide : nous sommes les plus forts[34]. Non ! sans aucun égard pour la haine de Zeus, je ne t'épargnerai, toi et tes compagnons, que s'il plaît à mon cœur... Mais dis-moi le mouillage où tu mis, en venant, ton solide navire ? est-ce au bout de la pointe ou plus près ? Que je sache ! »

Il voulait me tâter ; mais j'en savais trop long et, pour lui répliquer, je lui fis cette histoire :

ULYSSE. – « Mon navire est brisé : oui ! l'Ébranleur du sol, Posidon, l'a jeté sur les roches du cap, au bout de votre terre, où nous poussa le vent qui nous portait du large ; seuls, ces amis et moi avons sauvé nos têtes. »

Je disais, et ce cœur sans pitié ne dit mot. Mais, sur mes compagnons s'élançant, mains ouvertes, il en prend deux ensemble et, comme petits chiens, il les rompt contre terre : leurs cervelles, coulant sur le sol, l'arrosaient ; puis, membre à membre, ayant déchiqueté leurs corps, il en fait son souper[35] ; à le voir dévorer, on eût dit un lion, nourrisson des montagnes[36] ; entrailles, viandes, moelle, os, il ne laisse rien. Nous autres, en pleurant, tendions les mains vers Zeus[37] ! voir cette œuvre d'horreur ! se sentir désarmé !

35. Pour la mutilation des compagnons d'Ulysse qui serviront de dîner au Cyclope, cf. Bader, 1970, 85-136.

36. Pour cette comparaison, voir Vidal-Naquet, 1970, 1278-1297, et Schnapp-Gourbeillon, 1981, 60-61.

37. Il s'agit ici de Zeus *Xénios*, le protecteur des hôtes.

Αὐτὰρ ἐπεὶ Κύκλωψ μεγάλην ἐμπλήσατο νηδὺν
ἀνδρόμεα κρέ' ἔδων καὶ ἐπ' ἄκρητον γάλα πίνων,
κεῖτ' ἔντοσθ' ἄντροιο τανυσσάμενος διὰ μήλων.
τὸν μὲν ἐγὼ βούλευσα κατὰ μεγαλήτορα θυμὸν
ἆσσον ἰών, ξίφος ὀξὺ ἐρυσσάμενος παρὰ μηροῦ,
οὐτάμεναι πρὸς στῆθος, ὅθι φρένες ἧπαρ ἔχουσι,
χείρ' ἐπιμασσάμενος· ἕτερος δέ με ⟨μῦθος⟩ ἔρυκεν.
αὐτοῦ γάρ κε καὶ ἄμμες ἀπωλόμεθ' αἰπὺν ὄλεθρον·
οὐ γάρ κεν δυνάμεσθα θυράων ὑψηλάων
χερσὶν ἀπώσασθαι λίθον ὄβριμον, ὃν προσέθηκεν.
Ὣς τότε μὲν στενάχοντες ἐμείναμεν Ἠῶ δῖαν·
ἦμος δ' ἠριγένεια φάνη ῥοδοδάκτυλος Ἠώς,
καὶ τότε πῦρ ἀνέκαιε καὶ ἤμελγε κλυτὰ μῆλα,
πάντα κατὰ μοῖραν, καὶ ὑπ' ἔμβρυον ἧκε ἑκάστῃ.
αὐτὰρ ἐπεὶ δὴ σπεῦσε πονησάμενος τὰ ἃ ἔργα,
σὺν δ' ὅ γε δ' αὖτε δύω μάρψας ὁπλίσσατο δεῖπνον,
δειπνήσας δ' ἄντρου ἐξήλασε πίονα μῆλα,
ῥηιδίως ἀφελὼν θυρεὸν μέγαν· αὐτὰρ ἔπειτα
ἂψ ἐπέθηχ', ὡς εἴ τε φαρέτρῃ πῶμ' ἐπιθείη.
πολλῇ δὲ ῥοίζῳ πρὸς ὄρος τρέπε πίονα μῆλα
Κύκλωψ· αὐτὰρ ἐγὼ λιπόμην κακὰ βυσσοδομεύων·
ἥδε δέ μοι κατὰ θυμὸν ἀρίστη φαίνετο βουλή.
Κύκλωπος γὰρ ἔκειτο μέγα ῥόπαλον παρὰ σηκῷ,
χλωρὸν ἐλαΐνεον· τὸ μὲν ἔκσπασεν, ὄφρα φοροίη
αὐανθέν. τὸ μὲν ἄμμες ἐίσκομεν εἰσορόωντες
ὅσσόν θ' ἱστὸν νηὸς ἐεικοσόροιο μελαίνης,
φορτίδος εὐρείης, ἥ τ' ἐκπεράᾳ μέγα λαῖτμα·
τόσσον ἔην μῆκος, τόσσον πάχος εἰσοράασθαι.
τοῦ μὲν ὅσον τ' ὄργυιαν ἐγὼν ἀπέκοψα παραστὰς
καὶ παρέθηχ' ἑτάροισιν, ἀποξῦσαι δὲ κέλευσα·

vers 317 : εἴ πως τισαίμην, δοίη δέ μοι εὖχος Ἀθήνη

Quand enfin le Cyclope a la panse remplie de cette chair humaine et du lait non mouillé qu'il buvait pardessus, il s'allonge au milieu de ses bêtes dans l'antre. Alors je prends conseil de mon cœur valeureux : vais-je, au long de ma cuisse, tirer mon glaive à pointe et, lui courant dessus, le lui planter au ventre, juste au point où le foie pend sous le diaphragme ? Ma main saura tâter ! Une idée me retint : enfermés avec lui, nous périssions encore ; la mort était sur nous, car l'énorme rocher dont le Cyclope avait bouché sa haute porte, jamais nos bras, à nous, n'auraient pu l'enlever.

En gémissant, nous attendons l'aube divine. Dans son berceau de brume, aussitôt que paraît l'Aurore aux doigts de roses, il ranime le feu, puis il trait d'affilée ses bêtes magnifiques et lâche le petit sous le pis de chacune. Ce travail achevé – et ce ne fut pas long –, il prend encor deux de mes gens pour déjeuner et, quand il a mangé, il fait sortir de l'antre toutes ses bêtes grasses. Sans effort, il avait ôté le grand portail que, vite, il replaça : on eût dit qu'il mettait la valve d'un carquois.

Puis, criant et sifflant, il emmène ses gras moutons vers la montagne.

Il nous avait quittés. Je roulais la vengeance au gouffre de mon cœur : comment dont le punir ? ah ! qu'Athéna voulût se prêter à mon vœu ! Or voici le projet que je crus le plus sage.

Le Cyclope avait là, contre l'un de ses parcs, une grosse massue : c'était un olivier qu'il avait cassé vert pour le porter bien sec. Lorsque nous l'avions vu, nous l'avions comparé au mât d'un noir vaisseau, d'un de ces gros transports à vingt bancs de rameurs, qui peuvent traverser le grand gouffre des mers : c'était même longueur, à l'œil, même grosseur… Je me lève et je vais en couper une brasse, que je passe à mes gens pour en ôter les nœuds.

οἱ δ' ὁμαλὸν ποίησαν· ἐγὼ δ' ἐθόωσα παραστὰς
ἄκρον, ἄφαρ δὲ λαβὼν ἐπυράκτεον ἐν πυρὶ κηλέῳ
καὶ τὸ μὲν εὖ κατέθηκα κατακρύψας ὑπὸ κόπρῳ,
ἣ ⟨μεγάλοιο⟩ κατὰ σπείους κέχυτ' ἤλιθα πολλή,
αὐτὰρ τοὺς ἄλλους κλήρῳ πεπαλάσθαι ἄνωγον,
ὅς τις τολμήσειεν ἐμοὶ σὺν μοχλὸν ἀείρας
τρῖψαι ἐπ' ὀφθαλμῷ, ὅτε τὸν γλυκὺς ὕπνος ἱκάνοι·
οἱ δ' ἔλαχον, τοὺς ἄ⟨ρ⟩ κε καὶ ἤθελον αὐτὸς ἑλέσθαι,
τέσσαρες· αὐτὰρ ἐγὼ πέμπτος μετὰ τοῖσιν ἐλέγμην.
Ἑσπέριος δ' ἦλθεν καλλίτριχα μῆλα νομεύων,
αὐτίκα δ' εἰς εὐρὺ σπέος ἤλασε πίονα μῆλα,
πάντα μάλ', οὐδέ τι λεῖπε βαθεί⟨η⟩ ἐκτὸ⟨ς⟩ ἐν αὐλ⟨ῇ⟩,
ἤ τι ὀισάμενος, ἢ καὶ θεὸς ὣς ἐκέλευσεν.
αὐτὰρ ἔπειτ' ἐπέθηκε θυρεὸν μέγαν ὑψόσ' ἀείρας,
ἑζόμενος δ' ἤμελγεν ὄις καὶ μηκάδας αἶγας,
πάντα κατὰ μοῖραν, καὶ ὑπ' ἔμβρυον ἧκε ἑκάστῃ.
αὐτὰρ ἐπεὶ δὴ σπεῦσε πονησάμενος τὰ ἃ ἔργα,
σὺν δ' ὅ γε δ' αὖτε δύω μάρψας ὁπλίσσατο δόρπον.
καὶ τότ' ἐγὼ Κύκλωπα προσηύδων ἄγχι παραστάς,
κισσύβιον μετὰ χερσὶν ἔχων μέλανος οἴνοιο·

ΟΔΥ. — Κύκλωψ, τῆ πίε οἶνον, ἐπεὶ φάγες ἀνδρόμεα κρέα,
ὄφρ' εἰδῇς οἷόν τι ποτὸν τόδε νηῦς ἐκεκεύθει
ἡμετέρη· σοὶ δ' αὖ λοιβὴν φέρον, εἴ μ' ἐλεήσας
οἴκαδε πέμψειας· σὺ δὲ μαίνεαι οὐκέτ' ἀνεκτῶς,
σχέτλιε· πῶς κέν τίς σε καὶ ὕστερον ἄλλος ἵκοιτο
ἀνθρώπων πολέων; ἐπεὶ οὐ κατὰ μοῖραν ἔρεξας.

Ὣς ἐφάμην· ὁ δ' ἔδεκτο καὶ ἔκπιε, ἥσατο δ' αἰνῶς
ἡδὺ ποτὸν πίνων καὶ μ' ᾔτεε δεύτερον αὖτις·

Quand ils l'ont bien poli, j'en viens tailler la pointe ; je la mets à durcir dans le feu que j'active ; je cache enfin ce pieu au profond du fumier, dont l'épaisse litière recouvrait tout le sol de la grande caverne. Je fais alors tirer au sort ceux de mes gens qui, partageant mon risque et soulevant le pieu, s'en iront le planter et tourner dans son œil, sitôt que nous verrons sur lui le doux sommeil. Le sort désigne ceux que moi-même aurais pris ; ils étaient quatre, et moi, je m'enrôle en cinquième.

Il rentre vers le soir, ramenant son troupeau à la fine toison. Mais, sous la grande voûte, il pousse ce jour-là toutes ses bêtes grasses ; dans le creux de la cour, il n'en laisse pas une : avait-il son idée ? fut-ce l'ordre d'un dieu ?

Avec son gros rocher qu'il lève et met debout, il a bouché l'entrée. Il s'assied et se met à traire d'affilée tout son troupeau bêlant de brebis et de chèvres, puis lâche le petit sous le pis de chacune. Ce travail achevé, et ce ne fut pas long, il prend encor pour son souper deux de mes gens.

Alors je viens à lui, tout près, et je lui parle ; je tenais à deux mains une auge de vin noir :

ULYSSE. – « Cyclope, un coup de vin sur les viandes humaines que tu viens de manger : tu verras la boisson que nous avions à bord ! C'est la libation que je voulais t'offrir, pensant que ta pitié nous remettrait chez nous. Mais ta fureur n'a plus de bornes, malheureux ! Penses-tu que, chez toi, jamais homme revienne, lorsque l'on connaîtra cette étrange conduite ? »

Je disais ; mais, prenant mon auge, il la vida : quelle joie formidable à boire ce doux vin ! Il en voulut avoir une seconde fois :

ΠΟΛ. — Δός μοι ἔτι πρόφρων καί μοι τεὸν ὄνομα εἰπὲ
αὐτίκα νῦν, ἵνα τοι δῶ ξείνιον, ᾧ κε σὺ χαίρῃς.
καὶ γὰρ Κυκλώπεσσι φέρει ζείδωρος ἄρουρα
οἶνον ἐριστάφυλον, καί σφιν Διὸς ὄμβρος ἀέξει·
ἀλλὰ τόδ' ἀμβροσίης καὶ νέκταρός ἐστιν ἀπορρώξ.
   Ὣς ἔφατ'· αὐτάρ οἱ αὖτις ἐγὼ πόρον αἴθοπα οἶνον.
τρὶς μὲν ἔδωκα φέρων· τρὶς δ' ἔκπιεν ἀφραδίῃσιν.
   Αὐτὰρ ἐπεὶ Κύκλωπα περὶ φρένας ἤλυθε οἶνος,
καὶ τότε δή μιν ἔπεσσι προσηύδων μειλιχίοισι·
ΟΔΥ. — Κύκλωψ, εἰρωτᾷς μ' ὄνομα κλυτόν ; αὐτὰρ ἐγώ τοι
ἐκερέω· σὺ δέ μοι δὸς ξείνιον, ὥς περ ὑπέστης.
Οὖτις ἐμοί γ' ὄνομ' ἔστ'· Οὖτιν δέ με κικλήσκουσι
μήτηρ ἠδὲ πατὴρ ἠδ' ἄλλοι πάντες ἑταῖροι.
   Ὣς ἐφάμην· ὁ δέ μ' αὐτίκ' ἀμείβετο νηλέι θυμῷ·
ΠΟΛ. — Οὖτιν ἐγὼ πύματον ἔδομαι μετὰ οἷσ' ἑτάροισι,
τοὺς δ' ἄλλους πρόσθεν· τὸ δέ τοι ξεινήιον ἔσται.
   Ἦ καὶ ἀνακλινθεὶς πέσεν ὕπτιος, αὐτὰρ ἔπειτα
κεῖτ' ἀποδοχμώσας παχὺν αὐχένα· κὰδ δέ μιν ὕπνος
ᾕρει πανδαμάτωρ· φάρυγος δ' ἐξέσσυτο οἶνος
ψωμοί τ' ἀνδρόμεοι· ὁ δ' ἐρεύγετο οἰνοβαρείων.
καὶ τότ' ἐγὼ τὸν μοχλὸν ὑπὸ σποδοῦ ἤλασα πολλῆς,
εἵως θερμαίνοιτο, ἔπεσσι δὲ πάντας ἑταίρους
θάρσυνον, μή τίς μοι ὑποδείσας ἀναδύη.
ἀλλ' ὅτε δὴ τάχ' ὁ μοχλὸς ἐλάινος ἐν πυρὶ μέλλεν
ἅψεσθαι, χλωρός περ ἐών, διεφαίνετο δ' αἰνῶς,
καὶ τότ' ἐγὼν ἄσσον φέρον ἐκ πυρός· ἀμφὶ δ' ἑταῖροι

POLYPHÈME. – « Donne encor, sois gentil ! et dis-moi maintenant, tout de suite, ton nom ! car je voudrais t'offrir, ô mon hôte, un présent qui va te réjouir. Sur cette terre aux blés, les Cyclopes ont bien le vin des grosses grappes, que les ondées de Zeus viennent gonfler pour eux[38]. Mais ça, c'est un extrait de nectar, d'ambroisie ! »

Il dit et, de nouveau, je lui remplis son auge de vin aux sombres feux ; trois fois, j'apporte l'outre, et trois fois, comme un fol, il avale d'un trait ! Je vois bientôt le vin l'envahir jusqu'au cœur. Alors, pour l'aborder, j'essaie des plus doux mots :

ULYSSE. – « Tu veux savoir mon nom le plus connu, Cyclope ? je m'en vais te le dire ; mais tu me donneras le présent annoncé. C'est Personne[39], mon nom : oui ! mon père et ma mère et tous mes compagnons m'ont surnommé Personne. »

Je disais ; mais ce cœur sans pitié me répond :

POLYPHÈME: « Eh bien ! je mangerai Personne le dernier, après tous ses amis ; le reste ira devant, et voilà le présent que je te fais, mon hôte ! »

Il se renverse alors et tombe sur le dos... Bientôt nous le voyons ployer son col énorme, et le sommeil le prend, invincible dompteur. Mais sa gorge rendait du vin, des chairs humaines, et il rotait, l'ivrogne ! J'avais saisi le pieu ; je l'avais mis chauffer sous le monceau des cendres ; je parlais à mes gens pour les encourager : si l'un d'eux, pris de peur, m'avait abandonné !

Quand le pieu d'olivier est au point de flamber – tout vert qu'il fût encore, on en voyait déjà la terrible lueur –, je le tire du feu ; je l'apporte en courant ; mes gens, debout, m'entourent : un dieu les animait d'une nouvelle

38. Allusion à la pluie qui était associée à Zeus, d'où l'expression « Zeus pleut ».

39. Dans ce nom est concentrée toute la ruse d'Ulysse. Sur le renoncement d'Ulysse à sa personnalité, ou sa perte d'identité, sorte de mort figurative, voir P. Pucci, 1995, 211, et 1982, 39-62.

ἵσταντ'· αὐτὰρ θάρσος ἐνέπνευσεν μέγα δαίμων.
οἱ μὲν μοχλὸν ἑλόντες ἐλάινον ὀξὺν ἐπ' ἄκρῳ
ὀφθαλμῷ ἐνέρεισαν· ἐγὼ δ' ἐφύπερθεν ἐρεισθεὶς
δίνεον ὡς ὅτε τις τρυπῷ δόρυ νήιον ἀνὴρ
τρυπάνῳ· οἱ δέ τ' ἔνερθεν ὑποσσείουσιν ἱμάντι
ἀψάμενοι ἑκάτερθε· τὸ δὲ τρέχει ἐμμενὲς αἰεί·
ὣς τοῦ ἐν ὀφθαλμῷ πυριήκεα μοχλὸν ἑλόντες
δινέομεν· τὸν δ' αἷμα περίρρεε θερμὸν ἐόντα·
πάντα δέ οἱ βλέφαρ' ἀμφὶ καὶ ὀφρύας εὗσεν ἀυτμὴ
γλήνης καιομένης· σ(μ)αραγεῦντο δέ οἱ πυρὶ ῥίζαι.

[ὡς δ' ὅτ' ἀνὴρ χαλκεὺς πέλεκυν μέγαν ἠὲ σκέπαρνον
εἰν ὕδατι ψυχρῷ βάπτῃ μεγάλα ἰάχοντα
φαρμάσσων· τὸ γὰρ αὖτε σιδήροιο κράτος ἐστίν·
ὣς τοῦ σίζ' ὀφθαλμὸς ἐλαϊνέῳ περὶ μοχλῷ.]
σμερδαλέ' ᾤμωξεν· περὶ δ(ὲ μέγα) ἴαχε πέτρη·
ἡμεῖς δὲ δείσαντες ἀπεσσύμεθ'. αὐτὰρ ὁ μοχλὸν
ἐκέρυσ' ὀφθαλμοῖο πεφυρμένον αἵματι πολλῷ·
τὸν μὲν ἔπειτ' ἔρριψεν ἀπὸ ἕο χερσὶν ἀλύων.
Αὐτὰρ ὁ Κύκλωπας μεγάλ' ἤπυεν, οἵ ῥά μιν ἀμφὶς
ᾤκεον ἐν σπήεσσι δι' ἄκριας ἠνεμοέσσας·
οἱ δὲ βοῆς ἀίοντες ἐφοίτων ἄλλοθεν ἄλλος,
ἱστάμενοι δ' εἴροντο περὶ σπέος ὅττί ἑ κήδοι·
ΧΟΡ. — Τίπτε τόσον, Πολύφημ', ἀρημένος ὧδε βόησας
νύκτα δι' ἀμβροσίην καὶ ἀύπνους ἄμμε τίθησθα;
ἦ μή τίς σευ μῆλα βροτῶν ἀέκοντος ἐλαύνει;
ἦ μή τίς σ' αὐτὸν κτείνει δόλῳ ἠὲ βίηφι;
Τοὺς δ' αὖτ' ἐξ ἄντρου προσέφη κρατερὸς Πολύφημος·
ΠΟΛ. — Ὦ φίλοι, Οὖτίς με κτείνει δόλῳ οὐδὲ βίηφιν.
Οἱ δ' ἀπαμειβόμενοι ἔπεα πτερόεντ' ἀγόρευον·
ΧΟΡ. — Εἰ μὲν δὴ μή τίς σε βιάζεται οἶον ἐόντα,
νοῦσόν γ' οὔ πως ἐστι Διὸς μεγάλου ἀλέασθαι·
ἀλλὰ σύ γ' εὔχεο πατρὶ Ποσειδάωνι ἄνακτι.

audace. Ils soulèvent le pieu : dans le coin de son œil, ils en fichent la pointe. Moi, je pèse d'en haut et je le fais tourner... Vous avez déjà vu percer à la tarière des poutres de navire, et les hommes tirer et rendre la courroie, et l'un peser d'en haut, et la mèche virer, toujours en même place ! C'est ainsi qu'en son œil, nous tenions et tournions notre pointe de feu, et le sang bouillonnait autour du pieu brûlant : paupière et sourcils n'étaient plus que vapeurs de la prunelle en flammes, tandis qu'en grésillant, les racines flambaient... Dans l'eau froide du bain qui trempe le métal, quand le maître bronzier plonge une grosse hache ou bien une doloire, le fer crie et gémit. C'est ainsi qu'en son œil, notre olivier sifflait... Il eut un cri de fauve. La roche retentit. Mais nous, épouvantés, nous étions déjà loin.

Il s'arrache de l'œil le pieu trempé de sang. Il le rejette au loin, de ses mains en délire. Il appelle à grands cris ses voisins, les Cyclopes, qui, dans le vent de la falaise, ont leurs cavernes. Ils entendent son cri ; de partout, ils s'empressent. Ils étaient là, debout, tout autour de la grotte, voulant savoir sa peine :

LE CHŒUR[40]. – « Polyphème, pourquoi ces cris d'accablement ? pourquoi nous réveiller en pleine nuit divine ? Serait-ce ton troupeau qu'un mortel vient te prendre ? est-ce toi que l'on tue par la ruse ou la force ? »

De sa plus grosse voix, Polyphème criait du fond de la caverne :

POLYPHÈME. – « La ruse, mes amis ! la ruse ! et non la force ! Et qui me tue ? Personne ! »

Les autres de répondre avec ces mots ailés :

LE CHŒUR. – « Personne ? contre toi, pas de force ? tout seul ? C'est alors quelque mal qui te vient du grand Zeus, et nous n'y pouvons rien : invoque Posidon, notre roi, notre père ! »

40. Cf. II, 325 et note.

Ὣς ἄρ' ἔφαν ἀπιόντες· ἐμὸν δ' ἐγέλασσε φίλον κῆρ,
ὡς ὄνομ' ἐξαπάτησεν ἐμὸν καὶ μῆτις ἀμύμων.
Κύκλωψ δὲ στενάχων τε καὶ ὠδίνων ὀδύνῃσι,
χερσὶ ψηλαφόων, ἀπὸ μὲν λίθον εἷλε θυράων,
αὐτὸς δ' ἐνὶ θύρῃσι καθέζετο χεῖρε πετάσσας,
εἴ τινά που μετ' ὄεσσι λάβοι στείχοντα θύραζε·
οὕτω γάρ πού μ' ἤλπετ' ἐνὶ φρεσὶ νήπιον εἶναι.
Αὐτὰρ ἐγὼ βούλευον, ὅπως ὄχ' ἄριστα γένοιτο,
εἴ τιν' ἑταίροισιν θανάτου λύσιν ἠδ' ἐμοὶ αὐτῷ
εὑροίμην, πάντας δὲ δόλους καὶ μῆτιν ὕφαινον,
ὥς τε περὶ ψυχῆς· μέγα γὰρ κακὸν ἐγγύθεν ἦεν·
ἧδε δέ μοι κατὰ θυμὸν ἀρίστη φαίνετο βουλή.
ἄρσενες ὄιες ἦσαν ἐυτρεφέες, δασύμαλλοι·
τοὺς ἀκέων συνέεργον ἐυστρεφέεσσι λύγοισι,
τῇσ' ἔπι Κύκλωψ εὗδε, πέλωρ ἀθεμίστια εἰδ⟨ό⟩ς,
σὺν τρεῖς αἰνύμενος· ὁ μὲν ἐν μέσῳ ἄνδρα φέρεσκε·
τὼ δ' ἑτέρω ἑκάτερθεν ἴτην σώοντες ἑταίρους·
τρεῖς δὲ ἕκαστον φῶτ' ὄιες φέρον. αὐτὰρ ἐγώ γε,
ἀρνειὸς γὰρ ἔην μήλων ὄχ' ἄριστος ἁπάντων,
τοῦ κατὰ νῶτα λαβών, λασίην ὑπὸ γαστέρ' ἐλυσθεὶς
κείμην· αὐτὰρ χερσὶν ἀώτου θεσπεσίοιο
νωλεμέως στρεφθεὶς ἐχόμην τετληότι θυμῷ.

vers 426 : καλοί τε μεγάλοι τε, ἰοδνεφὲς εἶρος ἔχοντες
vers 436 : ὣς τότε μὲν στενάχοντες ἐμείναμεν Ἠῶ δῖαν

À ces mots, ils s'en vont, et je riais tout bas : c'est mon nom de Personne et mon perçant esprit qui l'avaient abusé !

Gémissant, torturé de douleurs, le Cyclope, en tâtonnant des mains, était allé lever le rocher du portail, puis il s'était assis en travers de l'entrée, les deux mains étendues pour nous prendre au passage, si nous voulions sortir dans le flot des moutons : il attendait de moi pareil enfantillage ! Je songeais au moyen de nous arracher tous, mes compagnons et moi, aux prises de la mort, et, ruses et calculs, je mettais tout en œuvre : notre vie se jouait ; le désastre était proche...

Et voici le projet que je crus le plus sage. Ses béliers étaient là, des mâles bien nourris, à l'épaisse toison ; grands et beaux, ils avaient leur laine violâtre. Sans bruit, avec l'osier, qui servait de coucher à ce monstre infernal, j'avais fait des liens. J'attache les béliers ensemble, trois par trois : la bête du milieu portait l'un de mes gens ; les autres la flanquaient, pour mieux cacher mes hommes, dont le poids reposait ainsi sur le trio. Il me restait, à moi, le bélier le plus fort. Je le prends par les reins, puis, coulé sous son ventre, je m'allonge en sa laine, et je reste pendu, tordant à pleines mains sa toison merveilleuse : rien ne lasse mon cœur ; en gémissant, nous attendons l'aube divine.

ΤΑ ΠΕΡΙ ΑΙΟΛΟΝ ΚΑΙ ΛΑΙΣΤΡΥΓΟΝΑΣ

Ἦμος δ' ἠριγένεια φάνη ῥοδοδάκτυλος Ἠώς,
καὶ τότ' ἔπειτα νομὸν δ' ἐξέσσυτο ἄρσενα μῆλα·
θήλειαι δὲ μέμηκον ἀνήμελκτοι περὶ σηκούς·
οὔθατα γὰρ σφαραγεῦντο. ἄναξ δ' ὀδύνῃσι κακῇσι
τειρόμενος πάντων ὀίων ἐπεμαίετο νῶτα
ὀρθῶν ἑσταότων· τὸ δὲ νήπιος οὐκ ἐνόησεν
ὥς οἱ ὑπ' εἰροπόκων ὀίων στέρνοισι δέδεντο.
ὕστατος ἀρνειὸς μήλων ἔστειχε θύραζε,
λάχνῳ στεινόμενος καὶ ἐμοὶ πυκινὰ φρονέοντι.
Τὸν δ' ἐπιμασσάμενος προσέφη κρατερὸς Πολύφημος·
ΠΟΛ. — Κριὲ πέπον, τί μοι ὧδε διὰ σπέος ἔσσυο μήλων
ὕστατος; οὔ τι πάρος γε λελειμμένος ἔρχεαι οἰῶν,
ἀλλὰ πολὺ πρῶτος νέμεαι τέρεν' ἄνθεα ποίης
μακρὰ βιβάς, πρῶτος δὲ ῥοὰς ποταμῶν ἀφικάνεις,
πρῶτος δὲ σταθμὸν δὲ λιλαίεαι ἀπονέεσθαι
ἑσπέριος· νῦν αὖτε πανύστατος. ἦ σύ γ' ἄνακτος
ὀφθαλμὸν ποθέεις, τὸν ἀνὴρ κακὸς ἐξαλάωσε
σὺν λυγροῖσ' ἑτάροισι, δαμασσάμενος φρένα οἴνῳ,
Οὖτις, ὃν οὔ πώ φημι πεφυγμένον ἔμμεν ὄλεθρον;
εἰ δὴ ὁμοφρονέοις ποτιφωνήεις τε γένοιο
εἰπεῖν ὅππῃ κεῖνος ἐμὸν μένος ἠλασκάζει,
τῷ κέ οἱ ἐγκέφαλός γε διὰ σπέος ἄλλυδις ἄλλῃ
θεινομένου ῥαίοιτο πρὸς οὔδεϊ, κὰδ δέ κ' ἐμὸν κῆρ
λωφήσειε κακῶν, τά μοι οὐτιδανὸς πόρεν Οὖτις.
Ὣς εἰπὼν τὸν κριὸν ἀπὸ ἕο πέμπε θύραζε.
ἐλθόντες δ' ἠβαιὸν ἀπὸ σπείους τε καὶ αὐλῆς,
πρῶτος ὑπ' ἀρνειοῦ λυόμην, ὑπέλυσα δ' ἑταίρους·
καρπαλίμως δὲ τὰ μῆλα ταναύποδα, πίονα δημῷ,
πολλὰ περιτροπέοντες ἐλαύνομεν, ὄφρ' ἐπὶ νῆα

ÉOLE ET LESTRYGONS

Aussitôt qu'apparaît, dans son berceau de brume l'Aurore aux doigts de roses, les boucs et les béliers courent au pâturage ; mais les brebis, bêlant, font cercle autour des stalles : le maître n'avait pu les traire et, trop pesants, leurs pis leur faisaient mal.

Secoué de douleurs cruelles, le Cyclope tâtait, pour la fouiller, l'échine de ses bêtes, qui s'arrêtaient bien droites... L'enfant ! il ne vit pas ce qui pendait au ventre, dans l'épaisse toison.

Le dernier à sortir, mon bélier s'avançait, alourdi de sa laine et de mes lourds pensers. Polyphème le tâte et, de sa grosse voix :

POLYPHÈME. – « Doux bélier, qu'as-tu donc ? te voilà le dernier à sortir de la grotte ? Les autres t'ont laissé ? D'ordinaire, c'est toi qui, le premier de tous, t'en vas paître à grands pas les tendres fleurs des prés ! et tu vas, le premier, au courant des rivières ! et le premier encor, tu t'empresses, le soir, de rentrer à l'étable ! Aujourd'hui te voilà le dernier des derniers ! Est-ce l'œil de ton maître qui cause tes regrets ? cet œil, qu'un scélérat, avec ses compagnons infâmes, a crevé : ce Personne ! il noya ma raison dans le vin ; mais celui-là, crois-moi, n'est pas tiré d'affaire... Si l'amitié pouvait te donner la parole ! si tu pouvais me dire où il fuit ma colère ! De son crâne fendu, sa cervelle partout, à travers ma caverne, arroserait le sol et mon cœur trouverait moins lourdes les souffrances, qu'est venu m'apporter ce perdu de Personne ! »

Il dit et, le lâchant, fait sortir le bélier.

Dès qu'on est un peu loin de l'antre et de la cour, je me déprends d'abord, puis je délie mes hommes, et, courant et poussant les bêtes trottinantes, que leur graisse alourdit, nous rentrons au navire, avec de longs

ἱκόμεθ'· ἀσπάσιοι δὲ φίλοισ' ἑτάροισι φάνημεν,
οἳ φύγομεν θάνατον· τοὺς δὲ στενάχοντο γοῶντες.
ἀλλ' ἐγὼ οὐκ εἴων, ἀνὰ δ' ὀφρύσι νεῦον ἑκάστῳ,
κλαίειν, ἀλλ' ἐκέλευσα θοῶς καλλίτριχα μῆλα
πόλλ' ἐν νηὶ βαλόντας ἐπιπλεῖν ἁλμυρὸν ὕδωρ. 470
οἱ δ' αἶψ' εἴσβαινον καὶ ἐπὶ κληῖσι κάθιζον,
ἑξῆς δ' ἑζόμενοι πολιὴν ἅλα τύπτον ἐρετμοῖς· 472
καὶ τότ' ἐγὼ Κύκλωπα προσηύδων κερτομίοισι· 474
ΟΔΥ. — Κύκλωψ, οὐκ ἄρ' ἔμελλες ἀνάλκιδος ἀνδρὸς ἑταίρους
[ἔδμεναι ἐν σπῆι γλαφυρῷ κρατερῆφι βίηφι. 476
καὶ λίην σέ γ' ἔμελλε κιχήσεσθαι κακὰ ἔργα,
σχέτλι', ἐπεὶ ξείνους οὐχ ἅζεο σῷ ἐνὶ οἴκῳ]
ἐσθέμεναι· τῷ σε Ζεὺς τίσατο καὶ θεοὶ ἄλλοι.
῝Ως ἐφάμην· ὁ δ' ἔπειτα χολώσατο κηρόθι μᾶλλον, 480
ἧκε δ' ἀπορρήξας κορυφὴν ὄρεος μεγάλοιο,
κὰδ δ' ἔβαλε προπάροιθε νεὸς κυανοπρῴροιο· 482
ἐκλύσθη δὲ θάλασσα κατερχομένης ὑπὸ πέτρης. 484
τὴν δ' ἂψ ἤπειρον δὲ παλιρρόθιον φέρε κῦμα, 485
πλημμυρὶς ἐκ πόντοιο· θέμωσε δὲ χέρσον ἱκέσθαι.
αὐτὰρ ἐγὼ χείρεσσι λαβὼν περιμήκεα κοντὸν
ὦσα παρέξ, ἑτάροισι δ' ἐποτρύνας ἐκέλευσα 488
κρατὶ κατανεύων· οἱ δὲ προπεσόντες ἔρεσσον. 490
ἀλλ' ὅτε δὴ δὶς τόσσον ἅλα πρήσσοντες ἀπῆμεν,
καὶ τότε δὴ Κύκλωπα προσηύδων· ἀμφὶ δ' ἑταῖροι
μειλιχίοισ' ἐπέεσσι ⟨μ'⟩ ἐρήτυον ἄλλοθεν ἄλλος·
ΧΟΡ. — Σχέτλιε, τίπτ' ἐθέλεις ἐρεθιζέμεν ἄγριον ἄνδρα;
ὃς καὶ νῦν πόντον δὲ βαλὼν βέλος ἤγαγε νῆα 495

vers 473 : ἀλλ' ὅτε τόσσον ἀπῆν ὅσσόν τε γέγωνε βοήσας
vers 483 : τυτθόν, ἐδεύησεν δ' οἰήιον ἄκρον ἱκέσθαι
vers 489 : ἐμβαλέειν κώπησ', ἵν' ὑπὲκ κακότητα φύγοιμεν

détours... Ah ! la joie de nos gens à nous voir reparaître, échappés à la mort ! Et les pleurs et les cris sur ceux qui ne sont plus ! Mais, les sourcils froncés je défends que l'on pleure. J'ordonne qu'au navire, on jette sans retard tout un lot de brebis à l'épaisse toison et que, sur l'onde amère, au plus tôt l'on reparte. Mes gens sautent à bord et vont s'asseoir aux bancs ; quand, chacun en sa place, la rame bat le flot qui blanchit sous les coups, mais lorsqu'il est au point d'où la voix porte encore, je m'adresse au Cyclope, en paroles railleuses :

ULYSSE. – « Non ! il n'était pas dit que tu devais, Cyclope, manger les compagnons d'un homme sans vigueur, abusant de ta force au fond de ta caverne ! De ta méchanceté, tu devais rencontrer le paiement, malheureux, qui n'accueilles les hôtes que pour les dévorer ! Zeus et les autres dieux t'en ont récompensé. »

Je dis et, dans son cœur, redouble la colère. D'une grosse montagne, il arrache la cime. Il la lance. Elle tombe au-devant du navire à la proue azurée : peu s'en faut qu'elle atteigne la pointe d'étambot. La mer, sous la tombée de la roche, s'ébranle, et le flot de retour nous ramène à la terre, où ce grand coup de flux nous fait presque toucher. Mais, prenant à deux mains notre plus longue gaffe, je pousse à éviter, et j'excite mes gens, en leur donnant les ordres pour forcer d'avirons, si l'on veut s'en tirer.

De la tête, c'est moi qui leur rythme l'allure ; ils piquent de l'avant et tirent sur la rame. Nous voici revenus en mer, deux fois plus loin ; je hèle le Cyclope ; mes gens autour de moi, de leurs mots les plus doux, à l'envi me retiennent :

LE CHŒUR. – « Tu vas exaspérer, malheureux, ce sauvage ! Il vient de nous jeter un si gros projectile qu'il

αὖτις ἐς ἤπειρον, καὶ δὴ φάμεν αὐτόθ' ὀλέσθαι.
εἰ δὲ φθεγξαμένου τευ ἢ' αὐδήσαντος ἄκουσε,
σύν κεν ἄραξ' ἡμέων κεφαλὰς καὶ νήια δοῦρα
μαρμάρῳ ὀκριόεντι βαλών· τόσσον γὰρ ἵησιν.
Ὣς φάσαν, ἀλλ' οὐ πεῖθον ἐμὸν μεγαλήτορα θυμόν·
ἀλλά μιν ἄψορρον προσέφην κεκοτηότι θυμῷ·
ΟΔΥ. — Κύκλωψ, αἴ κέν τίς σε καταθνητῶν ἀνθρώπων
ὀφθαλμοῦ εἴρηται ἀεικελίην ἀλαωτύν,
φάσθαι Ὀδυσσῆα πτολιπόρθιον ἐξαλαῶσαι,
υἱὸν Λαέρτεω, Ἰθάκῃ ἔνι οἰκί' ἔχοντα.
Ὣς ἐφάμην· ὁ δέ μ' οἰμώξας ἠμείβετο μύθῳ·
ΠΟΛ. — Ὢ πόποι, ἦ μάλα δή με παλαίφατα θέσφαθ' ἱκάνει.
ἔσκέ τις ἐνθάδε μάντις ἀνὴρ ἠύς τε μέγας τε,
Τήλεμος Εὐρυμίδης, ὃς μαντοσύνῃ ἐκέκαστο
καὶ μαντευόμενος κατεγήρα Κυκλώπεσσιν·
ὅς μοι ἔφη τάδε πάντα τελευτήσεσθαι ὀπίσσω,
χειρῶν ἐξ Ὀδυσῆος ἁμαρτήσεσθαι ὀπωπῆς.
ἀλλ' αἰεί τινα φῶτα μέγαν καὶ καλὸν ἐδέγμην
ἐνθάδ' ἐλεύσεσθαι, μεγάλην ἐπιειμένον ἀλκήν·
νῦν δέ μ' ἐὼν ὀλίγος τε καὶ οὐτιδανὸς καὶ ἄκικυς
ὀφθαλμὸ⟨ν⟩ ἀλάωσεν, ἐπεί μ' ἐδαμάσσατο οἴνῳ.
ἀλλ' ἄγε δεῦρ', Ὀδυσεῦ, ἵνα τοι πὰρ ξείνια θείω
[πομπήν τ' ὀτρύνω δόμεναι κλυτὸν Ἐννοσίγαιον.
τοῦ γὰρ ἐγὼ παῖς εἰμι· πατὴρ δ' ἐμὸς εὔχεται εἶναι·
αὐτὸς δ', αἴ κ' ἐθέλῃσ', ἰήσεται, οὐδέ τις ἄλλος
οὔτε θεῶν μακάρων οὔτε θνητῶν ἀνθρώπων.
Ὣς ἔφατ'· αὐτὰρ ἐγώ μιν ἀμειβόμενος προσέειπον·
ΟΔΥ. — Αἲ γὰρ δὴ ψυχῆς τε καὶ αἰῶνός σε δυναίμην
εὖνιν ποιήσας πέμψαι δόμον Ἄιδος εἴσω,
ὡς οὐκ ὀφθαλμόν ⟨σ'⟩ ἰήσεται οὐδ' Ἐνοσίχθων.

nous a ramené le croiseur à la côte ; il a failli nous perdre. Si tes cris ou ta voix lui parviennent encore, c'est nos têtes, à nous, et les bois du vaisseau, qu'il va mettre en bouillie, sous le bloc anguleux que son bras peut lancer : il porte jusqu'ici ! »

Ils parlaient, sans fléchir l'audace de mon cœur. Je reprends et lui crie de toute ma rancune :

ULYSSE. – « Cyclope, auprès de toi, si quelqu'un des mortels vient savoir le malheur qui t'a privé de l'œil, dis-lui qui t'aveugla : c'est le fils de Laërte, oui ! le pilleur de Troie, l'homme d'Ithaque, Ulysse[41]. »

Je disais. En hurlant, le Cyclope répond :

POLYPHÈME. – « Ah ! misère ! je vois s'accomplir les oracles de notre vieux devin ! ce n'était qu'un mortel, mais si noble, si grand ! ce maître en prophéties, Télémos l'Eurymide[42], qui vieillit parmi nous, prophète des Cyclopes ! Il m'avait bien prédit ce qui m'arriverait et que, des mains d'Ulysse, je serais aveuglé. Mais j'attendais toujours un mortel grand et beau, qui viendrait, revêtu d'une force superbe. Maintenant, c'est un gueux, un freluquet, un nain, qui vient me crever l'œil, quand le vin m'a dompté. Allons ! reviens, Ulysse ! et je te donnerai les présents de ton hôte ! Je charge le Seigneur qui ébranle la terre de te remettre en route ! Je suis son fils, tu sais ! il se prétend mon père ! Lui seul peut me guérir, s'il veut, mais aucun autre ni des dieux fortunés ni des hommes mortels. »

À ces mots du Cyclope, aussitôt je réponds :

ULYSSE. – « Ah ! puissé-je t'ôter et le souffle de la vie et t'envoyer dans les demeures de l'Hadès, aussi vrai que ton œil ne sera pas guéri, même par le Seigneur qui ébranle le sol ! »

41. En déclinant avec fierté son identité, Ulysse s'expose à la vengeance du Cyclope et à celle de son père Poséidon. Sur la magie des noms, cf. Heubeck, *ad loc.*, Olson, 1992, 1-7, et surtout Austin, 1972, 1-19.

42. Pour ces prophéties, cf. X, 330-332 et XIII, 172-178.

Ὣς ἐφάμην· ὁ δ' ἔπειτα Ποσειδάωνι ἄνακτι
εὔχετο, χεῖρ' ὀρέγων εἰς οὐρανὸν ἀστερόεντα·
ΠΟΛ. — Κλῦθι, Ποσείδαον γαιήοχε, κυανοχαῖτα·
εἰ ἐτεόν γε σός εἰμι, πατὴρ δ' ἐμὸς εὔχεαι εἶναι,
δὸς μὴ Ὀδυσσῆα πτολίπορθον οἴκαδ' ἱκέσθαι. 530
ἀλλ' εἴ οἱ μοῖρ' ἐστὶ φίλους ἰδέειν καὶ ἱκέσθαι 532
οἶκον ἐς ὑψόροφον καὶ ἑὴν ἐς πατρίδα γαῖαν,
ὀψὲ κακῶς ἔλθοι, ὀλέσας ἄπο πάντας ἑταίρους,
νηὸς ἐπ' ἀλλοτρίης, εὕροι δ' ἐν πήματα οἴκῳ. 535
Ὣς ἔφατ' εὐχόμενος τοῦ δ' ἔκλυε Κυανοχαίτης.
αὐτὰρ ὅ γ'...]
⟨Ἦ ῥα καὶ⟩ ἐξαῦτις πολὺ μείζονα λᾶαν ἀείρας
ἧκ' ἐπιδινήσας, ἐπέρεισε δὲ ἶν' ἀπέλεθρον,
κὰδ δ' ἔβαλεν μετόπισθε νεὸς κυανοπρῴροιο
τυτθόν, ἐδεύησεν δ' οἰήιον ἄκρον ἱκέσθαι. 540
Ἀλλ' ὅτε δὴ τὴν νῆσον ἀφικόμεθ', ἔνθά περ ἄλλαι 543
νῆες ἐύσσελμοι μένον ἀθρόαι, ἀμφὶ δ' ἑταῖροι
εἵατ' ὀδυρόμενοι, ἡμέας ποτιδέγμενοι αἰεί, 545
νῆα μὲν ἔνθ' ἐλθόντες ἐκέλσαμεν ἐν ψαμάθοισι, 546
μῆλα δὲ Κύκλωπος γλαφυρῆς ἐκ νηὸς ἑλόντες 548
δασσάμεθ', ὡς μή τίς μοι ἀτεμβόμενος κίοι ἴσης.
ἀρνειὸν δ' ἐμοὶ οἴῳ ἐυκνήμιδες ἑταῖροι 550
μήλων δαιομένων δόσαν ἔξοχα· τὸν δ' ἐπὶ θινὶ
Ζηνὶ κελαινεφέι Κρονίδῃ, ὃς πᾶσι ἀνάσσει,
ῥέξας μηρί' ἔκαιον· ὁ δ' οὐκ ἐμπάζετο ἱρῶν.

vers 531 : υἱὸν Λαέρτεω, Ἰθάκῃ ἔνι οἰκί' ἔχοντα
vers 541 : ἐκλύσθη δὲ θάλασσα κατερχομένης ὑπὸ πέτρης·
542 : τὴν δὲ πρόσω φέρε κῦμα, θέμωσε δὲ χέρσον ἱκέσθαι
vers 547 : ἐκ δὲ καὶ αὐτοὶ βῆμεν ἐπὶ ῥηγμῖνι θαλάσσης

Je disais ; mais déjà, il faisait sa prière à son roi Posidon, en tendant les deux mains vers les astres du ciel !

POLYPHÈME. – « Ô maître de la terre, ô dieu coiffé d'azur, ô Posidon, écoute ! S'il est vrai que je suis ton fils, si tu prétends à ce titre de père, fais pour moi que jamais il ne rentre au logis, ce pilleur d'Ilion, cet Ulysse, lui, ce fils de Laërte, qui demeure en Ithaque ou du moins, si le sort lui permet de retrouver les siens, et sa haute maison, au pays de ses pères, fais qu'après de longs maux, sur un vaisseau d'emprunt, il n'y rentre, privé de ses compagnons, que pour trouver encor le malheur au logis ! »

À peine il avait dit : le dieu coiffé d'azur exauçait sa prière.

Et déjà le Cyclope a repris un rocher bien plus gros qu'il soulève. Il le fait tournoyer, le jette, en y mettant sa force exaspérée. Du navire azuré, le bloc rase la poupe, en risquant d'écraser la pointe d'étambot : la mer, sous la tombée de la roche, s'ébranle, et le flot nous poussant nous fait presque toucher.

Nous revoici dans l'île où nous avions laissé le gros de notre flotte : sur les bancs des vaisseaux ou campés alentour, nos tristes compagnons restaient à nous attendre. On aborde, on échoue le vaisseau sur le sable ; nous prenons pied alors sur la grève de mer ; on tire de la cale les moutons du Cyclope ; j'en fais si bien les lots que personne en partant n'a pour moi de reproches. Seul, je suis mieux traité : à mon lot de moutons, les compagnons guêtrés ajoutent un agneau, que j'offre sur la grève au dieu des nuées sombres, à Zeus, fils de Cronos. Mais, les cuisses brûlées, il

[ἀλλ' ὅ γε μερμήριζεν ὅπως ἀπολοίατο πᾶσαι
νῆες ἐΰσσελμοι καὶ ἐμοὶ ἐρίηρες ἑταῖροι.]
Ὣς τότε μὲν πρόπαν ἦμαρ ἐς ἠέλιον καταδύντα
ἥμεθα δαινύμενοι κρέα τ' ἄσπετα καὶ μέθυ ἡδύ·
ἦμος δ' ἠέλιος κατέδυ καὶ ἐπὶ κνέφας ἦλθε,
δὴ τότε κοιμήθημεν ἐπὶ ῥηγμῖνι θαλάσσης.
Ἦμος δ' ἠριγένεια φάνη ῥοδοδάκτυλος Ἠώς,
δὴ τότ' ἐγὼν ἑτάροισιν ἐποτρύνας ἐκέλευσα
αὐτούς τ' ἀμβαίνειν ἀνά τε πρυμνήσια λῦσαι.
οἱ δ' αἶψ' εἴσβαινον καὶ ἐπὶ κληῖσι κάθιζον,
ἑξῆς δ' ἑζόμενοι πολιὴν ἅλα τύπτον ἐρετμοῖς.
ἔνθεν δὲ προτέρω πλέομεν ἀκαχήμενοι ἦτορ,
ἄσμενοι ἐκ θανάτοιο, φίλους ὀλέσαντες ἑταίρους.

dédaigna l'offrande : il n'avait en l'esprit que notre perte à tous, perte de mon escadre et perte, sur leurs bancs, de mon brave équipage[43]. Durant tout ce grand jour, jusqu'au soleil couchant, nous restons au festin : on avait du bon vin, des viandes à foison ! Au coucher du soleil, quand vient le crépuscule, on s'étend pour dormir sur la grève de mer.

Mais sitôt qu'apparaît, dans son berceau de brume, l'Aurore aux doigts de roses, j'ordonne à tous mes gens d'embarquer sans retard et de larguer l'amarre. Mes gens sautent à bord et vont s'asseoir aux bancs ; puis, chacun en sa place, la rame bat le flot qui blanchit sous les coups.

Nous reprenons la mer, l'âme navrée, contents d'échapper à la mort, mais pleurant les amis.

43. Par ce refus, la divinité signifie qu'elle reproche aux hommes les actes qu'ils ont commis et les prive désormais de sa protection.

Αἰολίην δ' ἐς νῆσον ἀφικόμεθ'· ἔνθα δ' ἔναιεν
Αἴολος Ἱπποτάδης, φίλος ἀθανάτοισι θεοῖσι,
πλωτῇ ἐνὶ νήσῳ· πᾶσαν δ⟨' ἔχε⟩ μιν περὶ τεῖχος
χάλκεον ἄρρηκτον· λισσὴ δ' ἀναδέδρομε πέτρη.
τοῦ καὶ δώδεκα παῖδες ἐνὶ μεγάροις γεγάασιν,
ἓξ μὲν θυγατέρες, ἓξ δ' υἱέες ἡβώοντες.
ἔνθ' ὅ γε θυγατέρας πόρεν υἱάσιν εἶναι ἀκοίτις·
οἱ δ' αἰεὶ παρὰ πατρὶ φίλῳ καὶ μητέρι κεδνῇ
δαίνυνται· παρὰ δέ σφιν ὀνείατα μυρία κεῖται·
κνισῆεν δέ τε δῶμα περιστεναχίζετ' ἀυ⟨τ⟩ῇ
ἤματα· νύκτας δ' αὖτε παρ' αἰδοίῃσ' ἀλόχοισιν
εὕδουσ' ἔν τε τάπησι καὶ ἐν τρητοῖσι λέχεσσι.
καὶ μὲν τῶν ἱκόμεσθα πόλιν καὶ δώματα καλά·
μῆνα δὲ πάντα φίλει με καὶ ἐξερέεινε ἕκαστα,
["Ιλιον Ἀργείων τε νέας καὶ νόστον Ἀχαιῶν·]
καὶ μὲν ἐγὼ τῷ πάντα κατὰ μοῖραν κατέλεξα.

1. L'île d'Éole serait Stromboli. Dès le Ve siècle, Thucydide considérait (III, 88) qu'elle faisait partie des îles Lipari.

2. En grec, *Aiolos*, signifie « rapide » ou « changeant ». Pour sa généalogie, qui a suscité beaucoup de discussion, cf. Ballabriga, 1998, 94-96. Éole est le trésorier, *tamiês*, ou le maître des vents. Pour un rapprochement entre ce personnage et les sorciers du vent, cf. Heubeck, *ad* v. 1-79 ; Germain, 1954, 179-191 ; Strömberg, 1950, 71-81, et Page, 1972, 73-78.

(CHANT X.) Nous gagnons Éolie[1], où le fils d'Hippotès, cher aux dieux immortels, Éole[2], a sa demeure. C'est une île qui flotte[3]: une côte de bronze, infrangible muraille, l'encercle tout entière ; une roche polie en pointe vers le ciel. Éole en son manoir nourrit ses douze enfants, six filles et six fils qui sont à l'âge d'hommes : pour femmes, à ses fils il a donné ses filles et tous, près de leur père et de leur digne mère, vivent à banqueter ; leurs tables sont chargées de douceurs innombrables ; tout le jour, la maison, dans le fumet des graisses, retentit de leurs voix ; la nuit, chacun s'en va, près de sa chaste épouse, dormir sur les tapis de son cadre ajouré[4]...

Nous montons vers le bourg, jusqu'à leur beau manoir. Éole, tout un mois, me traite et m'interroge, car il veut tout connaître, la prise d'Ilion, la flotte et le retour des Achéens d'Argos, et moi, de bout en bout, point par point, je raconte.

3. Certains pensent que cette description correspond aux flaques de lave qui flottent sur les eaux de la mer et qui font que l'île de Stromboli semble elle-même flotter. D'autres considèrent que le poète ne fait que reprendre un thème courant du folklore ou de la mythologie grecque : Délos, Rhodes et les Symplégades passaient aussi pour être flottantes (cf. Germain, 1954, 154).

4. Pour cet inceste qui renvoie à des pratiques orientales, cf. Germain, 1954, 190-191. Dans son *Éole*, pièce aujourd'hui perdue et parodiée par Aristophane, dans ses *Aeolosikon*, Euripide évoquait ces unions incestueuses.

ἀλλ' ὅτε δὴ καὶ ἐγὼν ὁδὸν ᾔτεον ἠδὲ κέλευον
πεμπέμεν, οὐδέ τι κεῖνος ἀνήνατο, τεῦχε δὲ πομπήν,
δῶκε δέ ⟨μ'⟩ ἐκδείρας ἀσκὸν βοὸς ἐννεώροιο·
ἔνθα δὲ βυκτάων ἀνέμων κατέδησε κέλευθα·
κεῖνον γὰρ ταμίην ἀνέμων ποίησε Κρονίων,
τὸν μὲν παυέμεναι τὸν δ' ὀρνύμεν ὅν κ' ἐθέλῃσι.
νηὶ δ' ἐνὶ γλαφυρῇ κατέδει μέρμιθι φαεινῇ
ἀργυρέῃ, ἵνα μή τι παραπνεύσῃ ὀλίγον περ·
αὐτὰρ ἐμοὶ πνοιὴν Ζεφύρου προέηκεν ἀῆναι,
ὄφρα φέροι νῆάς τε καὶ αὐτούς. οὐ δ' ἄρ' ἔμελλεν
ἐκτελέειν· αὐτῶν γὰρ ἀπωλόμεθ' ἀφραδίῃσιν.
Ἐννῆμαρ μὲν ὁμῶς πλέομεν νύκτάς τε καὶ ἦμαρ·
τῇ δεκάτῃ δ' ἤδη ἀνεφαίνετο πατρὶς ἄρουρα·
καὶ δὴ πυρπολέοντας ἐλεύσσομεν ἐγγὺς ἐόντες.
ἔνθ' ἐμὲ μὲν γλυκὺς ὕπνος ἐπήλυθε κεκμηῶτα·
αἰεὶ γὰρ πόδα νηὸς ἐνώμων, οὐδέ τῳ ἄλλῳ
δῶχ' ἑτάρων, ἵνα θᾶσσον ἱκοίμεθα πατρίδα γαῖαν.
οἱ δ' ἕταροι ἐπέεσσι πρὸς ἀλλήλους ἀγόρευον
καί μ' ἔφασαν χρυσόν τε καὶ ἄργυρον οἴκαδ' ἄγεσθαι,
δῶρα παρ' Αἰόλου μεγαλήτορος Ἱπποτάδαο.
Ὧδε δέ τις εἴπεσκε ἰδὼν ἐς πλησίον ἄλλον·
ΧΟΡ. — Ὢ πόποι, ὡς ὅδε πᾶσι φίλος καὶ τίμιός ἐστιν
ἀνθρώποισ', ὅτεών τε πόλιν καὶ γαῖαν ἵκηται.
πολλὰ μὲν ἐκ Τροίης ἄγεται κειμήλια καλὰ
ληίδος· ἡμεῖς δ' αὖτε ὁμὴν ὁδὸν ἐκτελέσαντες
οἴκαδε νισσόμεθα κενεὰς σὺν χεῖρας ἔχοντες·
καὶ νῦν οἱ τάδ' ἔδωκε χαριζόμενος φιλότητι
Αἴολος. ἀλλ' ἄγε θᾶσσον ἰδώμεθα ὅττι τάδ' ἐστίν.

vers 45 : ὅσσός τις χρυσός τε καὶ ἄργυρος ἀσκῷ ἔνεστιν

5. Vent d'ouest.
6. Cf. II, 325 et note.

Quand, voulant repartir, à mon tour je le prie de me remettre en route, il a même obligeance à me rapatrier. Il écorche un taureau de neuf ans ; dans la peau, il coud toutes les aires des vents impétueux, car le fils de Cronos l'en a fait régisseur : à son plaisir, il les excite ou les apaise. Il me donne ce sac, dont la tresse d'argent luisante ne laissait passer aucune brise ; il s'en vient l'attacher au creux de mon navire ; puis il me fait souffler l'haleine d'un zéphyr[5], qui doit, gens et vaisseaux, nous porter au logis… Hélas ! avant le terme, la folie de mes gens allait nous perdre encore.

Durant neuf jours, neuf nuits, nous voguons sans relâche. Voici que, le dixième, apparaissaient enfin les champs de la patrie ; nous en étions si près qu'on en voyait les feux et les hommes autour. Mais il me vient un doux sommeil ; j'étais brisé : c'était moi qui, toujours, avais tenu l'écoute, sans jamais la céder à quelqu'un de mes gens ; j'avais un tel désir d'arriver au pays ! Mon équipage alors se met à discourir : ce que j'ai dans ce sac, – pensent-ils –, les cadeaux de ce fils d'Hippotès, de ce grand cœur d'Éole, c'est de l'or, de l'argent !

Se tournant l'un vers l'autre, ils de disent entre eux :

LE CHŒUR[6]. – « Misère ! en voilà un que, toujours et partout, on aime et l'on respecte, en quelque ville et terre qu'il puisse bien aller ! Il ramenait déjà de Troie sa belle charge de butin précieux, alors que nous, au bout de ce même voyage, n'avions pour revenir au logis que mains vides… Et voyez ce qu'il vient de recevoir encore, pour avoir su gagner le cœur de cet Éole ! Allons, vite ! il faut voir ce que sont ces cadeaux, combien d'or et d'argent est caché dans cette outre[7] ! »

7. La curiosité des compagnons d'Ulysse attirés par le contenu d'un objet est un motif courant des récits folkloriques, dont Pandora et sa jarre (boîte) sont le meilleur exemple (cf. Hés., *Tr.*, 94-95).

Ὣς ἔφασαν· βουλὴ δὲ κακὴ νίκησεν ἑταίρων·
ἀσκὸν μὲν λῦσαν· ἄνεμοι δ' ἐκ πάντες ὄρουσαν·
τοὺς δ' αἶψ' ἁρπάξασα φέρεν πόντον δὲ θύελλα
κλαίοντας, γαίης ἄπο πατρίδος. αὐτὰρ ἐγώ γε
ἐγρόμενος κατὰ θυμὸν ἀμύμονα μερμήριξα
ἠὲ πεσὼν ἐκ νηὸς ἀποφθίμην ἐνὶ πόντῳ,
ἦ' ἀκέων τλαίην καὶ ἔτι ζωοῖσι μετείην·
ἀλλ' ἔτλην καὶ ἔμεινα, καλυψάμενος δ' ἐνὶ νηὶ
κείμην· αἱ δ' ἐφέροντο κακῇ ἀνέμοιο θυέλλῃ
αὖτις ἐπ' Αἰολίην νῆσον· στενάχοντο δ' ἑταῖροι.
Ἔνθα δ' ἐπ' ἠπείρου βῆμεν καὶ ἀφυσσάμεθ' ὕδωρ·
αἶψα δὲ δεῖπνον ἕλοντο θοῇς παρὰ νηυσὶν ἑταῖροι.
Αὐτὰρ ἐπεὶ σίτοιό τ' ἐπασσάμεθ' ἠδὲ ποτῆτος,
δὴ τότ' ἐγὼ κήρυκά τ' ὀπασσάμενος καὶ ἑταῖρον
βῆν εἰς Αἰόλου κλυτὰ δώματα· τὸν δὲ κίχανον
δαινύμενον παρὰ ᾗ τ' ἀλόχῳ καὶ οἷσι τέκεσσιν·
ἐλθόντες δ' ἐς δῶμα παρὰ σταθμοῖσιν ἐπ' οὐδοῦ
ἑζόμεθ'· οἱ δ' ἀνὰ θυμὸν ἐθάμβεον ἔκ τ' ἐρέοντο·
ΧΟΡ. — Πῶς ἦλθες, Ὀδυσεῦ; τίς τοι κακὸς ἔχραε δαίμων;
ἦ μέν σ' ἐνδυκέως ἀπεπέμπομεν, ὄφρ' ἂν ἵκοιο
πατρίδα σὴν καὶ δῶμα καὶ εἴ που τοι φίλον ἐστίν.
Ὣς ἔφαν· αὐτὰρ ἐγὼ μετεφώνεον ἀχνύμενος κῆρ·
ΟΔΥ. — Ἄασάν μ' ἕταροί τε κακοί, πρὸς τοῖσί τε ὕπνος
σχέτλιος. ἀλλ' ἀκέσασθε, φίλοι· δύναμις γὰρ ἐν ὑμῖν.
Ὣς ἐφάμην μαλακοῖσι καθαπτόμενος ἐπέεσσιν·
οἱ δ' ἄνεῳ ἐγένοντο· πατὴρ δ' ἠμείβετο μύθῳ·
ΑΙΟ. — Ἔρρ' ἐκ νήσου θᾶσσον, ἐλέγχιστε ζωόντων·
οὐ γάρ μοι θέμις ἐστὶ κομιζέμεν οὐδ⟨έ σε⟩ πέμπειν
[ἄνδρα τὸν ὅς κε θεοῖσιν ἀπέχθηται μακάρεσσι].
ἔρρ', ἐπεὶ ἀθανάτοισιν ἀπεχθόμενος τόδ' ἱκάνεις.

Ils disaient, et l'avis funeste l'emporta. Ils défirent le nœud : tous les vents s'échappèrent, et soudain la rafale, entraînant mes vaisseaux, les ramenait au large ; mes gens en pleurs voyaient s'éloigner la patrie ! Moi, je m'éveille alors et mon cœur sans reproche ne sait que décider : me jeter du vaisseau, chercher la mort en mer, ou pâtir en silence et conserver la vie ? Ma foi, je tins le coup : roulé dans mon manteau, je m'étendis à bord, tandis que, ramenés par ce vent de malheur jusqu'en l'île d'Éole, mes gens se lamentaient.

On arrive ; on débarque ; on va puiser de l'eau et, sans tarder, mes gens se mettent au repas sous le flanc des croiseurs. Quand on a satisfait la soif et l'appétit, je pars, accompagné d'un héraut et d'un homme, pour monter chez Éole.

En son manoir fameux, je le trouve au festin, lui, sa femme et ses fils. Nous entrons au logis ; mais nous restons au seuil, assis dans l'embrasure. Leurs cœurs sont étonnés ; c'est moi qu'ils interrogent :

LE CHŒUR. – « Ulysse ! te voilà revenu ? et comment ? quelle divinité méchante te poursuit ? Nous t'avions renvoyé en prenant tous les soins pour que te soient rendus ta patrie, ta maison et tout ce qui t'est cher... »

Ils disaient. Je réponds, le cœur plein de tristesse :

ULYSSE. – « Le désastre me vint d'un méchant équipage, mais aussi, et surtout, d'un sommeil malheureux. Amis, secourez-moi ; je sais votre pouvoir. »

Je disais, essayant des plus douces paroles ; mais ils restaient muets. Leur père me répond :

ÉOLE. – « Décampe de mon île, ô le rebut des êtres ! car je n'ai plus le droit de t'accorder mes soins, ni de te reconduire : un homme que les dieux fortunés ont en haine ! Décampe ! tu reviens sous le courroux des dieux ! »

Ὣς εἰπὼν ἀπέπεμπε δόμων βαρέα στενάχοντα.
ἔνθεν δὲ προτέρω πλέομεν ἀκαχήμενοι ἦτορ·
τείρετο δ' ἀνδρῶν θυμὸς ὑπ' εἰρεσίης ἀλεγεινῆς
ἡμετέρῃ ματίῃ, ἐπεὶ οὐκέτι φαίνετο πομπή.
Ἑξῆμαρ μὲν ὁμῶς πλέομεν νύκτάς τε καὶ ἦμαρ,
ἑβδομάτῃ δ' ἱκόμεσθα Λάμου αἰπὺ πτολίεθρον,
Τηλέπυλον Λαιστρυγονίην, ὅθι ποιμένα ποιμὴν
ἠπύει εἰσελάων, ὁ δέ τ' ἐξελάων ὑπακούει·
ἔνθά κ' ἄυπνος ἀνὴρ δοιοὺς ἐξήρατο μισθούς,
τὸν μὲν βουκολέων, τὸν δ' ἄργυφα μῆλα νομεύων·
ἐγγὺς γὰρ νυκτός τε καὶ ἤματός εἰσι κέλευθοι.
Ἔνθ' ἐπεὶ ἐς λιμένα κλυτὸν ἤλθομεν, ὃν πέρι πέτρη
ἠλίβατος τετύχηκε διαμπερὲς ἀμφοτέρωθεν,
ἀκταὶ δὲ προβλῆτες ἐναντίαι ἀλλήλῃσιν
ἐν στόματι προέχουσι, ἀραιὴ δ' εἴσοδός ἐστιν,
ἔνθ' οἵ γ' εἴσω πάντες ἔχον νέας ἀμφιελίσσας.
αἱ μὲν ἄρ' ἔντοσθεν λιμένος κοίλοιο δέδεντο
πλησίαι· οὐ μὲν γάρ ποτ' ἀέξετο κῦμά γ' ἐν αὐτῷ,
οὔτε μέγ' οὔτ' ὀλίγον· λευκὴ δ' ἦν ἀμφὶ γαλήνη.
αὐτὰρ ἐγὼν οἶος σχέθον ἔξω νῆα μέλαιναν,
αὐτοῦ ἐπ' ἐσχατιῆς, πέτρης ἐκ πείσματα δήσας· 96
ἔνθα μὲν οὔτε βοῶν οὔτ' ἀνδρῶν φαίνετο ἔργα· 98
καπνὸν δ' οἶον ὁρῶμεν ἀπὸ χθονὸς ἀίσσοντα.

vers 97 : ἔστην δὲ σκοπιὴν ἐς παιπαλόεσσαν ἀνελθών

8. Certains commentateurs, comme Heubeck, *ad* vv. 80-132, considèrent que ce pays est imaginaire, comme celui des Phéaciens. Cependant, les Anciens l'associaient à Léontinoi, en Sicile. Les contemporains proposent différentes localisations. Bérard le place, sur

Il dit et me renvoie, malgré mes lourds sanglots.

Nous reprenons la mer, l'âme navrée ; mes gens n'avaient plus de courage à peiner sur la rame : après notre folie, où retrouver un guide ?

Durant six jours, six nuits, nous voguons sans relâche. Nous touchons, le septième, au pays lestrygon[8], sous le bourg de Lamos, la haute Télépyle[9], où l'on voit le berger appeler le berger : quand l'un rentre, il en sort un autre qui répond ; un homme dégourdi gagnerait deux salaires, l'un à paître les bœufs, l'autre, les blancs moutons ; car les chemins du jour côtoient ceux de la nuit[10].

Nous entrons dans ce port bien connu des marins : une double falaise, à pic et sans coupure, se dresse tout autour, et deux caps allongés, qui se font vis-à-vis au-devant de l'entrée, en étranglent la bouche. Ma flotte s'y engage et s'en va jusqu'au fond, gaillards contre gaillards, s'amarrer côte à côte : pas de houle en ce creux, pas de flot, pas de ride ; partout un calme blanc. Seul je reste au-dehors, avec mon noir vaisseau ; sous le cap de l'entrée, je mets l'amarre en roche : me voici sur le roc de la guette, au sommet ; de troupeaux ou d'humains, on ne voyait pas la trace ; il ne montait du sol, au loin, qu'une fumée.

la côte sarde (détroit de Bonifacio), d'autres en Propontide ou sur la mer Noire, d'autres encore l'associent au Maroc.

9. Littéralement, « la porte lointaine ».

10. Ces vers semblent suggérer que les Lestrygons vivent dans un pays où la lumière ne s'éteint jamais, du moins pendant l'été, comme dans les pays du nord de l'Europe. Voir aussi les commentaires de Heubeck, *ad* vv. 81-86, et de Tsopanakis, 1992, 7-13.

δὴ τότ' ἐγὼν ἑτάρους προΐειν πεύθεσθαι ἰόντας
οἵ τινες ἀνέρες εἶεν ἐπὶ χθονὶ σῖτον ἔδοντες,
ἄνδρε δύω κρίνας, τρίτατον κήρυχ' ἅμ' ὀπάσσας.
Οἱ δ' ἴσαν ἐκβάντες λείην ὁδόν, ᾗ περ ἅμαξαι
ἄστυ δ' ἀφ' ὑψηλῶν ὀρέων καταγίνεον ὕλην,
κούρῃ δὲ ξύμβληντο πρὸ ἄστεος ὑδρευούσῃ,
θυγατέρ' ἰφθίμῃ Λαιστρυγόνος Ἀντιφάταο.
ἡ μὲν ἄρ' ἐς κρήνην κατεβήσετο καλλιρέεθρον
Ἀρτακίην· ἔνθεν γὰρ ὕδωρ προτὶ ἄστυ φέρεσκον.
οἱ δὲ παριστάμενοι προσεφώνεον ἔκ τ' ἐρέοντο
ὅς τις τῶνδ' εἴη βασιλεὺς καὶ τοῖσι ἀνάσσοι.
ἡ δὲ μάλ' αὐτίκα πατρὸς ἐπέφραδεν ὑψερεφὲς δῶ.
οἱ δ' ἐπεὶ εἰσῆλθον κλυτὰ δώματα, τὴν δὲ γυναῖκα
εὗρον ὅσην τ' ὄρεος κορυφήν, κατὰ δ' ἔστυγον αὐτήν.
Ἡ δ' αἶψ' ἐξ ἀγορῆς ἐκάλει κλυτὸν Ἀντιφατῆα,
ὃν πόσιν, ὃς δὴ τοῖσιν ἐμήσατο λυγρὸν ὄλεθρον.
αὐτίχ' ἕνα μάρψας ἑτάρων ὁπλίσσατο δεῖπνον·
τὼ δὲ δύ' ἀίξαντε φυγῇ ἐπὶ νῆας ἱκέσθην.
αὐτὰρ ὁ τεῦχε βοὴν διὰ ἄστεος· οἱ δ' ἀίοντες
φοίτων ἴφθιμοι Λαιστρυγόνες ἄλλοθεν ἄλλος,
μυρίοι, οὐκ ἄνδρεσσι ἐοικότες, ἀλλὰ γίγασιν,
οἵ ῥ' ἀπὸ πετράων ἀνδραχθέσι χερμαδίοισι
βάλλον· ἄφαρ δὲ κακὸς κόναβος κατὰ νῆας ὀρώρει
ἀνδρῶν ὀλλυμένων νηῶν θ' ἅμα ἀγνυμενάων·
ἰχθῦς δ' ὣς πείροντες ἀτερπέα δαῖτα φέροντο.

11. Pour l'expression, cf. IX, 88-90. La fumée qu'Ulysse aperçoit lui fait penser qu'il se trouve chez un peuple civilisé qui connaît la cuisson des aliments. Cette idée est d'ailleurs renforcée plus loin, car les Lestrygons ont un roi et se réunissent à l'*agora*.

12. À Cyzique, il y avait une fontaine portant ce même nom *(Artakiê)*. Selon les commentateurs, Heubeck, *ad loc.*, Ballabriga, 1998, 135, dans cette rencontre, le poète de l'*Odyssée* ferait allusion

J'envoie pour reconnaître à quels mangeurs de pain appartient cette terre[11] ; les deux hommes choisis, auxquels j'avais adjoint en troisième un héraut, s'en vont prendre à la grève une piste battue, sur laquelle les chars descendent vers la ville le bois du haut des monts. En approchant du bourg, ils voient une géante qui s'en venait puiser à la Source de l'Ours[12], à la claire fontaine où la ville s'abreuve : d'Antiphatès le Lestrygon, c'était la fille. On s'aborde ; on se parle : ils demandent le nom du roi, de ses sujets ; elle, tout aussitôt, leur montre les hauts toits du logis paternel.

Mais à peine entrent-ils au manoir désigné, qu'ils y trouvent la femme, aussi haute qu'un mont, dont la vue les atterre. Elle, de l'agora, s'empresse d'appeler son glorieux époux, le roi Antiphatès, qui n'a qu'une pensée : les tuer sans merci. Il broie l'un de mes gens, dont il fait son dîner[13]. Les deux autres s'enfuient et rentrent aux navires. Mais, à travers la ville, il fait donner l'alarme. À l'appel, de partout, accourent par milliers ses Lestrygons robustes, moins hommes que géants, qui, du haut des falaises, nous accablent de blocs de roche à charge d'homme : équipages mourants et vaisseaux fracassés, un tumulte de mort monte de notre flotte. Puis, ayant harponné mes gens comme des thons[14], la troupe les emporte à l'horrible festin.

aux exploits des Argonautes. Plus tard, au IIIe s. av. J.-C., Apollonios de Rhodes, *Argonautiques*, I, 936-1011, évoque la lutte que les Argonautes engagèrent contre des Fils de la Terre, dotés de six bras, devant cette fontaine.

13. Pour un rapprochement entre les caractéristiques physiques et les mœurs des Lestrygons, des Cyclopes et des hommes-scorpions de l'épopée de *Gilgamesh*, cf. Germain, 1954, 414-429.

14. En grec, *ichthus*, « poisson ». La traduction de V. Bérard tente de rendre compte de la violence des Lestrygons et peut-être, comme le suggère J. Bérard, de la pratique de la pêche dans les régions où il situe l'épisode.

Ὄφρ' οἵ τοὺς ὄλεκον λιμένος πολυβενθέος ἐντός,
τόφρα δ' ἐγὼ ξίφος ὀξὺ ἐρυσσάμενος παρὰ μηροῦ
τῷ ἀπὸ πείσματ' ἔκοψα νεὸς κυανοπρῴροιο,
αἶψα δ' ἐμοῖσ' ἑτάροισιν ἐποτρύνας ἐκέλευσα
ἐμβαλέειν κώπησ' ἵν' ὑπὲκ κακότητα φύγοιμεν·
οἳ δ' ἅμα πάντες ἀνέρριψαν, δείσαντες ὄλεθρον·
ἀσπασίως δ' ἐς πόντον ἐπηρεφέας φύγε πέτρας
νηῦς ἐμή· αὐτὰρ αἳ ἄλλαι ἀολλέες αὐτόθ' ὄλοντο.
Ἔνθεν δὲ προτέρω πλέομεν ἀκαχήμενοι ἦτορ,
ἄσμενοι ἐκ θανάτοιο, φίλους ὀλέσαντες ἑταίρους.
Αἰαίην δ' ἐς νῆσον ἀφικόμεθ'· ἔνθα δ' ἔναιε
Κίρκη ἐυπλόκαμος, δεινὴ θεὸς αὐδήεσσα,
αὐτοκασιγνήτη ὀλοόφρονος Αἰήταο·
ἄμφω δ' ἐκγεγάτην φαεσιμβρότου Ἠελίοιο
μητρός τ' ἐκ Πέρσης, τὴν Ὠκεανὸς τέκε παῖδα.
Ἔνθα δ' ἐπ' ἀκτῆς νῆα κατηγαγόμεσθα σιωπῇ
ναύλοχον ἐς λιμένα, καί τις θεὸς ἡγεμόνευεν.
ἔνθα τότ' ἐκβάντες δύο τ' ἤματα καὶ δύο νύκτας
κείμεθ', ὁμοῦ καμάτῳ τε καὶ ἄλγεσι θυμὸν ἔδοντες.
Ἀλλ' ὅτε δὴ τρίτον ἦμαρ ἐυπλόκαμος τέλεσ' Ἠώς,
καὶ τότ' ἐγὼν ἐμὸν ἔγχος ἑλὼν καὶ φάσγανον ὀξὺ
καρπαλίμως παρὰ νηὸς ἀνήιον ἐς περιωπήν,
εἴ πως ἔργα ἴδοιμι βροτῶν ἐνοπήν τε πυθοίμην,
ἔστην δὲ σκοπιὴν ἐς παιπαλόεσσαν ἀνελθών,
καί μοι ἐείσατο καπνὸς ἀπὸ χθονὸς εὐρυοδείης· 149
μερμήριξα δ' ἔπειτα κατὰ φρένα καὶ κατὰ θυμὸν 151
ἐλθεῖν ἠδὲ πυθέσθαι, ἐπεὶ ἴδον αἴθοπα καπνόν.
ὧδε δέ μοι φρονέοντι δοάσσατο κέρδιον εἶναι,
πρῶτ' ἐλθόντ' ἐπὶ νῆα θοὴν καὶ θῖνα θαλάσσης
δεῖπνον ἑταίροισιν δόμεναι προέμεν τε πυθέσθαι.

vers 150 : Κίρκης ἐν μεγάροισι, διὰ δρυμὰ πυκνὰ καὶ ὕλην

Mais pendant qu'on se tue dans le fond de la rade, j'ai pris le glaive à pointe, qui me battait la cuisse, et j'ai tranché tout net le câble du navire à la proue azurée. J'active alors mes gens. J'ordonne à mes rameurs de forcer d'avirons, si l'on veut s'en tirer. Ils voient sur eux la mort ; ils poussent, tous ensemble, et font voler l'écume... Ô joie ! voici le large ! mon navire a doublé les deux caps en surplomb ; mais là-bas, a péri le reste de l'escadre.

Nous reprenons la mer, l'âme navrée, contents d'échapper à la mort, mais pleurant les amis. Nous gagnons Aiaié, une île qu'a choisie pour demeure Circé, la terrible déesse douée de voix humaine, Circé aux belles boucles, une sœur d'Aiétès aux perfides pensées : tous deux doivent le jour au Soleil des vivants, qui les eut de Persé, la nymphe océanide[15].

Nous arrivons au cap, et, sans bruit, nous poussons jusqu'au fond du mouillage : un dieu nous pilotait ; sans tarder, l'on débarque et, deux jours et deux nuits, nous restons étendus, accablés de fatigue et rongés de chagrin.

Quand, du troisième jour, l'Aurore aux belles boucles annonce la venue, je prends à bord ma pique et mon estoc à pointe, et, quittant le vaisseau, je grimpe à la vigie : je pensais voir de là quelque œuvre des humains, entendre quelque voix.

Me voici sur le roc de la guette au sommet : il monte une fumée du sol aux larges routes : au-delà du maquis et des grands bois, c'était le manoir de Circé. Mon esprit et mon cœur ne savent que résoudre : irai-je m'informer, maintenant que j'ai vu ce feu, cette fumée ? Tout compté, le parti le meilleur me sembla de regagner d'abord le navire et la plage, de donner le repas, puis d'envoyer mes gens reconnaître les lieux.

15. Hés., *Th.*, 956-962 donne la même généalogie, même si Persé est dite Perséis.

Ἀλλ' ὅτε δὴ σχεδὸν ἦα κιὼν νεὸς ἀμφιελίσσης,
καὶ τότε τίς με θεῶν ὀλοφύρατο μοῦνον ἐόντα,
ὅς ῥά μοι ὑψίκερων ἔλαφον μέγαν εἰς ὁδὸν αὐτὴν
ἧκεν· ὁ μὲν ποταμὸν δὲ κατήιεν ἐκ νομοῦ ὕλης
πιόμενος· δὴ γάρ μιν ἔχεν μένος ἠελίοιο.
τὸν δ' ἐγὼ ἐκβαίνοντα κατ' ἄκνηστιν μέσα νῶτα
πλῆξα· τὸ δ' ἀντικρὺ δόρυ χάλκεον ἐξεπέρησε·
κὰδ δ' ἔπεσ' ἐν κονίῃσι μακών· ἀπὸ δ' ἔπτατο θυμός.
τῷ δ' ἐγὼ ⟨ἀ⟩μβαίνων δόρυ χάλκεον ἐξ ὠτειλῆς
εἰρυσάμην· τὸ μὲν αὖθι κατακλίνας ἐπὶ γαίῃ
εἴασ'· αὐτὰρ ἐγὼ σπασάμην ῥῶπάς τε λύγους τε,
πεῖσμα δ', ὅσον τ' ὄργυιαν, ἐυστρεφὲς ἀμφοτέρωθεν
πλεξάμενος συνέδησα πόδας δεινοῖο πελώρου,
βῆν δὲ καταλοφάδεια φέρων ἐπὶ νῆα μέλαιναν,
ἔγχει ἐρειδόμενος, ἐπεὶ οὔ πως ἦεν ἐπ' ὤμου
χειρὶ φέρειν ἑτέρῃ· μάλα γὰρ μέγα θηρίον ἦεν.
κὰδ δ' ἔβαλον προπάροιθε νεός, ἀνέγειρα δ' ἑταίρους
μειλιχίοισ' ἐπέεσσι παρασταδὸν ἄνδρα ἕκαστον·
ΟΔΥ. — Ὦ φίλοι, οὐ γάρ πω καταδυσόμεθ' ἀχνύμενοί περ
εἰς Ἀίδαο δόμους, πρὶν μόρσιμον ἦμαρ ἐπέλθῃ·
ἀλλ' ἄγετ', ὄφρ' ἐν νηὶ θοῇ βρῶσίς τε πόσις τε,
μνησόμεθα βρώμης μηδὲ τρυχώμεθα λιμῷ.
Ὣς ἐφάμην· οἱ δ' ὦκα ἐμοῖσ' ἐπέεσσι πίθοντο,
ἐκ δὲ καλυψάμενοι παρὰ θῖν' ἁλὸς ἀτρυγέτοιο
θηήσαντ' ἔλαφον· μάλα γὰρ μέγα θηρίον ἦεν.
Αὐτὰρ ἐπεὶ τάρπησαν ὁρώμενοι ὀφθαλμοῖσι,
χεῖρας νιψάμενοι τεύχοντ' ἐρικυδέα δαῖτα·
ὣς τότε μὲν πρόπαν ἦμαρ ἐς ἠέλιον καταδύντα
ἥμεθα δαινύμενοι κρέα τ' ἄσπετα καὶ μέθυ ἡδύ·
ἦμος δ' ἠέλιος κατέδυ καὶ ἐπὶ κνέφας ἦλθε,
δὴ τότε κοιμήθημεν ἐπὶ ῥηγμῖνι θαλάσσης.

Je rentrais au croiseur, et j'allais arriver sous le double gaillard, lorsque, prenant pitié de mon isolement, un dieu met sur ma route un énorme dix-cors, qui, du pâtis des bois, descendait boire au fleuve ; car il sentait déjà la force du soleil. Comme il longeait la berge, au bord de la forêt, je le frappe en plein dos du bronze de ma pique : percé de part en part, il s'effondre, en bramant, roule dans la poussière, et son âme s'envole. Je monte alors dessus, j'arrache de la plaie le bronze de ma pique et je couche mon arme à terre où je la laisse ; puis, cassant des rameaux et des joncs, je les tresse en lien redoublé, d'une brasse environ ; j'en attache en paquet les quatre pieds du monstre, et, cette charge au cou, appuyé sur ma pique, je rentre au noir vaisseau ; jamais je n'aurais pu sur une seule épaule, et d'une seule main, rapporter cette bête : c'était vraiment un monstre ! Je m'en viens la jeter sous le flanc du vaisseau, puis j'éveille mes gens. Je vais de l'un à l'autre, et du ton le plus doux :

ULYSSE. – « Malgré tous nos chagrins, non ! ce n'est pas encore aujourd'hui, mes amis, qu'il nous faudra descendre aux maisons de l'Hadès ! pour nous, le jour du sort n'est pas encor venu ! Debout ! sur le croiseur, tant qu'il restera de quoi manger et boire, songeons à nous nourrir : pourquoi mourir de faim ? »

Je disais. Mon discours aussitôt les décide : ils découvrent leurs fronts et lorsque, sur le bord de la mer inféconde, le cerf leur apparaît, ils restent ébahis : c'était vraiment un monstre ! Quand, de cette merveille, ils ont empli leurs yeux, on se lave les mains, on se met aux apprêts d'un repas magnifique, et, durant tout le jour, jusqu'au soleil couchant, nous restons au festin : on avait du bon vin, des viandes à foison ! Au coucher du soleil, quand vient le crépuscule, on s'étend pour dormir sur la grève de mer.

ΤΑ ⟨ΕΝ⟩Ι ΚΙΡΚΗΣ

Ἦμος δ' ἠριγένεια φάνη ῥοδοδάκτυλος Ἠώς,
καὶ τότ' ἐγὼν ἀγορὴν θέμενος μετὰ πᾶσιν ἔειπον·
ΟΔΥ.— Ὦ φίλοι, οὐ γάρ ἴδμεν ὅπη ζόφος οὐδ' ὅπη ἠώς,
οὐδ' ὅπη Ἠέλιος φαεσίμβροτος εἶσ' ὑπὸ γαῖαν,
οὐδ' ὅπη ἀννεῖτ' ⟨ἄψ⟩, ἀλλὰ φραζόμεθα θᾶσσον
εἴ τις ⟨ἐνίσποι⟩ μῆτι⟨ν⟩· ἐγὼ δ' οὐ ⟨οἶδά γ' ἀμείνω⟩·
εἶδον γὰρ σκοπιὴν ἐς παιπαλόεσσαν ἀνελθὼν
νῆσον, τὴν πέρι πόντος ἀπείριτος ἐστεφάνωται·
αὐτὴ δὲ χθαμαλὴ κεῖται· καπνὸν δ' ἐνὶ μέσσῃ
ἔδρακον ὀφθαλμοῖσι διὰ δρυμὰ πυκνὰ καὶ ὕλην.
Ὣς ἐφάμην· τοῖσιν δὲ κατεκλάσθη φίλον ἦτορ
μνησαμένων ἔργων Λαιστρυγόνος Ἀντιφάταο
[Κύκλωπός τε βίης μεγαλήτορος, ἀνδροφάγοιο]·
κλαῖον δὲ λιγέως, θαλερὸν κατὰ δάκρυ χέοντες·
ἀλλ' οὐ γάρ τις πρῆξις ἐγίνετο μυρομένοισιν.
Αὐτὰρ ἐγὼ δίχα πάντας ἐυκνήμιδας ἑταίρους
ἠρίθμεον, ἀρχὸν δὲ μετ' ἀμφοτέροισιν ὄπασσα·
τῶν μὲν ἐγὼν ἦρχον, τῶν δ' Εὐρύλοχος θεοειδής.
κλήρους δ' ἐν κυνέῃ χαλκήρεϊ πάλλομεν ὦκα·
ἐκ δ' ἔθορε κλῆρος μεγαλήτορος Εὐρυλόχοιο.
βῆ δ' ἰέναι, ἅμα τῷ γε δύω καὶ εἴκοσ' ἑταῖροι
κλαίοντες, κατὰ δ' ἄμμε λίπον γοόωντας ὄπισθεν,

vers 189 : κέκλυτέ μευ μύθων, κακά περ πάσχοντες ἑταῖροι

Chez Circé

Dans son berceau de brume, aussitôt qu'apparaît l'Aurore aux doigts de roses, j'appelle tout le monde à l'assemblée et dis :

Ulysse. – « Camarades, deux mots ! vous avez beau souffrir ! amis, de cet endroit, nous ne pouvons rien voir, ni le point du noroît ni celui de l'aurore : où tombe sous la terre le Soleil des vivants ? par où nous revient-il ? Donc, au plus tôt, voyons s'il est quelque autre avis ; pour moi, voici le bon : grimpé sur le rocher de la guette, j'ai vu une île que la mer couronne à l'infini ; c'est une plaine basse ; au centre, une fumée m'est apparue dans le maquis et la forêt... »

Mais, à ces mots, leur cœur se brise : ils se souviennent d'Antiphatès le Lestrygon et de ses crimes et de la force, aussi, du Cyclope au grand cœur qui dévore les hommes ! Ils pleurent à grands cris, versent des flots de larmes. Mais on n'avait que faire de ces gémissements.

Lorsque j'ai fait l'appel, je partage en deux camps tous mes hommes guêtrés ; chaque bande a son chef : c'est moi-même pour l'une et, pour l'autre, Euryloque au visage de dieu. Nous secouons les sorts[16] dans un bonnet de bronze : il en saute celui d'Euryloque au grand cœur, qui se met en chemin avec ses vingt-deux hommes ; les partants, les restants, tout le monde pleurait.

16. Les héros homériques tirent souvent au sort pour désigner le chef d'une expédition risquée à l'aide de cailloux, de tessons de poterie ou de morceaux de bois qui portent la marque de leur propriétaire. Ils sont placés dans un casque que l'on secoue. Cf. *Il.*, III, 316-325 et VII, 171-192.

εὗρον δ' ἐν βήσσῃσι τετυγμένα δώματα Κίρκης
ξεστοῖσιν λάεσσι, περισκέπτῳ ἐνὶ χώρῳ.
ἀμφὶ δέ μιν λύκοι ἦσαν ὀρέστεροι ἠδὲ λέοντες,
τοὺς αὐτὴ κατέθελξεν, ἐπεὶ κακὰ φάρμακ' ἔδωκεν·
οὐδ' οἵ γ' ὡρμήθησαν ἐπ' ἀνδράσιν, ἀλλ' ἄρα τοί γε
οὐρῇσιν μακρῇσι περισσαίνοντες ἀνέσταν.
ὡς δ' ὅτ' ἂν ἀμφὶ ἄνακτα κύνες δαίτηθεν ἰόντα
σαίνωσ'· αἰεὶ γάρ τε φέρει μειλίγματα θυμοῦ·
ὣς τοὺς ἀμφὶ λύκοι κρατερώνυχες ἠδὲ λέοντες
σαῖνον· τοὶ δ' ἔδεισαν, ἐπεὶ ἴδον αἰνὰ πέλωρα,
ἔσταν δ' ἐν προθύροισι θεᾶς καλλιπλοκάμοιο,
Κίρκης δ' ἔνδον ἄκουον ἀειδούσης ὀπὶ καλῇ,
ἱστὸν ἐποιχομένης μέγαν, ἄμβροτον, οἷα θεάων
λεπτά τε καὶ χαρίεντα καὶ ἀγλαὰ ἔργα πέλονται.
Τοῖσι δὲ μύθων ἦρχε Πολίτης, ὄρχαμος ἀνδρῶν,
ὅς μοι κήδιστος ἑτάρων ἦν κεδνότατός τε·

ΠΟΛ. — Ὦ φίλοι, ἔνδον γάρ τις ἐποιχομένη μέγαν ἱστὸν
καλὸν ἀοιδιάει· δάπεδον δ' ἅπαν ἀμφιμέμυκεν·
ἢ θεὸς ἠὲ γυνή; ἀλλὰ φθεγγώμεθα θᾶσσον.

Ὣς ἄρ' ἐφώνησεν· τοὶ δὲ φθέγγοντο καλεῦντες·
ἡ δ' αἶψ' ἐξελθοῦσα θύρας ὤϊξε φαεινὰς
καὶ κάλει· οἱ δ' ἅμα πάντες ἀιδρείῃσιν ἕποντο·
Εὐρύλοχος δ' ὑπέμεινεν, ὀισάμενος δόλον εἶναι·
εἷσεν δ' εἰσαγαγοῦσα κατὰ κλισμούς τε θρόνους τε,
ἐν δέ σφιν τυρόν τε καὶ ἄλφιτα καὶ μέλι χλωρὸν
οἴνῳ Πραμνείῳ ἐκύκα, ἀνέμισγε δ' ⟨ἀλεισ⟩φ
φάρμακα λύγρ', ἵνα πάγχυ λαθοίατο πατρίδος αἴης.

17. La description de Circé correspond à celle de Calypso en V, 61-62 ; cf. Lisowski, 1993, et Scodel, 1994, 530-534.

Ils trouvent dans un val, en un lieu découvert, la maison de Circé aux murs de pierres lisses et, tout autour, changés en lions et en loups de montagne, les hommes, qu'en leur donnant sa drogue, avait ensorcelés la perfide déesse. À la vue de mes gens, loin de les assaillir, ces animaux se lèvent et, de leurs longues queues en orbes, les caressent... Tel le maître, en rentrant du festin, voit venir ses chiens qui le caressent, sachant qu'il a toujours pour eux quelque douceur. C'est ainsi que lions et loups aux fortes griffes fêtaient mes compagnons, qui tremblaient à la vue de ces monstres terribles.

Mais les voici debout, sous le porche de la déesse aux belles boucles. Ils entendent Circé chanter à belle voix et tisser au métier une toile divine[17], un de ces éclatants et grands et fins ouvrages, dont la grâce trahit la main d'une déesse.

Le meneur des guerriers, Politès, le premier, prend la parole et dit, – c'était, de tous mes gens, celui que son bon sens me faisait préférer :

POLITÈS. – « Mes amis, écoutez ce chant d'une voix fraîche ! on tisse là-dedans, devant un grand métier ; tout le sol retentit : femme ou déesse ? Allons ! crions sans plus tarder ! »

Il dit : tous, de crier aussitôt leur appel.

Elle accourt, elle sort, ouvre sa porte reluisante et les invite ; et voilà tous mes fous ensemble qui la suivent ! Flairant le piège, seul, Euryloque est resté... Elle les fait entrer ; elle les fait asseoir aux sièges et fauteuils ; puis, leur ayant battu dans son vin de Pramnos[18] du fromage, de la farine et du miel vert[19], elle ajoute au mélange une

18. Selon Semos (*F.H.G.*, IV, 493 *apud* Athénée, 30 C), il y avait à Icaria un rocher nommé Pramnios et, tout près, une haute montagne où poussait cette vigne.

19. Comme en *Il.*, XI, 638-640, le poète évoque la fabrication du *kukeôn*, mélange qui redonne la force aux guerriers. Circé y ajoute du miel et, bien entendu, une drogue.

Αὐτὰρ ἐπεὶ δῶκέν τε καὶ ἔκπιον, αὐτίκ' ἔπειτα
ῥάβδῳ πεπληγυῖα κατὰ συφεοῖσιν ἐέργνυ·
οἱ δὲ συῶν μὲν ἔχον κεφαλὰς φωνήν τε τρίχας τε
καὶ δέμας, αὐτὰρ νοῦς ἦν ἔμπεδος ὡς τὸ πάρος περ.
Ὣς οἱ μὲν κλαίοντες ἐέρχατο· τοῖσι δὲ Κίρκη
πάρ ῥ' ἄκυλον βάλανόν τε βάλεν καρπόν τε κρανείης
ἔδμεναι, οἷα σύες χαμαιευνάδες αἰὲν ἔδουσιν·
Εὐρύλοχος δ' ἂψ ἦλθε θοὴν ἐπὶ νῆα μέλαιναν,
ἀγγελίην ἑτάρων ἐρέων καὶ ἀδευκέα πότμον.
οὐ δέ τι ἐκφάσθαι δύνατο ἔπος ἱέμενός περ,
κῆρ ἄχεϊ μεγάλῳ βεβολημένος· ἐν δέ οἱ ὄσσε
δακρυόφιν πίμπλαντο· γόο⟨ιο δὲ ἵ⟩ετο θυμός.
ἀλλ' ὅτε δή μιν πάντες ἀγασσάμεθ' ἐξερέοντες,
καὶ τότε τῶν ἄλλων ἑτάρων κατέλεξεν ὄλεθρον·
ΕΥΡ. — Ἤιομεν, ὡς ἐκέλευες, ἀνὰ δρυμά, φαίδιμ' Ὀδυσσεῦ,
εὕρομεν ἐν βήσσῃσι τετυγμένα δώματα καλά·
ἔνθα δέ τις μέγαν ἱστὸν ἐποιχομένη λίγ' ἄειδεν
ἢ θεὸς ἠὲ γυνή· τοὶ δὲ φθέγγοντο καλεῦντες.
ἡ δ' αἶψ' ἐξελθοῦσα θύρας ὤιξε φαεινὰς
καὶ κάλει· οἱ δ' ἅμα πάντες ἀιδρείῃσιν ἕποντο.
αὐτὰρ ἐγὼν ὑπέμεινα, ὀισάμενος δόλον εἶναι·
οἱ δ' ἅμ' ἀιστώθησαν ἀολλέες, οὐδέ τις αὐτῶν
ἐξεφάνη· δηρὸν δὲ καθήμενος ἐσκοπίαζον.
Ὣς ἔφατ'· αὐτὰρ ἐγὼ περὶ μὲν ξίφος ἀργυρόηλον
ὤμοιιν βαλόμην, μέγα, χάλκεον, ἀμφὶ δὲ τόξα·
τὸν δ' ἂψ ἠνώγεα αὐτὴν ὁδὸν ἡγήσασθαι.
Αὐτὰρ ὅ ⟨μ'⟩ ἀμφοτέρῃσι λαβὼν ἐλλίσσετο γούνων·

vers 253 : ξεστοῖσιν λάεσσι, περισκέπτῳ ἐνὶ χώρῳ
vers 265 : καὶ μ' ὀλοφυρόμενος ἔπεα πτερόεντα προσηύδα

drogue funeste, pour leur ôter tout souvenir de la patrie. Elle apporte la coupe ; ils boivent d'un seul trait. De sa baguette[20], alors, la déesse les frappe et va les enfermer sous les tects de ses porcs. Ils en avaient la tête et la voix et les soies ; ils en avaient l'allure ; mais en eux, persistait leur esprit d'autrefois. Les voilà enfermés. Ils pleuraient et Circé leur jetait à manger faînes, glands et cornouilles, la pâture ordinaire aux cochons qui se vautrent.

Or, vers le noir croiseur, Euryloque rentré voulait nous raconter le triste sort des autres. Mais il ne pouvait plus, quel qu'en fût son désir, proférer un seul mot : son âme était navrée d'un trop rude chagrin ; ses yeux se remplissaient de larmes, et son cœur débordait de sanglots. Étonnés, nous tâchions de savoir, mais en vain...

Il nous raconte enfin la perte de ses gens :

EURYLOQUE. – « Nous allions, noble Ulysse, où tu nous avais dit. Au-delà du maquis, nous trouvons en un val une belle bâtisse aux murs de pierres lisses, en un lieu découvert, et, dans le bruit d'un grand métier, nous entendons la fraîche voix d'une déesse ou d'une femme. Nos gens crient leur appel : elle accourt, elle sort, ouvre sa porte reluisante et nous invite, et voilà tous mes fous ensemble qui la suivent ! Moi seul, j'étais resté ; j'avais flairé le piège... Leur troupe a disparu ; pas un n'est ressorti ; pourtant, je suis resté longtemps à les guetter. »

Il disait : sur mon dos, je jette mon grand glaive en bronze à clous d'argent et, par-dessus, mon arc, puis j'invite Euryloque à me montrer la route. Mais il prend à deux mains mes genoux, me supplie ; à travers ses sanglots, il dit ces mots ailés :

20. Plus qu'une baguette de berger, le *rhabdos* de Circé sert à transformer les compagnons d'Ulysse en porcs. Cf. Yarnall, 1994.

ΕΥΡ.—Μή μ' ἄγε κεῖσ' ἀέκοντα, διοτρεφές, ἀλλὰ λίπ' αὐτοῦ·
οἶδα γὰρ ὡς οὔτ' αὐτὸς ἐλεύσεαι οὔτέ τιν' ἄλλον
ἄξεις σῶν ἑτάρων. ἀλλὰ ξὺν τοίσδεσι θᾶσσον
φεύγωμεν· ἔτι γάρ κεν ἀλύξαιμεν κακὸν ἦμαρ.
Ὣς ἔφατ'· αὐτὰρ ἐγώ μιν ἀμειβόμενος προσέειπον
ΟΔΥ. — Εὐρύλοχ', ἤτοι μὲν σὺ μέν' αὐτοῦ τῷδ' ἐνὶ χώρῳ
ἔσθων καὶ πίνων, κοίλῃ παρὰ νηὶ μελαίνῃ·
αὐτὰρ ἐγὼν εἶμι· κρατερὴ δέ μοι ἔπλετ' ἀνάγκη.
Ὣς εἰπὼν παρὰ νηὸς ἀνήιον ἠδὲ θαλάσσης.
ἀλλ' ὅτε δὴ ἄρ ἔμελλον, ἰὼν ἱερὰς ἀνὰ βήσσας,
Κίρκης ἵξεσθαι πολυφαρμάκου ἐς μέγα δῶμα,
ἔνθά μοι Ἑρμείας χρυσόρραπις ἀντεβόλησεν
ἐρχομένῳ πρὸς δῶμα, νεηνίῃ ἀνδρὶ ἐοικώς,
πρῶτον ὑπηνήτῃ, τοῦ περ χαριεστάτη ἥβη,
ἔν τ' ἄρα μοι φῦ χειρὶ ἔπος τ' ἔφατ' ἔκ τ' ὀνόμαζε·
ΕΡΜ. — Πῇ δ' αὖτως, δύστηνε, δι' ἄκριας ἔρχεαι οἶος,
χώρου ἄιδρις ἐών ; ἕταροι δέ τοι οἵδ' ἐνὶ Κίρκης
ἔρχαται, ὥς τε σύες πυκινοὺς κευθμῶνας ἔχοντες.
ἦ τοὺς λυσόμενος δεῦρ' ἔρχεαι ; οὐδὲ σέ φημι
αὐτὸν νοστήσειν· μενέεις δὲ σύ γ' ἔνθά περ ἄλλοι.
ἀλλ' ἄγε δή σε κακῶν ἐκλύσομαι ἠδὲ σαώσω·
τῆ· τόδε φάρμακον ἐσθλὸν ἔχων ἐς δώματα Κίρκης
ἔρχευ, ὅ κέν τοι κρατὸς ἀλάλκῃσιν κακὸν ἦμαρ.
πάντα δέ τοι ἐρέω ὀλοφώια δήνεα Κίρκης.
τεύξει τοι κυκεῶ, βαλέει δ' ἐν φάρμακ' ⟨ἀλείσ⟩ῳ,

21. Pour cette épithète, cf. V, 87 et note.

22. C'est la même apparence qu'emprunte Hermès alors qu'il se prépare à conduire Priam jusqu'aux nefs achéennes en *Il.*, XXIV, 347-348.

EURYLOQUE. – « Ne me remmène pas, ô nourrisson de Zeus ! Je ne veux pas aller ! Je veux rester ici ! Je sais que, toi non plus, tu ne reviendras pas : tu ne nous rendras pas un seul de tous les autres ! Ah ! fuyons au plus vite avec ceux que voilà ; nous pourrions éviter encor le jour fatal. »

À ces mots d'Euryloque, aussitôt je réponds :

ULYSSE. – « Euryloque, tu peux ne pas bouger d'ici. Au flanc du noir vaisseau, reste à manger et boire. Moi, je pars : le devoir impérieux est là. »

Et je quitte, à ces mots, le navire et la mer.

Je venais de passer par le vallon sacré et j'allais arriver à la grande demeure de Circé la drogueuse, quand, près de la maison, j'ai devant moi Hermès à la baguette d'or[21]. Il avait pris les traits d'un de ces jeunes gens dont la grâce fleurit en la première barbe[22].

Il me saisit la main, me dit et me déclare :

HERMÈS. – « Où vas-tu, malheureux, au long de ces coteaux ? tout seul, et dans ces lieux que tu ne connais pas ? chez Circé, où tes gens transformés en pourceaux sont maintenant captifs au fond des soues bien closes ? Tu viens les délivrer ? Tu n'en reviendras pas, crois-moi : tu resteras à partager leur sort… Mais je veux te tirer du péril, te sauver. Tiens ! c'est l'herbe de vie[23] ! avec elle, tu peux entrer en ce manoir, car sa vertu t'évitera le mauvais jour. Et je vais t'expliquer les desseins de Circé et tous ses maléfices. Ayant fait son mélange, elle aura beau jeter sa drogue dans ta coupe : le charme en tombera devant l'herbe de vie que je vais te donner. Mais

23. En grec, *pharmakon esthlon*, « drogue puissante ». Hermès donne à Ulysse l'antidote qui anéantira l'effet des *pharmaka* de Circé. Pour le nom et la description de cette « plante de vie », cf. v. 302-306.

ἀλλ' οὐδ' ὧς θέλξαι σε δυνήσεται· οὐ γὰρ ἐάσει
φάρμακον ἐσθλόν, ὅ τοι δώσω, ἐρέω δὲ ἕκαστα.
ὁππότε κεν Κίρκη σ' ἐλάσῃ περιμήκεϊ ῥάβδῳ,
δὴ τότε σὺ ξίφος ὀξὺ ἐρυσσάμενος παρὰ μηροῦ
Κίρκῃ ἐπαΐξαι ὥς ⟨ἑ⟩ κτάμεναι μενεαίνων·
ἡ δέ σ' ὑποδείσασα κελήσεται εὐνηθῆναι·
ἔνθα σὺ μηκέτ' ἔπειτ' ἀπανήνασθαι θεοῦ εὐνήν,
ὄφρα κέ τοι λύσῃ θ' ἑτάρους αὐτόν τε κομίσσῃ·
ἀλλὰ κέλεσθαί μιν Μακάρων μέγαν ὅρκον ὀμόσσαι
μή τί τοι αὐτῷ πῆμα κακὸν βουλευσέμεν ἄλλο.
Ὣς ἄρα φωνήσας πόρε φάρμακον Ἀργειφόντης
ἐκ γαίης ἐρύσας, καί μοι φύσιν αὐτοῦ ἔδειξε·
ῥίζῃ μὲν μέλαν ἔσκε, γάλακτι δὲ εἴκελον ἄνθος·
μῶλυ δέ μιν καλέουσι θεοί· χαλεπὸν δέ τ' ὀρύσσειν
ἀνδράσι γε θνητοῖσι· θεοὶ δέ τε πάντα δύνανται.
Ἑρμείας μὲν ἔπειτ' ἀπέβη πρὸς μακρὸν Ὄλυμπον,
νῆσον ἀν' ὑλήεσσαν· ἐγὼ δ' ἐς δώματα Κίρκης
ἤια· πολλὰ δέ μοι κραδίη πόρφυρε κιόντι·
ἔστην δ' ἐν προθύροισι θεᾶς καλλιπλοκάμοιο·
ἔνθα στὰς ἐβόησα· θεὰ δέ μευ ἔκλυεν αὐδῆς.
Ἡ δ' αἶψ' ἐξελθοῦσα θύρας ὤιξε φαεινὰς
καὶ κάλει· αὐτὰρ ἐγὼν ἑπόμην ἀκαχήμενος ἦτορ·
εἷσε δέ μ' εἰσαγαγοῦσα ἐπὶ θρόνου ἀργυροήλου,
τεῦχε δέ μοι κυκεῶ χρυσέῳ δέπα', ὄφρα πίοιμι,
ἐν δέ τε φάρμακον ἧκε, κακὰ φρονέουσ' ἐνὶ θυμῷ.
Αὐτὰρ ἐπεὶ δῶκέν τε καὶ ἔκπιον, οὐ δέ μ' ἔθελξε,
ῥάβδῳ πεπληγυῖα ἔπος τ' ἔφατ' ἔκ τ' ὀνόμαζεν·

vers 301 : μή σ' ἀπογυμνωθέντα κακὸν καὶ ἀνήνορα θήῃ
vers 315 : καλοῦ, δαιδαλέου· ὑπὸ δὲ θρῆνυς ποσὶν ἦεν

suis bien mes conseils : aussitôt que, du bout de sa longue baguette, Circé t'aura frappé, toi, du long de ta cuisse, tire ton glaive à pointe et, lui sautant dessus, fais mine de l'occire ! Tremblante, elle voudra te mener à son lit ; ce n'est pas le moment de refuser sa couche ! songe qu'elle est déesse, que seule elle a pouvoir de délivrer tes gens et de te reconduire ! Mais fais-la te prêter le grand serment des dieux[24] qu'elle n'a contre toi aucun autre dessein pour ton mal et ta perte, que, t'ayant là sans armes, elle ne fera rien pour te prendre ta force et ta virilité. »

Ayant ainsi parlé, le dieu aux rayons clairs tirait du sol une herbe, qu'avant de me donner, il m'apprit à connaître : la racine en est noire, et le fleur, blanc de lait ; « molu [25] » disent les dieux ; ce n'est pas sans effort que les mortels l'arrachent ; mais les dieux peuvent tout. Puis Hermès, regagnant les sommets de l'Olympe, disparut dans les bois.

Au manoir de Circé, j'entrais : que de pensées bouillonnaient dans mon cœur !

Sous le porche de la déesse aux belles boucles, je m'arrête et je crie ; la déesse m'entend. Elle accourt à ma voix. Elle sort et, m'ouvrant sa porte reluisante, elle m'invite, et moi, je la suis en dépit du chagrin de mon cœur. Elle m'installe en un fauteuil aux clous d'argent, un beau meuble ouvragé avec un marchepied, et, dans la coupe d'or dont je vais me servir, elle fait son mélange : elle y verse la drogue, ah ! l'âme de traîtresse ! Elle me tend la coupe : d'un seul trait, je bois tout... Le charme est sans effet, même après que, m'ayant frappé de sa baguette, elle dit et déclare :

24. Sur ce serment, cf. V, 184 sq. et note. Pour les rapports entre Ulysse et Circé, cf. Londen, 1993, 5-33.

25. Selon Théophraste, *Histoire des Plantes*, IX, 15, 7, le *molu*, que l'on utilisait à son époque comme contrepoison et dans les opérations magiques, poussait autour de Phénée et du Cyllène. Sur cette plante, voir Germain, 1954, 216-220 ; Turpet, 1976, 120-122, et 157 ; Ballabriga, 1998, 80-81. Et pour une interprétation de ce passage, cf. Clay, 1972, 127-131.

ΚΙΡ. — Ἔρχεο νῦν συφεόν δέ· μετ' ἄλλων λέξε' ἑταίρων.
Ὣς φάτ'· ἐγὼ δ' ἄορ ὀξὺ ἐρυσσάμενος παρὰ μηροῦ
Κίρκῃ ἐπήιξα ὥς ⟨ἑ⟩ κτάμεναι μενεαίνων·
ἡ δὲ μέγα ἰάχουσα ὑπέδραμε καὶ λάβε γούνων
καί με λισσομένη ἔπεα πτερόεντα προσηύδα·
ΚΙΡ. — Τίς, πόθεν εἷς ἀνδρῶν; πόθι τοι πόλις ἠδὲ τοκῆες;
θαῦμα μέ⟨γ' ἔσθ'⟩ ὥς οὔ τι πιὼν τάδε φάρμακ' ἐθέλχθης·
οὐδὲ γὰρ οὐδέ τις ἄλλος ἀνὴρ τάδε φάρμακ' ἀνέτλη,
ὅς κε πίῃ καὶ πρῶτον ἀμείψεται ἕρκος ὀδόντων.
[σοὶ δέ τις ἐν στήθεσσιν ἀκήλητος νόος ἐστίν.]
ἦ σύ γ' Ὀδυσσεύς ἐσσι πολύτροπος, ὅν τέ μοι αἰεὶ
φάσκεν ἐλεύσεσθαι χρυσόρραπις Ἀργειφόντης,
ἐκ Τροίης ἀνιόντα θοῇ σὺν νηὶ μελαίνῃ.
ἀλλ' ἄγε δὴ κολεῷ μὲν ἄορ θέο· νῶι δ' ἔπειτα
εὐνῆς ἡμετέρης ἐπιβείομεν, ὄφρα μιγέντε
εὐνῇ καὶ φιλότητι πεποίθομεν ἀλλήλοισιν.
Ὣς ἔφατ'· αὐτὰρ ἐγώ μιν ἀμειβόμενος προσέειπον·
ΟΔΥ. — Ὦ Κίρκη, πῶς γάρ με κέλῃ σοὶ ἤπιον εἶναι,
ἥ μοι σῦς μὲν ἔθηκας ἐνὶ μεγάροισιν ἑταίρους,
αὐτὸν δ' ἐνθάδ' ἔχουσα δολοφρονέουσα κελεύεις
ἐς θάλαμόν τ' ἰέναι καὶ σῆς ἐπιβήμεναι εὐνῆς,
ὄφρά με γυμνωθέντα κακὸν καὶ ἀνήνορα θήῃς;
οὐ δ' ἂν ἐγώ γ' ἐθέλοιμι τεῆς ἐπιβήμεναι εὐνῆς,
εἰ μή μοι τλαίης γε, θεά, μέγαν ὅρκον ὀμόσσαι
μή τί μοι αὐτῷ πῆμα κακὸν βουλευσέμεν ἄλλο.
Ὣς ἐφάμην· ἡ δ' αὐτίκ' ἀπώμνυεν ὡς ἐκέλευον.
αὐτὰρ ἐπεὶ ῥ' ὄμοσέν τε τελεύτησέν τε τὸν ὅρκον,
καὶ τότ' ἐγὼ Κίρκης ἐπέβην περικαλλέος εὐνῆς.
Ἀμφίπολοι δ' ἄρα τέως μὲν ἐνὶ μεγάροισι πένοντο.

CIRCÉ. – « Maintenant, viens aux tects coucher près de tes gens ! »

Elle disait ; mais moi, j'ai, du long de ma cuisse, tiré mon glaive à pointe ; je lui saute dessus, fais mine de l'occire. Elle pousse un grand cri, s'effondre à mes genoux, les prend, me prie, me dit ces paroles ailées :

CIRCÉ. – « Quel est ton nom, ton peuple, et ta ville et ta race ? Quel grand miracle ! quoi ! sans être ensorcelé, tu m'as bu cette drogue ! Jamais, au grand jamais, je n'avais vu un mortel résister à ce charme, dès qu'il en avait bu, dès que cette liqueur avait franchi ses dents : il faut qu'habite en toi un esprit invincible. C'est donc toi qui serais Ulysse aux mille tours[26] ? Le dieu aux rayons clairs, à la baguette d'or, m'avait toujours prédit qu'avec son noir croiseur, il viendrait, cet Ulysse, à son retour de Troie... Mais allons ! c'est assez : rentre au fourreau ton glaive et montons sur mon lit ; qu'unis sur cette couche et devenus amants, nous puissions désormais nous fier l'un à l'autre ! »

À ces mots de Circé, aussitôt je réponds :

ULYSSE. – « Circé, comment peux-tu invoquer ma douceur ? toi qui, dans ce manoir, fis de mes gens des porcs et qui, m'ayant ici, ne veux que me trahir ! Quand tu me viens offrir et ta chambre et ton lit, c'est pour m'avoir sans armes ! c'est pour m'ôter ma force et ma virilité ! Non ! je n'accepterais de monter sur ta couche que si tu consentais, déesse, à me jurer le grand serment des dieux que tu n'as contre moi aucun autre dessein pour mon mal et ma perte. »

Je disais et, suivant mon ordre, elle jura. Quand elle eut prononcé et scellé le serment, je montais sur le lit somptueux de Circé. Ses femmes cependant arrangeaient

26. Pour cette épithète, cf. I, 1 et note.

τάων ἡ μὲν ἔβαλλε θρόνοισ' ἔνι ῥήγεα καλὰ 352
πορφύρεα καθύπερθ', ὑπένερθε δὲ λῖθ' ὑπέβαλλεν·
ἡ δ' ἑτέρη προπάροιθε θρόνων ἐτίταινε τραπέζας
ἀργυρέας, ἐπὶ δέ σφι τίθει χρύσεια κάνεια· 355
ἡ δὲ τρίτη κρητῆρι μελίφρονα οἶνον ἐκίρνα
ἡδὺν ἐν ἀργυρέῳ, νέμε δὲ χρύσεια κύπελλα·
ἡ δὲ τετάρτη ὕδωρ ἐφόρει καὶ πῦρ ἀνέκαιε
πολλὸν ὑπὸ τρίποδι μεγάλῳ· ἰαίνετο δ' ὕδωρ.
αὐτὰρ ἐπεὶ δὴ ζέσσεν ὕδωρ ἐνὶ ἤνοπι χαλκῷ, 360
ἔς ῥ' ἀσάμινθον ἕσασα λό' ἐκ τρίποδος μεγάλοιο,
θυμῆρες κεράσασα, κατὰ κρατός τε καὶ ὤμων,
ὄφρά μοι ἐκ κάματον θυμοφθόρον εἵλετο γυίων.
αὐτὰρ ἐπεὶ λοῦσέν τε καὶ ἔχρισεν λίπ' ἐλαίῳ,
ἀμφὶ δέ με χλαῖναν καλὴν βάλεν ἠδὲ χιτῶνα, 365
εἷσε δέ μ' εἰσαγαγοῦσα ἐπὶ θρόνου ἀργυροήλου,
καλοῦ, δαιδαλέου· ὑπὸ δὲ θρῆνυς ποσὶν ἦεν· 367
ἐσθέμεναι δ' ἐκέλευεν· ἐμῷ δ' οὐχ ἥνδανε θυμῷ. 373
ἀλλ' ἥμην ἀλλοφρονέων· κακὰ δ' ὄσσετο θυμός.
Κίρκη δ' ὡς ἐνόησεν ἔμ' ἥμενον οὐδ' ἐπὶ σίτῳ 375
χεῖρας ἰάλλοντα, στυγερὸν δέ ⟨τ⟩ε πένθος ἔχοντα,
ἄγχι παρισταμένη ἔπεα πτερόεντα προσηύδα·

vers 349 : τέσσαρες, αἵ οἱ δῶμα κάτα δρήστειραι ἔασι,
350 : γίνονται δ' ἄρα ταί γ' ἔκ τε κρηνέων ἀπό τ' ἀλσέων
351 : ἔκ θ' ἱερῶν ποταμῶν, οἵ τ' εἰς ἅλα δὲ προρέουσι
vers 368 : χέρνιβα δ' ἀμφίπολος προχόῳ ἐπέχευε φέρουσα
369 : καλῇ, χρυσείῃ, ὑπὲρ ἀργυρέοιο λέβητος,
370 : νίψασθαι· παρὰ δὲ ξεστὴν ἐτάνυσσε τράπεζαν,
371 : σῖτον δ' αἰδοίη ταμίη παρέθηκε φέρουσα,
372 : εἴδατα πόλλ' ἐπιθεῖσα, χαριζομένη παρεόντων

le manoir. Pour tenir son logis, elle avait quatre nymphes, nées des sources, des bois et des fleuves sacrés, qui coulent à la mer[27]. L'une, sur les fauteuils, ayant mis des linons, étalait par-dessus les plus beaux draps de pourpre. Une autre en approchait les tables en argent et, sur elles, plaçait les corbeilles en or. Au cratère d'argent, la troisième versait d'un vin au goût de miel, en faisait le mélange, puis, devant chaque place, mettait les coupes d'or. La dernière apporta l'eau dans le grand trépied et ranima le feu. L'eau chauffa, puis chanta dans le bronze luisant. J'entrai dans la baignoire ; après avoir tiédi l'eau de son grand trépied, elle m'en inonda la tête et les épaules, pour chasser de mes membres l'épuisante fatigue.

Quand elle m'eut baigné et frotté d'huile fine et revêtu d'un beau manteau et d'une robe, elle me ramena, me fit asseoir en un fauteuil aux clous d'argent, un beau meuble ouvragé avec un marchepied ; vint une chambrière qui, portant une aiguière en or et du plus beau, me donnait à laver sur un bassin d'argent et dressait devant moi une table polie ; vint la digne intendante ; elle apportait le pain et le mit devant moi, puis me fit les honneurs de toutes ses réserves, et me dit de manger ; mais mon cœur résistait : j'avais l'esprit ailleurs et voyais tout en mal.

Circé me regardait rester là, sur mon siège, sans toucher à son pain, en proie à la douleur. La voici qui, de moi, s'approche en me disant ces paroles ailées :

27. Sur les nymphes, cf. IX, 154 et note. Voir aussi, Parker, 1996, 165-167.

ΚΙΡ. — Τίφθ' οὕτως, Ὀδυσεῦ, κατ' ἄρ' ἕζεαι ἶσος ἀναύδῳ,
θυμὸν ἔδων, βρώμης δ' οὐχ ἅπτεαι οὐδὲ ποτῆτος;
ἦ τινά που δόλον ἄλλον ὀΐεαι; οὐδ' ⟨ἔτι⟩ σε χρὴ
δειδίμεν· ἤδη γάρ τοι ἀπώμοσα καρτερὸν ὅρκον.
῝Ως ἔφατ'· αὐτὰρ ἐγώ μιν ἀμειβόμενος προσέειπον·
ΟΔΥ. — Ὦ Κίρκη, τίς γάρ κεν ἀνήρ, ὃς ἐναίσιμος εἴη,
πρὶν τλαίη πάσσασθαι ἐδητύος ἠδὲ ποτῆτος,
πρὶν λύσασθ' ἑτάρους καὶ ἐν ὀφθαλμοῖσι ἰδέσθαι;
ἀλλ' εἰ δὴ πρόφρασσα πιεῖν φαγέμεν τε κελεύεις,
λῦσον, ἵν' ὀφθαλμοῖσι ἴδω, ἐρίηρας ἑταίρους.
῝Ως ἐφάμην· Κίρκη δὲ διὲκ μεγάροιο βεβήκει
ῥάβδον ἔχουσ' ἐν χειρί, θύρας δ' ἀνέῳξε συφειοῦ,
ἐκ δ' ἔλασεν σιάλοισι ἐοικότας ἐννεώροισιν.
οἱ μὲν ἔπειτ' ἔστησαν ἐναντίοι· ἡ δὲ δι' αὐτῶν
ἐρχομένη προσάλειφε ἑκάστῳ φάρμακον ἄλλο·
τῶν δ' ἐκ μὲν μελέων τρίχες ἔρρεον, ἃς πρὶν ἔφυσε
φάρμακον οὐλόμενον, τό σφιν πόρε πότνια Κίρκη·
ἄνδρες δ' ἂψ ἐγένοντο νεώτεροι ἢ πάρος ἦσαν
καὶ πολὺ καλλίονες καὶ μείζονες εἰσοράασθαι,
ἔγνωσαν δέ με κεῖνοι, ἔφυν τ' ἐν χερσὶ ἕκαστος·
πᾶσιν δ' ἱμερόεις ὑπέδυ γόος· ἀμφὶ δὲ δῶμα
σμερδαλέον κονάβιζε· θεὰ δ' ἐλέαιρε καὶ αὐτή.
Ἡ δέ μευ ἄγχι στᾶσα προσηύδα δῖα θεάων·
ΚΙΡ. – Διογενὲς Λαερτιάδη, πολυμήχαν' Ὀδυσσεῦ,
ἔρχεο νῦν ἐπὶ νῆα θοὴν καὶ θῖνα θαλάσσης.
νῆα μὲν ἂρ πάμπρωτον ἐρύσσατε ἤπειρον δέ,
κτήματα δ' ἐν σπήεσσι πελάσσατε ὅπλά τε πάντα.
αὐτὸς δ' ἂψ ἰέναι καὶ ἄγειν ἐρίηρας ἑταίρους.
῝Ως ἔφατ'· αὐτὰρ ἐμοί γ' ἐπεπείθετο θυμὸς ἀγήνωρ·
βῆν δ' ἰέναι ἐπὶ νῆα θοὴν καὶ θῖνα θαλάσσης.
εὗρον ἔπειτ' ἐνὶ νηὶ θοῇ ἐρίηρας ἑταίρους

CIRCÉ. – « Ulysse, qu'as-tu donc à rester sur ton siège, pareil à un muet ? Tu te ronges le cœur, sans plus vouloir toucher au manger ni au boire : vois-tu quelque autre piège ? Tu n'as plus rien à craindre : ne t'ai-je pas juré le plus fort des serments ? »

À ces mots de Circé, aussitôt je réponds :

ULYSSE. – « Oh ! Circé, est-il homme, ayant quelque raison, qui pourrait s'en donner de manger et de boire, sans avoir vu d'abord ses amis délivrés ? Ah ! si c'est de bon cœur que tu me viens offrir ces mets, cette boisson, délivre-moi mes braves et les montre à nos yeux ! »

Je disais, et Circé, sa baguette à la main, traverse la grand-salle et va ouvrir les tects. Elle en tire mes gens : sous leur graisse, on eût dit des porcs de neuf printemps... Ils se dressent debout, lui présentent la face ; elle passe en leurs rangs et les frotte, chacun, d'une drogue nouvelle : je vois se détacher, de leurs membres, les soies qui les avaient couverts, sitôt pris le poison de l'auguste déesse. De nouveau, les voilà redevenus des hommes, mais plus jeunes, plus beaux et de plus grande mine. Quand ils m'ont reconnu, chacun me prend la main, et le même besoin de sanglots les saisit : le logis se remplit d'un terrible tapage ! La déesse, elle aussi, est prise de pitié. Elle vient et me dit, cette toute divine :

CIRCÉ. – « Fils de Laërte, écoute ! ô rejeton des dieux, Ulysse aux mille ruses ! retourne maintenant au croiseur, à la plage ; commencez par tirer à sec votre vaisseau ; cachez tous vos agrès et vos biens dans les grottes ; puis tu me reviendras et me ramèneras tout ton brave équipage. »

Elle dit et mon cœur s'empresse d'obéir. Je reprends le chemin du croiseur, de la plage. Je retrouve au vaisseau mes braves compagnons.

[οἴκτρ' ὀλοφυρομένους, θαλερὸν κατὰ δάκρυ χέοντας.
ὡς δ' ὅτ' ἂν ἄγραυλοι πόριες περὶ βοῦς ἀγελαίας
ἐλθούσας ἐς κόπρον, ἐπὴν βοτάνης κορέσωνται,
πᾶσαι ἅμα σκαίρουσιν ἐναντίαι· οὐδ' ἔτι σηκοὶ
ἴσχουσ'· ἀλλ' ἁδινὸν μυκώμεναι ἀμφιθέουσι
μητέρας· ὣς ἐμὲ κεῖνοι, ἐπεὶ ἴδον ὀφθαλμοῖσι,
δακρυόεντες ἔχυντο· δόκησε δ' ἄρά σφισι θυμὸς
ὣς ἔμεν ὡς εἰ πατρίδ' ἱκοίατο καὶ πόλιν αὐτὴν
τρηχείης Ἰθάκης, ἵνα τε τράφεν ἠδὲ γένοντο].
Καί μ' ὀλοφυρόμενοι ἔπεα πτερόεντα προσηύδων·
ΧΟΡ. — Σοὶ μὲν νοστήσαντι, διοτρεφές, ὣς ἐχάρημεν,
ὡς εἴ τ' εἰς Ἰθάκην ἀφικοίμεθα πατρίδα γαῖαν·
ἀλλ' ἄγε, τῶν ἄλλων ἑτάρων κατάλεξον ὄλεθρον.
Ὣς ἔφαν· αὐτὰρ ἐγὼ προσέφην μαλακοῖσ' ἐπέεσσι·
ΟΔΥ. — Νῆα μὲν ἂρ πάμπρωτον ἐρύσσομεν ἤπειρον δέ,
κτήματα δ' ἐν σπήεσσι πελάσσομεν ὅπλά τε πάντα·
αὐτοὶ δ' ὀτρύνεσθ⟨αι⟩ ἐμοὶ ἅμα πάντες ἕπεσθαι,
ὄφρα ἴδηθ' ἑτάρους ἱεροῖσ' ἐν δώμασι Κίρκης
πίνοντας καὶ ἔδοντας· ἐπηετανὸν γὰρ ἔχουσιν.
Ὣς ἐφάμην· οἱ δ' ὦκα ἐμοῖσ' ἐπέεσσι πίθοντο.
Εὐρύλοχος δέ μοι οἶος ἐρύκακε πάντας ἑταίρους·
ΕΥΡ. — Ἆ δειλοί, πόσ' ἴμεν; τί κακῶν ἱμείρετε τούτων
[Κίρκης ἐς μέγαρον καταβήμεναι, ἥ κεν ἅπαντας
ἢ σῦς ἠὲ λύκους ποιήσεται ἠὲ λέοντας,
οἵ κέν οἱ μέγα δῶμα φυλάσσοιμεν καὶ ἀνάγκῃ,
ὥς περ...]
⟨ὅσσά τε⟩ Κύκλωψ ἔρξ', ὅτε οἱ μέσσαυλον ἵκοντο
ἡμέτεροι ἕταροι, σὺν δ' ὁ θρασὺς εἵπετ' Ὀδυσσεύς·
τούτου γὰρ καὶ κεῖνοι ἀτασθαλίῃσιν ὄλοντο.

vers 430 : καὶ σφεας φωνήσας ἔπεα πτερόεντα προσηύδα

Quels sanglots ! et quels cris ! et quels torrents de larmes ! C'est ainsi qu'en un parc, on voit bondir les veaux vers le troupeau des mères, qui, la panse garnie, reviennent aux litières : ils accourent en troupe ; ils leur tendent le mufle, et ce n'est plus l'enclos qui peut les retenir ; leur meuglante cohue se presse autour des mères... Tels mes gens, quand leurs yeux m'aperçoivent, m'entourent : ils éclatent en pleurs ; ils ont le même émoi que s'ils fussent rentrés sur la roche d'Ithaque, au pays des aïeux, en notre ville même, leur berceau, leur foyer.

À travers leurs sanglots, j'entends ces mots ailés :

LE CHŒUR. – « À te voir revenir, ô nourrisson de Zeus ! nous avons même joie que si nous arrivions en la patrie d'Ithaque. Mais voyons ! conte-nous comment sont morts les autres ! »

Ils disaient. Je reprends de mon ton le plus doux :

ULYSSE. – « Commençons par tirer à sec notre vaisseau ; déposons nos agrès et nos biens dans les grottes ; puis, tous, apprêtez-vous à venir chez Circé ; dans son temple, venez revoir nos compagnons, qui, mangeant et buvant, ont de tout sans compter. »

Je disais ; mon discours aussitôt les décide. Seul, Euryloque essaie de me les détourner ; il leur parle à chacun et dit ces mots ailés :

EURYLOQUE. – « Où voulez-vous aller, malheureux ? quelle envie de connaître ces maux, d'entrer en ce manoir, où Circé, de nous tous, va faire des pourceaux, des loups ou des lions, pour lui garder, bon gré mal gré, son grand logis ? Avez-vous oublié le Cyclope et l'étable où s'en furent nos gens, lorsque ce même Ulysse, en brave, les suivait ; n'est-ce pas sa folie déjà qui les perdit[28] ? »

28. La folie d'Ulysse consiste à vouloir connaître d'autres peuples, cf. IX, 171 sq. et note. Pour l'opposition entre Ulysse et ses compagnons, qui culmine en XII, 271 sq., cf. Heubeck, *ad* X, 34-35.

῝Ως ἔφατ'· αὐτὰρ ἐγώ γε μετὰ φρεσὶ μερμήριξα,
σπασσάμενος τανύηκες ἄορ παχέος παρὰ μηροῦ,
τῷ οἱ ἀποπλήξας κεφαλὴν οὖδας δὲ πελάσσαι,
καὶ πηῷ περ ἐόντι μάλα σχεδόν· ἀλλά μ' ἑταῖροι
μειλιχίοισ' ἐπέεσσιν ἐρήτυον ἄλλοθεν ἄλλος·
ΧΟΡ. — Διογενές, τοῦτον μὲν ἐάσομεν, εἰ σὺ κελεύεις,
αὐτοῦ πὰρ νηΐ τε μένειν καὶ νῆα ἔρυσθαι·
ἡμῖν δ' ἡγεμόνευ' ἱερὰ πρὸς δώματα Κίρκης.
῝Ως φάμενοι παρὰ νηὸς ἀνήιον ἠδὲ θαλάσσης·
οὐδὲ μὲν Εὐρύλοχος κοίλῃ παρὰ νηΐ λέλειπτο,
ἀλλ' ἕπετ'· ἔδεισεν γὰρ ἐμὴν ἔκπαγλον ἐνιπήν.
Τόφρα δὲ τοὺς ἄλλους ἑτάρους ἐν δώμασι Κίρκη
ἐνδυκέως λοῦσέν τε καὶ ἔχρισεν λίπ' ἐλαίῳ,
ἀμφὶ δ' ἄρα χλαίνας οὔλας βάλεν ἠδὲ χιτῶνας·
δαινυμένους δ' εὖ πάντας ἐφεύρομεν ἐν μεγάροισιν.
οἱ δ' ἐπεὶ ἀλλήλους εἶδον φράσσαντό τ' ἐς ἄντα,
κλαῖον ὀδυρόμενοι· περὶ δὲ στεναχίζετο δῶμα.
῾Η δέ μευ ἄγχι στᾶσα προσηύδα δῖα θεάων·
ΚΙΡ. — Μηκέτι νῦν θαλερὸν γόον ὄρνυτε. οἶδα καὶ αὐτὴ 457
ἠμὲν ὅσ' ἐν πόντῳ πάθετ' ἄλγεα ἰχθυόεντι,
ἠδ' ὅσ' ἀνάρσιοι ἄνδρες ἐδηλήσαντ' ἐπὶ χέρσου,
ἀλλ' ἄγετ' ἐσθίετε βρώμην καὶ πίνετε οἶνον,
εἰς ὅ κεν αὖτις θυμὸν ἐνὶ στήθεσσι λάβητε,
οἷον ὅτε πρώτιστον ἐλείπετε πατρίδα γαῖαν
τρηχείης ᾽Ιθάκης. νῦν δ' ἀσκελέες καὶ ἄθυμοι,
αἰὲν ἄλης χαλεπῆς μεμνημένοι· οὐδέ ποθ' ὕμιν
θυμὸς ἐν εὐφροσύνῃ, ἐπεὶ ἦ μάλα πολλὰ πέπασθε.
῝Ως ἔφαθ'· ἡμῖν δ' αὖτ' ἐπεπείθετο θυμὸς ἀγήνωρ.

vers 456 : διογενὲς Λαερτιάδη, πολυμήχαν' ᾽Οδυσσεῦ

Il disait. En mon cœur, j'hésitai : j'avais là, sur le gras de ma cuisse, mon glaive à longue pointe ; allais-je le tirer et, d'un coup, envoyer sa tête sur le sol, quoiqu'il fût mon parent, et même des plus proches[29] ? Mais tous nos compagnons, de leurs mots les plus doux, à l'envi me retinrent :

LE CHŒUR. – « Ô rejeton des dieux, laissons-le ! Si tu veux : il va rester à bord et garder le vaisseau, sans bouger de la grève ; nous autres, conduis-nous au temple de Circé. »

À ces mots, nous quittons le navire et la mer. Mais, au flanc du vaisseau ne voulant pas rester, Euryloque nous suit : mon éclat de fureur l'avait empli de crainte.

Circé, dans mon logis, traitait mes autres gens et, les ayant baignés et frottés d'huile fine, les vêtait de la robe et du manteau de laine.

Nous les trouvons tous au festin, dans la grand-salle : on se cherche des yeux ; on se revoit ; on pleure, on gémit ; le manoir retentit de sanglots.

Elle vient et nous dit, cette toute divine :

CIRCÉ. – « Fils de Laërte, écoute, ô rejeton des dieux, Ulysse aux mille ruses, allons, ne poussez plus tant de gémissements ! Oh ! je sais tous les maux que vous avez soufferts sur la mer aux poissons ou, par la cruauté des hommes, sur la côte ! Mais prenez de ces mets et buvez de ce vin, afin de retrouver en vous le même cœur qui, jadis, vous a fait quitter le sol natal, votre rocher d'Ithaque... Vous voilà sans élan et l'âme anéantie, vous rappelant sans fin vos tristes aventures, ne goûtant plus la joie, à force de souffrir ! »

Elle dit, et nos cœurs s'empressent d'obéir.

29. Le poète n'exploite pas cette parenté. Cependant, en XII, 345, on apprend qu'Euryloque, comme Ulysse, est originaire d'Ithaque. D'ailleurs, les scholiastes et Eustathe affirment qu'Euryloque avait épousé la sœur d'Ulysse, Ktiméné, mentionnée en XV, 363 comme compagne de jeux d'Eumée.

ΝΕΚΥΟΜΑΝΤΕΙΑ
[ΝΕΚΥΙΑ]

Ἔνθα μὲν ἤματα πάντα τελεσφόρον εἰς ἐνιαυτὸν 467
ἥμεθα δαινύμενοι κρέα τ' ἄσπετα καὶ μέθυ ἡδύ·
ἀλλ' ὅτε δή ῥ' ἐνιαυτὸς ἔην, περὶ δ' ἔτραπον ὧραι, 469
καὶ τότε μ' ἐκκαλέσαντες ἔφαν ἐρίηρες ἑταῖροι· 471
ΧΟΡ. — Δαιμόνι', ἤδη νῦν μιμνήσκεο πατρίδος αἴης,
εἴ τοι θέσφατόν ἐστι σαωθῆναι καὶ ἱκέσθαι
οἶκον ἐς ὑψόροφον καὶ σὴν ἐς πατρίδα γαῖαν.
Ὣς ἔφαν· αὐτὰρ ἐμοί γ' ἐπεπείθετο θυμὸς ἀγήνωρ. 475
[ὣς τότε μὲν πρόπαν ἦμαρ ἐς ἠέλιον καταδύντα
ἥμεθα δαινύμενοι κρέα τ' ἄσπετα καὶ μέθυ ἡδύ·
ἦμος δ' ἠέλιος κατέδυ καὶ ἐπὶ κνέφας ἦλθεν,
οἱ μὲν κοιμήσαντο κατὰ μέγαρα σκιόεντα.]
Αὐτὰρ ἐγὼ Κίρκης ἐπιβὰς περικαλλέος εὐνῆς 480
γούνων ἐλλιτάνευσα· θεὰ δέ μευ ἔκλυεν αὐδῆς· 481
ΟΔΥ. — Ὦ Κίρκη, τέλεσόν μοι ὑπόσχεσιν ἥν περ ὑπέστης, 483
οἴκαδε πεμψέμεναι· θυμὸς δέ μοι ἔσσυται ἤδη
ἠδ' ἄλλων ἑτάρων, οἵ μευ φθινύθουσι φίλον κῆρ 485
ἀμφ' ἔμ' ὀδυρόμενοι, ὅτε που σύ γε νόσφι γένηαι.
Ὣς ἐφάμην· ἡ δ' αὐτίκ' ἀμείβετο δῖα θεάων·
ΚΙΡ. — Διογενὲς Λαερτιάδη, πολυμήχαν' Ὀδυσσεῦ,
μηκέτι νῦν ἀέκοντες ἐμῷ ἐνὶ μίμνετε οἴκῳ.
ἀλλ' ἄλλην χρὴ πρῶτον ὁδὸν τελέσαι καὶ ἱκέσθαι 490
εἰς Ἀίδαο δόμους καὶ ἐπαινῆς Περσεφονείης

vers 470 : μηνῶν φθινόντων, περὶ δ' ἤματα μακρὰ τελέσθη
vers 482 : καί μιν φωνήσας ἔπεα πτερόεντα προσηύδων

L'ÉVOCATION DES MORTS
[AU PAYS DES MORTS]

Jusqu'au bout de l'année, chez Circé, nous restons, vivant dans les festins : on avait du bon vin, des viandes à foison ! Mais au bout de l'année, quand revient le printemps et que les mois échus ramènent les longs jours, mes braves compagnons m'appellent pour me dire :

LE CHŒUR. – « Malheureux ! il est temps de songer au pays, s'il est dans ton destin de rentrer, sain et sauf, en ta haute maison, au pays de tes pères. »

Ils disaient et mon cœur s'empresse d'obéir.

Alors tout un grand jour, jusqu'au soleil couchant, nous restons au festin ; on avait du bon vin, des viandes à foison ! Au coucher du soleil, quand vient le crépuscule, mes hommes vont dormir dans l'ombre de la salle.

Je monte sur le lit somptueux de Circé. Je lui prends les genoux. La déesse m'écoute et je dis, élevant la voix, ces mots ailés :

ULYSSE. – « Tiens parole, Circé : ne m'as-tu pas promis que tu me remettrais à mon foyer ; déjà, tout mon désir y vole, et celui de mes gens ; ils me fendent le cœur et leurs sanglots m'assiègent, si peu que tu t'éloignes. »

Je dis. Elle répond, cette toute divine :

CIRCÉ. – « Fils de Laërte, écoute, ô rejeton des dieux, Ulysse aux mille ruses ! Si, dans cette maison, ce n'est plus de bon cœur que vous restez, partez ! Mais voici le premier des voyages à faire : c'est chez Hadès[30] et la

30. Fils de Cronos et de Rhéa, ce dieu inflexible (*Il.*, IX, 158-159) est le frère de Zeus et de Poséidon. Il reçut comme lot, lors du partage du monde entre les frères, de régner sur les ombres, c'est-à-dire le royaume des morts (cf. *Il.*, XV, 187-199 ; voir aussi XX, 61-66).

ψυχῇ χρησομένους Θηβαίου Τειρεσίαο,
μάντηος ἀλαοῦ, τοῦ τε φρένες ἔμπεδοί εἰσι·
τῷ καὶ τεθνηῶτι νόον πόρε Περσεφόνεια
οἴῳ πεπνῦσθαι· τοὶ δὲ σκιαὶ ἀίσσουσιν.
Ὣς ἔφατ'· αὐτὰρ ἐμοί γε κατεκλάσθη φίλον ἦτορ·
κλαῖον δ' ἐν λεχέεσσι καθήμενος· οὐδέ νύ μοι κῆρ
ἤθελ' ἔτι ζώειν καὶ ὁρᾶν φάος ἠελίοιο.
Αὐτὰρ ἐπεὶ κλαίων τε κυλινδόμενός τε κορέσθην,
καί μιν φωνήσας ἔπεα πτερόεντα προσηύδων·
ΟΔΥ. — Ὦ Κίρκη, τίς γὰρ ταύτην ὁδὸν ἡγεμονεύσει;
εἰς Ἄϊδα' οὔ πώ τις ἀφίκετο νηὶ μελαίνῃ.
Ὣς ἐφάμην· ἡ δ' αὐτίκ' ἀμείβετο δῖα θεάων· 503
ΚΙΡ. — Μή τί τοι ἡγεμόνος γε ποθὴ παρὰ νηὶ γενέσθω·
ἱστὸν δὲ στήσας ἀνά θ' ἱστία λευκὰ πετάσσας
ἧσθαι· τὴν δέ κέ τοι πνοιὴ Βορέαο φέρῃσιν.
ἀλλ' ὁπότ' ἂν δὴ νηὶ δι' Ὠκεανοῖο περήσῃς,
ἔνθ' Ἀκτή τ' Ἐλάχεια καὶ ἄλσεα Περσεφονείης,
μακραί τ' αἴγειροι καὶ ἰτέαι ὠλεσίκαρποι,
νῆα μὲν αὐτοῦ κέλσαι ἐπ' Ὠκεανῷ βαθυδίνῃ,
αὐτὸς δ' εἰς Ἀίδα' ἰέναι δόμον εὐρώεντα.
ἔνθα μὲν εἰς Ἀχέροντα Πυριφλεγέθων τε ῥέουσι

vers 504 : διογενὲς Λαερτιάδη, πολυμήχαν' Ὀδυσσεῦ

31. Fille de Zeus et de Déméter, Perséphone, enlevée par Hadès, devint son épouse. Elle devait passer une partie de l'année dans les royaumes infernaux, et une autre partie sur terre, annonçant par sa venue l'arrivée du printemps. Pour ce rapt et ses conséquences, voir *Hymne homérique à Déméter*. Sur cette déesse, cf. Burkert, 159-161.

32. Fils de la nymphe Chariclo et d'Evérès, qui descendait des *Spartoi*, c'est-à-dire des hommes nés des dents du dragon que Cadmos avait semées sur le sol de Thèbes. Sur ce devin, cf. Loraux, 1989.

terrible Perséphone[31], pour demander conseil à l'ombre du devin Tirésias de Thèbes[32], l'aveugle qui n'a rien perdu de sa sagesse, car, jusque dans la mort, Perséphone a voulu que, seul, il conservât le sens et la raison, parmi le vol des ombres. »

À ces mots de Circé, tout mon cœur éclata. Pour pleurer, je m'étais assis sur notre couche : je ne voulais plus vivre, je ne voulais plus voir la clarté du soleil ; je pleurais, me roulais ; enfin j'usai ma peine, et, retrouvant la voix, je lui dis en réponse :

ULYSSE. – « Mais qui nous guidera, Circé, en ce voyage ? jamais un noir vaisseau put-il gagner l'Hadès ? »

Je dis ; elle répond, cette toute divine :

CIRCÉ. – « Fils de Laërte, écoute, ô rejeton des dieux, Ulysse aux mille ruses ! À quoi bon ce souci d'un pilote à bord ? Pars ! et, dressant le mât, déploie les blanches voiles ! puis, assis, laisse faire au souffle du Borée[33] qui vous emportera. Ton vaisseau va d'abord traverser l'Océan[34]. Quand vous aurez atteint le Petit Promontoire[35], le bois de Perséphone, ses saules aux fruits morts et ses hauts peupliers, échouez le vaisseau sur le bord des courants profonds de l'Océan ; mais toi, prends ton chemin vers la maison d'Hadès ! À travers le marais, avance jusqu'aux lieux où l'Achéron[36] reçoit le

33. Vent du nord.

34. Ce fils de la Terre et du Ciel (Hés., *Th.*, 133) est un fleuve qui entoure la terre. Pour sa descendance, cf. Hés., *Th.*, 337 sq. Pour ces divinités cosmogoniques, cf. Vernant, 1990, 111-138.

35. Bérard identifie ce promontoire au cap de Baïes par opposition au cap Misène.

36. Fleuve des Enfers. Dans la poésie et dans la pensée populaire, les morts devaient emprunter la barque de Charon pour le traverser. Cependant, le poète de l'*Odyssée* ne connaît pas ce personnage. En Épire coulait un fleuve nommé également Achéron.

Κώκυτός θ', ὃς δὴ Στυγὸς ὕδατός ἐστιν ἀπορρώξ,
πέτρη τε ξύνεσίς τε δύω ποταμῶν ἐριδούπων·
ἔνθα δ' ἔπειθ', ἥρως, χριμφθεὶς πέλας, ὥς σε κελεύω,
βόθρον ὀρύξαι ὅσον τε πυγούσιον ἔνθα καὶ ἔνθα,
ἀμφ' αὐτῷ δὲ χοὴν χεῖσθαι πᾶσιν νεκύεσσι,
πρῶτα μελικρήτῳ, μετέπειτα δὲ ἡδέι οἴνῳ,
τὸ τρίτον αὖθ' ὕδατι, ἐπὶ δ' ἄλφιτα λευκὰ παλύνειν,
πολλὰ δὲ γουνᾶσθαι νεκύων ἀμενηνὰ κάρηνα,
ἐλθὼν εἰς Ἰθάκην στεῖραν βοῦν, ἥ τις ἀρίστη,
ῥέξειν ἐν μεγάροισι πυρήν τ' ἐμπλησέμεν ἐσθλῶν,
Τειρεσίῃ δ' ἀπάνευθεν ὄιν ἱερευσέμεν οἴῳ
παμμέλαν', ὃς μήλοισι μεταπρέπει ὑμετέροισιν.
αὐτὰρ ἐπὴν εὐχῇσι λίσῃ κλυτὰ ἔθνεα νεκρῶν,
ἔνθ' ὄιν ἀρνειὸν ῥέζειν θῆλύν τε μέλαιναν
εἰς Ἔρεβος στρέψας, αὐτὸς δ' ἀπὸ νόσφι τραπέσθαι
ἱέμενος ποταμοῖο ῥοάων· ἔνθα δὲ πολλαὶ
ψυχαὶ ἐλεύσονται νεκύων κατατεθνηώτων.

37. C'est-à-dire le fleuve aux flammes ardentes. Pour certains, ce fleuve détruisait la partie charnelle des mortels (schol. au v. 514 ; voir aussi Germain, 1954, 365).

38. Fille d'Océan et de Téthys (Hés., *Th.*, 361), Styx s'unit à Pallas (v. 383) et donne naissance à Zèle et Victoire. Zeus, pour la remercier d'avoir combattu avec les Olympiens contre les Titans voulut qu'elle fît le grand serment des dieux (v. 400). Ce fleuve infernal réside loin des Immortels et ses eaux sont redoutables pour quiconque commet un parjure (cf. v. 775 sq.).

39. Fleuve des enfers qui tire son nom de *kôkutos*, « lamentation ».

40. Probablement la pierre blanche qui apparaît également en XXIV, 11. Cf. Heubeck, *ad Od.*, XXIV, 11-14.

41. En grec *bothros* est utilisé comme un autel pour les sacrifices en l'honneur des divinités souterraines, les morts ou les héros.

Pyriphlégéthon[37] et les eaux qui, du Styx[38], tombent dans le Cocyte[39]. Les deux fleuves hurleurs confluent devant la Pierre[40] : c'est là qu'il faut aller, – écoute bien mes ordres – et là, creuser, seigneur, une fosse[41] carrée d'une coudée ou presque. Autour de cette fosse, fais à tous les défunts les trois libations, d'abord de lait miellé, ensuite de vin doux, et d'eau pure en troisième[42] ; puis, saupoudrant le trou d'une blanche farine, invoque longuement les morts, têtes sans force ; promets-leur qu'en Ithaque aussitôt revenu, tu prendras la meilleure de tes vaches stériles pour la sacrifier sur un bûcher rempli des plus belles offrandes[43] ; mais, en outre, promets au seul Tirésias un noir bélier sans tache[44], la fleur de vos troupeaux. Quand ta prière aura invoqué les défunts, fais à ce noble peuple l'offrande d'un agneau et d'une brebis noire[45], en tournant vers l'Érèbe[46] la tête des victimes ; mais détourne les yeux et ne regarde, toi, que les courants du fleuve. Les ombres des défunts qui dorment dans la mort vont accourir en foule. Active alors tes

42. En pénétrant la terre, ces libations établissent un contact entre les vivants et ceux qu'ils honorent. Sur la question, cf. Burkert, 1985, 194, et Jouanna, 1992, 406-434.

43. Circé évoque ici un *enasgismos*. Ce type de sacrifice, en l'honneur des divinités chthoniennes, aux morts et aux héros, se faisait de nuit, sur une fosse, *bothros* ou *eschara*. La tête de la victime était tournée vers le sol qui recueillait son sang. Les mortels ne partagent donc pas, comme dans la *thusia*, la viande sacrificielle. Pour ce sacrifice, cf. Jost, 1992, 88-89. La nature de la victime évoquée par Circé, une bête stérile, correspond au royaume auquel elle sera vouée.

44. C'est-à-dire un animal exempt de toute impureté. Voir Schmitt Pantel et Bruit Zaidman, 1989, 22.

45. Encore une fois, la couleur des victimes correspond à la nature de ceux qui seront honorés par leur sacrifice. En effet, les morts sont comme des têtes vides ou des têtes couvertes de nuit.

46. Fils du Chaos et frère de la Nuit (Hés., *Th.*, 123), Érèbe est une région infernale où règnent les ténèbres (Hés., *Th.*, 515).

δὴ τότ' ἔπειθ' ἑτάροισιν ἐποτρῦναι καὶ ἀνῶξαι
μῆλα, τὰ δὴ κατάκειτ' ἐσφαγμένα νηλέι χαλκῷ,
δείραντας κατακῆαι, ἐπεύξασθαι δὲ θεοῖσιν,
ἰφθίμῳ τ' Ἀίδῃ καὶ ἐπαινῇ Περσεφονείῃ·
αὐτὸς δὲ ξίφος ὀξὺ ἐρυσσάμενος παρὰ μηροῦ
ἧσθαι, μηδὲ ἐᾶν νεκύων ἀμενηνὰ κάρηνα
αἵματος ἄσσον ἴμεν πρὶν Τειρεσίαο πυθέσθαι.
ἔνθά τοι αὐτίκα μάντις ἐλεύσεται, ὄρχαμε λαῶν,
ὅς κέν τοι εἴπῃσιν ὁδὸν καὶ μέτρα κελεύθου
νόστόν θ', ὡς ἐπὶ πόντον ἐλεύσεαι ἰχθυόεντα.
Ὣς ἔφατ'· αὐτίκα δὲ χρυσόθρονος ἤλυθεν Ἠώς.
Αὐτὰρ ἐγὼ διὰ δῶμα κιὼν ὤτρυνον ἑταίρους
μειλιχίοισ' ἐπέεσσι παρασταδὸν ἄνδρα ἕκαστον·
ΟΔΥ. — Μηκέτι νῦν εὕδοντες ἀωτεῖτε γλυκὺν ὕπνον·
ἀλλ' ἴομεν· δὴ γάρ μοι ἐπέφραδε θέσφατα Κίρκη.
Ὣς ἐφάμην· τοῖσιν δ' ἐπεπείθετο θυμὸς ἀγήνωρ·

[οὐδὲ μὲν οὐδ' ἔνθέν περ ἀπήμονας ἦγον ἑταίρους.
Ἐλπήνωρ δέ τις ἔσκε νεώτατος, οὔτέ τι λίην
ἄλκιμος ἐν πολέμῳ οὔτε φρεσὶ ᾗσιν ἀρηρώς,
ὅς μοι ἄνευθ' ἑτάρων, ἱεροῖσ' ἐ⟨πὶ⟩ δώμασι Κίρκης,
ψύχεος ἱμείρων, κατελέξατο οἰνοβαρείων·
κινυμένων δ' ἑτάρων ὅμαδον καὶ δοῦπον ἀκούσας
ἐξαπίνης ἀνόρουσε καὶ ἐκλάθετο φρεσὶ ᾗσιν
ἄψορρον καταβῆναι ἰὼν ἐς κλίμακα μακρήν,
ἀλλὰ κατ' ἀντικρὺ τέγεος πέσεν· ἐκ δέ οἱ αὐχὴν
ἀστραγάλων ἐάγη· ψυχὴ δ' Ἄιδος δὲ κατῆλθεν.]

vers 542 : ἀμφὶ δέ με χλαῖνάν τε χιτῶνά τε εἵματα ἕσσεν·
543 : αὐτὴ δ' ἀργύφεον φᾶρος μέγα ἕννυτο Νύμφη,
544 : λεπτὸν καὶ χαρίεν, περὶ δὲ ζώνην βάλετ' ἰξυῖ
545 : καλήν, χρυσείην, κεφαλῇ δ' ἐπέθηκε καλύπτρην

gens : qu'ils écorchent les bêtes, dont l'airain sans pitié vient de trancher la gorge ; qu'ils fassent l'holocauste[47] en adjurant les dieux, Hadès le fort et la terrible Perséphone ; quant à toi, reste assis ; mais, du long de ta cuisse, tire ton glaive à pointe, pour interdire aux morts, à ces têtes sans force, les approches du sang, tant que Tirésias n'aura pas répondu. Tu verras aussitôt arriver ce devin : c'est lui qui te dira, ô meneur des guerriers ! la route et les distances et comment revenir sur la mer aux poissons. »

À peine elle avait dit que l'Aurore parut sur son trône doré. La Nymphe, me donnant la robe et le manteau, se drapa elle-même d'une écharpe neigeuse à la grâce légère ; elle ceignit ses reins de l'orfroi le plus beau et se couvrit la tête d'un voile retombant. À travers le manoir, je réveille mes gens ; je vais de l'un à l'autre, et du ton le plus doux :

Ulysse. – « Assez dormir ! quittez les douceurs du sommeil ! En route ! C'est l'arrêt de l'auguste Circé ! »

Je disais et leurs cœurs s'empressaient d'obéir.

Mais de ces lieux encor, le ciel me refusait de sauver tous mes gens. Le plus jeune de nous, un certain Elpénor[48], le moins brave au combat, le moins sage au conseil, avait quitté les autres et, pour chercher le frais, alourdi par le vin, il s'en était allé dormir sur la terrasse du temple de Circé. Au lever de mes gens, le tumulte des voix et des pas le réveille : il se dresse d'un bond et perd tout souvenir ; au lieu d'aller tourner par le grand escalier, il va droit devant lui, tombe du toit, se rompt les vertèbres du col, et son âme descend aux maisons de l'Hadès.

47. Dans ce type de sacrifice, la victime est entièrement vouée aux flammes en l'honneur des divinités, des morts ou des héros que l'on invoque.

48. Ulysse le rencontrera au royaume des morts (XI, 51 sq.) et lui donnera les honneurs funèbres (XII, 10 sq.).

ἐρχομένοισι δὲ τοῖσιν ἐγὼ μετὰ μῦθον ἔειπον·
ΟΔΥ. — Φάσθέ νύ που οἶκον δὲ φίλην ἐς πατρίδα γαῖαν
ἔρχεσθ'· ἄλλην δ' ἧμιν ὁδὸν τεκμήρατο Κίρκη
εἰς Ἀΐδαο δόμους καὶ ἐπαινῆς Περσεφονείης,
ψυχῇ χρησομένους Θηβαίου Τειρεσίαο.

Ὣς ἐφάμην· τοῖσιν δὲ κατεκλάσθη φίλον ἦτορ·
ἑζόμενοι δὲ κατ' αὖθι γόων τίλλοντό τε χαίτας·
ἀλλ' οὐ γάρ τις πρῆξις ἐγίνετο μυρομένοισιν. 568

Ἤιομεν ἀχνύμενοι, θαλερὸν κατὰ δάκρυ χέοντες·
τόφρα δ' ἄρ' οἰχομένη Κίρκη παρὰ νηὶ μελαίνῃ
ἀρνειὸν κατέδησεν ὄιν θῆλύν τε μέλαιναν,
ῥεῖα παρεξελθοῦσα· τίς ἂν θεὸν οὐκ ἐθέλοντα
ὀφθαλμοῖσι ἴδοιτ' ἢ' ἔνθ' ἢ' ἔνθα κιόντα;

vers 569 : ἀλλ' ὅτε δή ῥ' ἐπὶ νῆα θοὴν καὶ θῖνα θαλάσσης

Tous mes gens réunis, je leur tiens ce discours :

Ulysse. – « C'est au logis, sans doute, au pays de vos pères, que vous comptez rentrer... Mais Circé nous assigne un tout autre voyage chez Hadès et chez la terrible Perséphone, pour demander conseil à l'ombre du devin Tirésias de Thèbes. »

J'avais à peine dit que leur cœur éclatait : sur la terre, ils s'assoient ; les voilà sanglotant, s'arrachant les cheveux. Mais ces gémissements n'étaient d'aucun secours : nous prenons le chemin du croiseur, de la plage.

Nous partons tristement, versant des flots de larmes. Or Circé, devant nous, était venue lier au flanc du noir vaisseau le couple d'un agneau et d'une brebis noire. Elle avait échappé sans peine à nos regards : quand un dieu veut cacher ses allées et venues, quels yeux pourraient le suivre ?

Αὐτὰρ ἐπεί ῥ' ἐπὶ νῆα κατήλθομεν ἠδὲ θάλασσαν,
νῆα μὲν ἄρ πάμπρωτον ἐρύσσαμεν εἰς ἅλα δῖαν,
ἐν δ' ἱστὸν τιθέμεσθα καὶ ἱστία νηὶ μελαίνῃ,
ἐν δὲ τὰ μῆλα λαβόντες ἐβήσαμεν, ἂν δὲ καὶ αὐτοὶ.
ἡμῖν δ' αὖ κατόπισθε νεὸς κυανοπρῴροιο
ἴκμενον οὖρον ἵει πλησίστιον, ἐσθλὸν ἑταῖρον,
Κίρκη ἐυπλόκαμος, δεινὴ θεὸς αὐδήεσσα.
ἡμεῖς δ' ὅπλα ἕκαστα πονησάμενοι κατὰ νῆα
ἥμεθα· τὴν δ' ἄνεμός τε κυβερνήτης τ' ἴθυνε.
Τῆς δὲ πανημερίης τέταθ' ἱστία ποντοπορούσης.
δύσετό τ' ἠέλιος σκιόωντό τε πᾶσαι ἀγυιαί·
ἡ δ' ἐς πείραθ' ἵκανε βαθυρρόου Ὠκεανοῖο.
ἔνθα δὲ Κιμμερίων ἀνδρῶν δῆμός τε πόλις τε,
ἠέρι καὶ νεφέλῃ κεκαλυμμένοι· οὐδέ ποτ' αὐτοὺς
Ἠέλιος φαέθων καταδέρκεται ἀκτίνεσσιν,
οὔθ' ὁπότ' ἂν στείχῃσι πρὸς οὐρανὸν ἀστερόεντα,
οὔθ' ὅτ' ἂν ἂψ ἐπὶ γαῖαν ἀπ' οὐρανόθεν προτράπηται·
ἀλλ' ἐπὶ νὺξ ὀλοὴ τέταται δειλοῖσι βροτοῖσι.
νῆα μὲν ἔνθ' ἐλθόντες ἐκέλσαμεν, ἐκ δὲ τὰ μῆλα
εἱλόμεθ'· αὐτοὶ δ' αὖτε παρὰ ῥόον Ὠκεανοῖο
ᾔομεν, ὄφρ' ἐς χῶρον ἀφικόμεθ' ὃν φράσε Κίρκη.

vers 5 : βαίνομεν ἀχνύμενοι, θαλερὸν κατὰ δάκρυ χέοντες

1. Ce peuple mythique est associé par certains spécialistes aux habitants des rives septentrionales du Pont et des plaines scythes, soit

(CHANT XI.) Nous atteignons enfin le navire et la mer. On remet le croiseur à la vague divine et, dans la coque noire, on charge mât et voiles. Les bêtes embarquées, nous aussi, nous montons, toujours navrés, toujours pleurant à chaudes larmes. Pour pousser le navire à la proue azurée, la déesse bouclée, la terrible Circé, douée de voix humaine, nous envoie un vaillant compagnon dans la brise, qui va gonfler nos voiles, et, quand à bord on a rangé tous les agrès, on n'a plus qu'à s'asseoir et qu'à laisser mener le vent et le pilote.

Tout le jour, nous courons sur la mer, voiles pleines. Le soleil se couchait, et c'était l'heure où l'ombre emplit toutes les rues, lorsque nous atteignons la passe et les courants profonds de l'Océan, où les Kimmériens[1] ont leurs pays et ville. Ce peuple vit couvert de nuées et de brumes, que jamais n'ont percées les rayons du Soleil, ni durant sa montée vers les astres du ciel, ni quand, du firmament, il revient à la terre : sur ces infortunés, pèse une nuit de mort.

Arrivés en ce lieu, nous tirons le vaisseau sur le bord du courant, nous en sortons les bêtes et, longeant l'Océan, nous allons à l'endroit que m'avait dit Circé.

l'actuelle Ukraine et la Crimée. Ils auraient traversé le Caucase, envahi et semé la terreur en Asie Mineure, à partir du VIIIe siècle av. J.-C. D'autres, se fondant également sur des sources anciennes, pensent que ces hommes pourraient être les habitants des cavernes volcaniques des Champs Phlégréens. Voir la bibliographie chez Heubeck, *ad loc.*, et Ballabriga, 1998, 139-153.

Ἔνθ' ἱερήια μὲν Περιμήδης Εὐρύλοχός τε
ἔσχον· ἐγὼ δ' ἄορ ὀξὺ ἐρυσσάμενος παρὰ μηροῦ
βόθρον ὄρυξ' ὅσσόν τε πυγούσιον ἔνθα καὶ ἔνθα·
ἀμφ' αὐτῷ δὲ χοὴν χεόμην πᾶσιν νεκύεσσι,
πρῶτα μελικρήτῳ, μετέπειτα δὲ ἡδέι οἴνῳ,
τὸ τρίτον αὖθ' ὕδατι· ἐπὶ δ' ἄλφιτα λευκὰ πάλυνον,
πολλὰ δὲ γουνούμην νεκύων ἀμενηνὰ κάρηνα,
ἐλθὼν εἰς Ἰθάκην στεῖραν βοῦν, ἥ τις ἀρίστη,
ῥέξειν ἐν μεγάροισι πυρήν τ' ἐμπλησέμεν ἐσθλῶν,
Τειρεσίῃ δ' ἀπάνευθεν ὄιν ἱερευσέμεν οἴῳ
παμμέλαν', ὃς μήλοισι μεταπρέπει ἡμετέροισι.
τοὺς δ' ἐπεὶ εὐχωλῇσι λιτῇσί τε, ἔθνεα νεκρῶν,
ἐλλισάμην, τὰ δὲ μῆλα λαβὼν ἀπεδειροτόμησα
ἐς βόθρον· ῥέε δ' αἷμα κελαινεφές· αἱ δ' ἀγέροντο
ψυχαὶ ὑπὲξ Ἐρέβευς νεκύων κατατεθνηώτων
[νύμφαι τ' ἠίθεοί τε πολύτλητοί τε γέροντες
παρθενικαί τ' ἀταλαὶ νεοπενθέα θυμὸν ἔχουσαι·
πολλοὶ δ' οὐτάμενοι χαλκήρεσιν ἐγχείῃσιν,
ἄνδρες ἀρηίφατοι βεβροτωμένα τεύχε' ἔχοντες·
οἳ πολλοὶ περὶ βόθρον ἐφοίτων ἔνθα καὶ ἔνθα
θεσπεσίῃ ἰαχῇ· ἐμὲ δὲ χλωρὸν δέος ᾕρει].

2. Sur ce parent d'Ulysse, probablement son beau-frère, cf. X, 441 et note.

3. Ce personnage apparaît seulement ici et en XII, 195.

4. Ulysse suit à la lettre les indications de Circé. Sur ce *bothros*, cf. X, 417 et note.

5. Pour la libation, *choé*, triple, cf. X, 418-420 et note.

6. Cf. X, 522 sq. et notes.

Là, pendant qu'Euryloque[2], aidé de Périmède[3], se charge des victimes, je prends le glaive à pointe qui me battait la cuisse et je creuse un carré d'une coudée ou presque ; puis, autour de la fosse[4], je fais à tous les morts les trois libations, d'abord de lait miellé, ensuite de vin doux, et d'eau pure en troisième[5] ; je répands sur le trou une blanche farine et, priant, suppliant les morts, têtes sans force, je promets qu'en Ithaque, aussitôt revenu, je prendrai la meilleure de mes vaches stériles pour la sacrifier sur un bûcher rempli des plus belles offrandes ; en outre, je promets au seul Tirésias un noir bélier sans tache, la fleur de nos troupeaux[6].

Quand j'ai fait la prière et l'invocation au peuple des défunts, je saisis les victimes ; sur la fosse, où le sang coule en sombres vapeurs[7], je leur tranche la gorge et, du fond de l'Érèbe[8], je vois se rassembler les ombres des défunts qui dorment dans la mort : femmes et jeunes gens, vieillards chargés d'épreuves, tendres vierges portant au cœur leur premier deuil, guerriers tombés en foule sous le bronze des lances. Ces victimes d'Arès[9] avaient encor leurs armes couvertes de leur sang. En foule, ils accouraient à l'entour de la fosse, avec des cris horribles[10] : je verdissais de crainte[11]. Mais je presse mes

7. Ulysse accomplit l'*enagismos* comme le prescrit le rituel ; cf. X, 528 et note.

8. Sur cette divinité cosmogonique et sur ce lieu infernal, cf. X, 528 et note.

9. C'est-à-dire des guerriers. En effet, dans les poèmes homériques, et particulièrement dans l'*Iliade*, Arès représente la guerre dans toute sa violence sanguinaire. Sur ce dieu, cf. Burkert, 1985, 169-170, et Lévêque-Séchan, 1990, 243-245.

10. En XXIV, 6-7, les cris des âmes qui descendent chez Hadès, guidées par Hermès, sont comparables aux cris des chauves-souris.

11. Dans la poésie homérique et dans la poésie lyrique archaïque, verdir est signe de pâleur et de la mort. Cf. Sappho, fr. 2 Diehl.

Δὴ τότ' ἔπειθ' ἑτάροισιν ἐποτρύνας ἐκέλευσα
μῆλα, τὰ δὴ κατέκειτ' ἐσφαγμένα νηλέι χαλκῷ,
δείραντας κατακῆαι, ἐπεύξασθαι δὲ θεοῖσιν,
ἰφθίμῳ τ' Ἀίδῃ καὶ ἐπαινῇ Περσεφονείῃ,
⟨αὐτὸς δ'⟩ οὐ⟨κ⟩ εἴων νεκύων ἀμενηνὰ κάρηνα
αἵματος ἄσσον ἴμεν [πρὶν Τειρεσίαο πυθέσθαι.
Πρώτη δὲ ψυχὴ Ἐλπήνορος ἦλθεν ἑταίρου·
οὐ γάρ πω ἐτέθαπτ' ⟨ὅ γ'⟩ ὑπὸ χθονὸς εὐρυοδείης·
σῶμα γὰρ ἐν Κίρκης μεγάρῳ κατελείπομεν ἡμεῖς
ἄκλαυτον καὶ ἄθαπτον, ἐπεὶ πόνος ἄλλος ἔπειγε.
Τὸν μὲν ἐγὼ δάκρυσα ἰδὼν ἐλέησά τε θυμῷ
καί μιν φωνήσας ἔπεα πτερόεντα προσηύδων·
ΟΔΥ. — Ἐλπῆνορ, πῶς ἦλθες ὑπὸ ζόφον ἠερόεντα;
ἔφθης πεζὸς ἰὼν ἢ ἐγὼ σὺν νηὶ μελαίνῃ.
Ὣς ἐφάμην· ὁ δέ μ' οἰμώξας ἠμείβετο μύθῳ·
ΕΛΠ. — Ἀσέ με δαίμονος αἶσα κακὴ καὶ ἀθέσφατος οἶνος·
Κίρκης δ' ⟨ἀμ⟩ μεγάρῳ καταλέγμενος οὐκ ἐνόησα
ἄψορρον καταβῆναι ἰὼν ἐς κλίμακα μακρήν,
ἀλλὰ κατ' ἀντικρὺ τέγεος πέσον· ἐκ δέ μοι αὐχὴν
ἀστραγάλων ἐάγη· ψυχὴ δ' Ἄιδος δὲ κατῆλθε.
νῦν δέ σε τῶν ὄπιθεν γουνάζομαι, οὐ παρεόντων,
πρός τ' ἀλόχου καὶ πατρός, ὅ σε τρέφε τυτθὸν ἐόντα,
Τηλεμάχου θ', ὃν μοῦνον ἐνὶ μεγάροισιν ἔλειπες·
οἶδα γὰρ ὡς ἐνθένδε κιὼν δόμου ἐξ Ἀίδαο
νῆσον ἐς Αἰαίην σχήσεις εὐεργέα νῆα.

vers 48-49 : αὐτὸς δὲ ξίφος ὀξὺ ἐρυσσάμενος παρὰ μηροῦ
ἥμην, οὐδ'...
vers 60 : διογενὲς Λαερτιάδη, πολυμήχαν' Ὀδυσσεῦ

12. Les compagnons d'Ulysse font brûler entièrement les victimes en l'honneur des morts.

13. Sur les divinités infernales, cf. X, 534 et note.

gens de dépouiller les bêtes, dont l'airain sans pitié vient de trancher la gorge : ils me font l'holocauste[12], en adjurant les dieux, Hadès le fort et la terrible Perséphone[13] ; moi, du long de ma cuisse, ayant tiré mon glaive à pointe, je m'assieds ; moi, j'interdis à tous les morts, têtes sans force, les approches du sang, tant que Tirésias ne m'a pas répondu.

La première qui vint fut l'ombre d'Elpénor[14]. Il n'avait pas encor sa tombe sous la terre, au bord des grands chemins ; son corps était toujours au manoir de Circé, où nous l'avions laissé sans pleurs, sans funérailles : nous avions eu là-bas besogne plus pressante. À sa vue, la pitié m'emplit les yeux de larmes et je dis, élevant la voix, ces mots ailés :

ULYSSE. – « Elpénor, te voici ! Aux brumes du noroît, tu nous as devancés ! À pied, tu pus venir plus vite que moi-même avec mon noir vaisseau ! »

Je dis. Il me répond dans un gémissement :

ELPÉNOR. – « Fils de Laërte, écoute, ô rejeton des dieux, Ulysse aux mille ruses ! ce qui causa ma mort, c'est moins le mauvais sort d'une divinité qu'un trop gros coup de vin ! Sur le toit de la salle, où j'étais étendu, j'avais tout oublié : au lieu d'aller tourner par le grand escalier, je marchai devant moi, tombai et me rompis les vertèbres du col : mon âme descendit aux maisons de l'Hadès… Maintenant, par pitié, songe à ceux de tes proches, qui ne sont pas ici, que tu retrouveras, au père qui nourrit ton enfance, à ta femme ! Et songe à Télémaque, au seul enfant que tu laissas en ton manoir ! Lorsqu'en partant d'ici, tu quitteras l'Hadès, ton solide vaisseau doit encor, je le sais, toucher en Aiaié[15].

14. Cf. X, 551-561.

15. Sur Aiaié, cf. IX, 32 et X, 135 et note. Circé n'avait pas laissé entendre qu'Ulysse devrait revenir sur son île, elle s'était contentée de dire que Tirésias lui indiquerait « la route, les distances et comment revenir sur la mer aux poissons », X, 539-540.

ἔνθά σ' ἔπειτα, ἄναξ, κέλομαι μνήσασθαι ἐμεῖο·
μή μ' ἄκλαυτον, ἄθαπτον ἰὼν ὄπιθεν καταλείπειν,
νοσφισθείς, μή τοί τι θεῶν μήνιμα γένωμαι,
ἀλλά με κακκῆαι σὺν τεύχεσιν, ἅσσά μοί ἐστι,
σῆμά τέ μοι χεῦαι πολιῆς ἐπὶ θινὶ θαλάσσης,
ἀνδρὸς δυστήνοιο, καὶ ἐσσομένοισι πυθέσθαι·
ταῦτά τέ μοι τελέσαι πῆξαί τ' ἐπὶ τύμβῳ ἐρετμόν,
τῷ καὶ ζωὸς ἔρεσσον ἐὼν μετ' ἐμοῖσ' ἑτάροισιν.
Ὣς ἔφατ'· αὐτὰρ ἐγώ μιν ἀμειβόμενος προσέειπον·
ΟΔΥ. — Ταῦτά τοι, ὦ δύστηνε, τελευτήσω τε καὶ ἔρξω.
Νῶι μὲν ὣς ἐπέεσσιν ἀμειβομένω στυγεροῖσιν
ἥμεθ', ἐγὼ μὲν ἄνευθεν ἐφ' αἵματι φάσγανον ἴσχων·
εἴδωλον δ' ἑτέρωθεν ἑταίρου πόλλ' ἀγόρευεν.
Ἦλθε δ' ἐπὶ ψυχὴ μητρὸς κατατεθνηυίης,
Αὐτολύκου θυγάτηρ μεγαλήτορος Ἀντίκλεια,
τὴν ζωὴν κατέλειπον ἰὼν ἐς Ἴλιον ἱρήν.
τὴν μὲν ἐγὼ δάκρυσα ἰδὼν ἐλέησά τε θυμῷ·
ἀλλ' οὐδ' ὣς εἴων προτέρην, πυκινόν περ ἀχεύων,
αἵματος ἆσσον ἴμεν] πρὶν Τειρεσίαο πυθέσθαι.
Ἦλθε δ' ἐπὶ ψυχὴ Θηβαίου Τειρεσίαο,
χρύσεον σκῆπτρον ἔχων, ἐμὲ δ' ἔγνω καὶ προσέειπε· 91
ΤΕΙΡ. — Τίφθ' αὖτως, δύστηνε, λιπὼν φάος ἠελίοιο 93
ἤλυθες, ὄφρα ἴδῃ νέκυας καὶ ἀτερπέα χῶρον;
ἀλλ' ἀποχάζεο βόθρου, ἄπισχε δὲ φάσγανον ὀξύ,
αἵματος ὄφρα πίω καί τοι νημερτέα εἴπω.

vers 92 : διογενὲς Λαερτιάδη, πολυμήχαν' Ὀδυσσεῦ

16. Dans l'*Odyssée*, elle apparaît comme l'épouse de Laërte. Euripide, dans son *Autolycos*, se fait l'écho d'une tradition selon laquelle le véritable père d'Ulysse serait Sisyphe. Venu reprendre les bêtes qu'Autolycos lui avait volées, Sisyphe se serait uni à Anticlée. Dans ce sens, la *mètis* d'Ulysse (son intelligence rusée) serait une affaire d'héritage.

Une fois arrivé, je te supplie, mon roi, de ne pas m'oublier ! Avant de repartir, ne m'abandonne pas sans pleurs, sans funérailles ; la colère des dieux m'attacherait à toi... Il faudra me brûler avec toutes mes armes et dresser mon tombeau sur la grève écumante, pour dire mon malheur jusque dans l'avenir ! Oh ! rends-moi ces honneurs et plante sur ma tombe l'aviron dont, vivant, parmi vous, je ramais ! »

À ces mots d'Elpénor, aussitôt je réponds :

ULYSSE. – « Tout cela, pauvre ami, sera fait de mes mains. »

Nous conversions ainsi tristement, face à face, et, tandis que, tenant mon glaive sur le sang, j'en défendais l'approche, son ombre, à l'autre bord, poursuivait ses discours.

C'est alors que survint l'ombre de feu ma mère, d'Anticleia[16], la fille du fier Autolycos[17], que j'avais, au départ vers la sainte Ilion, laissée pleine de vie. À sa vue, la pitié emplit mes yeux de larmes : hélas ! malgré mon deuil, je devais l'empêcher de s'approcher du sang, tant que Tirésias n'aurait pas répondu.

Mais son ombre survient, tenant le sceptre d'or[18], et, me reconnaissant, Tirésias de Thèbes m'adresse la parole :

TIRÉSIAS. – « Fils de Laërte, écoute, ô rejeton des dieux, Ulysse aux mille ruses ! pourquoi donc, malheureux, abandonner ainsi la clarté du soleil et venir voir les morts en ce lieu sans douceur ? Allons ! écarte-toi de la fosse ! détourne la pointe de ton glaive : que je boive le sang et te dise le vrai ! »

17. Fils d'Hermès, ce héros passait, selon le poète de l'*Odyssée*, pour être le plus grand voleur et le meilleur parjure. Il vivait sur le mont Parnasse et donna le nom d'Ulysse à son petit-fils. C'est chez lui que le héros se blessa alors qu'il chassait le sanglier ; cf. XIX, 395 sq.

18. Pour le sceptre en tant que signe de pouvoir religieux ou politique, voir II, 37 et note.

Ὣς φάτ'· ἐγὼ δ' ἀναχασσάμενος ξίφος ἀργυρόηλον
κουλεῷ ἐγκατέπηξ'· ὁ δ' ἐπεὶ πίεν αἷμα κελαινόν,
καὶ τότε δή μ' ἐπέεσσι προσηύδα μάντις ἀμύμων·
ΤΕΙ. — Νόστον δίζηαι μελιηδέα, φαίδιμ' Ὀδυσσεῦ·
τὸν δέ τοι ἀργαλέον θήσει θεός· οὐ γὰρ ὀίω
λήσειν Ἐννοσίγαιον ὅ τοι κότον ἔνθετο θυμῷ,
χωόμενος ὅτι οἱ υἱὸν φίλον ἐξαλάωσας.
ἀλλ' ἔτι μέν κε καὶ ὧς κακά περ πάσχοντες ἵκοισθε,
αἴ κ' ἐθέλῃς σὸν θυμὸν ἐρυκακέειν καὶ ἑταίρων,
ὁππότε κε πρῶτον πελάσῃς εὐεργέα νῆα
Θρινακίῃ νήσῳ, προφυγὼν ἰοειδέα πόντον,
βοσκομένας δ' εὕρητε βόας καὶ ἴφια μῆλα
Ἠελίου, ὃς πάντ' ἐφορᾷ καὶ πάντ' ἐπακούει.
τὰς εἰ μέν κ' ἀσινέας ἐάᾳς νόστου τε μέδηαι,
καί κεν ἔτ' εἰς Ἰθάκην κακά περ πάσχοντες ἵκοισθε·
εἰ δέ κε σίνηαι, τότε τοι τεκμαίρομ' ὄλεθρον
νηΐ τε καὶ ἑτάροισ'· αὐτὸς δ' εἴ πέρ κεν ἀλύξῃς,
ὀψὲ κακῶς νεῖαι, ὀλέσας ἄπο πάντας ἑταίρους,
νηὸς ἐπ' ἀλλοτρίης· δήεις δ' ἐνὶ πήματα οἴκῳ,
ἄνδρας ὑπερφιάλους, οἵ τοι βίοτον κατέδουσι
μν⟨αό⟩μενοι ⟨τε τ⟩έην ἄλοχον καὶ ἕδνα διδόντες.
ἀλλ' ἦτοι κείνων γε βίας ἀποτίσεαι ἐλθών·
αὐτὰρ ἐπὴν μνηστῆρας ἐνὶ μεγάροισι τεοῖσι
κτείνῃς ἠὲ δόλῳ ἢ ἀμφαδὸν ὀξέι χαλκῷ,
ἔρχεσθαι δὴ ἔπειτα, λαβὼν εὐῆρες ἐρετμόν,

19. En grec *Trinakiê*. Cette île mythique évoque la Sicile qui, selon Thucydide, VI, 2, aurait été baptisée Trinakria par les Sicanes.

20. C'est-à-dire d'Hélios. Tirésias mettra Ulysse en garde contre le crime d'impiété. En effet, la propriété des divinités était sacrée. Sur

Il dit ; je m'écartai et remis au fourreau mon glaive à clous d'argent. Il vint boire au sang noir, puis ce devin parfait me parla en ces termes :

Tirésias. – « C'est le retour plus doux que le miel, noble Ulysse, que tu veux obtenir. Mais un dieu doit encor te le rendre pénible, car jamais l'Ébranleur du monde, je le crains, n'oubliera sa rancune : il te hait pour avoir aveuglé son enfant... Et pourtant il se peut qu'à travers tous les maux, vous arriviez au terme, si tu sais consentir à maîtriser ton cœur et celui de tes gens. Aussitôt qu'échappés à la mer violette, ton solide vaisseau vous mettra sur les bords de l'Île du Trident[19], vous trouverez, paissant, les vaches du Soleil[20] et ses grasses brebis : c'est le dieu qui voit tout, le dieu qui tout entend !

Respecte ses troupeaux, ne songe qu'au retour, et je crois qu'en Ithaque, à travers tous les maux, vous rentrerez encor ; mais je te garantis, si vous les maltraitez, que c'est fini de ton navire et de tes gens ; tu pourrais t'en tirer et revenir, mais quand ? et dans quelle misère ! tous tes hommes perdus ! sur un vaisseau d'emprunt ! et pour trouver encor le malheur au logis[21] ! pour y voir des bandits te dévorer tes biens et, le prix à la main, te courtiser ta femme ! Tu rentrerais à temps pour punir leurs excès à la pointe du bronze. Mais lorsqu'en ton manoir, tu les aurais tués, par la ruse ou la force, il faudrait repartir avec ta bonne rame à l'épaule et

l'*asebeia*, « impiété », et les crimes que l'on désignait par *hierosulia*, cf. Burkert, 1985, 274-275 et 316-317 ; Jost, 1992, 280-287.

21. Les prophéties de Tirésias correspondent en partie aux imprécations de Polyphème ; cf. IX, 532-535. En effet, au long de ses aventures, Ulysse perd tout le butin qu'il avait amassé depuis son départ de Troie. Il rentrera même à Ithaque sur un bateau d'emprunt, celui des Phéaciens.

εἰς ὅ κε τοὺς ἀφίκηαι, οἳ οὐ ἴσασι θάλασσαν
[ἀνέρες οὐδέ θ' ἅλεσσι μεμιγμένον εἶδαρ ἔδουσιν·
οὐδ' ἄρα τοὶ ἴσασι νέας φοινικοπαρῄους]
οὐδ' εὐήρε' ἐρετμά, τά τε πτερὰ νηυσὶ πέλονται.
σῆμα δέ τοι ἐρέω μάλ' ἀριφραδές· οὐδέ σε λήσει·
ὁππότε κεν δή τοι ξυμβλήμενος ἄλλος ὁδίτης
φήῃ ἀθηρηλ⟨ό⟩γον ἔχειν ⟨σ'⟩ ἀνὰ φαιδίμῳ ὤμῳ,
καὶ τότε δὴ γαίῃ πήξας εὐῆρες ἐρετμόν,
ῥέξας ἱερὰ καλὰ Ποσειδάωνι ἄνακτι,
ἀρνειὸν ταῦρόν τε συῶν τ' ἐπιβήτορα κάπρον,
οἴκαδ' ἀποστείχειν ἔρδειν θ' ἱερὰς ἑκατόμβας
ἀθανάτοισι θεοῖσι, τοὶ οὐρανὸν εὐρὺν ἔχουσι,
πᾶσι μάλ' ἑξείης· θάνατος δέ τοι ἐξ ἁλὸς αὐτῷ
ἀβληχρὸς μάλα τοῖος ἐλεύσεται, ὅς κέ σε πέφνῃ
γήρᾳ ὕπο λιπαρῷ ἀρημένον· ἀμφὶ δὲ λαοὶ
ὄλβιοι ἔσσονται. τὰ δέ τοι νημερτέα εἴρω.
Ὣς ἔφατ'· αὐτὰρ ἐγώ μιν ἀμειβόμενος προσέειπον·
ΟΔΥ. — Τειρεσίη, τὰ μὲν ἄρ που ἐπέκλωσαν θεοὶ αὐτοί.
ἀλλ' ἄγε μοι τόδε εἰπὲ καὶ ἀτρεκέως κατάλεξον·
μητρὸς τῆνδ' ὁρόω ψυχὴν κατατεθνηυίης,
ἡ δ' ἀκέουσ' ἧσται σχεδὸν αἵματος οὐδ' ἑὸν υἱὸν
ἔτλη ἐς ἄντα ἰδεῖν οὐδὲ προτιμυθήσασθαι.
εἰπέ, ἄναξ, πῶς κέν με ἀναγνοίη τὸν ἐόντα;
Ὣς ἐφάμην· ὁ δέ μ' αὐτίκ' ἀμειβόμενος προσέειπε·
ΤΕΙ. — Ῥ⟨εῖα δέ τοί τι⟩ ἔπος ἐρέω καὶ ἐνὶ φρεσὶ θήσω·
ὅν τινα μέν κεν ἐᾷς νεκύων κατατεθνηώτων
αἵματος ἄσσον ἴμεν, ὁ δέ τοι νημερτὲς ἐνίψει·
ᾧ δέ κ' ἐπιφθονέῃς, ὁ δέ τοι πάλιν εἶσιν ὀπίσσω.

22. Dans la poésie épique, les meurtriers, même involontaires, doivent s'exiler (cf. le cas de Patrocle, *Il.*, XIII, 87 sq.). Cependant,

marcher, tant et tant qu'à la fin tu rencontres des gens qui ignorent la mer et, ne mêlant jamais de sel aux mets qu'ils mangent, ignorent les vaisseaux aux joues de vermillon et les rames polies, ces ailes des navires[22]... Veux-tu que je te donne une marque assurée, sans méprise possible ? Le jour qu'en te croisant, un autre voyageur demanderait pourquoi, sur ta brillante épaule, est cette pelle à grains, c'est là qu'il te faudrait planter ta bonne rame et faire à Posidon le parfait sacrifice d'un bélier, d'un taureau et d'un verrat de taille à couvrir une truie ; tu reviendrais ensuite offrir en ton logis la complète série des saintes hécatombes à tous les Immortels[23], maîtres des champs du ciel ; puis la mer t'enverrait la plus douce des morts ; tu ne succomberais qu'à l'heureuse vieillesse, ayant autour de toi des peuples fortunés... En vérité, j'ai dit. »

À ces mots du devin, aussitôt je réponds :

ULYSSE. – « Tirésias, voilà ce qu'a filé pour moi la volonté des dieux. Mais voyons ! réponds-moi sans feinte, point par point : l'âme de feu ma mère est là, silencieuse, qui s'approche du sang, mais n'ose interroger ni même regarder dans les yeux son enfant ; dis-moi par quel moyen, seigneur, je lui ferai connaître ma présence ? »

Je dis ; tout aussitôt, Tirésias reprend :

TIRÉSIAS. – « C'est facile à te dire et tu vas le comprendre : si, parmi ces défunts qui dorment dans la mort, il en est que, du sang, tu laisses approcher, tu sauras d'eux la vérité ; mais dans l'Érèbe, les autres rentreront, aussitôt refusés. »

plus qu'un exil, Ulysse doit faire une sorte de pèlerinage pour obtenir le pardon de Poséidon. Plusieurs spécialistes considèrent que cette prophétie se fonde sur la *Télégonie* où le pèlerinage d'Ulysse était raconté.

23. Il s'agit ici d'un sacrifice d'action de grâces. Sur Tirésias et ses prophéties, cf. Reinhardt, 1960, 99-104 ; Peradotto, 1985, 429-455.

Ὣς φαμένη ψυχὴ μὲν ἔβη δόμον Ἄϊδος εἴσω
Τειρεσίαο ἄνακτος, ἐπεὶ κατὰ θέσφατ' ἔλεξεν·
αὐτὰρ ἐγὼν αὐτοῦ μένον ἔμπεδον, ὄφρ' ἐπὶ μήτηρ
ἤλυθε καὶ πίεν αἷμα κελαινεφές· αὐτίκα δ' ἔγνω
καί μ' ὀλοφυρομένη ἔπεα πτερόεντα προσηύδα·
ANT. — Τέκνον ἐμόν, πῶς ἦλθες ὑπὸ ζόφον ἠερόεντα
ζωὸς ἐών; χαλεπὸν δὲ τάδε ζωοῖσιν ὁρᾶσθαι.
[μέσσῳ γὰρ μεγάλοι ποταμοὶ καὶ δεινὰ ῥέεθρα,
Ὠκεανὸς μὲν πρῶτα, τὸν οὔ πως ἔστι περῆσαι
πεζὸν ἐόντ', ἢν μή τις ἔχῃ εὐεργέα νῆα.]
ἦ νῦν δὴ Τροίηθεν ἀλώμενος ἐνθάδ' ἱκάνεις
[νηΐ τε καὶ ἑτάροισι πολὺν χρόνον; οὐδέ πω ἦλθες
εἰς Ἰθάκην; οὐδ' εἶδες ἐνὶ μεγάροισι γυναῖκα];
Ὣς ἔφατ'· αὐτὰρ ἐγώ μιν ἀμειβόμενος προσέειπον·
ΟΔΥ. — Μῆτερ ἐμή, χρειώ με κατήγαγεν εἰς Ἀΐδαο
ψυχῇ χρησόμενον Θηβαίου Τειρεσίαο·
οὐ γάρ πω σχεδὸν ἦλθον Ἀχαιΐδος, οὐδέ πω ἁμῆς
γῆς ἐπέβην, ἀλλ' αἰὲν ἔχων ἀλάλημαι ὀϊζύν,
ἐξ οὗ τὰ πρώτισθ' ἑπόμην Ἀγαμέμνονι δίῳ
Ἴλιον εἰς εὔπωλον, ἵνα Τρώεσσι μαχοίμην.
ἀλλ' ἄγε μοι τόδε εἰπὲ καὶ ἀτρεκέως κατάλεξον·
τίς νύ σε κὴρ ἐδάμασσε τανηλεγέος θανάτοιο;
ἦ δολιχὴ ⟨τις⟩ νοῦσος; ἦ Ἄρτεμις ἰοχέαιρα
οἷσ' ἀγανοῖσι βέλεσσιν ἐποιχομένη κατέπεφνε;
εἰπὲ δέ μοι πατρός τε καὶ υἱέος, ὃν κατέλειπον,
ἢ' ἔτι πὰρ κείνοισιν ἐμὸν γέρας; ἦέ τις ἤδη
ἀνδρῶν ἄλλος ἔχει, ἐμὲ δ' οὐκέτι φασὶ νέεσθαι;

24. Contrairement à ce qu'annonçait Circé, Tirésias n'apprend pas à Ulysse la route du retour. Sa prophétie consiste à montrer à Ulysse comment préserver la possibilité de ce retour, alors que la magicienne lui donnera, elle, les détails pratiques (cf. XII, 37 sq.).

Voilà ce que me dit le roi Tirésias, et son ombre rentra au logis de l'Hadès : il était arrivé au bout de ses oracles[24]. Mais moi, je restais là, attendant que ma mère vînt boire au sang fumant. À peine eut-elle bu qu'elle me reconnut et dit, en gémissant, ces paroles ailées :

ANTICLEIA. – « Mon fils, tu vis encor ! et pourtant te voici aux brumes du noroît ! ces lieux ne s'offrent pas aux regards des vivants : pour franchir les grands fleuves et leurs courants terribles et d'abord l'Océan qu'on ne saurait guéer, il faut un bon navire... Après un si long temps, voguant à l'aventure, ne fais-tu qu'arriver ici de la Troade ? tes gens et ton vaisseau ne t'auraient pas encor ramené en Ithaque ? tu n'aurais pas revu ta femme en ton manoir ? »

À ces mots de ma mère, aussitôt je réponds :

ULYSSE. – « Ma mère, il m'a fallu naviguer vers l'Hadès pour demander conseil à l'ombre du devin Tirésias de Thèbes. Non ! je n'ai pas encor touché en Achaïe[25], je n'ai pas encor mis le pied sur notre terre. Je continue d'errer, de misère en misère, depuis le premier jour que le divin Atride nous emmena, vers Ilion la poulinière, combattre les Troyens. Mais, voyons ! réponds-moi sans feinte, point par point : quelle Parque t'a prise et couchée dans la mort[26] ? Fut-ce après un long mal ? fut-ce une douce flèche dont la déesse à l'arc, Artémis[27], vint t'abattre ? Parle-moi de mon père, et parle-moi du fils que j'ai laissé là-bas ! mon pouvoir leur est-il resté ? ou passa-t-il en des mains étrangères, le jour que l'on cessa de croire à mon retour ? Et dis-moi les

25. C'est-à-dire la terre des Achéens comprenant le Péloponnèse, mais aussi la Thessalie. À l'époque historique, ce terme désignait uniquement une région du nord du Péloponnèse.

26. En grec *Kêr*. Sur cette divinité, cf. II, 216 et note.

27. La fille de Zeus et de Létô était tenue, comme son frère Apollon, pour responsable des mortes subites. Cf. IV, 279-281 et note.

εἰπὲ δέ μοι μνηστῆς ἀλόχου βουλήν τε νόον τε·
ἠὲ μένει παρὰ παιδὶ καὶ ἔμπεδα πάντα φυλάσσει;
ἦ' ἤδη μιν ἔγημεν Ἀχαιῶν ὅς τις ἄριστος;
Ὣς ἐφάμην· ἡ δ' αὐτίκ' ἀμείβετο πότνια μήτηρ·
ANT. — Καὶ λίην κείνη γε μένει τετληότι θυμῷ
σοῖσιν ἐνὶ μεγάροισιν· διζυραὶ δέ οἱ αἰεὶ
φθίνουσιν νύκτές τε καὶ ἤματα δάκρυ χεούσῃ.
σὸν δ' οὔ πώ τις ἔχει καλὸν γέρας· ἀλλὰ ἕκηλος
Τηλέμαχος τεμένεα νέμεται καὶ δαῖτας ἐίσας
δαίνυται, ἃς ἐπέοικε [δικασπόλον ἄνδρ' ἀλεγύνειν·
πάντες γὰρ καλέουσι]· πατὴρ δὲ σὸς αὐτόθι μίμνει
ἀγρῷ, οὐδὲ πόλιν δὲ κατέρχεται· οὐδέ οἱ εὐναὶ
δέμνια καὶ χλαῖναι καὶ ῥήγεα σιγαλόεντα·
ἀλλ' ὅ γε χεῖμα μὲν εὕδει ὅθι δμῶες ἐνὶ οἴκῳ
ἐν κόνι' ἄγχι πυρός, κακὰ δὲ χροὶ εἵματα ⟨ἕσ⟩ται·
αὐτὰρ ἐπὴν ἔλθῃσι θέρος τεθαλυῖά τ' ὀπώρη,
πάντῃ οἱ κατὰ γουνὸν ἀλωῆς οἰνοπέδοιο
φύλλων κε⟨χυ⟩μένων χθαμαλαὶ βεβλήαται εὐναί·
ἔνθ' ὅ γε κεῖτ' ἀχέων, μέγα δὲ φρεσὶ πένθος ἀέξει
σὸν νόστον ποθέων· χαλεπὸν δ' ἐπὶ γῆρας ἱκάνει.
οὕτω γὰρ καὶ ἐγὼν ὀλόμην καὶ πότμον ἐπέσπον·
οὔτέ τις οὖν μοι νοῦσος ἐπήλυθεν, ἥ τε μάλιστα
τηκεδόνι στυγερῇ μελέων ἐξείλετο θυμόν·
ἀλλά με σός τε πόθος σά τε μήδεα, φαίδιμ' Ὀδυσσεῦ,
σή τ' ἀγανοφροσύνη μελιηδέα θυμὸν ἀπηύρα.

vers 198 : οὔτ' ἔμ' ἐνὶ μεγάροισιν ἐΰσκοπος Ἰοχέαιρα
199 : οἷσ' ἀγανοῖσι βέλεσσιν ἐποιχομένη κατέπεφνεν

pensées, les projets de ma femme ? est-elle demeurée auprès de notre enfant ? sait-elle maintenir tous mes biens sous sa garde ? ou déjà, pour époux, aurait-elle choisi quelque noble Achéen[28] ? »

Je dis, et cette mère auguste me répond :

ANTICLEIA. – « Elle te reste encor, et de tout cœur, fidèle, toujours en ton manoir où, sans trêve, ses jours et ses nuits lamentables se consument en larmes. Ta belle royauté reste toujours sans maître ; mais Télémaque exploite en paix votre apanage[29] et prend sa juste part aux festins coutumiers que se donnent entre eux les arbitres du peuple : on l'invite partout. Ton père vit aux champs, sans plus descendre en ville[30]. Il ne veut pour dormir ni cadre, ni couvertures, ni draps moirés : l'hiver, c'est au logis qu'il dort, parmi ses gens, près du feu, dans la cendre, et n'ayant sur la peau que grossiers vêtements ; mais quand revient l'été, puis l'automne opulent, quand les feuilles partout ont jonché le penchant de son coteau de vignes, par terre, tristement, il vient s'en faire un lit. Le chagrin de son cœur va toujours grandissant, et son triste désir de te savoir rentré, tandis qu'avec les maux, la vieillesse lui vient. Et moi si je suis morte ce n'est pas autrement que j'ai subi le sort. Non ! ce n'est pas l'archère infaillible, Artémis, qui, de sa douce flèche, au manoir vint m'abattre. Ce n'est pas la langueur, ce n'est pas le tourment de quelque maladie qui me fit rendre l'âme : c'est le regret de toi, c'est le souci de toi, c'est, ô mon noble Ulysse ! c'est ta tendresse même qui m'arracha la vie à la douceur de miel. »

28. Cette dernière question est dictée par la *mètis* d'Ulysse. Après les prophéties de Tirésias, il tient à se renseigner sur la situation qu'il trouvera dans son foyer.

29. En grec *temenos* ; cf. VI, 293 et note.

30. Sur la solitude de Laërte, cf. I, 189-193.

Ὣς ἔφατ'· αὐτὰρ ἐγώ γ' ἔθελον φρεσὶ μερμηρίξας
μητρὸς ἐμῆς ψυχὴν ἑλέειν κατατεθνηυίης.
τρὶς μὲν ἐφωρμήθην· ἑλέειν τέ με θυμὸς ἀνώγει·
τρὶς δέ μοι ἐκ χειρῶν σκιῇ εἴκελον ἢ καὶ ὀνείρῳ
ἔπτατ'· ἐμοὶ δ' ἄχος ὀξὺ γενέσκετο κηρόθι μᾶλλον·
καί μιν φωνήσας ἔπεα πτερόεντα προσηύδων·
ΟΔΥ. — Μῆτερ ἐμή, τί νύ μ' οὐ μίμνεις ἑλέειν μεμαῶτα
ὄφρα καὶ εἰν Ἀΐδαο φίλας περὶ χεῖρε βαλόντε
ἀμφοτέρω κρυεροῖο τεταρπώμεσθα γόοιο;
ἦ τί μοι εἴδωλον τόδ' ἀγαυὴ Περσεφόνεια
ὤτρυν', ὄφρ' ἔτι μᾶλλον ὀδυρόμενος στεναχίζω;
Ὣς ἐφάμην· ἡ δ' αὐτίκ' ἀμείβετο πότνια μήτηρ·
ΑΝΤ. — Ὤμοι, τέκνον ἐμόν, περὶ πάντων κάμμορε φωτῶν,
οὔ τί σε Περσεφόνεια, Διὸς θυγάτηρ, ἀπαφίσκει·
ἀλλ' αὕτη δίκη ἐστὶ βροτῶν, ὅτε τίς κε θάνῃσιν·
οὐ γὰρ ἔτι σάρκάς τε καὶ ὀστέα ἶνες ἔχουσιν·
ἀλλὰ τὰ μέν τε πυρὸς κρατερὸν μένος αἰθομένοιο
δαμνᾷ, ἐπεί κε πρῶτα λίπῃ λεύκ' ὀστέα θυμός·
ψυχὴ δ' ἠΰτ' ὄνειρος ἀποπταμένη πεπότηται·
ἀλλὰ φάος δὲ τάχιστα λιλαίεο, ταῦτα δὲ πάντα
ἴσθ', ἵνα καὶ μετόπισθε τεῇ εἴπῃσθα γυναικί.

[Νῶι μὲν ὣς ἐπέεσσιν ἀμειβόμεθ'· αἱ δὲ γυναῖκες
ἤλυθον, ὤτρυνεν γὰρ ἀγαυὴ Περσεφόνεια,
ὅσσαι ἀριστήων ἄλοχοι ἔσαν ἠδὲ θύγατρες.

31. Cette scène prend comme modèle *Il.*, XXIII, 97 sq., où Achille tente d'embrasser l'*eidolon* de Patrocle.

32. Pour l'âme comme une vapeur, cf. *Il.*, XXIII, 100. Il est probable que le rapprochement avec le songe, voire le rêve, vienne de

Elle disait et moi, à force d'y penser, je n'avais qu'un désir : serrer entre mes bras l'ombre de feu ma mère… Trois fois, je m'élançai ; tout mon cœur la voulait. Trois fois, entre mes mains, ce ne fut qu'une ombre ou qu'un songe envolé[31]. L'angoisse me poignait plus avant dans le cœur.

Je lui dis, élevant la voix, ces mots ailés :

ULYSSE. – Mère, pourquoi me fuir, lorsque je veux te prendre ? que, du moins chez Hadès, nous tenant embrassés, nous goûtions, à nous deux, le frisson des sanglots ! La noble Perséphone, en suscitant ton ombre, n'a-t-elle donc voulu que redoubler ma peine et mes gémissements ?

Je dis, et cette mère auguste me répond :

ANTICLEIA. – « Hélas ! mon fils, le plus infortuné des êtres ! Non ! la fille de Zeus, Perséphone, n'a pas voulu te décevoir ! Mais, pour tous, quand la mort nous prend, voici la loi : les nerfs ne tiennent plus ni la chair ni les os ; tout cède à l'énergie de la brûlante flamme ; dès que l'âme a quitté les ossements blanchis, l'ombre prend sa volée et s'enfuit comme un songe[32]… Mais déjà, vers le jour, que ton désir se hâte : retiens bien tout ceci pour le dire à ta femme, quand tu la reverras. »

Or, pendant qu'entre nous, s'échangeaient ces discours, les femmes survenaient que pressait de sortir la noble Perséphone ; et c'était tout l'essaim des reines et princesses.

la parenté entre Thanatos et Hypnos. Ces fils de la Nuit (Hés., *Th.*, 211-212) transportent les morts qui tombent sur le champ de bataille (*Iliade*, XVI, 450-457 et 665-685). Cependant, la mort est dite un « songe d'airain ». Sur la conception homérique de l'âme, cf. Snell, 1955, 43-64 ; Moulinier, 1966, 1072-1992 ; Warden, 1971, 95-103.

αἱ δ' ἀμφ' αἷμα κελαινὸν ἀολλέες ἠγερέθοντο·
αὐτὰρ ἐγὼ βούλευον ὅπως ἐρέοιμι ἑκάστην.
ἥδε δέ μοι κατὰ θυμὸν ἀρίστη φαίνετο βουλή·
σπασσάμενος τανύηκες ἄορ παχέος παρὰ μηροῦ,
οὐκ εἴων πίνειν ἅμα πάσας αἷμα κελαινόν·
αἱ δὲ προμνηστῖναι ἐπήισαν, ἠδὲ ἑκάστη
ὃν γόνον ἐξαγόρευεν· ἐγὼ δ' ἐρέεινον ἁπάσας.
Ἔνθ' ἤτοι πρώτην Τυρὼ ἴδον εὐπατέρειαν,
ἣ φάτο Σαλμωνῆος ἀμύμονος ἔκγονος εἶναι,
φῆ δὲ Κρηθῆος γυνὴ ἔμμεναι Αἰολίδαο.
ἣ ποταμοῦ ἠράσσατ' Ἐνιπῆος θείοιο,
ὃς πολὺ κάλλιστος ποταμῶν ἐπὶ γαῖαν ἵησι,
καί ῥ' ἐπ' Ἐνιπῆος πωλέσκετο καλὰ ῥέεθρα.
τῷ δ' ἄρα εἰσάμενος γαιήοχος Ἐννοσίγαιος
ἐν προχοῇς ποταμοῦ παρελέξατο δινήεντος·
πορφύρεον δ' ἄρα κῦμα περιστάθη, οὔρεϊ ἶσον,
κυρτωθέν, κρύψεν δὲ θεὸν θνητήν τε γυναῖκα.
λῦσε δὲ παρθενίην ζώνην, κατὰ δ' ὕπνον ἔχευεν.
Αὐτὰρ ἐπεί ῥ' ἐτέλεσσε θεὸς φιλοτήσια ἔργα,
ἔν τ' ἄρα οἱ φῦ χειρὶ ἔπος τ' ἔφατ' ἔκ τ' ὀνόμαζε·
ΠΟΣ. — Χαῖρε, γύναι, φιλότητι· περιπλομένου δ' ἐνιαυτοῦ
τέξεις ἀγλαὰ τέκνα, ἐπεὶ οὐκ ἀποφώλιοι εὐναὶ
ἀθανάτων· σὺ δὲ τοὺς κομέειν ἀτιταλλέμεναί τε.
νῦν δ' ἔρχευ πρὸς δῶμα, καὶ ἴσχεο μηδ' ὀνομήνῃς·
αὐτὰρ ἐγώ τοί ⟨γ'⟩ εἰμι Ποσειδάων ἐνοσίχθων.

33. Ce catalogue des femmes a suscité beaucoup de discussions. Certains pensent que ce que nous lisons est une interpolation, d'autres qu'il serait une imitation des *Ehoiai*, ou *Catalogue des femmes* du pseudo-Hésiode. Selon Heubeck, *ad vv.* 225-332, ces vers, comme le catalogue pseudo-hésiodique, seraient calqués sur une source commune. Pour une bibliographie et une discussion plus approfondie de la question, cf. Heubeck, *ad loc.*, et 1954, 19-35.

34. Sur ce personnage, cf. II, 120 et note. Pour la généalogie de Tyro, cf. les *Ehoiai*, fr. 30-32 M.-W. Voir aussi Doherty, 1993, 3-15.

À l'entour du sang noir, leur troupe s'amassait, et moi, je méditais d'interroger chacune ; et voici le moyen que je crus le meilleur : ayant pris de nouveau, sur le gras de ma cuisse, mon glaive à longue pointe, je ne les laissais boire au sang noir qu'une à une. Leur rangée défila ; chacune me conta le passé de sa race ; je les fis parler toutes[33].

Je vis d'abord Tyro[34], fille d'un noble père : l'éminent Salmoneus[35] l'engendra, disait-elle, et Crétheus[36], un des fils d'Aiolos[37], l'épousa . Mais, éprise d'un fleuve, et du plus beau des fleuves qui coulent sur la terre, du divin Énipée[38], elle venait souvent au long de son beau cours. Or, l'Ébranleur du sol, le maître de la terre, prit les traits d'Énipée pour s'étendre auprès d'elle, et la vague grondante autour d'eux se dressa aussi haute qu'un mont, sur la grève avancée du fleuve tournoyant ; sa volute cacha la mortelle et le dieu ; Posidon, enlevant sa ceinture à la vierge, lui versa le sommeil.

L'œuvre d'amour finie, le dieu lui déclara, en lui prenant la main :

POSIDON. – « Ô femme, sois heureuse ! De notre amour, avant le retour de l'année, naîtront de beaux enfants, car la couche d'un dieu n'est jamais inféconde ; à toi, de les nourrir et de les élever. Rentre au logis ! taistoi ! et ne dis pas mon nom[39] ! c'est pour toi seulement que je suis Posidon, l'Ébranleur de la terre. »

35. Ce fils d'Éole est un Thessalien qui émigra par la suite en Élide. Plein d'orgueil, il tenta d'imiter Zeus et son tonnerre : le dieu le punit en le foudroyant. Cf. Apollodore, *Bibliothèque*, I, 9, 7 sq.

36. Fils d'Éole et frère de Salmonée, donc oncle de Tyro. Il serait le fondateur d'Iolchos, la ville de Jason et de Pélias.

37. Cet Aiolos est le fils d'Hellen et de la nymphe Orséis, et non pas le maître des vents. Il était roi en Thessalie.

38. Ce fleuve dont la source est en Phtiotide coule en Thessalie.

39. Ces amours entre dieux et mortelles provoquent souvent des désastres à l'intérieur des familles. Tyro, selon d'autres auteurs, exposera ses enfants, pour ne pas encourir la colère de son père.

Ὣς εἰπὼν ὑπὸ πόντον ἐδύσετο κυμαίνοντα·
ἡ δ' ὑποκυσαμένη Πελίην τέκε καὶ Νηλῆα,
τὼ κρατερὼ θεράποντε Διὸς μεγάλοιο γενέσθην
ἀμφοτέρω· Πελίης μὲν ἐν εὐρυχόρῳ Ἰαωλκῷ
ναῖε πολύρρηνος, ὁ δ' ἄρ' ἐν Πύλῳ ἠμαθόεντι.
τοὺς δ' ἑτέρους Κρηθῆι τέκεν βασίλεια γυναικῶν,
Αἴσονά τ' ἠδὲ Φέρητ' Ἀμυθάονά θ' ἱππιοχάρμην.
Τὴν δὲ μετ' Ἀντιόπην ἴδον, Ἀσωποῖο θύγατρα,
ἣ δὴ καὶ Διὸς εὔχετ' ἐν ἀγκοίνῃσιν ἰαῦσαι
καί ῥ' ἔτεκεν δύο παῖδ', Ἀμφίονά τε Ζῆθόν τε,
οἳ πρῶτοι Θήβης ἕδος ἔκτισαν ἑπταπύλοιο
πύργωσάν τ', ἐπεὶ οὐ μὲν ἀπύργωτόν γε δύναντο
ναιέμεν εὐρύχορον Θήβην, κρατερώ περ ἐόντε.
Τὴν δὲ μετ' Ἀλκμήνην ἴδον, Ἀμφιτρύωνος ἄκοιτιν,
ἥ ῥ' Ἡρακλῆα θρασυμέμνονα θυμολέοντα
γείνατ' ἐν ἀγκοίνῃσι Διὸς μεγάλοιο μιγεῖσα,
καὶ Μεγάρην, Κρείοντος ὑπερθύμοιο θύγατρα,
τὴν ἔχεν Ἀμφιτρύωνος υἱὸς μένος αἰὲν ἀτειρής.
Μητέρα τ' Οἰδιπόδαο ἴδον, καλὴν Ἐπικάστην,

40. Recueilli par des marchands après avoir été abandonné par sa mère, le jeune enfant reçut un coup de sabot au visage. Son nom serait dérivé du grec *pélion*, qui signifie « livide ». Oncle de Jason, Pélias aurait été, d'une certaine manière, le responsable de l'expédition des Argonautes : voulant se débarrasser de Jason, prétendant au trône d'Iolcos (Thessalie), il l'envoya chercher la Toison d'or.

41. Sur Nélée, cf. III, 4 et note. Pour Pylos, voir, I, 93 et note.

42. Il serait le fondateur de Phères en Thessalie et le père de héros illustres, comme Admète, Idoménée, Lycurgue, et de Périopis, la mère de Patrocle.

43. Fleuve de Béotie qui se jette dans le golfe d'Eubée.

44. Pour parvenir à ses fins, Zeus aurait pris la forme d'un satyre. Enceinte, Antiope se serait enfuie de sa maison, craignant la colère de son père. Cf. Apollodore, *Bibliothèque*, III, 5, 5. *Antiope* est le titre d'une tragédie perdue d'Euripide.

Il dit et replongea sous la mer écumante, et la nymphe enfanta Pélias[40] et Nélée[41], l'un et l'autre vaillants serviteurs du grand Zeus. C'est dans Iaolkos et dans sa vaste plaine que Pélias vécut avec ses grands troupeaux, et Nélée s'établit à la Pylos des Sables. Mais la royale épouse eut encor de Crétheus d'autres enfants, Aison, Phérès[42], Amythaon, si vaillant en son char.

Puis je vis Antiope, la fille d'Asopos[43], qui se vantait d'avoir dormi aux bras de Zeus[44] ; elle en conçut deux fils, Amphion et Zéthos, les premiers fondateurs de la Thèbes aux sept portes[45] qu'ils munirent de tours, car, malgré leur vaillance, ils ne pouvaient sans tours habiter cette plaine.

D'Amphitryon[46], je vis aussi la femme, Alcmène[47], qui, pour avoir dormi dans les bras du grand Zeus, enfanta le héros à l'âme de lion, l'intrépide Héraclès.

Du superbe Créon[48], je vis aussi la fille, Mégaré[49], qu'épousa le fils d'Amphitryon à la force invincible. Et la mère d'Œdipe[50] ! cette belle Épicaste qui, d'un cœur

45. Une autre tradition faisait de Cadmos le fondateur de Thèbes et attribuait la fortification de la cité aux jumeaux d'Antiope. Les portes de cette fortification jouent un rôle fondamental dans l'intrigue des tragédies d'Eschyle *(Sept contre Thèbes)* et d'Euripide *(Phéniciennes)* qui mettent en scène les malheurs des fils d'Œdipe, Étéocle et Polynice.

46. Roi de Tyrinthe, fils d'Alcée. Pour s'unir à Alcmène, Zeus prit l'apparence d'Amphitryon. Cet épisode célèbre inspira les poètes comiques, cf. *La Longue Nuit* de Platon le Comique et l'*Amphitryon* de Plaute.

47. Sur cette héroïne, cf. II, 120 et note.

48. Roi de Thèbes, frère de Jocaste qui joue un rôle important dans le cycle thébain de Sophocle (particulièrement dans l'*Antigone*). Son pitoyable homonyme dans la *Médée* d'Euripide est roi de Corinthe.

49. L'union entre cette héroïne et Héraclès fut marquée par le malheur. Pris de folie, le héros tua ses enfants. Cet épisode fut d'ailleurs mis en scène par Euripide dans son *Héraclès furieux* qui servit de modèle à l'*Hercules furens* de Sénèque.

50. C'est-à-dire Jocaste ou Épicaste, selon le poète de l'*Odyssée*.

ἣ μέγα ἔργον ἔρεξεν ἀιδρείῃσι νόοιο,
γημαμένη ᾧ υἱεῖ. ὁ δ' ὃν πατέρ' ἐξεναρίξας
γῆμεν· ἄφαρ δ' ἀνάπυστα θεοὶ θέσαν ἀνθρώποισιν.
ἀλλ' ὁ μὲν ἐν Θήβῃ πολυηράτῳ ἄλγεα πάσχων
Καδμείων ἤνασσε θεῶν ὀλοὰς διὰ βουλάς·
ἡ δ' ἔβη εἰς Ἀίδαο πυλάρταο κρατεροῖο,
ἁψαμένη βρόχον αἰπὺν ἀφ' ὑψηλοῖο μελάθρου,
ᾧ ἄχεϊ σχομένη· τῷ δ' ἄλγεα κάλλιπ' ὀπίσσω
πολλὰ μάλ', ὅσσά τε μητρὸς Ἐρινύες ἐκτελέουσι.
Καὶ Χλῶριν εἶδον περικαλλέα, τήν ποτε Νηλεὺς
γῆμεν ἑὸν διὰ κάλλος, ἐπεὶ πόρε μυρία ἕδνα,
ὁπλοτάτην κούρην Ἀμφίονος Ἰασίδαο,
ὅς ποτ' ἐν Ὀρχομενῷ Μινυείῳ ἶφι ἄνασσεν·
ἡ δὲ Πύλου βασίλευε, τέκεν δέ οἱ ἀγλαὰ τέκνα,
Νέστορά τε Χρομίον τε Περικλύμενόν τ' ἀγέρωχον.
τοῖσι δ' ἐπ' ἰφθίμην Πηρὼ τέκε, θαῦμα βροτοῖσι,
τὴν πάντες μνώοντο περικτίται· οὐ δέ ⟨ἑ⟩ Νηλεὺς
τῷ ἐδίδου ὃς μὴ ἕλικας βόας εὐρυμετώπους
ἐκ Φυλάκης ἐλάσειε βίης Ἰφικληείης
ἀργαλέας. τὰς δ' οἶος ὑπέσχετο μάντις ἀμύμων
ἐξελάαν· χαλεπὴ δὲ θεοῦ κατὰ μοῖρα πέδησε,
δεσμοί τ' ἀργαλέοι καὶ βουκόλοι ἀγροιῶται.
ἀλλ' ὅτε δὴ μῆνές τε καὶ ἡμέραι ἐξετελεῦντο
ἂψ περιτελλομένου ἔτεος καὶ ἐπήλυθον ὧραι,
καὶ τότε δή μιν ἔλυσε βίη Ἰφικληείη

51. C'est-à-dire les Thébains, Cadmos étant le fondateur de Thèbes en Béotie. Après avoir déchiffré les énigmes qu'un Sphinx posait aux passants, dévorant ceux qui étaient incapables de donner la bonne réponse, Œdipe, qui ne se doutait pas de ses origines thébaines, succéda à son père.

52. En II, 135, Télémaque fait allusion à la crainte que lui inspirent les Érinyes de sa mère.

53. On ne sait rien sur ce personnage. Une autre Chloris, disait-on, était la fille du devin Tirésias.

54. Fils d'Iasos, Béotien, roi d'Orchomène qui épousa Perséphone, fille de Minyas. C'est pour cette raison qu'on le désigne comme Iaside.

ignorant, commit le grand forfait : elle épousa son fils ! meurtrier de son père, et mari de sa mère ! Soudain les Immortels révélèrent son crime ; il put régner, pourtant, sur les fils de Cadmos[51], dans la charmante Thèbes, mais torturé de maux par les dieux ennemis, tandis qu'elle gagnait la maison de l'Hadès aux puissantes charnières : affolée de chagrin, elle avait, au plafond de sa haute demeure, suspendu le lacet. Après elle, son fils reçut en héritage les innombrables maux que peuvent déchaîner les furies d'une mère[52].

Je vis aussi Chloris[53], la plus belle des femmes, si belle que Nélée, pour l'avoir en son lit, paya mille cadeaux : des filles d'Amphion[54], elle était la plus jeune ; ce puissant Iaside régnait sur Orchomène[55] et sur les Minyens[56]. Reine des Pyliens, elle donna de beaux enfants à son époux : Chromios et Nestor, le fier Périclymène[57] et cette fille enfin, merveille de la terre, la vaillante Péro dont tout le voisinage se disputait la main. Nélée, pour la donner, voulait qu'on lui ravît le bétail dangereux, les bœufs au large front, aux cornes recourbées, que le fort Iphiclès[58] gardait en Phylaké. Seul, l'illustre devin[59] promit de les ravir. Mais le destin d'un dieu hostile l'entrava : d'infrangibles liens, les bouviers l'enlacèrent ; les jours, les nuits passaient ; l'année ferma son cours ; quand le printemps revint, le robuste Iphiclès

55. Ville de Béotie aux bords du lac Copaïs.

56. Anciens habitants d'Orchomène dont le fondateur fut Minyas.

57. Un des membres de l'expédition des Argonautes. Son grand-père, Poséidon, lui aurait accordé le don de la métamorphose, dont il se serait servi contre Héraclès qui le tua.

58. Fils de Phylakos, fondateur et roi de Phylaké en Thessalie.

59. Il s'agit de Mélampous dont les exploits sont évoqués en XV, 225 sq. Ce devin, dont le nom signifie « le pied noir », avait le don de guérir les humains et de comprendre le langage des bêtes. Mélampous était fils d'Amithaon et d'Idoménée, issu de la race de Créthée et de Tyro.

θέσφατα πάντ' εἰπόντα· Διὸς δ' ἐτελείετο βουλή.
Καὶ Λήδην εἶδον, τὴν Τυνδαρέου παράκοιτιν,
ἥ ῥ' ὑπὸ Τυνδαρέῳ κρατερόφρονε γείνατο παῖδε,
Κάστορά θ' ἱππόδαμον καὶ πὺξ ἀγαθὸν Πολυδεύκεα,
τοὺς ἄμφω ζωοὺς κατέχει φυσίζοος αἶα·
οἳ καὶ νέρθεν γῆς τιμὴν πρὸς Ζηνὸς ἔχοντες
ἄλλοτε μὲν ζώουσ' ἑτερήμεροι, ἄλλοτε δ' αὖτε
τεθνᾶσιν· τιμὴν δὲ λελόγχασι ἶσα θεοῖσι.
Τὴν δὲ μετ' Ἰφιμέδειαν, Ἀλωῆος παράκοιτιν,
ἔσιδον, ἣ δὴ φάσκε Ποσειδάωνι μιγῆναι·
καί ῥ' ἔτεκεν δύο παῖδε, μινυνθαδίω δὲ γενέσθην,
Ὦτόν τ' ἀντίθεον τηλεκλειτόν τ' Ἐφιάλτην,
οὓς δὴ μηκίστους θρέψε ζείδωρος ἄρουρα
καὶ πολὺ καλλίστους μετά γε κλυτὸν ⟨Ὠα⟩ρίωνα·
ἐννέωροι γὰρ τοί γε καὶ ἐννεαπήχεες ἦσαν
εὖρος, ἀτὰρ μῆκός γε γενέσθην ἐννεόργυιοι,
οἵ ῥα καὶ ἀθανάτοισιν ἀπειλήτην ἐν Ὀλύμπῳ
φυλόπιδα στήσειν πολυάικος πολέμοιο.
Ὄσσαν ἐπ' Οὐλύμπῳ μέμασαν θέμεν, αὐτὰρ ἐπ' Ὄσσῃ
Πήλιον εἰνοσίφυλλον, ἵν' οὐρανὸς ἀμβατὸς εἴη.
καί νύ κεν ἐξετέλεσσαν, εἰ ἥβης μέτρον ἵκοντο·
ἀλλ' ὄλεσεν Διὸς υἱός, ὃν ἠύκομος τέκε Λητώ,
ἀμφοτέρω, πρίν σφωιν ὑπὸ κροτάφοισι ἰούλους
ἀνθῆσαι πυκάσαι τε γένυς εὐανθέι λάχνῃ.

60. Fille du roi d'Étolie, elle fut aimée de Zeus qui, pour la séduire, prit la forme d'un cygne. De cette union seraient nés les Dioscures (« les jeunes de Zeus »), Castor et Pollux. Léda était aussi la mère d'Hélène et de Clytemnestre.

61. Tyndare est un héros lacédémonien. Les Anciens ne s'accordaient pas sur la généalogie de ce héros. Pour certains, il était le fils d'Œbalos et d'une Naïade (Batia ou Gorgophoné, fille de Persée), pour d'autres le fils de Périérès de Messène ou de Cyortas. Il avait trois frères, Icarios (le père de Pénélope), Apharée, Leucippos, et une sœur Arénè.

62. Sur l'étrange immortalité des Dioscures, cf. Pindare, *Ném.*, X, 55 sq. Voir Pucci, 1995, 216-217.

63. Fille de Triops ou de Triopas, héros attaché soit à la légende argienne, soit à la légende thessalienne, selon les différentes généalo-

relâcha le devin pour avoir tout prédit ; ainsi la volonté de Zeus s'accomplissait.

Je vis aussi Léda[60], la femme de Tyndare[61], qui, de lui, mit au jour deux fils audacieux, le dompteur de chevaux, Castor, et le vainqueur au pugilat, Pollux : sous la terre féconde, ils continuent de vivre ; même sous cette terre, Zeus les comble d'honneurs, car, leurs jours alternant, ils vivent aujourd'hui, mais pour mourir demain ; c'est à l'égal des Immortels qu'on les honore[62].

Je vis Iphimédée[63], l'épouse d'Aloeus[64]. Posidon, disait-elle, avait eu son amour ; deux fils en étaient nés, mais dont la vie fut courte, Otos, égal aux dieux, et l'illustre Éphialte[65]. Jamais la terre aux blés n'avait encor nourri des hommes aussi grands, et le seul Orion[66] eut plus noble beauté ! À neuf ans, ils avaient jusques à neuf coudées de largeur et, de haut, ils atteignaient neuf brasses : ils menaçaient les dieux de porter leur assaut et leurs cris dans l'Olympe : pour monter jusqu'au ciel, ils voulaient entasser sur l'Olympe[67] l'Ossa et, sur l'Ossa, le Pélion[68] aux bois tremblants ; ils auraient réussi peut-être, s'ils avaient atteint leur âge d'homme ; mais avant qu'eût fleuri la barbe sous leurs tempes et qu'un duvet en fleur eût ombragé leurs joues, ils tombèrent tous deux sous les flèches du fils, qu'à Zeus avait donné Léto aux beaux cheveux[69].

gies qu'on lui attribue. Iphimédie était amoureuse de Poséidon. On dit que tous les jours elle allait jusqu'à la mer pour verser de l'eau sur ses seins. Poséidon, enchanté de cette dévotion de la jeune fille, ne tarda pas à combler ses désirs.

64. Oncle d'Iphimédie, fils de Poséidon et de Canacé.

65. Sur ces géants Aloades, cf. *Il.*, V, 389-391, et *Ehoai*, fr. 19-21 M.-W.

66. Pour ce personnage, cf. V, 121 et note.

67. Sur cette montagne, séjour des dieux, cf. I, 102 et note.

68. L'Ossa et le Pélion sont des montagnes de Thessalie.

69. C'est-à-dire d'Apollon. Pour ce rôle du dieu, cf. III, 279 et note. Létô, la mère d'Apollon et d'Artémis, est la fille des Titans Coïos et Phoebé.

Φαίδρην τε Πρόκρίν τε ἴδον καλήν τ' Ἀριάδνην,
κούρην Μίνωος ὀλοόφρονος, ἥν ποτε Θησεὺς
ἐκ Κρήτης ἐς γουνὸν Ἀθηνάων ἱεράων
ἦγε μέν, οὐ δ' ἀπόνητο· πάρος δέ μιν Ἄρτεμις ἔκτα
Δίῃ ἐν ἀμφιρύτῃ Διονύσου μαρτυρίῃσι.
Μαῖράν τε Κλυμένην τε ἴδον στυγερήν τ' Ἐριφύλην,
ἣ χρυσὸν φίλου ἀνδρὸς ἐδέξατο τιμήεντα.

πάσας δ' οὐκ ἂν ἐγὼ μυθήσομαι οὐδ' ὀνομήνω
[ὅσσας ἡρώων ἀλόχους ἴδον ἠδὲ θύγατρας].
πρὶν γάρ κεν καὶ νὺξ φθῖτ' ἄμβροτος. ἀλλὰ καὶ ὥρη
εὕδειν ἤ' ἐπὶ νῆα θοὴν ἐλθόντ' ἐς ἑταίρους
ἤ' αὐτοῦ· πομπὴ δὲ θεοῖσ' ὑμῖν τε μελήσει.
Ὣς ἔφαθ'· οἱ δ' ἄρα πάντες ἀκὴν ἐγένοντο σιωπῇ,
κηληθμῷ δ' ἔσχοντο κατὰ μέγαρα σκιόεντα.
Τοῖσιν δ' Ἀρήτη λευκώλενος ἤρχετο μύθων·
ΑΡΗ. — Φαίηκες, πῶς ὔμμιν ἀνὴρ ὅδε φαίνεται εἶναι
εἶδός τε μέγεθός τε ἰδὲ φρένας ἔνδον ἐίσας ;

70. Cette héroïne, fille de Minos et de Pasiphaé, sœur d'Ariane, aurait été aimée par le roi d'Athènes qu'elle épousa. Cependant, elle tomba amoureuse du fils de son premier mariage, Hippolyte, ce qui provoqua sa mort et celle du jeune homme. Cet amour malheureux donna naissance à un des chefs-d'œuvres d'Euripide, *Hippolyte*, repris par Sénèque, *Phèdre* et, bien entendu, par Racine.

71. Fille du roi d'Athènes, Érechthée (selon d'autres variantes, du roi Cécrops), cette héroïne épousa Céphale. Apprenant qu'elle le trahissait, Céphale la tua au cours d'une chasse.

72. Sœur de Phèdre, célèbre pour avoir guidé Thésée dans le labyrinthe du Minotaure, Ariane aurait été abandonnée par son amant à Naxos. Sur cet épisode, cf. Calame, 1990, 105 sq.

73. Pour cette épithète, en grec *oloophonos*, voir I, 52 et note ; X, 137 et note.

74. Héros attique, Thésée est le fils du roi Égée et d'Aethra, fille de Pithée, roi de Trézène. Il se serait rendu en Crète pour mettre un terme à la rançon annuelle que les Athéniens devaient à Minos. Pour cet épisode, cf. Plutarque, *Vie de Thésée*, 15, 1 ; Diod. Sic., 4, 60, 4 sq. Voir aussi Calame, 1990, 69 sq.

Je vis Phèdre[70] et Procris[71] et la belle Ariane[72], la fille de Minos à l'esprit malfaisant[73] : Thésée[74], qui l'emmena de la Crète aux coteaux d'Athènes la sacrée, n'en connut pas l'amour. Dionysos[75] l'accusait. Artémis, dans Dia[76], dans l'île entre-deux-mers, la perça de ses flèches.

Je vis Maira[77], Clymène[78] et l'atroce Ériphyle[79] qui, de son cher époux, toucha le prix en or.

De combien de héros, mes yeux virent alors les femmes et les filles ! Comment vous les nommer et les dénombrer toutes ? auparavant, la nuit divine aurait passé... Il est temps de dormir, soit que j'aille au vaisseau auprès de l'équipage, soit que je reste ici. Mais que les dieux et vous songiez à mon retour ! »

Il dit ; tous se taisaient dans l'ombre de la salle, et, tenus sous le charme, ils gardaient le silence.

Arété aux bras blancs prit enfin la parole :

ARÉTÉ. – « Que dites-vous, ô Phéaciens, de ce héros ? Il est beau, il est grand ! quel esprit pondéré ! Il est mon

75. Fils de Zeus et de Sémélé, Dionysos est le dieu du vin, de la vigne, donc de la fertilité. Il est également le dieu de l'inspiration et de la folie, le dieu du masque. Selon certaines traditions, Dionysos aurait récupéré Ariane à Naxos pour en faire sa femme. Dans ces vers, le poète de l'*Odyssée* ferait allusion à une tradition selon laquelle le dieu, amoureux d'Ariane, aurait été évincé par Minos, le père de la jeune fille. C'est donc l'inceste qu'il dénonça à Artémis qui fut la cause de la mort d'Ariane.

76. Île au nord de la Crète que l'on associe à Naxos.

77. Fille de Proetos, roi de Tirynthe et d'Anteia.

78. Épouse de Phylakos et mère d'Iphiclès. Sur ces personnages, cf. vv. 288-291.

79. Fille du roi d'Argos Talaos et sœur d'Adraste, cette héroïne épousa le devin Amphiaraos (sur sa généalogie, cf. XV, 225 sq.). Elle se laissa corrompre par le fils d'Œdipe, Polynice, qui lui offrit le collier qu'Héphaïstos avait fabriqué pour Harmonie (l'épouse de Cadmos) ; en poussant son époux Amphiaraos à prendre part à l'expédition des Sept contre Thèbes, elle allait provoquer sa mort.

ξεῖνος δ' αὖτ' ἐμός ἐστι· ἕκαστος δ' ἔμμορε τιμῆς·
τὼ μὴ ἐπειγόμενοι ἀποπέμπετε, μηδὲ τὰ δῶρα
οὕτω χρηΐζοντι κολούετε· πολλὰ γὰρ ὑμῖν
κτήματ' ἐνὶ μεγάροισι θεῶν ἰότητι κέονται.
Τοῖσι δὲ καὶ μετέειπε γέρων ἥρως Ἐχένηος·
ΕΧΕ. — Ὦ φίλοι, οὐ μὰν ἧμιν ἀπὸ σκοποῦ οὐδ' ἀπὸ δόξης
μυθεῖται βασίλεια περίφρων· ἀλλὰ πίθεσθε.
Ἀλκινόου δ' ἐκ τοῦδ' ἔχεται ἔργόν τε ἔπος τε.
Τὸν δ' αὖτ' Ἀλκίνοος ἀπαμείβετο φώνησέν τε·
ΑΛΚ. — Τοῦτο μὲν οὕτω δὴ ἔσται ἔπος, αἴ κεν ἐγώ γε
ζωὸς Φαιήκεσσι φιληρέτμοισι ἀνάσσω.
ξεῖνος δὲ τλήτω, μάλα περ νόστοιο χατίζων,
ἔμπης οὖν ἐπιμεῖναι ἐς αὔριον, εἰς ὅ κε πᾶσαν
δωτίνην τελέσω. πομπὴ δ' ἄνδρεσσι μελήσει
πᾶσι, μάλιστα δ' ἐμοί· τοῦ γὰρ κράτος ἔστ' ἐνὶ δήμῳ.
Τὸν δ' ἀπαμειβόμενος προσέφη πολύμητις Ὀδυσσεύς·
ΟΔΥ. — Ἀλκίνοε κρεῖον, πάντων ἀριδείκετε λαῶν,
εἴ με καὶ εἰς ἐνιαυτὸν ἀνώγοιτ' αὐτόθι μίμνειν,
πομπήν τ' ὀτρύνοιτε καὶ ἀγλαὰ δῶρα διδοῖτε,
καί κε τὸ βουλοίμην, καί κεν πολὺ κέρδιον εἴη,
πλειοτέρῃ σὺν χειρὶ φίλην ἐς πατρίδ' ἱκέσθαι·
καί κ' αἰδοιότερος καὶ φίλτερος ἀνδράσιν εἴην
πᾶσιν, ὅσοι μ' Ἰθάκηνδε ἰδοίατο νοστήσαντα.
Τὸν δ' αὖτ' Ἀλκίνοος ἀπαμείβετο φώνησέν τε·
ΑΛΚ. — Ὦ Ὀδυσεῦ, τὸ μὲν οὔ τί σ' ἐίσκομεν εἰσορόωντες,
ἠπεροπῆά τ' ἔμεν καὶ ἐπίκλοπον, οἷά τε πολλοὺς
βόσκει γαῖα μέλαινα πολυσπερέας ἀνθρώπους
ψεύδεά τ' ἀρτύνοντας, ὅθεν κέ τις οὐδὲ ἴδοιτο·
σοὶ δ' ἔπι μὲν μορφὴ ἐπέων, ἔνι δὲ φρένες ἐσθλαί,
μῦθον δ', ὡς ὅτ' ἀοιδός, ἐπισταμένως κατέλεξας

vers 343 : ὅς δὴ Φαιήκων ἀνδρῶν προγενέστερος ἦεν

hôte, à moi ; mais l'honneur est pour tous. Ne vous hâtez donc pas de le congédier ; mais voyez son besoin ! ne lui refusez pas quelques présents de plus, quand la faveur des dieux a mis en vos manoirs tant et tant de richesses ! »

Alors le vieux Échénèos[80] leur dit (de tous les Phéaciens, c'était le plus âgé) :

ÉCHÉNÈOS. – « Mes amis, écoutons la plus sage des reines ! car, selon notre attente, elle va droit au but. Suivez donc son conseil : Alkinoos est là ; qu'il agisse et qu'il parle ! »

Alors Alkinoos, reprenant la parole :

ALKINOOS. – « C'est d'après ce conseil que tout se passera, s'il m'est donné de vivre en gouvernant nos bons rameurs de Phéacie. Mais, malgré son désir de partir, que notre hôte veuille bien nous rester ici jusqu'à demain ; j'aurait pu réunir alors tous nos présents ; nos gens s'occuperont de le remettre en route, et moi plus que tout autre, qui suis maître en ce peuple. »

Ulysse l'avisé lui dit cette réponse :

ULYSSE. – « Seigneur Alkinoos, l'honneur de tout ce peuple, quand vous m'inviteriez à rester, fût-ce un an, pour obtenir de vous et le retour rapide et de nobles cadeaux, comment vous refuser ? J'aurais tout avantage à revenir, les mains mieux garnies, au pays : car mon peuple pour moi n'aurait que plus d'amour et plus de déférence, le jour qu'il me verrait reparaître en Ithaque. »

Alors Alkinoos, en réponse, lui dit :

ALKINOOS. – « En te voyant, Ulysse, on ne saurait penser à l'un de ces hâbleurs, de ces fripons sans nombre, comme la terre noire en nourrit par centaines, artisans de mensonges auxquels on ne voit goutte. Quel charme en tes discours ! quel esprit de noblesse ! L'aède le meilleur n'eût pas mieux raconté et tes cruels soucis et

80. Sur ce sage vieillard que les commentateurs désignent comme le Nestor des Phéaciens, cf. VII, 155 sq.

[πάντων Ἀργείων σέο τ' αὐτοῦ κήδεα λυγρά].
ἀλλ' ἄγε μοι τόδε εἰπὲ καὶ ἀτρεκέως κατάλεξον,
εἴ τινας ἀντιθέων ἑτάρων ἴδες, οἵ ⟨τέ⟩ τοι αὐτῷ
Ἴλιον εἰς ἅμ' ἕποντο καὶ αὐτοῦ πότμον ἐπέσπον.
νὺξ δ' ἥδε μάλα μακρή, ἀθέσφατος· οὐδέ πω ὥρη
εὕδειν ἐν μεγάρῳ. σὺ δέ μοι λέγε θέσκελα ἔργα·
καί κεν ἐς Ἠῶ δῖαν ἀνασχοίμην, ὅτε μοι σὺ
τλαίης ἐν μεγάρῳ τὰ σὰ κήδεα μυθήσασθαι.
Τὸν δ' ἀπαμειβόμενος προσέφη πολύμητις Ὀδυσσεύς·
ΟΔΥ. — Ἀλκίνοε κρεῖον, πάντων ἀριδείκετε λαῶν,
ὥρη μὲν πολέων μύθων, ὥρη δὲ καὶ ὕπνου·
εἰ δ' ⟨ἔτ'⟩ ἀκουέμεναί γε λιλαίεαι, οὐκ ἂν ἐγώ γε
τούτων σοι φθονέοιμι καὶ οἰκτρότερ' ἄλλ' ἀγορεύειν
κήδε' ἐμῶν ἑτάρων, οἳ δὴ μετόπισθεν ὄλοντο·
οἳ Τρώων μὲν ὑπεξέφυγον στονόεσσαν ἀυτήν,
ἐν νόστῳ δ' ἀπόλοντο κακῆς ἰότητι γυναικός.
Αὐτὰρ ἐπεὶ ψυχὰς μὲν ἀπεσκέδασ' ἄλλυδις ἄλλῃ
ἁγνὴ Περσεφόνεια γυναικῶν θηλυτεράων,
ἦλθε δ' ἐπὶ ψυχὴ Ἀγαμέμνονος Ἀτρεΐδαο
ἀχνυμένη· περὶ δ' ἄλλοι ἀγηγέραθ', ὅσσοι ἅμ' αὐτῷ
οἴκῳ ἐν Αἰγίσθοιο θάνον καὶ πότμον ἐπέσπον.
ἔγνω δ' αἶψ' ἐμὲ κεῖνος, ἐπεὶ πίεν αἷμα κελαινόν,
κλαῖε δ' ὅ γε λιγέως, θαλερὸν κατὰ δάκρυον εἴβων,
πιτνὰς εἰς ἐμὲ χεῖρας, ὀρέξασθαι μενεαίνων·
ἀλλ' οὐ γάρ οἱ ἔτ' ἦν ἲς ἔμπεδος οὐδ' ⟨ἔτι⟩ κῖκυς,
οἵη περ πάρος ἔσκεν ἐνὶ γναμπτοῖσι μέλεσσι.
Τὸν μὲν ἐγὼ δάκρυσα ἰδὼν ἐλέησά τε θυμῷ
καί μιν φωνήσας ἔπεα πτερόεντα προσηύδων·
ΟΔΥ. — Ἀτρεΐδη κύδιστε, ἄναξ ἀνδρῶν, Ἀγάμεμνον,
τίς νύ σε κὴρ ἐδάμασσε τανηλεγέος θανάτοιο;
ἦέ σέ γ' ἐν νήεσσι Ποσειδάων ἐδάμασσεν

81. Allusion à Hélène.

82. Chef des Achéens qui se rendirent à Troie. Pour son retour *(nostos)* et sa mort, cf. III, 193 sq. ; 254 sq. ; 299 sq. ; IV, 512 sq.

ceux de tout Argos. Mais, voyons, réponds-moi sans feinte, point par point : as-tu vu quelques-uns des compagnons divins qui, pour t'avoir suivi sous les murs d'Ilion, y trouvèrent la mort ? La longue nuit qui vient n'est pas près de finir : il n'est pas encor temps de dormir au manoir ; allons ! raconte-nous tes travaux, tes prodiges. Je resterais ici jusqu'à l'aube divine, si tu voulais encor nous parler de tes maux. »

Ulysse l'avisé lui fit cette réponse :

ULYSSE. – « Seigneur Alkinoos ; l'honneur de tout ce peuple, il est du temps pour tout, pour les longues histoires, comme pour le sommeil. Mais puisque ton désir est de m'entendre encor, je ne puis me soustraire à de nouveaux récits, hélas ! plus lamentables. Mes pauvres compagnons, morts après la victoire ! Ils n'étaient pas tombés sous les coups des Troyens, dans la mêlée hurlante : non ! c'est en plein retour que, par la volonté d'une femme maudite[81], ils allaient succomber !

Donc, les femmes s'étaient dispersées çà et là. La chaste Perséphone avait chassé leurs ombres. Mais voici que survint l'ombre d'Agamemnon[82]. Elle était tout en pleurs et menait le cortège de ceux qui, près de lui, dans le manoir d'Égisthe[83], avaient trouvé la mort et subi le destin. À peine, du sang noir, l'Atride avait-il bu qu'il me reconnaissait et pleurant, gémissant, versant des flots de larmes, il me tendait les mains et voulait me toucher. Mais rien ne lui restait de la force et du muscle, qu'il avait eus jadis en ses membres alertes.

À sa vue, la pitié m'emplit les yeux de larmes, et je dis, élevant la voix, ces mots ailés :

ULYSSE. – « Atride glorieux, ô chef de nos guerriers, Agamemnon, dis-moi quelle Parque t'a pris et couché dans la mort ? serait-ce Posidon qui coula tes vaisseaux,

83. Cousin d'Agamemnon qui séduit Clytemnestre ; cf. I, 29 et note.

ὄρσας ἀργαλέων ἀνέμων ἀμέγαρτον ἀυτμήν ; 400
ἦέ σ' ἀνάρσιοι ἄνδρες ἐδηλήσαντ' ἐπὶ χέρσου
βοῦς περιταμνόμενον ἠδ' οἰῶν πώεα καλά,
ἠὲ περὶ πτόλιος μαχεούμενον ἠδὲ γυναικῶν ;
"Ως ἐφάμην· ὁ δέ μ' αὐτίκ' ἀμειβόμενος προσέειπε·
ΑΓΑ. — Διόγενες Λαερτιάδη, πολυμήχαν' Ὀδυσσεῦ, 405
οὔτ' ἐμέ γ' ἐν νήεσσι Ποσειδάων ἐδάμασσεν, 406
οὔτέ μ' ἀνάρσιοι ἄνδρες ἐδηλήσαντ' ἐπὶ χέρσου· 408
ἀλλά μοι Αἴγισθος τεύξας θάνατόν τε μόρον τε
ἔκτα σὺν οὐλομένῃ ἀλόχῳ, οἶκον δὲ καλέσσας. 410

[ὣς θάνον οἰκτίστῳ θανάτῳ· περὶ δ' ἄλλοι ἑταῖροι 412
νωλεμέως κτεῖνον(θ' ὥς τε) σύες ἀργιόδοντες,
(οἴκῳ) ἐν ἀφνει(ῷ) ἀνδρὸς μέγα δυναμένοιο
ἢ γάμῳ ἢ' ἐράνῳ ἢ' εἰλαπινῃ τεθαλυίῃ. 415
ἤδη μὲν πολέων φόνῳ ἀνδρῶν ἀντεβόλησας
μουνὰξ κτεινομένων καὶ ἐνὶ κρατερῇ ὑσμίνῃ,
ἀλλά κε κεῖνα μάλιστα ἰδὼν ὀλοφύραο θυμῷ,
ὡς ἀμφὶ κρητῆρα τραπέζας τε πληθούσας
κείμεθ' ἐνὶ μεγάρῳ, δάπεδον δ' ἅπαν αἵματι θῦεν· 420
οἰκτροτάτην δ' ἤκουσα ὄπα Πριάμοιο θυγατρός,
Κασσάνδρης, τὴν κτεῖνε Κλυταιμνήστρη δολόμητις
ἀμφ' ἐμοί· αὐτὰρ ἐγὼ ποτὶ γαίῃ χεῖρας ἀείρων
βάλλον ἀποθνῄσκων περὶ φασγάνῳ· ἡ δὲ κυνῶπις
νοσφίσατ', οὐδέ μοι ἔτλη ἰόντι περ εἰς Ἀΐδαο 425
χερσὶ κατ' ὀφθαλμοὺς ἑλέειν σύν τε στόμ' ἐρεῖσαι.
ὣς οὐκ αἰνότερον καὶ κύντερον ἄλλο γυναικός,
ἥ τις δὴ τοιαῦτα μετὰ φρεσὶ ἔργα βάληται·

vers 407 : ὄρσας ἀργαλέων ἀνέμων ἀμέγαρτον ἀυτμήν
vers 411 : δειπνίσσας, ὥς τίς τε κατέκτανε βοῦν ἐπὶ φάτνῃ

84. Par son récit, Agamemnon complète ceux de Nestor (III, 254-312) et de Ménélas (IV, 512-537) et insiste sur le rôle fondamental qu'y joua Clytemnestre. Voir aussi XXIV, 192-202.

sous la triste poussée de ses vents de malheur ? aurais-tu succombé sous les coups d'ennemis, dans un enlèvement de beaux troupeaux, bœufs et moutons, sur un rivage ? ou dans quelque combat, sous les murs, pour les femmes ? »

Je dis ; tout aussitôt, l'Atride me répond :

AGAMEMNON: « Fils de Laërte, écoute, ô rejeton des dieux, Ulysse aux mille ruses ! ce n'est pas Posidon qui coula mes vaisseaux sous la triste poussée de ses vents de malheur ; ce n'est pas sous les coups d'ennemis, au rivage, que je trouvai la mort. Mais, au manoir d'Égisthe, où je fus invité, c'est lui qui me tua, et ma maudite femme[84], chez lui, en plein festin, à table, il m'abattit comme un bœuf à la crèche ! Voilà de quelle mort infâme j'ai péri ! Ils ont, autour de moi, égorgé tous mes gens, sans en épargner un, tels les porcs aux dents blanches qu'au jour d'un mariage, d'un dîner par écot ou d'un repas de fête, on tue chez un richard ou chez un haut seigneur. Tu ne fus pas sans voir déjà beaucoup de meurtres, soit dans le corps à corps, soit en pleine mêlée ; mais c'est à cette vue que ton cœur eût gémi ! Tout autour du cratère et des tables chargées, nous jonchions la grand-salle : le sol fumait de sang ! Et ce que j'entendis de plus atroce encor, c'est le cri de Cassandre[85], la fille de Priam, qu'égorgeait sur mon corps la fourbe Clytemnestre ; je voulus la couvrir de mes bras ; mais un coup de glaive m'acheva... Et la chienne[86] sortit, m'envoyant vers l'Hadès, sans daigner me fermer les yeux ni les lèvres. Rien ne passe en horreur et chiennerie les femmes, qui se mettent au cœur de semblables forfaits !

85. Fille de Priam et d'Hécube, Cassandre fut prise comme esclave par Agamemnon. Chez Homère, elle n'est pas douée des pouvoirs prophétiques que d'autres poètes, comme Eschyle, lui attribuent.

86. Sur cette insulte, cf. IV, 145 et note.

οἷον δὴ καὶ κείνη ἐμήσατο ἔργον ἀεικές,
κουριδίῳ τεύξασα πόσει φόνον· ἤτοι ἔφην γε
ἀσπάσιος παίδεσσιν ἰδὲ δμώεσσιν ἐμοῖσι
οἴκαδ' ἐλεύσεσθαι· ἡ δ' ἔξοχα λύγρ' εἰδυῖα
οἷ τε κατ' αἶσχος ἔχευε καὶ ἐσσομένῃσιν ὀπίσσω
θηλυτέρῃσι γυναιξί, καὶ ἥ κ' εὐεργὸς ἔῃσιν.
"Ὣς ἔφατ'· αὐτὰρ ἐγώ μιν ἀμειβόμενος προσέειπον·
ΟΔΥ. — "Ὢ πόποι, ἦ μάλα δὴ γόνον Ἀτρέος εὐρύοπα Ζεὺς
ἐκπάγλως ἤχθηρε γυναικείας διὰ βουλὰς
ἐξ ἀρχῆς· Ἑλένης μὲν ἀπωλόμεθ' εἵνεκα πολλοί·
σοὶ δὲ Κλυταιμνήστρη δόλον ἤρτυε τηλόθ' ἐόντι.
"Ὣς ἐφάμην· ὁ δέ μ' αὐτίκ' ἀμειβόμενος προσέειπε·
ΑΓΑ. — Τῶ νῦν μή ποτε καὶ σὺ γυναικί περ ἤπιος εἶναι,
μηδ' οἱ μῦθον ἅπαντα πιφαυσκέμεν, ὅν κ' εὖ εἰδῇς,
ἀλλὰ τὸ μὲν φάσθαι, τὸ δὲ καὶ κεκρυμμένον εἶναι.
ἀλλ' οὐ σοί γ', Ὀδυσεῦ, φόνος ἔσσεται ἔκ γε γυναικός·
λίην γὰρ πινυτή τε καὶ εὖ φρεσὶ μήδεα οἶδε
κούρη Ἰκαρίοιο, περίφρων Πηνελόπεια.
ἦ μέν μιν νύμφην γε νέην κατελείπομεν ἡμεῖς
ἐρχόμενοι πόλεμον δέ· πάις δέ οἱ ἦν ἐπὶ μαζῷ
νήπιος, ὅς που νῦν γε μετ' ἀνδρῶν ἵζει ἀριθμῷ·
ὄλβιος· ἦ γὰρ τόν γε πατὴρ φίλος ὄψεται ἐλθών,
καὶ κεῖνος πατέρα προσπτύξεται, ἣ θέμις ἐστίν.
ἡ δ' ἐμὴ οὐδέ περ υἷος ἐνιπλησθῆναι ἄκοιτις
ὀφθαλμοῖσί ⟨μ'⟩ ἔασε· πάρος δέ με πέφνε καὶ αὐτόν.
ἄλλο δέ τοι ἐρέω, σὺ δ' ἐνὶ φρεσὶ βάλλεο σῇσι·
κρύβδην μηδ' ἀναφανδὰ φίλην ἐς πατρίδα γαῖαν
νῆα κατισχέμεναι, ἐπεὶ οὐκέτι πιστὰ γυναιξίν.]

ἀλλ' ἄγε μοι τόδε εἰπὲ καὶ ἀτρεκέως κατάλεξον,
εἴ που ἔτι ζώοντος ἀκούετε παιδὸς ἐμοῖο,
ἤ που ἐν Ὀρχομενῷ, ἦ' ἐν Πύλῳ ἠμαθόεντι
ἤ που πὰρ Μενελάῳ ἐνὶ Σπάρτῃ εὐρείῃ.
οὐ γάρ πω τέθνηκεν ἐπὶ χθονὶ δῖος Ὀρέστης.

Voilà ce qu'elle avait préparé celle-là! l'infâme, qui tua l'époux de sa jeunesse ! Moi qui pensais trouver, en rentrant au logis, l'amour de mes enfants et de mes serviteurs ! Quelle artiste en forfaits ! Jusque dans l'avenir, quelle honte pour elle et pour les pauvres femmes, même les plus honnêtes ! »

À ces mots de l'Atride, aussitôt je réponds :

ULYSSE. – « Oui, pour le sang d'Atrée, le Zeus à la grand-voix fut toujours implacable : quelles ruses de femme il déchaîna sur eux ! que de héros, à nous, Hélène nous coûta ! et toi, c'est Clytemnestre qui te dresse, pendant ton absence, un tel piège ! »

Je dis ; tout aussitôt l'Atride me répond :

AGAMEMNON: « Par l'exemple averti, sois dur envers ta femme ! ne lui confie jamais tout ce que tu résous ! Il faut de l'abandon, mais aussi du secret... Mais ce n'est pas ta femme, Ulysse, qui jamais te donnera la mort : elle a trop de raison, un cœur trop vertueux, cette fille d'Icare[87] ! Ah ! sage Pénélope, au départ pour la guerre, – je la revois encor, lorsque nous la quittions toute jeune épousée –, elle avait sur le sein son tout petit enfant, qui, sans doute aujourd'hui, siège parmi les hommes... Heureux fils ! en rentrant, son père le verra, et lui, comme il convient, embrassera son père... Mon fils ! pour empêcher mes yeux de s'en emplir, ma femme se hâta de me tuer moi-même... Mais encore un avis ; mets-le bien en ton cœur : cache-toi, ne va pas te montrer au grand jour, quand tu aborderas au pays de tes pères ; aujourd'hui, il n'est rien de sacré pour les femmes. Mais dis-moi maintenant, sans feinte, point par point : savez-vous le pays où peut vivre mon fils ? est-il en Orchomène, à la Pylos des Sables ou, près de Ménélas, dans les plaines de Sparte ? Je sais qu'il n'est pas mort, qu'il est encor sur terre, mon Oreste divin ! »

87. Allusion à Pénélope. Sur Icare, cf. I, 329 et note.

Ὣς ἔφατ'· αὐτὰρ ἐγώ μιν ἀμειβόμενος προσέειπον·
ΟΔΥ. — Ἀτρεΐδη, τί με ταῦτα διείρεαι; οὐδέ τι οἶδα,
ζώει ὅ γ' ἦ τέθνηκε· κακὸν δ' ἀνεμώλια βάζειν.
Νῶι μὲν ὣς ἐπέεσσιν ἀμειβομένω στυγεροῖσιν
ἕσταμεν ἀχνύμενοι, θαλερὸν κατὰ δάκρυ χέοντες·
ἦλθε δ' ἐπὶ ψυχὴ Πηληιάδεω Ἀχιλῆος
καὶ Πατροκλῆος καὶ ἀμύμονος Ἀντιλόχοιο
Αἴαντός θ', ὃς ἄριστος ἔην εἶδός τε δέμας τε
τῶν ἄλλων Δαναῶν μετ' ἀμύμονα Πηλείωνα·
ἔγνω δὲ ψυχή με ποδώκεος Αἰακίδαο
καί μ' ὀλοφυρομένη ἔπεα πτερόεντα προσηύδα·
ΑΧΙ. — Σχέτλιε, τίπτ' ἔτι μεῖζον ἐνὶ φρεσὶ μήσεαι ἔργον;
πῶς ἔτλης Ἄιδος δὲ κατελθέμεν, ἔνθά τε νεκροὶ
ἀφραδέες ναίουσι, βροτῶν εἴδωλα καμόντων;
Ὣς ἔφατ'· αὐτὰρ ἐγώ μιν ἀμειβόμενος προσέειπον·
ΟΔΥ. — Ὦ Ἀχιλεῦ, Πηλῆος υἱέ, μέγα φέρτατ' Ἀχαιῶν,
ἦλθον Τειρεσίαο κατὰ χρέος, εἴ τινα βουλὴν
εἴποι, ὅπως Ἰθάκην ἐς παιπαλόεσσαν ἱκοίμην·
οὐ γάρ πω σχεδὸν ἦλθον Ἀχαιίδος, οὐδέ πω ἀμῆς
γῆς ἐπέβην, ἀλλ' αἰὲν ἔχω κακά. σεῖο δ', Ἀχιλλεῦ,
οὔ τις ἀνὴρ προπάροιθε μακάρτερος οὔτ' ἄρ' ὀπίσσω·
πρὶν μὲν γάρ σε ζωὸν ἐτίομεν ἶσα θεοῖσιν
Ἀργεῖοι· νῦν αὖτε μέγα κρατέεις νεκύεσσιν
ἐνθάδ' ἐών· τῶ μή τι θανὼν ἀκαχίζευ, Ἀχιλλεῦ.
Ὣς ἐφάμην· ὁ δέ μ' αὐτίκ' ἀμειβόμενος προσέειπε·
ΑΧΙ. — Μὴ δή μοι θάνατόν γε παραύδα, φαίδιμ' Ὀδυσσεῦ.
βουλοίμην κ' ἐπάρουρος ἐὼν θητευέμεν ἄλλῳ,
ἀνδρὶ παρ' ἀκλήρῳ, ᾧ μὴ βίοτος πολὺς εἴη,
ἢ πᾶσιν νεκύεσσι καταφθιμένοισιν ἀνάσσειν.

vers 473 : διογενὲς Λαερτιάδη, πολυμήχαν' Ὀδυσσεῦ

À ces mots de l'Atride, aussitôt je réponds :

ULYSSE. – « À quoi bon, fils d'Atrée ; m'interroger ainsi ? Je ne sais rien d'Oreste : de sa vie, de sa mort, pourquoi parler à vide ? »

Nous conversions ainsi tristement, face à face, et restions à gémir, versant des flots de larmes. Survint l'ombre d'Achille et celle de Patrocle, suivies de l'éminent Antiloque et d'Ajax, qui fut, après le fils éminent de Pélée[88], le plus beau, le plus grand de tous nos Danaens.

L'ombre d'Achille aux pieds légers me reconnut et, parmi les sanglots, me dit ces mots ailés :

ACHILLE. – « Fils de Laërte, écoute, ô rejeton des dieux, Ulysse aux mille ruses ! tu veux donc, malheureux, surpasser tes exploits ! mais comment osas-tu descendre dans l'Hadès, au séjour des défunts, fantômes insensibles des humains épuisés ? »

Aussitôt, à ces mots d'Achille, je réponds :

ULYSSE. – « Fils de Pélée, Achille, ô toi, le plus vaillant de tous les Achéens, c'est pour Tirésias que tu me vois ici : je voulais qu'il m'apprît le moyen de rentrer à mon rocher d'Ithaque, car ne j'ai pas encor touché en Achaïe ; toujours la proie des maux, non ! je n'ai pas encor mis le pied sur ma terre... Mais, Achille, a-t-on vu ou verra-t-on jamais bonheur égal au tien ? Jadis, quand tu vivais, nous tous, guerriers d'Argos, t'honorions comme un dieu : en ces lieux, aujourd'hui, je te vois, sur les morts, exercer la puissance ; pour toi, même la mort, Achille, est sans tristesse ! »

Je dis, mais aussitôt, il me dit en réponse :

ACHILLE. – « Oh ! ne me farde pas la mort, mon noble Ulysse ! J'aimerais mieux, valet de bœufs, vivre en service chez un pauvre fermier, qui n'aurait pas grand-chère, que régner sur ces morts, sur tout ce peuple éteint !

88. C'est-à-dire Achille. Le mortel Pélée, fils d'Éaque, épousa une divinité marine, Thétis, par la volonté des dieux. Cf. *Il.*, XVIII, 429 sq.

ἀλλ' ἄγε μοι τοῦ παιδὸς ἀγαυοῦ μῦθον ἐνίσπες·
ἤ' ἕπετ' ἐς πόλεμον πρόμος ἔμμεναι, ἦε καὶ οὐκί;
εἰπὲ δέ μοι, Πηλῆος ἀμύμονος εἴ τι πέπυσσαι·
ἤ' ἔτ' ἔχει τιμὴν πολέσιν μετὰ Μυρμιδόνεσσιν;
ἦ μιν ἀτιμάζουσιν ἀν' Ἑλλάδα τε Φθίην τε,
οὕνεκά μιν κατὰ γῆρας ἔχει χεῖράς τε πόδας τε;
εἰ γὰρ ἐγὼν ἐπαρωγὸς ὑπ' αὐγὰς ἠελίοιο,
τοῖος ἐὼν οἷός ποτ' ἐνὶ Τροίῃ εὐρείῃ
πέφνον λαὸν ἄριστον ἀμύνων Ἀργείοισιν,
εἰ τοιόσδ' ἔλθοιμι μίνυνθά περ ἐς πατέρος δῶ,
τῶ κέ τεῳ στύξαιμι μένος καὶ χεῖρας ἀάπτους,
οἳ κεῖνον βιόωνται ἐέργουσίν τ' ἀπὸ τιμῆς.

Ὣς ἔφατ'· αὐτὰρ ἐγώ μιν ἀμειβόμενος προσέειπον·
ΟΔΥ. — Ἤτοι μὲν Πηλῆος ἀμύμονος οὔ τι πέπυσμαι·
αὐτάρ τοι παιδός γε Νεοπτολέμοιο φίλοιο
πᾶσαν ἀληθείην μυθήσομαι, ὥς με κελεύεις·
αὐτὸς γάρ μιν ἐγὼ κοίλης ἐπὶ νηὸς ἐίσης
ἤγαγον ἐκ Σκύρου μετ' ἐυκνήμιδας Ἀχαιούς.
ἤτοι ὅτ' ἀμφὶ πόλιν [Τροίην φραζοίμεθα βουλάς,
αἰεὶ πρῶτος ἔβαζε καὶ οὐχ ἡμάρτανε μύθων·
Νέστωρ δ' ἀντίθεος καὶ ἐγὼ νικάσκομεν οἴω.
αὐτὰρ ὅτ' ἀμφὶ πόλιν] Τροίην μαρναίμεθ' Ἀχαιοί,
οὔ ποτ' ἐνὶ πληθυῖ μένεν ἀνδρῶν οὐδ' ἐν ὁμίλῳ,
ἀλλὰ πολὺ προθέεσκεν, τὸ ὃν μένος οὐδενὶ εἴκων·
πολλοὺς δ' ἄνδρας ἔπεφνεν [ἐν αἰνῇ δηιοτῆτι.
πάντας δ' οὐκ ἂν ἐγὼ μυθήσομαι οὐδ' ὀνομήνω,
ὅσσον λαὸν ἔπεφνεν] ἀμύνων Ἀργείοισιν·
ἀλλ' οἷον τὸν Τηλεφίδην κατενήρατο χαλκῷ,
ἥρω' Εὐρύπυλον· πολλοὶ δ' ἀμφ' αὐτὸν ἑταῖροι

89. C'est-à-dire Néoptolème ; cf. IV, 5 et note.

90. Chez Homère, ce terme désigne souvent le nord de la Grèce, soit la Thessalie, par opposition à la Grèce continentale et particulièrement à l'Argolide.

91. Contrée de Thessalie d'où Achille est originaire.

Mais allons, parle-moi de mon illustre fils[89]: sut-il prendre ma place au front de la bataille ? Et dis-moi : que sais-tu de l'éminent Pélée ? garde-t-il son pouvoir sur tous les Myrmidons ? ou mépriserait-on en Hellade[90] et en Phthie[91] cette vieillesse qui l'enchaîne, bras et jambes ? Pour lui porter secours, ah ! si j'étais là-haut, sous les feux du soleil, tel qu'aux plaines de Troie, rempart des gens d'Argos, on me voyait tuer l'élite des guerriers ! Si tel je revenais au manoir de mon père, ne fût-ce qu'un instant, comme ils craindraient ma force et ces mains inlassables, tous ceux qui, l'outrageant, l'écartent des honneurs ! »

Aussitôt, à ces mots d'Achille, je réponds :

ULYSSE. – « Non ! je n'ai rien appris de l'éminent Pélée. Mais je puis te parler de ton fils : à tes ordres ; voici la vérité sur ton Néoptolème : c'est moi, qui, de Skyros[92], à bord du fin navire, l'amenai dans les rangs des Achéens guêtrés… Siégeait-il aux conseils qu'on tint sous Ilion, il parlait le premier, et tous ses mots portaient ; seuls, le divin Nestor et moi le surpassions. Lorsque les Achéens combattaient sous la ville, jamais il ne restait au plus gros de la foule : il courait de l'avant ; nul n'égalait sa force ; que d'hommes il tua en de terribles chocs ! Je ne puis, nom par nom, te dire tous les braves qu'il abattit en défendant nos Argiens. Mais ce fut sous ses coups que le fils de Télèphe[93], Eurypylos[94],

92. Île de la mer Égée où Néoptolème aurait grandi (cf. *Il.*, XIX, 326-333). L'épisode raconté par Ulysse faisait partie de la *Petite Iliade*.

93. Fils d'Héraclès et d'Augé, Télèphe fut exposé par son grand-père et recueilli par le roi de Mysie qui en fit son héritier. Sur le chemin de Troie, les Grecs s'arrêtèrent en Mysie et livrèrent combat avec la population locale. Télèphe fut blessé par Achille et sa blessure ne pouvait pas guérir. Après avoir consulté l'oracle de Delphes, il se rendit à Aulis où Achille le toucha de sa lance couverte de rouille et, alors, sa plaie se referma.

94. La rencontre entre Néoptolème et le fils de Télèphe aurait été racontée dans la *Petite Iliade*.

Κήτειοι κτείνοντο γυναίων εἵνεκα δώρων.
[κεῖνον δὴ κάλλιστον ἴδον μετὰ Μέμνονα δῖον.]
αὐτὰρ ὅτ' εἰς ἵππον κατεβαίνομεν, ὃν κάμ' Ἐπειός,
Ἀργείων οἱ ἄριστοι, ἐμοὶ δ' ἐπὶ πάντ' ἐτέταλτο,
[ἠμὲν ἀνακλῖναι πυκινὸν λόχον ἠδ' ἐπιθεῖναι,]
ἔνθ' ἄλλοι Δαναῶν ἡγήτορες ἠδὲ μέδοντες
δάκρυά τ' ὠμόργνυντο, τρέμον θ' ὑπὸ γυῖα ἑκάστου·
κεῖνον δ' οὔ ποτε πάμπαν ἐγὼ ἴδον ὀφθαλμοῖσιν
οὔτ' ὠχρήσαντα χρόα κάλλιμον οὔτε παρειῶν
δάκρυ' ὀμορξάμενον· ὁ δέ με μάλα πόλλ' ἱκέτευεν
ἱππόθεν ἐξέμεναι, ξίφεος δ' ἐπεμαίετο κώπην
καὶ δόρυ χαλκοβαρές, κακὰ δὲ Τρώεσσι μενοίνα.
ἀλλ' ὅτε δὴ Πριάμοιο πόλιν διεπέρσαμεν αἰπ⟨ύ⟩ν,
μοῖραν καὶ γέρας ἐσθλὸν ἔχων ἐπὶ νηὸς ἔβαινεν
ἀσκηθής, οὔτ' ἄρ βεβλημένος ὀξέι χαλκῷ,
οὔτ' αὐτοσχεδίην οὐτασμένος, οἷά τε πολλὰ
γίνεται ἐν πολέμῳ· ἐπιμὶξ δέ τε μαίνεται Ἄρης.
Ὣς ἐφάμην· ψυχὴ δὲ ποδώκεος Αἰακίδαο
φοίτα μακρὰ βιβᾶσα κατ' Ἀσφοδελὸν Λειμῶνα,
γηθοσύνη ὅ οἱ υἱὸν ἔφην ἀριδείκετον εἶναι.
Αἱ δ' ἄλλαι ψυχαὶ νεκύων κατατεθνηώτων
ἕστασαν ἀχνύμεναι, εἴροντο δὲ κήδε' ἑκάστη.
οἴη δ' Αἴαντος ψυχὴ Τελαμωνιάδαο
νόσφιν ἀφεστήκει, κεχολωμένη εἵνεκα νίκης,
τήν μιν ἐγὼ νίκησα δικαζόμενος παρὰ νηυσὶ
τεύχεσιν ἀμφ' Ἀχιλῆος· ἔθηκε δὲ πότνια μήτηρ·
[παῖδες δὲ Τρώων δίκασαν καὶ Παλλὰς Ἀθήνη.]
ὡς δὴ μὴ ὄφελον νικᾶν τοιῷδ' ἐπ' ἀέθλῳ·

95. Allusion à une peuplade de Mysie.

96. Fils d'Aurore et de Tithonos, ce héros fut élevé par les Hespérides et régna sur les Éthiopiens. Ses exploits étaient racontés

tomba et, près de ce héros, tant de ces Kétéens[95] qui se faisaient tuer pour des cadeaux de femmes : je n'ai vu de plus beau que le divin Memnon[96]. Et quand on s'embarqua dans le cheval de bois qu'avait fait Épeios ! Tous les chefs étaient là ; c'est moi qui commandais pour ouvrir ou fermer la porte de la trappe. Parmi ces conseillers et doges danaens, ah ! j'en ai vu plus d'un qui, s'essuyant les yeux, tremblait de tous ses membres ! Mais lui, pas un instant, je ne pus voir pâlir son beau teint ni couler sur ses joues une larme. Priant et suppliant qu'on sortît du cheval, tourmentant la poignée de son glaive, agitant sa lourde lance en bronze, il ne pensait, ton fils, qu'au malheur des Troyens. Quand nous eûmes, enfin, saccagé sur sa butte la ville de Priam et qu'avec son butin et sa prime d'honneur, il se remit en mer, il était sans blessure : coups des armes à pointe ou plaies du corps à corps, il avait échappé aux aveugles surprises que la fureur d'Arès sème dans le combat. »

À peine avais-je dit que, sur ses pieds légers, l'ombre de l'Éacide à grands pas s'éloignait : il allait à travers le Pré de l'Asphodèle, tout joyeux de savoir la valeur de son fils !

Mais des autres défunts, qui dorment dans la mort, les ombres tristement restaient à me conter chacune, son souci. Seule, l'ombre d'Ajax, le fils de Télamon, se tenait à l'écart : il me gardait rigueur de ma victoire au tribunal, près des vaisseaux, quand les armes d'Achille, offertes au vainqueur par son auguste mère, me furent adjugées[97]. Les filles des Troyens et Pallas Athéna avaient été nos juges. Ah ! comme j'aurais dû ne pas gagner la joute ! La tombe n'aurait pas aujourd'hui cette

dans l'*Éthiopide* et dans la *Petite Iliade*. Il tua Antiloque, mais périt sous le bronze d'Achille.

97. Cet épisode qui s'achève avec le suicide et les funérailles d'Ajax était raconté dans l'*Éthiopide* et dans la *Petite Iliade*. Pour une reprise magistrale de cet épisode, cf. Sophocle, *Ajax*.

τοίην γὰρ κεφαλὴν ἕνεκ' αὐτῶν γαῖα κατέσχε.
Τὸν μὲν ἐγὼ ἐπέεσσι προσηύδων μειλιχίοισιν·
ΟΔΥ. — Αἶαν, παῖ Τελαμῶνος ἀμύμονος, οὐκ ἄρ' ἔμελλες
οὐδὲ θανὼν λήσεσθαι ἐμοὶ χόλου εἵνεκα τευχέων
οὐλομένων; τὰ δὲ πῆμα θεοὶ θέσαν Ἀργείοισι.
τοῖος γάρ σφιν πύργος ἀπώλεο· σεῖο δ' Ἀχαιοὶ
ἶσον Ἀχιλλῆος κεφαλῇ Πηληιάδαο
ἀχνύμεθα φθιμένοιο διαμπερές· οὐ δέ τις ἄλλος
αἴτιος· ἀλλὰ Ζεὺς Δαναῶν στρατὸν αἰχμητάων
ἐκπάγλως ἤχθηρε, τεῒν δ' ἐπὶ μοῖραν ἔθηκεν.
ἀλλ' ἄγε δεῦρο, ἄναξ, ἵν' ἔπος καὶ μῦθον ἀκούσῃς
ἡμέτερον· δάμασον δὲ μένος καὶ ἀγήνορα θυμόν.
Ὣς ἐφάμην· ὁ δέ μ' οὐδὲν ἀμείβετο, βῆ δὲ μετ' ἄλλας
ψυχὰς εἰς Ἔρεβος νεκύων κατατεθνηώτων.

[Ἔνθά χ' ὅμως προσέφη κεχολωμένος, ἤ κεν ἐγὼ τόν·
ἀλλά μοι ἤθελε θυμὸς ἐνὶ στήθεσσι φίλοισι
τῶν ἄλλων ψυχὰς ἰδέειν κατατεθνηώτων.
Ἔνθ' ἤτοι Μίνωα ἴδον, Διὸς ἀγλαὸν υἱόν,
χρύσεον σκῆπτρον ἔχοντα, θεμιστεύοντα νέκυσσιν,
ἥμενον· οἱ δέ μιν ἀμφὶ δίκας εἴροντο ἄνακτα,
ἥμενοι ἑσταότες τε κατ' εὐρυπυλὲς Ἄιδος δῶ.
Τὸν δὲ μετ' ⟨Ὠα⟩ρίωνα πελώριον εἰσενόησα
θῆρας ὁμοῦ εἰλεῦντα κατ' Ἀσφοδελὸν Λειμῶνα,
τοὺς αὐτὸς κατέπεφνεν ἐν οἰοπόλοισιν ὄρεσσι,
χερσὶν ἔχων ῥόπαλον παγχάλκεον, αἰὲν ἀαγές.
Καὶ Τιτυὸν εἶδον, Γαίης ἐρικυδέος υἱόν,
κείμενον ἐν δαπέδῳ· ὁ δ' ἐπ' ἐννέα κεῖτο πέλεθρα

vers 550 : Αἴανθ', ὃς περὶ μὲν εἶδος, περὶ δ' ἔργα τέτυκτο
551 : τῶν ἄλλων Δαναῶν μετ' ἀμύμονα Πηλείωνα

98. Certes, Zeus apparaît comme une divinité contraire aux Achéens dans l'*Iliade*. Cependant, chez Sophocle, sa folie s'explique en grande partie par la volonté d'Athéna, la protectrice d'Ulysse.

tête, cet Ajax, dont un seul de tous nos Danaens surpassait la beauté et les exploits, le fils éminent de Pélée !

J'essaie, pour l'aborder, des plus douces paroles :

ULYSSE. – « Écoute, Ajax, ô fils du noble Télamon, quoi ! jusque dans la mort, tu me gardes rigueur de ces armes maudites ! C'est pour notre malheur qù'un dieu nous les offrit : quel rempart ont en toi perdu nos Achéens ! autant que sur la tête du Péléide Achille, nous avons sur ta mort, pleuré toutes nos larmes ! Mais quelle en fut la cause, sinon la haine atroce de Zeus contre l'armée des piquiers danaens ? il te jeta le sort [98]... Approche donc, seigneur ; écoute mes paroles : oh ! réponds à ma voix ! apaise la fureur de ton cœur généreux ! »

Je dis ; mais, sans répondre un mot, l'ombre d'Ajax retournait dans l'Érèbe, près des autres défunts qui dorment dans la mort.

Là, malgré sa colère, peut-être eût-il voulu me parler ou m'entendre. Mais c'est d'autres défunts qu'au fond de moi, mon cœur désirait voir les ombres.

Alors je vis Minos[99], le noble fils de Zeus : tenant le sceptre d'or, ce roi siégeait pour rendre aux défunts la justice ; assis autour de lui ou debout, les plaideurs emplissaient la maison d'Hadès aux larges portes.

Après lui, m'apparut le géant Orion[100] qui chassait, à travers le Pré de l'Asphodèle, les fauves qu'autrefois il avait abattus dans les monts solitaires : il avait à la main cette massue de bronze que rien n'a pu briser.

Et je vis Tityos[101], fils de la noble Terre : il gisait sur le sol et couvrait neuf arpents. Un couple de vautours,

99. Fils d'Europe et de Zeus, réputé pour sa vertu et sa justice qui lui auraient valu d'exercer le rôle d'arbitre chez Hadès.

100. Fils de Poséidon, ce chasseur fut aimé d'Aurore et transformé en constellation après sa mort.

101. Ce géant, fils de Zeus, aurait été utilisé par Héra contre Létô. Avec lui s'ouvre le catalogue des « grands criminels » voués aux plus effroyables châtiments dans le monde des morts.

γῦπε δέ μιν ἑκάτερθε παρημένω ἧπαρ ἔκειρον,
δέρτρον ἔσω δύνοντες· ὁ δ' οὐκ ἀπαμύνετο χερσί·
Λητὼ γὰρ ἥλκησε, Διὸς κυδρὴν παράκοιτιν,
Πυθὼ δ' ἐρχομένην διὰ καλλιχόρου Πανοπῆος.
Καὶ μὴν Τάνταλον εἰσεῖδον χαλέπ' ἄλγε' ἔχοντα
ἑσταότ' ἐν λίμνῃ· ἡ δὲ προσέπλαζε γενείῳ.
στεῦτο δὲ διψάων πιέειν, οὐ⟨δ'⟩ εἶχεν ἑλέσθαι·
ὁσσάκι γὰρ κύψει' ὁ γέρων, πιέειν μενεαίνων,
τοσσάχ' ὕδωρ ἀπολέσκετ' ἀναβροχέν· ἀμφὶ δὲ ποσσὶ
γαῖα μέλαινα φάνεσκε· καταζήνασκε δὲ δαίμων.
δένδρεα δ' ὑψιπέτηλα κατὰ κρῆθεν χέε καρπόν,
ὄγχναι καὶ ῥοιαὶ καὶ μηλέαι ἀγλαόκαρποι·
τῶν ὁπότ' ἰθύσει' ὁ γέρων ἐπὶ χερσὶ μάσασθαι,
τὰς δ' ἄνεμος ῥίπτασκε ποτὶ νέφεα σκιόεντα.
Καὶ μὴν Σίσυφον εἰσεῖδον κρατέρ' ἄλγε' ἔχοντα,
λᾶαν βαστάζοντα πελώριον ἀμφοτέρῃσιν.
ἤτοι ὁ μὲν σκηριπτόμενος χερσίν τε ποσίν τε
λᾶαν ἄνω ὤθεσκε ποτὶ λόφον· ἀλλ' ὅτε μέλλοι
ἄκρον ὑπερβαλέειν, τότ' ἀποστρέψασκε κραταιίς·
αὖτις ἔπειτα πέδον δὲ κυλίνδετο λᾶας ἀναιδής·
αὐτὰρ ὅ γ' ἂψ ὤσασκε τιταινόμενος· κατὰ δ' ἱδρὼς
ἔρρεεν ἐκ μελέων· κονίη δ' ἐκ κρατὸς ὀρώρει.
Τὸν δὲ μετ' εἰσενόησα βίην Ἡρακληείην,
εἴδωλον· αὐτὸς δὲ μετ' ἀθανάτοισι θεοῖσι
τέρπεται ἐν θαλίῃς καὶ ἔχει καλλίσφυρον Ἥβην,
παῖδα Διὸς μεγάλοιο καὶ Ἥρης χρυσοπεδίλου.

vers 590 : συκέαι τε γλυκεραὶ καὶ ἐλαῖαι τηλεθόωσαι

102. En Phocide, siège du sanctuaire oraculaire d'Apollon.

103. Ville de Phocide, au nord du golfe de Corinthe (cf. *Il.*, II, 520).

posés à ses deux flancs, lui déchirait le foie et fouillait ses entrailles, et ses mains ne pouvaient les écarter de lui : il avait assailli la compagne de Zeus, cette auguste Léto, qui s'en allait à Delphes[102], à travers Panopée[103] et sa riante plaine.

Je vis aussi Tantale[104] en proie à ses tourments. Il était dans un lac, debout, et l'eau montait lui toucher le menton ; mais, toujours assoiffé, il ne pouvait rien boire ; chaque fois que, penché, le vieillard espérait déjà prendre de l'eau, il voyait disparaître en un gouffre le lac et paraître à ses pieds le sol de noir limon, desséché par un dieu. Des arbres à panache, au-dessus de sa tête, poiriers et grenadiers et pommiers aux fruits d'or, laissaient pendre leurs fruits, et puissants oliviers et figuiers domestiques ; à peine le vieillard faisait-il un effort pour y porter la main : le vent les emportait jusqu'aux sombres nuées.

Je vis aussi Sisyphe[105], en proie à ses tourments : ses deux bras soutenaient la pierre gigantesque, et, des pieds et des mains, vers le sommet du tertre, il la voulait pousser ; mais à peine allait-il en atteindre la crête, qu'une force soudain la faisant retomber, elle roulait au bas, la pierre sans vergogne ; mais lui, muscles tendus, la poussait derechef ; tout son corps ruisselait de sueur, et son front se nimbait de poussière.

Puis ce fut Héraclès que je vis en sa force : ce n'était que son ombre ; parmi les Immortels, il séjourne en personne dans la joie des festins ; du grand Zeus et d'Héra aux sandales dorées, il a la fille, Hébé aux chevilles bien prises[106]. Autour de lui, parmi le tumulte et

104. Roi de Phrygie, père de Pélops. Le poète de l'*Odyssée* n'évoque pas son crime qui, selon certains, comprenait le vol (du nectar et de l'ambroisie), le parjure, la révélation des secrets divins.

105. Le plus rusé des hommes est le fils d'Éole. Il est le fondateur de Corinthe.

106. En grec, *hebê* est la « jeunesse ».

ἀμφὶ δέ μιν κλαγγὴ νεκύων ἦν οἰωνῶν ὥς,
πάντοσ' ἀτυζομένων· ὁ δ' ἐρεμνῇ νυκτὶ ἐοικώς,
γυμνὸν τόξον ἔχων καὶ ἐπὶ νευρῆφιν ὀιστόν,
δεινὸν παπταίνων, αἰεὶ βαλέοντι ἐοικώς.
σμερδαλέος δέ οἱ ἀμφὶ περὶ στήθεσσιν ἀορτὴρ
χρύσεος ἦν τελαμών, ἵνα θέσκελα ἔργα τέτυκτο,
ἄρκτοι τ' ἀγρότεροί τε σύες χαροποί τε λέοντες,
ὑσμῖναί τε μάχαι τε φόνοι τ' ἀνδροκτασίαι τε.
μὴ τεχνησάμενος μηδ' ἄλλό τι τεχνήσαιτο,
ὃς κεῖνον τελαμῶνα ἑῇ ἐγκάτθετο τέχνῃ.
"Εγνω δ' αἶψ' ἐμὲ κεῖνος, ἐπεὶ ἴδεν ὀφθαλμοῖσι,
καί μ' ὀλοφυρόμενος ἔπεα πτερόεντα προσηύδα· 616
HPA. — "Α δειλ', ἦ τινα καὶ σὺ κακὸν μόρον ἡγηλάζεις, 618
ὅν περ ἐγὼν ὀχέεσκον ὑπ' αὐγὰς ἠελίοιο ;
Ζηνὸς μὲν πάϊς ἦα Κρονίονος, αὐτὰρ ὀιζὺν
εἶχον ἀπειρεσίην· μάλα γάρ πολὺ χείρονι φωτὶ
δεδμήμην· ὁ δέ μοι χαλεποὺς ἐπετέλλετ' ἀέθλους.
καί ποτέ μ' ἐνθάδ' ἔπεμψε κύν' ἄξοντ'· οὐ γάρ ἔτ' ἄλλον
φράζετο τοῦδέ γέ μοι κρατερώτερον εἶναι ἄεθλον.
τὸν μὲν ἐγὼν ἀνένεικα καὶ ἤγαγον ἐξ 'Αίδαο·
'Ερμείας δέ μ' ἔπεμπεν ἰδὲ γλαυκῶπις 'Αθήνη.]

"Ως εἰπὼν ὁ μὲν αὖτις ἔβη δόμον "Αιδος εἴσω.]

("Ως εἰποῦσ' ἥ γ' αὖτις ἔβη δόμον "Αιδος εἴσω.)
αὐτὰρ ἐγὼν αὐτοῦ μένον ἔμπεδον, εἴ τις (ἐπέ)λθοι
ἀνδρῶν ἡρώων, οἳ δὴ τὸ πρόσθεν ὄλοντο·
[καί νύ κ' ἔτι προτέρους ἴδον ἀνέρας, οὓς ἔθελόν περ,
Θησέα Πειρίθοόν τε, θεῶν ἐρικυδέα τέκνα·]
ἀλλὰ πρὶν ἐπὶ ἔθνε' ἀγείρετο μυρία νεκρῶν
ἠχῇ θεσπεσίῃ· ἐμὲ δὲ χλωρὸν δέος ᾕρει

vers 617 : διογενὲς Λαερτιάδη, πολυμήχαν' 'Οδυσσεῦ

107. C'est-à-dire Eurysthée, fils de Nicipée (fille de Pélops) et de Sthénelos, un descendant de Persée. Il était le roi de Tirynthe, Mycènes et Midée en Argolide.

les cris, les morts prenaient la fuite ; on eût dit des oiseaux. Pareil à la nuit sombre, il avait dégainé son arc et mis déjà la flèche sur la corde ; d'un regard effrayant, cet archer toujours prêt semblait chercher le but ; sa poitrine portait le baudrier terrible et le ceinturon d'or, où l'on voyait gravés, merveille des chefs-d'œuvre, des ours, des sangliers, des lions aux yeux clairs, des mêlées, des combats, des meurtres, des tueries : l'artiste, qui mit là tout son art, essaierait vainement de refaire un pareil baudrier.

Héraclès, du premier regard, me reconnut et, parmi les sanglots, me dit ces mots ailés :

HÉRACLÈS. – « Fils de Laërte, écoute, ô rejeton des dieux, Ulysse aux mille ruses : pauvre ami, traînes-tu cette vie misérable, que j'ai traînée là-haut, sous les feux du soleil ? Fils de Zeus, petit-fils de Cronos, j'endurais des misères sans bornes, asservi sous le joug du pire des humains[107] ; quels pénibles travaux il m'avait imposés ! Ici, pour enlever le chien, il m'envoya ; c'était, dans sa pensée, le risque sans pareil... Je pris et j'emmenai le chien hors de l'Hadès ; pour guides, j'avais eu Hermès et la déesse aux yeux pers, Athéna ! »

À ces mots, il rentra aux maisons de l'Hadès.

Et ma mère rentra aux maisons de l'Hadès et moi, je restais là, attendant la venue de quelqu'un des héros, qui sont morts avant nous. J'aurais bien voulu voir les héros des vieux âges[108], Thésée[109], Pirithoos, nobles enfants des dieux. Mais avant eux, voici qu'avec des cris d'enfer, s'assemblaient les tribus innombrables des morts. Je me sentis verdir de crainte à la pensée que, du fond de

108. C'est-à-dire ceux dont les exploits précèdent la guerre de Troie, comme Thésée.

109. Comme Héraclès, Thésée se serait rendu chez Hadès avec son meilleur ami, Pirithoos (cf. *Il.*, I, 265).

μή μοι Γοργείην κεφαλὴν δεινοῖο πελώρου
ἐξ Ἀΐδεω πέμψειεν ἀγαυὴ Περσεφόνεια.
αὐτίκ' ἔπειτ' ἐπὶ νῆα κιὼν ἐκέλευον ἑταίρους
αὐτούς τ' ἀμβαίνειν ἀνά τε πρυμνήσια λῦσαι·
οἱ δ' αἶψ' εἴσβαινον καὶ ἐπὶ κληῖσι κάθιζον.
τὴν δὲ κατ' Ὠκεανὸν ποταμὸν φέρε κῦμα ῥόοιο,
πρῶτα μὲν εἰρεσίῃ, μετέπειτα δὲ κάλλιμος οὖρος.

l'Hadès, la noble Perséphone pourrait nous envoyer la tête de Gorgo[110], de ce monstre terrible... Sans tarder, je retourne au vaisseau ; je m'embarque et commande à mes gens d'embarquer à leur tour, puis de larguer l'amarre. Mes gens sautent à bord et vont s'asseoir aux bancs et, descendant le cours du fleuve Okéanos, notre vaisseau s'éloigne, à la rame d'abord, puis au gré de la brise.

110. Monstre féminin, la Gorgone a un visage de mort. Son regard a le don de pétrifier qui le croise. Cf. Vernant, 1986, 31 sq. ; 1989, 117-129, et Pellizer, 1987, 45-60.

Αὐτὰρ ἐπεὶ ποταμοῖο λίπεν ῥόον Ὠκεανοῖο 1
νηῦς, ἀπὸ δ' ἵκετο κῦμα θαλάσσης εὐρυπόροιο
νῆσόν τ' Αἰαίην, ὅθι τ' Ἠοῦς ἠριγενείης
οἰκία καὶ χοροί εἰσι καὶ ἀντολαὶ Ἠελίοιο,
νῆα μὲν ἔνθ' ἐλθόντες ἐκέλσαμεν ἐν ψαμάθοισιν· 5
ἔνθα δ' ἀποβρίξαντες ἐμείναμεν Ἠῶ δῖαν. 7

ΤΑ ΠΕΡΙ ΣΕΙΡΗΝΑΣ ΚΑΙ ΣΚΥΛΛΑΝ ΚΑΙ ΧΑΡΥΒΔΙΝ

Ἦμος δ' ἠριγένεια φάνη ῥοδοδάκτυλος Ἠώς, 8
δὴ τότ' ἐγὼν ἑτάρους προΐειν ἐς δώματα Κίρκης
[οἰσέμεναι νεκρὸν Ἐλπήνορα τεθνηῶτα. 10
φιτροὺς δ' αἶψα ταμόντες, ὅθ' ἀκροτάτη πρόεχ' ἀκτή,
θάπτομεν ἀχνύμενοι, θαλερὸν κατὰ δάκρυ χέοντες.
αὐτὰρ ἐπεὶ νεκρός τ' ἐκάη καὶ τεύχεα νεκροῦ,
τύμβον χεύαντες καὶ ἐπὶ στήλην ἐρύσαντες
πήξαμεν ἀκροτάτῳ τύμβῳ εὐῆρες ἐρετμόν. 15
ἡμεῖς μὲν τὰ ἕκαστα διείπομεν· οὐδ' ἄρα Κίρκην
ἐξ Ἀΐδεω ἐλθόντες ἐλήθομεν, ἀλλὰ μάλ' ὦκα...] 17
⟨ἀγγελίην ἐρέειν ὡς ἤλθομεν· ἡ δὲ μάλ' ὦκα⟩ 17
ἦλθ' ἐντυναμένη· ἅμα δ' ἀμφίπολοι φέρον αὐτῇ
σῖτον καὶ κρέα πολλὰ καὶ αἴθοπα οἶνον ἐρυθρόν.
Ἡ δ' ἐν μέσσῳ στᾶσα μετηύδα δῖα θεάων· 20

vers 6 : ἐκ δὲ καὶ αὐτοὶ βῆμεν ἐπὶ ῥηγμῖνι θαλάσσης

(CHANT XII.) Quand nous avons quitté le cours de l'Océan, nous voguons sur la mer, et le flot du grand large nous porte en Aiaié[1], vers ces bords où, sortant de son berceau de brume, l'Aurore a sa maison avec ses chœurs et le Soleil a son lever. On aborde ; on échoue le vaisseau sur les sables, on prend pied sur la grève et nous nous endormons jusqu'à l'aube divine.

LES SIRÈNES
CHARYBDE ET SKYLLA

De son berceau de brume, aussitôt que sortit l'Aurore aux doigts de roses, j'envoyai de mes gens aux manoir de Circé <pour donner la nouvelle que nous étions au port>, pour rapporter le corps de défunt Elpénor[2], tandis que, sans tarder, nous jetions bas des arbres. Tristement, au plus haut du cap, nous le brûlons, pleurant à chaude larmes. Quand la flamme a détruit son cadavre et ses armes, nous lui dressons un tertre, y plantons une stèle et nous fichons au haut sa rame bien polie. Nous venions d'achever quand arriva Circé, qui nous savait déjà revenus de l'Hadès.

Elle accourut, parée ; ses femmes la suivaient, nous apportant du pain, des viandes à foison, du vin aux sombres feux.

Debout en notre cercle, elle parlait ainsi, cette toute divine :

1. Sur l'île de Circé, cf. X, 135 et note.

2. Ulysse se prépare à rendre les honneurs funèbres à Elpénor en suivant à la lettre les souhaits de son compagnon, cf. XI, 51 sq.

ΚΙΡ. — Σχέτλιοι, οἳ ζώοντες ὑπήλθετε δῶμ' Ἀίδαο,
δισθανέες, ὅτε τ' ἄλλοι ἅπαξ θνῄσκουσ' ἄνθρωποι.
ἀλλ' ἄγετ' ἐσθίετε βρώμην καὶ πίνετε οἶνον
αὖθι πανημέριοι· ἅμα δ' ἠοῖ φαινομένηφι
πλεύσεσθ'· αὐτὰρ ἐγὼ δείξω ὁδὸν ἠδὲ ἕκαστα
σημανέω, ἵνα μή τι κακορραφίῃ ἀλεγεινῇ
ἢ ἁλὸς ἢ' ἐπὶ γῆς ἀλγήσετε πῆμα παθόντες.
Ὣς ἔφαθ'· ἡμῖν δ' αὖτ' ἐπεπείθετο θυμὸς ἀγήνωρ·
ὣς τότε μὲν πρόπαν ἦμαρ ἐς ἠέλιον καταδύντα
ἥμεθα δαινύμενοι κρέα τ' ἄσπετα καὶ μέθυ ἡδύ·
ἦμος δ' ἠέλιος κατέδυ καὶ ἐπὶ κνέφας ἦλθεν,
οἱ μὲν κοιμήσαντο παρὰ πρυμνήσια νηός.
ἡ δ' ἐμὲ χειρὸς ἑλοῦσα φίλων ἀπὸ νόσφιν ἑταίρων
εἷσέ τε καὶ προσέλεκτο καὶ ἐξερέεινε ἕκαστα·
αὐτὰρ ἐγὼ τῇ πάντα κατὰ μοῖραν κατέλεξα.
Καὶ τότε δή μ' ἐπέεσσι προσηύδα πότνια Κίρκη·
ΚΙΡ. — Ταῦτα μὲν οὕτω πάντα πεπείρανται· σὺ δ' ἄκουσον,
ὥς τοι ἐγὼ ἐρέω· μνήσει δέ σε καὶ θεὸς αὐτ⟨ι⟩ς.
Σειρῆνας μὲν πρῶτον ἀφίξεαι, αἵ ῥά τε πάντας
ἀνθρώπους θέλγουσιν, ὅτίς σφεας εἰσαφίκηται.
ὅς τις ἀιδρείῃ πελάσῃ καὶ φθόγγον ἀκούσῃ
Σειρήνων, τῷ δ' οὔ τι γυνὴ καὶ νήπια τέκνα
οἴκαδε νοστήσαντι παρίστα⟨ντ'⟩ οὐδὲ γάνυνται·
ἀλλά ⟨ἑ⟩ Σειρῆνες λιγυρῇ θέλγουσιν ἀοιδῇ,
ἥμεναι ἐν λειμῶνι· πολὺς δ' ἀμφ' ὀστεόφιν θὶς
ἀνδρῶν πυθομένων· περὶ δὲ ῥινοὶ μινύθουσιν.
ἀλλὰ παρὲξ ἐλάαν, ἐπὶ δ' οὖατ' ἀλεῖψαι ἑταίρων
κηρὸν δεψήσας μελιηδέα, μή τις ἀκούσῃ
τῶν ἄλλων. ἀτὰρ αὐτὸς ἀκουέμεν αἴ κ' ἐθέλῃσθα,
δησάντων σ' ἐν νηὶ θοῇ χεῖράς τε πόδας τε

CIRCÉ. – « Pauvres gens ! vous avez pénétré dans l'Hadès ! et vous vivez encore ! La mort, qui ne saisit qu'une fois les humains, vous la verrez deux fois ! Mais prenez de ces mets et buvez de ce vin ; restez là tout le jour ; demain, vous voguerez, dès la pointe de l'aube ; je vous dirai la route, en ne vous cachant rien, pour écarter de vous tout funeste artifice qui, sur terre ou sur mer, vous vaudrait des souffrances. »

Elle disait : nos cœurs s'empressent d'obéir. Aussi, tout un grand jour, jusqu'au soleil couchant, nous restons au festin : on avait du bon vin, des viandes à foison ! Au coucher du soleil, quand vient le crépuscule, les autres vont dormir au long de nos amarres ; mais, me prenant par la main, Circé me fait asseoir à l'écart de mes gens et, pour m'interroger sur tout notre voyage, s'allonge auprès de moi ; je luis fais un récit complet, de point en point.

Elle me dit alors, cette auguste Circé :

CIRCÉ. – « Vous voilà donc au bout de ce premier voyage ! écoute maintenant ce que je vais te dire, et qu'un dieu quelque jour t'en fasse souvenir !

Il vous faudra d'abord passer près des Sirènes[3]. Elles charment tous les mortels qui les approchent. Mais bien fou qui relâche pour entendre leurs chants ! Jamais en son logis, sa femme et ses enfants ne fêtent son retour : car, de leurs fraîches voix, les Sirènes le charment, et le pré, leur séjour, est bordé d'un rivage tout blanchi d'ossements et de débris humains, dont les chairs se corrompent… Passe sans t'arrêter ! Mais pétris de la cire à la douceur de miel et, de tes compagnons, bouche les deux oreilles : que pas un d'eux n'entende ; toi seul, dans le croiseur, écoute, si tu veux ! mais, pieds et mains liés,

3. Dans la poésie homérique, ces êtres, mi-femme, mi-oiseau, dévoreuses d'hommes, sont deux (chez Hésiode, cf. fr. 27 M.-W., elles sont trois). Sur ces personnages, cf. Heubeck, *ad v.* 54 ; Gresseth, 1970, 203-218 ; pour l'étymologie de leur nom, voir Germain, 1954, 387-388, et Pucci, 1998, p. 8.

ὀρθὸν ἐν ἱστοπέδῃ· ἐκ δ' αὐτοῦ πείρατ' ἀνήφθω,
ὄφρά κε τερπόμενος ὄπ' ἀκούσῃς Σειρήνοιιν.
εἰ δέ κε λίσσηαι ἑτάρους λῦσαί τε κελεύῃς,
οἱ δέ σ' ἔ⟨τ⟩ι πλεόνεσσι τότ' ἐν δεσμοῖσι διδέντων.
αὐτὰρ ἐπὴν δὴ τάς γε παρὲξ ἐλάσωσιν ἑταῖροι,
ἔνθά τοι οὐκέτ' ἔπειτα διηνεκέως ἀγορεύσω,
ὁπποτέρη δή τοι ὁδὸς ἔσσεται· ἀλλὰ καὶ αὐτὸς
θυμῷ βουλεύειν· ἐρέω δέ τοι ἀμφοτέρωθεν.
ἔνθεν μὲν γὰρ Πέτραι Ἐπηρεφέες· προτὶ δ' αὐτὰς
κῦμα μέγα ῥοχθεῖ κυανώπιδος Ἀμφιτρίτης·
Πλαγκτὰς δή τοι τάς γε θεοὶ μάκαρες καλέουσι.
τῇ μέν τ' οὐ ⟨πετεην⟩ὰ παρέρχεται, οὐδὲ πέλειαι
τρήρωνες, ταί τ' ἀμβροσίην Διὶ πατρὶ φέρουσιν·
ἀλλά τε καὶ τῶν αἰὲν ἀφαιρεῖται λὶς πέτρη·
ἀλλ' ἄλλην ἐνίησι Πατὴρ ἐναρίθμιον εἶναι.
τῇ δ' οὔ πώ τις νηῦς φύγεν ἀνδρῶν, ἥ τις ἵκηται·
ἀλλά θ' ὁμοῦ πίνακάς τε νεῶν καὶ σώματα φωτῶν
κύμαθ' ἁλὸς φορέουσι πυρός τ' ὀλοοῖο θύελλαι
οἴη δὴ κείνη γε παρέπλω ποντοπόρος νηῦς
Ἀργὼ πασιμέλουσα, παρ' Αἰήταο πλέουσα·
καί νύ κε τὴν ⟨κῦμ'⟩ ὦκα βάλεν μεγάλας ποτὶ Πέτρας·
ἀλλ' Ἥρη παρέπεμψεν, ἐπεὶ φίλος ἦεν Ἰήσων.
οἱ δὲ δύω Σκόπελοι. ὁ μὲν οὐρανὸν εὐρὺν ἱκάνει
ὀξείῃ κορυφῇ· νεφέλη δέ μιν ἀμφιβέβηκε
κυανέη· τὸ μὲν οὔ ποτ' ἐρωεῖ· οὐδέ ποτ' αἴθρη

4. Circé fait allusion aux deux chemins qu'Ulysse pourra emprunter, tous les deux difficiles. D'un côté les Planctes, à l'ouest de Trapani, de l'autre, à l'est, par Messine, où séjournent Scylla et Charybde. Sur les Planctes, cf. Clay, 1972, 127-131.

5. C'est-à-dire la mer. Cf. IV, 91 et note ; voir aussi V, 422.

6. Sur l'ambroisie, cf. V, 199 et note.

7. Allusion à la nef que les Argonautes, sous la direction de Jason, utilisèrent pour se rendre chez Aiétès, le frère de Circé, à la recherche de la Toison d'or.

debout sur l'emplanture, fais-toi fixer au mât pour goûter le plaisir d'entendre la chanson, et, si tu les priais, si tu leur commandais de desserrer les nœuds, que tes gens aussitôt donnent un tour de plus ! Quand tes rameurs auront dépassé les Sirènes – je ne t'assigne pas d'ici tout le parcours ; à toi, de décider –, deux routes s'offriront ; les voici toutes deux.

On trouve, d'un côté, les Pierres du Pinacle[4], où rugit le grand flot azuré d'Amphitrite[5] : chez les dieux fortunés, on les appelle Planktes.

La première ne s'est jamais laissé frôler des oiseaux, même pas des timides colombes, qui vont à Zeus le père apporter l'ambroisie[6] ; mais le chauve rocher, chaque fois, en prend une que Zeus doit remplacer pour rétablir le nombre. La seconde ne s'est jamais laissé doubler par un vaisseau des hommes ; mais, planches du navire et corps des matelots, tout est pris par la vague et par des tourbillons de feu dévastateur. Un seul des grands vaisseaux de mer put échapper : ce fut Argo[7], rentrant du pays d'Aiétès, cet Argo que, partout, vont chantant les aèdes ; le flot l'avait jeté contre ces grandes Pierres[8] ; mais Héra, pour l'amour de Jason[9], le sauva.

L'autre route vous mène entre les Deux Écueils[10]. L'un, dans les champs du ciel, pointe une cime aiguë, que couronne en tout temps une sombre nuée, et rien ne l'en délivre ; ni l'été ni l'automne, il ne plonge en l'azur ;

8. En allant vers la Colchide, les Argonautes ont dû traverser les Symplégades, ou roches qui s'entrechoquent, situées au nord du Bosphore. À leur retour, il leur fallut affronter les roches errantes ou Planctes ; cf. Ballabriga, 1998, 154-163.

9. Roi légitime de Iolcos, en Thessalie, parti à la recherche de la Toison d'or.

10. La route à l'est mène aux deux promontoires : Scylla et Charybde.

κείνου ἔχει κορυφήν, οὔτ' ἐν θέρει οὔτ' ἐν ὀπώρῃ·
οὐδέ κεν ἀμβαίη βροτὸς ἀνὴρ οὐδ' ἐπιβαίη,
[οὐδ' εἴ οἱ χεῖρές τε ἐείκοσι καὶ πόδες εἶεν·]
πέτρη γὰρ λίς ἐστι, περιξέστῃ ἐικυῖα.
μέσσῳ δ' ἐν Σκοπέλῳ ἐστὶ σπέος ἠεροειδές,
πρὸς ζόφον εἰς Ἔρεβος τετραμμένον, ᾗ περ ἂν ὑμεῖς
νῆα παρὰ γλαφυρὴν ἰθύνετε, φαίδιμ' Ὀδυσσεῦ.
οὐδέ κεν ἐκ νηὸς γλαφυρῆς αἰζήιος ἀνὴρ
τόξῳ ὀιστεύσας κοῖλον σπέος εἰσαφίκοιτο.
ἔνθα δ' ἐνὶ Σκύλλη ναίει δεινὸν λελακυῖα·
τῆς ἤτοι [φωνὴ μὲν ὅση σκύλακος νεογιλῆς
γίνεται· αὐτὴ δ' αὖτε πέλωρ κακόν· οὐδέ κέ τίς μιν
γηθήσειε ἰδών, οὐδ' εἰ θεὸς ἀντιάσειε.
τῆς ἤτοι] πόδες εἰσὶ δυώδεκα πάντες ἄωροι·
ἓξ δέ τέ οἱ δειραὶ περιμήκεες· ἐν δὲ ἑκάστῃ
σμερδαλέη κεφαλή· ἐν δὲ τρίστοιχοι ὀδόντες,
πυκνοὶ καὶ θαμέες, πλεῖοι μέλανος θανάτοιο.
μέσση μέν τε κατὰ σπείους κοίλοιο δέδυκεν,
ἔξω δ' ἐξίσχει κεφαλὰς δεινοῖο βερέθρου,
αὐτοῦ δ' ἰχθυάᾳ, σκόπελον περιμαιμώωσα,
δελφῖνάς τε κύνας τε, καὶ εἴ ποθι μεῖζον ἕλῃσι
κῆτος, ἃ μυρία βόσκει ἀγάστονος Ἀμφιτρίτη.
τῇ δ' οὔ πώ ποτε ναῦται ἀκήριοι εὐχετόωνται
παρφυγέειν σὺν νηΐ· φέρει δέ τε κρατὶ ἑκάστῳ
φῶτ' ἐξαρπάξασα νεὸς κυανοπρῴροιο.
τὸν δ' ἕτερον Σκόπελον χθαμαλώτερον ὄψει, Ὀδυσσεῦ· 101
τῷ δ' ἐ⟨π'⟩ ἐρινεός ἐστι μέγας, φύλλοισι τεθηλώς· 103
τῷ δ' ὑπὸ δῖα Χάρυβδις ἀναρροιβδεῖ μέλαν ὕδωρ.

vers 102 : πλησίον ἀλλήλων· καί κεν διοϊστεύσειας

aucun homme mortel, quand bien même il aurait vingt jambes et vingt bras, ne saurait ni monter ni se tenir là-haut ; la roche en est trop lisse ; on la croirait polie. À mi-hauteur, se creuse une sombre caverne, qui s'ouvre, du côté du noroît, vers l'Érèbe[11]: du fond de ton vaisseau, c'est sur elle qu'il faut gouverner, noble Ulysse ! Mais, du fond du vaisseau, le plus habile archer ne saurait envoyer sa flèche en cette cave, où Skylla[12], la terrible aboyeuse, a son gîte : sa voix est d'une chienne, encor toute petite ; mais c'est un monstre affreux, dont la vue est sans charme et, même pour un dieu, la rencontre sans joie. Ses pieds, – elle en a douze, – ne sont que des moignons ; mais sur six cous géants, six têtes effroyables ont, chacune en sa gueule, trois rangs de dents serrées, imbriquées, toutes pleines des ombres de la mort. Enfoncée à mi-corps dans le creux de la roche, elle darde ses cous hors de l'antre terrible et pêche de là-haut, tout autour de l'écueil que fouille son regard, les dauphins et les chiens de mer et, quelquefois, l'un de ces plus grands monstres que nourrit par milliers la hurlante Amphitrite. Jamais homme de mer ne s'est encor vanté d'avoir fait passer là sans dommage un navire : jusqu'au fond des bateaux à la proue azurée, chaque gueule du monstre vient enlever un homme.

L'autre Écueil, tu verras, Ulysse, est bien plus bas ; ils sont tout près ; ta flèche irait de l'un à l'autre. Il porte un grand figuier en pleine frondaison ; c'est là-dessous qu'on voit la divine Charybde[13] engloutir l'onde noire :

11. Divinité primitive née du Chaos ; cf. Hés., *Th.*, 123-125 ; pour le lieu souterrain et ténébreux, cf. X, 528 ; XI, 37, 568 ; XX, 356, et Hés., *Th.*, 515 et 669.

12. Monstre marin qui séjournait sur le détroit (*steinôpon*, v. 234) de Messine.

13. Fille de Gaia et de Poséidon, Charybde faisait face à Scylla. Selon V. Bérard, cf. commentaires *ad loc.*, les noms de ces monstres viendraient du phénicien : Scylla signifierait simplement « roche » et Charybde, « trou de mort ».

τρὶς μὲν γάρ τ' ἀνίησιν ἐπ' ἤματι, τρὶς δ' ἀναροιβδεῖ
δεινόν· μὴ σύ γε κεῖθι τύχοις ὅτε ῥοιβδήσειεν·
οὐ γάρ κεν ῥύσαιτό σ' ὑπὲκ κακοῦ οὐδ' Ἐνοσίχθων.
ἀλλὰ μάλα Σκύλλης Σκοπέλῳ πεπλημένος ὦκα
νῆα παρὲξ ἐλάαν, ἐπεὶ ἦ πολὺ φέρτερόν ἐστι
ἓξ ἑτάρους ἐν νηὶ ποθήμεναι ἢ ἅμα πάντας.
Ὣς ἔφατ'· αὐτὰρ ἐγώ μιν ἀμειβόμενος προσέειπον·
ΟΔΥ. — Εἰ δ' ἄγε δή μοι τοῦτο, θεά, νημερτὲς ἐνίσπες,
εἴ πως τὴν ὀλοὴν μὲν ὑπεκπροφύγοιμι Χάρυβδιν,
τὴν δέ κ' ἀμυναίμην, ὅτε μοι σίνοιτό γ' ἑταίρους.
Ὣς ἐφάμην· ἡ δ' αὐτίκ' ἀμείβετο δῖα θεάων·
ΚΙΡ. — Σχέτλιε, καὶ δ' αὖ τοι πολεμήια ἔργα μέμηλε
καὶ πόνος· οὐδὲ θεοῖσιν ὑπείξεαι ἀθανάτοισιν;
ἡ δέ τοι οὐ θνητή, ἀλλ' ἀθάνατον κακόν ἐστι,
δεινόν τ' ἀργαλέον τε καὶ ἄγριον οὐδὲ μαχητόν·
οὐδέ τις ἔστ' ἀλκή· φυγέειν κάρτιστον ἀπ' αὐτῆς.
ἢν γὰρ δηθύνησθα κορυσσόμενος παρὰ πέτρῃ,
δείδω μή σ' ἐξαῦτις ἐφορμηθεῖσα κίχῃσι
τόσσῃσιν κεφαλῇσι, τόσους δ' ἐκ φῶτας ἕληται.
[ἀλλὰ μάλα σφοδρῶς ἐλάαν, βωστρεῖν δὲ Κράταιιν,
μητέρα τῆς Σκύλλης, ἥ μιν τέκε πῆμα βροτοῖσιν·
ἥ μιν ἔπειτ' ἀποπαύσει ἐς ὕστερον ὁρμηθῆναι.]
Θρινακίην δ' ἐς νῆσον ἀφίξεαι· ἔνθα δὲ πολλαὶ
βόσκοντ' Ἠελίοιο βόες καὶ ἴφια μῆλα,
[ἑπτὰ βοῶν ἀγέλαι, τόσα δ' οἰῶν πώεα καλά,
πεντήκοντα δ' ἕκαστα· γόνος δ' οὐ γίνεται αὐτῶν·
οὐδέ ποτε φθινύθουσι· θεαὶ δ' ἐπιποιμένες εἰσί,
νύμφαι ἐυπλόκαμοι, Φαέθουσά τε Λαμπετίη τε,

14. Sur cette île, cf. XI, 107 et note. Voir aussi Scodel, 1994, 530-534.

elle vomit trois fois chaque jour, et trois fois, ô terreur ! elle engouffre. Ne va pas être là pendant qu'elle engloutit, car l'Ébranleur du sol lui-même ne saurait te tirer du péril... Choisis plutôt Skylla, passe sous son écueil, longe au plus près et file ! il te vaut mieux encor pleurer six compagnons et sauver le vaisseau que périr tous ensemble. »

À ces mots de Circé, je réponds aussitôt :

ULYSSE. – « Tout de même ! dis-moi franchement, ô déesse ! Si j'allais, évitant la perte sur Charybde, me dresser contre l'autre, lorsque je la verrais s'attaquer à mes gens ? »

Je dis. Elle répond, cette toute divine :

CIRCÉ. – « Pauvre ami ! tu ne vois toujours que guerre et lutte. Tu ne veux même pas céder aux Immortels ? Skylla ne peut mourir ! c'est un mal éternel, un terrible fléau, un monstre inattaquable ! la force serait vaine ; il n'est de sûr moyen contre elle que la fuite. Au long de son rocher , si tu perdais du temps à prendre ton armure, un élan, de nouveau, la jetterait sur vous, et chacun de ses cous te reprendrait un homme... Non ! passe à toute vogue en hélant Crataïs, la mère de Skylla ; c'est d'elle que naquit ce fléau des humains ; c'est elle qui mettra le terme à ses attaques.

Puis vous arriverez à l'Île du trident[14] où pâturent en foule les vaches du Soleil et ses grasses brebis[15]. Sept hardes de brebis et sept troupeaux de vaches, de cinquante chacun, y vivent toujours beaux, sans connaître jamais la naissance ou la mort. Deux déesses, Phaéthousa et Lampétie[16], sont là pour les garder : au

15. Pour la description des troupeaux du Soleil, cf. XI, 108-109.

16. Ces deux nymphes portent les noms qui soulignent leur caractère lumineux les rapprochant d'Hélios. Le nom de la première vient de *phaos*, « lumière », celui de la seconde de *lampas*, « flambeau ».

ἃς τέκεν Ἠελίῳ Ὑπερίονι δῖα Νέαιρα.
τὰς μὲν ἄρα θρέψασα τεκοῦσά τε πότνια μήτηρ
Θρινακίην ἐς νῆσον ἀπῴκισε τηλόθι ναίειν, 135
μῆλα φυλασσέμεναι πατρώια καὶ ἕλικας βοῦς.] 136
  Ὣς ἔφατ'· αὐτίκα δὲ χρυσόθρονος ἤλυθεν Ἠώς. 142
ἡ μὲν ἔπειτ' ἀνὰ νῆσον ἀπέστιχε δῖα θεάων·
αὐτὰρ ἐγὼν ἐπὶ νῆα κιὼν ὤτρυνον ἑταίρους
αὐτούς τ' ἀμβαίνειν ἀνά τε πρυμνήσια λῦσαι· 145
οἱ δ' αἶψ' εἴσβαινον καὶ ἐπὶ κληῖσι κάθιζον· 146
ἡμῖν δ' αὖ κατόπισθε νεὸς κυανοπρῴροιο 148
ἴκμενον οὖρον ἵει πλησίστιον, ἐσθλὸν ἑταῖρον,
Κίρκη ἐυπλόκαμος, δεινὴ θεὸς αὐδήεσσα. 150
αὐτίκα δ' ὅπλα ἕκαστα πονησάμενοι κατὰ νῆα
ἥμεθα· τὴν δ' ἄνεμός τε κυβερνήτης τ' ἴθυνε.
  Δὴ τότ' ἐγὼν ἑτάροισι μετηύδων ἀχνύμενος κῆρ·
ΟΔΥ — Ὦ φίλοι, οὐ γὰρ χρὴ ἕνα ἴδμεναι οὐδὲ δύ' οἴω
θέσφαθ' ἅ μοι Κίρκη μυθήσατο, δῖα θεάων· 155
ἀλλ' ἐρέω μὲν ἐγών, ἵνα εἰδότες ἤ κε θάνωμεν
ἤ κεν ἀλευάμενοι θάνατον καὶ κῆρα φύγοιμεν.
Σειρήνων μὲν πρῶτον ἀνώγει θεσπεσιάων

vers 137 : τὰς εἰ μέν κ' ἀσινέας ἐάᾳς νόστου τε μέδηαι,
138 : ἦ τ' ἂν ἔτ' εἰς Ἰθάκην κακά περ πάσχοντες ἵκοισθε·
139 : εἰ δέ κε σίνηαι, τότε τοι τεκμαίρομ' ὄλεθρον
140 : νηί τε καὶ ἑτάροις· αὐτὸς δ' εἴ πέρ κεν ἀλύξῃς,
141 : ὀψὲ κακῶς νεῖαι, ὀλέσας ἄπο πάντας ἑταίρους
vers 147 : ἑξῆς δ' ἑζόμενοι πολιὴν ἅλα τύπτον ἐρετμοῖς

Soleil, fils d'En Haut, la divine Néère[17] enfanta et nourrit ces deux nymphes bouclées, puis cette mère auguste envoya ses deux filles aux rivages lointains de l'Île du Trident, pour y vivre en gardant les brebis de leur père et ses vaches cornues. Respecte ces troupeaux ! ne songe qu'aux retour ! et je crois qu'en Ithaque, à travers tous les maux, vous rentrerez encore ; mais je te garantis que, si vous maltraitiez ces bêtes, c'est fini du navire et des gens ; tu pourrais t'en tirer et revenir, mais quand ? et dans quelle misère ! tous tes hommes perdus ! »

À peine elle avait dit, cette toute divine, que l'Aurore apparut sur son trône doré, et Circé, remontant dans l'île s'éloigna.

Je reviens au vaisseau et je presse mes gens de remonter à bord, puis de larguer l'amarre. On s'embarque à la hâte ; on va s'asseoir aux bancs ; puis, chacun en sa place, la rame bat le flot qui blanchit sous les coups ; pour pousser le navire à la proue azurée, la déesse bouclée, la terrible, Circé, douée de voix humaine, nous envoie un vaillant compagnon dans la brise qui vient gonfler nos voiles et, quand, ayant à bord rangé tous les agrès, on n'a plus qu'à s'asseoir et qu'à laisser mener le vent et le pilote, je fais part à mes gens des soucis de mon cœur :

ULYSSE. – « Amis, je ne veux pas qu'un ou deux seulement connaissent les arrêts que m'a transmis Circé, cette toute divine. Non ! Je veux tout vous dire, pour que, bien avertis, nous allions à la mort ou tâchions d'éviter la Parque et le trépas. Donc, son premier conseil est de fuir les Sirènes, leur voix ensorcelante et leur prairie en

17. Une Néréide, si l'on suit le v. 133 a (cf. apparat critique de V. Bérard, éd. 1995).

φθόγγον ἀλεύασθαι καὶ λειμῶν' ἀνθεμόεντα,
οἴον ἔμ' ἠνώγει ὄπ' ἀκουέμεν· ἀλλά με δεσμῷ
δήσατ' ἐν ἀργαλέῳ, ὄφρ' ἔμπεδον αὐτόθι μίμνω,
ὀρθὸν ἐν ἱστοπέδῃ, ἐκ δ' αὐτοῦ πείρατ' ἀνήφθω.
εἰ δέ κε λίσσωμαι ὑμέας λῦσαί τε κελεύω,
ὑμεῖς ⟨μ⟩ε πλεόνεσσι τότ' ἐν δεσμοῖσι πιέζειν.
Ἤτοι ἐγὼ τὰ ἕκαστα λέγων ἑτάροισι πίφαυσκον·
τόφρα δὲ καρπαλίμως ἐξίκετο νηῦς εὐεργὴς
νῆσον Σειρήνοιιν· ἔπειγε γὰρ οὖρος ἀπήμων.
αὐτίκ' ἔπειτ' ἄνεμος μὲν ἐπαύσατο· ἡ δὲ γαλήνη
ἔπλετο νηνεμίη· κοίμησε δὲ κύματα δαίμων.
ἀνστάντες δ' ἕταροι νεὸς ἱστία μηρύσαντο
καὶ τὰ μὲν ἐν νηὶ γλαφυρῇ θέσαν· οἱ δ' ἐπ' ἐρετμὰ
ἑζόμενοι λεύκαινον ὕδωρ ξεστῇσ' ἐλάτῃσιν.
Αὐτὰρ ἐγὼ κηροῖο μέγαν τροχὸν ὀξέι χαλκῷ
τυτθὰ διατμήξας χερσὶ στιβαρῇσι πίεζον.
αἶψα δ' ἰαίνετο κηρός, ἐπεὶ κέλετο μεγάλη ἴς·
ἑξείης δ' ἑτάροισιν ἐπ' οὔα⟨σι⟩ κηρὸν ἄλειψα.
οἱ δ' ἐν νηί μ' ἔδησαν ὁμοῦ χεῖράς τε πόδας τε
ὀρθὸν ἐν ἱστοπέδῃ, ἐκ δ' αὐτοῦ πείρατ' ἀνῆπτον·
αὐτοὶ δ' ἑζόμενοι πολιὴν ἅλα τύπτον ἐρετμοῖς,
ῥίμφα διώκοντες, τὰς δ' οὐ λάθεν ὠκύαλος νηῦς
ἐγγύθεν ὀρνυμένη· λιγυρὴν δ' ἔντυνον ἀοιδήν:
ΧΟΡ. — Δεῦρ' ἄγ' ἰών, πολύαιν' Ὀδυσεῦ, μέγα κῦδος Ἀχαιῶν,
νῆα κατάστησον, ἵνα νωιτέρην ὄπ' ἀκούσῃς.
οὐ γάρ πώ τις τῇδε παρήλασε νηὶ μελαίνῃ,
πρίν γ' ἡμέων μελίγηρυν ἀπὸ στομάτων ὄπ' ἀκοῦσαι,
ἀλλ' ὅ γε τερψάμενος νεῖται καὶ πλείονα εἰδώς·
ἴδμεν γάρ τοι πάνθ' ὅσ' ἐνὶ Τροίῃ εὐρείῃ
Ἀργεῖοι Τρῶές τε θεῶν ἰότητι μόγησαν,

vers 176 : Ἠελίου τ' αὐγὴ Ὑπεριονίδαο ἄνακτος
vers 181 : ἀλλ' ὅτε τόσσον ἀπῆν ὅσσόν τε γέγωνε βοήσας

fleurs[18]; seul, je puis les entendre ; mais il faut que, chargé de robustes liens, je demeure immobile, debout sur l'emplanture, serré contre le mât, et si je vous priais, si je vous commandais de desserrer les nœuds, donnez un tour de plus ! »

Je dis et j'achevais de prévenir mes gens jusqu'à l'heure où, bientôt, le bon vent qui poussait le solide navire nous mit près des Sirènes. Soudain, la brise tombe ; un calme sans haleine s'établit sur les flots qu'un dieu vient endormir. Mes gens ses sont levés ; dans le creux du navire, ils amènent la voile et, s'asseyant aux rames, ils font blanchir le flot sous la pale en sapin.

Alors, de mon poignard en bronze, je divise un grand gâteau de cire ; à pleines mains, j'écrase et pétris les morceaux. La cire est bientôt molle entre mes doigts puissants et sous les feux du roi Soleil, ce fils d'En Haut ! De banc en banc, je vais leur boucher les oreilles ; dans le navire alors, ils me lient bras et jambes et me fixent au mât, de bout sur l'emplanture, puis chacun en sa place, la rame bat le flot qui blanchit sous les coups ; le navire est enfin à portée de la voix.

Nous passons en vitesse. Mais les Sirènes voient ce rapide navire qui bondit tout près d'elles. Soudain, leurs fraîches voix entonnent un cantique :

LE CHŒUR. – « Viens ici ! viens à nous ! Ulysse tant vanté ! l'honneur de l'Achaïe ! Arrête ton croiseur : viens écouter nos voix ! Jamais un noir vaisseau n'a doublé notre cap, sans ouïr les doux airs qui sortent de nos lèvres ; puis on s'en va content et plus riche en savoir, car nous savons les maux, tous les maux que les dieux, dans les champs de Troade, ont infligés aux gens et d'Argos et

18. Hésiode, fr. 27 M.-W., nommait l'île des Sirènes *Anthemoessa*, « Fleurie ».

ἴδμεν δ' ὅσσα γένηται ἐπὶ χθονὶ πουλυβοτείρῃ.
Ὣς φάσαν ἱεῖσαι ὄπα κάλλιμον· αὐτὰρ ἐμὸν κῆρ
ἤθελ' ἀκουέμεναι, λῦσαί τ' ἐκέλευον ἑταίρους
ὀφρύσι νευστάζων· οἱ δὲ προπεσόντες ἔρεσσον.
αὐτίκα δ' ἀνστάντες Περιμήδης Εὐρύλοχός τε
πλείοσί μ' ἐν δεσμοῖσι δέον μᾶλλόν τε πίεζον.
αὐτὰρ ἐπεὶ δὴ τάς γε παρήλασαν, οὐδ' ⟨ἔτ'⟩ ἔπειτα
φθόγγον Σειρήνων ἠκούομεν οὐδέ τ' ἀοιδήν,
ἆψ ἀπὸ κηρὸν ἕλοντο ἐμοὶ ἐρίηρες ἑταῖροι,
ὃν σφιν ἐπ' ⟨οὔασ'⟩ ἄλειψ', ἐμὲ δ' ἐκ δεσμῶν ἀνέλυσαν.
Ἀλλ' ὅτε δὴ τὴν νῆσον ἐλείπομεν, αὐτίκ' ἔπειτα
καπνὸν καὶ μέγα κῦμα ἴδον καὶ δοῦπον ἄκουσα.
τῶν δ' ἄρα δεισάντων ἐκ χειρῶν ἔπτατ' ἐρετμά,
βόμβησαν δ' ἄρα πάντα κατὰ ῥόον· ἔσχετο δ' αὐτοῦ
νηῦς, ἐπεὶ οὐκέτ' ἐρετμὰ προήκεα χερσὶν ἔπειγον.
Αὐτὰρ ἐγὼ διὰ νηὸς ἰὼν ὤτρυνον ἑταίρους·
ΟΔΥ. — Ὦ φίλοι, οὐ γάρ πώ τι κακῶν ἀδαήμονές εἰμεν·
οὐ μὲν δὴ τόδε μεῖζον ἔπι κακὸν ἢ ὅτε Κύκλωψ
εἴλει ἐνὶ σπῆι γλαφυρῷ κρατερῆφι βίηφιν·
ἀλλὰ καὶ ἔνθεν ἐμῇ ἀρετῇ βουλῇ τε νόῳ τε
ἐκφύγομεν καί που τῶνδε μνήσεσθαι ὀίω.
νῦν δ' ἄγεθ', ὡς ἂν ἐγὼ εἴπω, πειθώμεθα πάντες.
ὑμεῖς μὲν κώπῃσιν ἁλὸς ῥηγμῖνα βαθεῖαν
τύπτετε κληίδεσσιν ἐφήμενοι, αἴ κέ ποθι Ζεὺς
δώῃ τόνδέ γ' ὄλεθρον ὑπεκφυγέειν καὶ ἀλύξαι·

vers 207 : μειλιχίοισ' ἐπέεσσι παρασταδὸν ἄνδρα ἕκαστον

19. Dans leur chant, les Sirènes prétendent avoir la même connaissance que les Muses. Cependant, si ces dernières chantent le *kleos*, la gloire impérissable des guerriers, ce que proposent les Sirènes est un chant d'oubli, un chant de mort. Voir, notamment, Pucci, 1979, 121-132, et 1998, 1-9 ; 175-177 ; Bader, 1993-1994, 17-43 ; Iriarte, 1993, 147-159.

de Troie, et nous savons aussi tout ce que voit passer la terre nourricière[19]. »

Elles chantaient ainsi et leurs voix admirables me remplissaient le cœur du désir d'écouter[20]. Je fronçais les sourcils pour donner à mes gens l'ordre de me défaire. Mais, tandis que, courbés sur la rame, ils tiraient, Euryloque[21] venait, aidé de Périmède[22], resserrer mes liens et mettre un tour de plus.

Nous passons et, bientôt, l'on n'entend plus les cris ni les chants des Sirènes. Mes braves gens alors se hâtent d'enlever la cire que j'avais pétrie dans leurs oreilles, puis de me détacher.

L'île enfin disparaît. Mais soudain j'aperçois la fumée d'un grand flot dont j'entends les coups sourds. La peur saisit mes gens : envolées de leurs mains, les rames en claquant tombent au fil de l'eau ; le vaisseau reste en place, les bras ne tirant plus sur les rames polies. Je vais sur la coursie relever les courages ; je vais de l'un à l'autre et, du ton le plus doux :

ULYSSE. – « Nous avons, mes amis, connu bien d'autres risques ! peut-il nous advenir quelque danger plus grand qu'au jour où le Cyclope, au fond de sa caverne, nous tenait enfermés sous sa prise invincible ? Pourtant, même de là, n'est-ce pas ma valeur, mes conseils, mon esprit qui nous ont délivrés ? Ce sera, quelque jour, de nos bons souvenirs ! Allons ! croyez-m'en tous : faites ce que je dis ; qu'on reprenne la rame et, fermes sur les bancs, allons ! battez la mer d'une plongée profonde ; voyons si, nous faisant passer sous ce désastre, Zeus veut nous en tirer ! Pilote, à toi mes

20. Sur ce désir qui correspond, en quelque sorte, à la tentation du savoir, cf. Germain, 1954, 382-390, et Pucci, 1998, 175-177 ; Segal, 1994, 102.

21. Sur Euryloque et son opposition à Ulysse, cf. X, 244 sq.

22. Ce compagnon d'Ulysse qui se charge de préparer le sacrifice en l'honneur des morts est cité en XI, 23 et en XII, 195.

σοὶ δέ, κυβερνῆθ', ὧδ' ἐπιτέλλομαι· ἀλλ' ἐνὶ θυμῷ
βάλλευ, ἐπεὶ νηὸς γλαφυρῆς οἰήια νωμᾷς·
τούτου μὲν καπνοῦ καὶ κύματος ἐκτὸς ἔεργε
νῆα, σὺ δὲ σκοπέλου ἐπιμαίεο, μή σε λάθῃσι
κεῖσ' ἐξορμήσασα καὶ ἐς κακὸν ἄμμε βάλῃσθα.
"Ὣς ἐφάμην· οἱ δ' ὦκα ἐμοῖσ' ἐπέεσσι πίθοντο·
Σκύλλην δ' οὐκέτ' ἐμυθεόμην, ἄπρηκτον ἀνίην,
μή πως μοι δείσαντες ἀπολήξειαν ἑταῖροι
εἰρεσίης, ἐντὸς δὲ πυκάζοιεν σφέας αὐτούς.
καὶ τότε δὴ Κίρκης μὲν ἐφημοσύνης ἀλεγεινῆς
λανθανόμην, ἐπεὶ οὔ τί μ' ἀνώγει θωρήσσεσθαι·
αὐτὰρ ἐγὼ καταδὺς κλυτὰ τεύχεα καὶ δύο δοῦρε
μάκρ' ἐν χερσὶν ἑλὼν εἰς ἴκρια νηὸς ἔβαινον
πρῴρης· ἔνθεν γάρ μιν ἐδέγμην πρῶτα φανεῖσθαι
Σκύλλην πετραίην, ἥ μοι φέρε πῆμ' ἑτάροισιν·
οὐ δέ πῃ ἀθρῆσαι δυνάμην· ἔκαμον δέ μοι ὄσσε
πάντῃ παπταίνοντι πρὸς ἠεροειδέα πέτρην.
Ἡμεῖς δὲ στεινωπὸν ἀνεπλέομεν γοόωντες·
ἔνθεν μὲν Σκύλλη, ἑτέρωθι δὲ δῖα Χάρυβδις·
ἤτοι ὅτ' ἐξεμέσειε, λέβης ὣς ἐν πυρὶ πολλῷ
πᾶσ' ἀναμορμύρεσκε κυκωμένη· ὑψόσε δ' ἄχνη
ἄκροισι Σκοπέλοισιν ἐπ' Ἀμφοτέροισιν ἔπιπτεν·
ἀλλ' ὅτ' ἀναβρόξειε θαλάσσης ἁλμυρὸν ὕδωρ,
πᾶσ' ἔντοσθε φάνεσκε κυκωμένη· ἀμφὶ δὲ πέτρη
δεινὸν βεβρύχει· ὑπένερθε δὲ γαῖα φάνεσκε
ψάμμῳ κυανέη· τοὺς δὲ χλωρὸν δέος ᾕρει.
ἡμεῖς δὲ πρὸς τὴν ἴδομεν δείσαντες ὄλεθρον·
τόφρα δέ μοι Σκύλλη κοίλης ἐκ νηὸς ἑταίρους
ἓξ ἕλεθ', οἳ χερσίν τε βίηφί τε φέρτατοι ἦσαν·
σκεψάμενος δ' ἐς νῆα θοὴν ἅμα καὶ μεθ' ἑταίρους,
ἤδη τῶν ἐνόησα πόδας καὶ χεῖρας ὕπερθεν
ὑψόσ' ἀειρομένων· ἐμὲ δὲ φθέγγοντο καλεῦντες

vers 236 : δεινὸν ἀνερροίβδησε θαλάσσης ἁλμυρὸν ὕδωρ

ordres : tâche d'y bien penser, puisque à bord du vaisseau, c'est toi qui tiens la barre. Tu vois cette fumée et ce flot : passe au large et prends garde à l'écueil ! Si, gagnant à la main, la navire y courait, c'est à la male mort que tu nous jetterais ! »

Je disais ; mon discours aussitôt les décide. Je n'avais pas encor dit un mot de Skylla, fléau inévitable : mes gens, saisis de peur, pouvaient lâcher les rames, pour se blottir en tas dans le fond du vaisseau ! Mais j'avais oublié qu'en ses tristes avis, Circé m'avait enjoint de ne pas endosser mes armes glorieuses : je les revêts, je prends en mains deux longues piques et je vais me poster au gaillard de l'avant ; j'espérais découvrir cette Skylla de pierre, avant qu'elle causât le malheur de mes gens... Mais je cherchais sans voir et mes yeux se lassaient à fouiller les recoins de la roche embrumée...

Nous entrons dans la passe et voguons angoissés. Nous avons d'un côté la divine Charybde avalant l'onde amère, avec un bruit terrible, et, de l'autre, Skylla. Quand Charybde vomit, toute la mer bouillonne et retentit comme un bassin sur un grand feu : l'écume en rejaillit jusqu'au haut des Écueils et les couvre tous deux. Quand Charybde engloutit à nouveau l'onde amère, on la voit, dans son trou, bouillonner tout entière ; le rocher du pourtour mugit terriblement ; tout en bas, apparaît un fond de sables bleus... Ah ! la terreur qui prit et fit verdir mes gens !

Mais, tandis que nos yeux regardaient vers Charybde d'où nous craignions la mort, Skylla nous enlevait dans le creux du navire six compagnons, les meilleurs bras et les plus forts : me retournant pour voir le croiseur et mes gens, je n'aperçois les autres qu'emportés en plein ciel, pieds et mains battant l'air, et criant, m'appelant ! et

[ἐξονομακλήδην, τότε γ' ὕστατον, ἀχνύμενοι κῆρ.
ὡς δ' ὅτ' ἐπὶ προβόλῳ ἁλιεὺς περιμήκει ῥάβδῳ
ἰχθύσι τοῖσ' ὀλίγοισι δόλον κατὰ εἴδατα βάλλων
ἐς πόντον προΐησι βοὸς κέρας ἀγραύλοιο,
ἀσπαίροντα δ' ἔπειτα λαβὼν ἔρριψε θύραζε,
ὣς οἵ γ' ἀσπαίροντες ἀείροντο προτὶ πέτρας].
⟨ἄντρ⟩ου δ' εἰνὶ θύρῃσι κατήσθιε κεκληγῶτας,
χεῖρας ἐμοὶ ὀρέγοντας ἐν αἰνῇ δηιοτῆτι·
οἴκτιστον δὴ κεῖνό γ' ἐγὼ ἴδον ὀφθαλμοῖσι
πάντων ὅσσ' ἐμόγησα πόρους ἁλὸς ἐξερεείνων.
Αὐτὰρ ἐπεὶ ⟨Σκοπέλους⟩ φύγομεν, δεινήν τε Χάρυβδιν
Σκύλλην τ', αὐτίκ' ἔπειτα θεοῦ ἐς ἀμύμονα νῆσον
ἱκόμεθ'· ἔνθα δ' ἔσαν καλαὶ βόες εὐρυμέτωποι,
πολλὰ δὲ ἴφια μῆλ' Ὑπερίονος Ἠελίοιο.
δὴ τότ' ἐγὼν ἐνὶ πόντῳ ἐὼν ἐπὶ νηὶ μελαίνῃ
μυκηθμόν τ' ἤκουσα βοῶν αὐλιζομενάων
οἰῶν τε βληχήν, καί μοι ἔπος ἔμπεσε θυμῷ
μάντηος ἀλαοῦ, Θηβαίου Τειρεσίαο.
Δὴ τότ' ἐγὼν ἑτάροισι μετηύδων ἀχνύμενος κῆρ·
ΟΔΥ. — Κέκλυτέ μευ μύθων, κακά περ πάσχοντες ἑταῖροι,
ὄφρ' ὔμιν εἴπω μαντήια Τειρεσίαο
⟨εἰν Ἀίδαο δόμοισ'⟩, ὅ⟨ς⟩ μοι μάλα πόλλ' ἐπέτελλε
νῆσον ἀλεύασθαι τερψιμβρότου Ἠελίοιο·
ἔνθα γὰρ αἰνότατον κακὸν ἔμμεναι ἄμμιν ἔφασκεν.
ἀλλὰ παρὲξ τὴν νῆσον ἐλαύνετε νῆα μέλαιναν.
Ὣς ἐφάμην· τοῖσιν δὲ κατεκλάσθη φίλον ἦτορ·
αὐτίκα δ' Εὐρύλοχος στυγερῷ μ' ἠμείβετο μύθῳ·

vers 268 : Κίρκης τ' Αἰαίης, οἵ μοι μάλα πόλλ' ἐπέτελλον
vers 269 : νῆσον ἀλεύασθαι τερψιμβρότου Ἠελίοιο

répétant mon nom, pour la dernière fois : quel effroi dans leur cœur ! Sur un cap avancé, quand, au bout de sa gaule, le pêcheur a lancé vers les petits poissons l'appât trompeur et la corne du bœuf champêtre, on le voit brusquement rejeter hors de l'eau sa prise frétillante. Ils frétillaient ainsi, hissés contre les pierres, et Skylla, sur le seuil de l'antre, les mangeait. Ils m'appelaient encore ; ils me tendaient les mains en cette lutte atroce !

Non ! jamais, de mes yeux, je ne vis telle horreur, à travers tous les maux que m'a valus sur mer la recherche des passes !

Nous doublons les Écueils, la terrible Charybde aussi bien que Skylla. Nous voici chez le dieu, en cette île admirable du Soleil, fils d'En Haut, où l'on voyait, en foule, ses beaux bœufs au grand front et ses grasses brebis. Déjà, du noir vaisseau, étant encore au large, nous entendions meugler les vaches dans les parcs et bêler les moutons. Aussi me revenaient au cœur les prophéties de l'aveugle devin Tirésias de Thèbes[23] et celles de Circé, la dame d'Aiaié[24] ; tous deux m'avaient enjoint, et si fort, d'éviter cette Île du Soleil, le charmeur des mortels !

Je fais part à mes gens des soucis de mon cœur !

ULYSSE. – « Camarades, deux mots ! vous avez beau souffrir ; il faut que vous sachiez ce que Tirésias m'a prédit dans l'Hadès : il m'a recommandé, et très fort, d'éviter cette Île du Soleil, le charmeur des mortels ; il m'a dit qu'en ces lieux, nous aurions à subir le comble des malheurs... Doublons cette île ! écartez-en le noir vaisseau ! »

Je dis. Leur cœur éclate. Euryloque aussitôt répond d'un ton haineux :

23. Cf. XI, 104-111.
24. Cf. XII, 127-141.

ΕΥΡ. — Σχέτλιός εἰς, Ὀδυσεῦ· περί τοι μένος, οὐδέ τι γυῖα
κάμνεις· ἦ ῥά νύ σοί γε σιδήρεα πάντα τέτυκται,
ὅς ῥ' ἑτάρους καμάτῳ ἀδηκότας ἠδὲ καὶ ὕπνῳ
οὐκ ἐάᾳς γαίης ἐπιβήμεναι, ἔνθά κεν αὖτε
νήσῳ ἐν ἀμφιρύτῃ λαρὸν τετυκοίμεθα δόρπον,
ἀλλ' αὔτως διὰ νύκτα θοὴν ἀλάλησθαι ἄνωγας,
νήσου ἀποπλαγχθέντας, ἐν ἠεροειδέι πόντῳ·
ἐκ νυκτῶν δ' ἄνεμοι χαλεποί, δηλήματα νηῶν,
[γίνονται· πῇ κέν τις ὑπεκφύγοι αἰπὺν ὄλεθρον,
ἤν πως ἐξαπίνης ἔλθῃ ἀνέμοιο θύελλα,
ἢ Νότου ἢ Ζεφύροιο δυσαέος, οἵ τε μάλιστα
νῆα διαραίουσι, θεῶν ἀέκητι ἀνάκτων·]
ἀλλ' ἤτοι νῦν μὲν πειθώμεθα νυκτὶ μελαίνῃ
δόρπόν θ' ὁπλισόμεσθα θοῇ παρὰ νηὶ μένοντες,
ἠῶθεν δ' ἀναβάντες ἐνήσομεν εὐρέι πόντῳ.
Ὣς ἔφατ' Εὐρύλοχος· ἐπὶ δ' ᾔνεον ἄλλοι ἑταῖροι.
καὶ τότε δὴ γίνωσκον ὃ δὴ κακὰ μήδετο δαίμων
καί μιν φωνήσας ἔπεα πτερόεντα προσηύδων·
ΟΔΥ. — Εὐρύλοχ', ἦ μάλα δή με βιάζετε μοῦνον ἐόντα·
ἀλλ' ἄγε δή μοι πάντες ὀμόσσατε καρτερὸν ὅρκον,
εἴ κέ τιν' ἠὲ βοῶν ἀγέλην ἢ πῶυ μέγ' οἰῶν
εὕρωμεν, μή που τις ἀτασθαλίῃσι κακῇσιν
ἢ βοῦν ἠέ τι μῆλον ἀποκτάνῃ· ἀλλὰ ἕκηλοι
ἐσθίετε βρώμην, τὴν ἀθανάτη πόρε Κίρκη.
Ὣς ἐφάμην· οἱ δ' αὐτίκ' ἀπώμνυον ὡς ἐκέλευον.
αὐτὰρ ἐπεί ῥ' ὄμοσάν τε τελεύτησάν τε τὸν ὅρκον,
στήσαμεν ἐν Λιμένι Γλαφυρῷ εὐεργέα νῆα
ἄγχ' Ὕδατος Γλυκεροῖο, καὶ ἐξαπέβησαν ἑταῖροι
νηός, ἔπειτα δὲ δόρπον ἐπισταμένως τετύκοντο.

EURYLOQUE. – « Tu n'es pas tendre, Ulysse ! ah ! ta force est intacte, et tes membres dispos ! Ta charpente est de fer et, lorsque nous tombons de sommeil, de fatigue, tu défends qu'on accoste à cette île aux deux rives, où nous apprêterions le bon repas du soir ! tu veux que, sur-le-champ, dans la nuit qui vient vite, nous poussions loin du bord et nous allions nous perdre en la brume des mers ! Les pires coups de vent, destructeurs de vaisseaux, sont les fils de la nuit ! et comment fuir la mort suspendue sur nos têtes, s'il nous tombait soudain l'une de ces bourrasques, que ce soit du Notos ou du hurlant Zéphyr, qui brisent un navire, en dépit des dieux-rois ? C'est l'heure ! Il faut céder aux ombres de la nuit ; préparons le souper ; campons près du croiseur ! et dès l'aube, demain, nous reviendrons à bord et pousserons au large. »

Euryloque parlait ; les autres d'applaudir. Mais, connaissant les maux qu'un dieu nous destinait, je lui dis, élevant la voix, ces mots ailés :

ULYSSE. – « Je suis seul, Euryloque, et vous en abusez ! Du moins jurez-moi, tous, le plus fort des serments[25] que, si nous rencontrons quelque troupe de vaches ou quelque grand troupeau de brebis, nul de vous n'aura l'impiété fatale d'en abattre ; sagement, sans toucher ni vaches ni moutons, vous vous contenterez des vivres qu'a fournis l'immortelle Circé. »

Je dis et, sur mon ordre, ils jurent sans tarder. Quand ils ont prononcé et scellé le serment, nous entrons au Port Creux[26] et nous allons mouiller le solide vaisseau en face des Eaux Douces, où les gens débarqués se hâtent d'apprêter en maîtres le repas.

25. Sur ces serments, cf. II, 377 et note.

26. Selon Heubeck, *ad v.* 305, l'épithète *glaphuros*, « creux », utilisée à propos des caves et des navires, désigne ici un port avec une entrée étroite.

Αὐτὰρ ἐπεὶ πόσιος καὶ ἐδητύος ἐξ ἔρον ἕντο,
μνησάμενοι δὴ ἔπειτα φίλους ἔκλαιον ἑταίρους·
[οὓς ἔφαγε Σκύλλη γλαφυρῆς ἐκ νηὸς ἑλοῦσα·] 310
κλαιόντεσσι δὲ τοῖσιν ἐπήλυθε νήδυμος ὕπνος.

ΤΑ ΠΕΡΙ ΒΟΑΣ ΗΛΙΟΥ

Ἦμος δὲ τρίχα νυκτὸς ἔην, μετὰ δ' ἄστρα βεβήκει, 313
ὦρσεν ἔπι ζα⟨έα Νότ⟩ον νεφεληγερέτα Ζεὺς
λαίλαπι θεσπεσίῃ, σὺν δὲ νεφέεσσι κάλυψε
γαῖαν ὁμοῦ καὶ πόντον· ὀρώρει δ' οὐρανόθεν νύξ. 315
Ἦμος δ' ἠριγένεια φάνη ῥοδοδάκτυλος Ἠώς,
νῆα μὲν ὡρμίσαμεν, κοῖλον σπέος ἐσερύσαντες,
ἔνθα δ' ἔσαν Νυμφέων καλοὶ χοροὶ ἠδὲ θόωκοι.
Καὶ τότ' ἐγὼν ἀγορὴν θέμενος μετὰ πᾶσιν ἔειπον·
ΟΔΥ. — Ὦ φίλοι, ἐν γὰρ νηὶ θοῇ βρῶσίς τε πόσις τε 320
ἔστιν· τῶνδε βοῶν ἀπεχώμεθα, μή τι πάθωμεν·
δεινοῦ γὰρ θεοῦ αἵδε βόες καὶ ἴφια μῆλα,
Ἠελίου, ὃς πάντ' ἐφορᾷ καὶ πάντ' ἐπακούει.
Ὣς ἐφάμην· τοῖσιν δ' ἐπεπείθετο θυμὸς ἀγήνωρ·
μῆνα δὲ πάντ' ἄλληκτος ἄη Νότος, οὐδέ τις ἄλλος 325
γίνετ' ἔπειτ' ἀνέμων, εἰ μὴ Εὖρός τε Νότος τε.
οἱ δ' εἴως μὲν σῖτον ἔχον καὶ οἶνον ἐρυθρόν,
τόφρα βοῶν ἀπέχοντο λιλαιόμενοι βιότοιο.
ἀλλ' ὅτε δὴ νηός ⟨σφ'⟩ ἐξέφθιτο ἤια πάντα
καὶ δὴ ἄγρην ἐφέπεσκον ἀλητεύοντες ἀνάγκῃ, 330
ἰχθῦς ὄρνιθάς τε, φίλας ὅ τι χεῖρας ἵκοιτο, 331
δὴ τότ' ἐγὼν ἀνὰ νῆσον ἀπέστιχον, ὄφρα θεοῖσιν 333
εὐξαίμην, εἴ τίς μοι ὁδὸν φήνειε νέεσθαι.

vers 332 : γναμπτοῖσ' ἀγκίστροισιν· ἔτειρε δὲ γαστέρα λιμός

Quand on a satisfait la soif et l'appétit, on donne une pensée et des pleurs aux amis que, du creux du vaisseau, Skylla était venue nous prendre et dévorer ; puis les larmes font place au plus doux des sommeils.

Les vaches du Soleil

Aux deux tiers de la nuit, quand les astres déclinent, Zeus, l'assembleur des nues, lâche un Notos terrible aux hurlements d'enfer, qui noie sous les nuées le rivage et les flots : la nuit tombe du ciel. Aussi, dès qu'apparaît, en son berceau de brume, l'Aurore aux doigts de roses, nous tirons le vaisseau et nous le remisons dans le creux d'une grotte, où les Nymphes avaient leurs beaux chœurs et leurs sièges. Puis je tiens l'assemblée et, prenant la parole :

Ulysse. – « Amis, dans le croiseur, on a boisson et vivres ; laissons donc ces troupeaux : nous en aurions malheur ! C'est un terrible dieu qui possède ces bœufs et ces grasses brebis : le Soleil qui voit tout, le dieu qui tout entend ! »

Je disais et leurs cœurs s'empressent d'obéir. Tout un mois, sans arrêt, c'est le Notos qui souffle : jamais un autre vent que d'Euros[27] à Notos. Aussi longtemps qu'on a du pain et du vin rouge, mes gens ne cherchent pas à vivre sur les bœufs. Mais quand sont épuisés tous les vivres à bord, il faut se mettre en chasse et battre le pays et, d'oiseaux, de poissons, prendre ce que l'on trouve à l'hameçon crochu ; la faim tordait les ventres.

27. Vent d'est.

ἀλλ' ὅτε δὴ διὰ νήσου ἰὼν ἤλυξα ἑταίρους,
χεῖρας νιψάμενος, ὅθ' ἐπὶ σκέπας ἦν ἀνέμοιο,
ἠρώμην πάντεσσι θεοῖσ', οἳ Ὄλυμπον ἔχουσιν·
οἱ δ' ἄρα μοι γλυκὺν ὕπνον ἐπὶ βλεφάροισιν ἔχευαν.
Εὐρύλοχος δ' ἑτάροισι κακῆς ἐξήρχετο βουλῆς·
ΕΥΡ. — Κέκλυτέ μευ μύθων, κακά περ πάσχοντες ἑταῖροι·
πάντες μὲν στυγεροὶ θάνατοι δειλοῖσι βροτοῖσι,
λιμῷ δ' οἴκτιστον θανέειν καὶ πότμον ἐπισπεῖν.
ἀλλ' ἄγετ', Ἠελίοιο βοῶν ἐλάσαντες ἀρίστας,
ῥέξομεν ἀθανάτοισι τελήεσσας ἑκατόμβας·
εἰ δέ κεν εἰς Ἰθάκην ἀφικοίμεθα, πατρίδα γαῖαν,
αἶψά κεν Ἠελίῳ Ὑπερίονι πίονα νηὸν
τεύξομεν, ἐν δέ κε θεῖμεν ἀγάλματα πολλὰ καὶ ἐσθλά·
εἰ δὲ χολωσάμενός τι βοῶν ὀρθοκραιράων
νῆ' ἐθέλῃ ὀλέσαι, ἐπὶ δ' ἕσπωνται θεοὶ ἄλλοι,
βούλομ' ἅπαξ πρὸς κῦμα χανὼν ἀπὸ θυμὸν ὀλέσσαι
ἢ δηθὰ στρεύγεσθαι ἐὼν ἐν νήσῳ ἐρήμῃ.
Ὣς ἔφατ' Εὐρύλοχος· ἐπὶ δ' ᾔνεον ἄλλοι ἑταῖροι,
αὐτίκα δ' Ἠελίοιο βοῶν ἐλάσαντες ἀρίστας
[ἐγγύθεν, οὐ γὰρ τῆλε νεὸς κυανοπρῴροιο
βοσκέσκονθ' ἕλικες καλαὶ βόες εὐρυμέτωποι],
τὰς δὲ περίστησάν ⟨τε⟩ καὶ εὐχετόωντο θεοῖσι,
φύλλα δρεψάμενοι τέρενα δρυὸς ὑψικόμοιο·
οὐ γὰρ ἔχον κρῖ λευκὸν ἐυσσέλμου ἐπὶ νηός.
αὐτὰρ ἐπεί ῥ' εὔξαντο καὶ ἔσφαξαν καὶ ἔδειραν,
μηρούς τ' ἐξέταμον κατά τε κνίσῃ ἐκάλυψαν
δίπτυχα ποιήσαντες, ἐπ' αὐτῶν δ' ὠμοθέτησαν,
οὐ δ' εἶχον μέθυ λεῖψαι ἐπ' αἰθομένοισ' ἱεροῖσιν,
ἀλλ' ὕδατι σπένδοντες ἐπώπτων ἔγκατα πάντα.

Or, un jour pour prier, j'avais quitté la grève, avec l'espoir qu'un dieu viendrait me révéler le chemin du retour. Je m'enfonce dans l'île et perds de vue mes gens ; puis, à l'abri du vent, m'étant lavé les mains, j'invoque tous les dieux. Ces maîtres de l'Olympe me versent, sur les yeux, le plus doux des sommeils.

C'est alors qu'à mes gens, Euryloque donna le funeste conseil :

EURYLOQUE. – « Camarades, deux mots ! Vous avez beau souffrir ; écoutez-moi pourtant ! Toute mort est cruelle aux malheureux humains. Mais périr de famine ! est-il sort plus affreux ? Allons ! nous avons là ces vaches du Soleil. Pour faire aux Immortels, maîtres des champs du ciel, la parfaite hécatombe, pourchassons les plus belles. Si jamais nous devons retrouver notre Ithaque, le pays des aïeux, nous ferons sans tarder au Soleil, fils d'En Haut, quelque beau sanctuaire, où nous entasserons les plus riches offrandes. Que si, voulant venger ses bœufs aux cornes droites, il exige des dieux et leur fait décider la perte du croiseur[28], j'aimerais mieux encor, pour en finir d'un coup, tendre la bouche au flot que traîner et périr en cette île déserte. »

Euryloque parlait ; les autres d'applaudir. Ils se mettent en chasse et cernent les meilleures des vaches du Soleil ; ils n'ont qu'un pas à faire : elles paissaient tout près de la proue azurée, ces vaches au grand front, si belles sous leurs cornes !

Pour invoquer les dieux, ils prennent du feuillage aux rameaux d'un grand chêne, au lieu de l'orge blanche dont il ne restait plus sous les bancs du vaisseau ; puis, les dieux invoqués, on égorge, on écorche, on détache les cuisses ; sur l'une et l'autre face, on les couvre de graisse ; on empile dessus d'autres morceaux saignants ; comme on n'a plus de vin pour les libations, c'est de

28. Cf. XII, 374 sq.

Αὐτὰρ ἐπεὶ κατὰ μῆρ' ἐκάη καὶ σπλάγχνα πάσαντο
μίστυλλόν τ' ἄρα τἆλλα καὶ ἀμφ' ὀβελοῖσιν ἔπειραν,
καὶ τότε μοι βλεφάρων ἐξέσσυτο νήδυμος ὕπνος·
βῆν δ' ἰέναι ἐπὶ νῆα θοὴν καὶ θῖνα θαλάσσης.
ἀλλ' ὅτε δὴ σχεδὸν ἦα κιὼν νεὸς ἀμφιελίσσης,
καὶ τότε με κνίσης ἀμφήλυθε ἡδὺς ἀυτμή·
οἰμώξας δὲ θεοῖσι μετ' ἀθανάτοισ' ἐγεγώνευν·
ΟΔΥ. — Ζεῦ πάτερ ἠδ' ἄλλοι μάκαρες θεοὶ αἰὲν ἐόντες,
ἦ με μάλ' εἰς ἄτην κοιμήσατε νηλέι ὕπνῳ·
οἱ δ' ἕταροι μέγα ἔργον ἐμητίσαντο μένοντες.
[Ὠκὺς δ' Ἠελίῳ Ὑπερίονι ἄγγελος ἦλθε,
Λαμπετίη τανύπεπλος, ὅ οἱ βόας ἔκταμεν ἡμεῖς.
Αὐτίκα δ' ἀθανάτοισι μετηύδα χωόμενος κῆρ·
ΗΕΛ. — Ζεῦ πάτερ ἠδ' ἄλλοι μάκαρες θεοὶ αἰὲν ἐόντες,
τῖσαι δὴ ἑτάρους Λαερτιάδεω Ὀδυσῆος,
οἵ μευ βοῦς ἔκτειναν ὑπέρβιον, ᾗσιν ἐγώ γε
χαίρεσκον μὲν ἰὼν εἰς οὐρανὸν ἀστερόεντα,
ἠδ' ὁπότ' ἂψ ἐπὶ γαῖαν ἀπ' οὐρανόθεν προτραποίμην.
εἰ δέ μοι οὐ τίσουσι βοῶν ἐπιεικέ' ἀμοιβήν,
δύσομαι εἰς Ἀΐδαο καὶ ἐν νεκύεσσι φαείνω.
Τὸν δ' ἀπαμειβόμενος προσέφη νεφεληγερέτα Ζεύς
ΖΕΥΣ — Ἠέλι', ἦτοι μὲν σὺ μετ' ἀθανάτοισι φάεινε
καὶ θνητοῖσι βροτοῖσιν ἐπὶ ζείδωρον ἄρουραν·
τῶν δέ κ' ἐγὼ τάχα νῆα θοὴν ἀργῆτι κεραυνῷ
τυτθὰ βαλὼν κεάσαιμι μέσῳ ἐνὶ οἴνοπι πόντῳ.
Ταῦτα δ' ἐγὼν ἤκουσα Καλυψοῦς ἠυκόμοιο·
ἡ δ' ἔφη Ἑρμείαο διακτόρου αὐτὴ ἀκοῦσαι.]

29. Sur la colère d'Hélios et le malheur qui se prépare pour les humains, cf. Segal, 1992, 489-518 ; pour la folie, l'*hubris* des compagnons d'Ulysse, cf. Fuqua, 1991, 49-58.

l'eau qu'on répand sur les viandes qu'on brûle, et l'on met à griller la masse des viscères. Les cuisses consumées, on goûte des grillades et, découpé menu, le reste de la bête est rôti sur les broches. Le doux sommeil s'envole alors de mes paupières. Je reprends le chemin du croiseur, de la grève, et j'allais arriver sous le double gaillard, quand la bonne senteur de la graisse m'entoure. Je fonds en pleurs. Je crie vers les dieux immortels :

ULYSSE. – « Zeus le père et vous tous, éternels Bienheureux ! vous m'avez donc maudit, quand vous m'avez couché en ce sommeil perfide ! De quel forfait mes gens rêvaient en mon absence ! »

Mais déjà Lampétie, drapée en ses longs voiles, accourait prévenir le Soleil, fils d'En Haut, du meurtre de ses vaches, et le dieu courroucé disait aux Immortels[29]:

LE SOLEIL. – « Zeus le Père et vous tous, éternels Bienheureux, faites payer aux gens de ce fils de Laërte le meurtre de mes bêtes. Ah ! les impies ! c'était ma joie quand je montais vers les astres du ciel ou quand, mon tour fini, du haut du firmament, je rentrais sur la terre... Si je n'en obtiens pas la rançon que j'attends, je plonge dans l'Hadès et brille pour les morts[30]. »

Zeus, l'assembleur des nues, lui fit cette réponse :

ZEUS. – « Soleil, reste à briller devant les Immortels et, sur la terre aux blés, devant les yeux des hommes. Quant à ceux-là, je vais, de ma foudre livide, leur fendre leur croiseur en pleine mer vineuse. »

Ce fut de Calypso, la nymphe aux beaux cheveux, que j'appris ces discours, qu'elle disait tenir d'Hermès le messager.

30. Hélios menace de renverser l'ordre du monde. Dans l'*Iliade*, XX, 61-66, Hadès a peur que Poséidon, à force de stimuler le combat devant Troie, ne rende visible l'effroyable monde des morts dont les dieux ont horreur.

Αὐτὰρ ἐπεὶ ῥ' ἐπὶ νῆα κατήλυθον ἠδὲ θάλασσαν
νείκεον ἄλλοθεν ἄλλον ἐπισταδόν· οὐδέ τι μῆχος
εὑρέμεναι δυνάμεσθα· βόες δ' ἀποτέθνασαν ἤδη·
τοῖσιν δ' αὐτίκ' ἔπειτα θεοὶ τέραα προὔφαινον.
εἷρπον μὲν ῥινοί· κρέα δ' ἀμφ' ὀβελοῖσ' ἐμεμύκει, 396
ὀπταλέα τε καὶ ὠμά· βοῶν δ' ὣς γίνετο φωνή.
Ἑξῆμαρ μὲν ἔπειτα ἐμοὶ ἐρίηρες ἑταῖροι
δαίνυντ' Ἠελίοιο βοῶν ἐλάσαντες ἀρίστας·
ἀλλ' ὅτε δ' ἕβδομον ἦμαρ ἐπὶ Ζεὺς θῆκε Κρονίων,
καὶ τότ' ἔπειτ(α Νότ)ος μὲν ἐπαύσατο λαίλαπι θύων· 400
ἡμεῖς δ' αἶψ' ἀναβάντες ἐνήκαμεν εὐρέι πόντῳ,
ἱστὸν στησάμενοι ἀνά θ' ἱστία λεύκ' ἐρύσαντες· 402
ἡ δ' ἔθε' οὐ μάλα πολλὸν ἐπὶ χρόνον· αἶψα γὰρ ἦλθε 407
κεκληγὼς Ζέφυρος, μεγάλῃ σὺν λαίλαπι θύων·
ἱστοῦ δὲ προτόνους ἔρρηξ' ἀνέμοιο θύελλα
ἀμφοτέρους· ἱστὸς δ' ὀπίσω πέσεν, ὅπλά τε πάντα 410
εἰς ἄντλον κατέχυνθ'· ὁ δ' ἄρα πρυμνῇ ἐνὶ νηὶ
πλῆξε κυβερνήτεω κεφαλήν, σὺν δ' ὀστέ' ἄραξε· 412
Ζεὺς δ' ἄμυδις βρόντησε καὶ ἔμβαλε νηὶ κεραυνόν· 415
οἱ δὲ κορώνῃσι ἴκελοι περὶ νῆα μέλαιναν 418
κύμασιν ἐμφορέοντο· θεὸς δ' ἀποαίνυτο νόστον.
αὐτὰρ ἐγὼ διὰ νηὸς ἐφοίτων, ὄφρ' ἀπὸ τοίχους 420
λῦσε κλύδων τρόπιος· τὴν δὲ ψιλὴν φέρε κῦμα,
ἐκ δέ οἱ ἱστὸν ἄραξε ποτὶ τρόπιν· αὐτὰρ ἐπ' αὐτῷ

vers 403 : ἀλλ' ὅτε δὴ τὴν νῆσον ἐλείπομεν, οὐδέ τις ἄλλη
404 : φαίνετο γαιάων, ἀλλ' οὐρανὸς ἠδὲ θάλασσα,
405 : δὴ τότε κυανέην νεφέλην ἔστησε Κρονίων
406 : νηὸς ὕπερ γλαφυρῆς, ἤχλυσε δὲ πόντος ὑπ' αὐτῆς
vers 413 : πάντ' ἄμυδις κεφαλῆς· ὁ δ' ἄρ' ἀρνευτῆρι ἐοικὼς
414 : κάππεσ' ἀπ' ἰκριόφιν· λίπε δ' ὀστέα θυμὸς ἀγήνωρ
vers 416 : ἡ δ' ἐλελίχθη πᾶσα Διὸς πληγεῖσα κεραυνῷ·
417 : ἐν δὲ θεείου πλῆτο· πέσον δ' ἐκ νηὸς ἑταῖροι

J'étais redescendu au navire, à la mer. J'allais de l'un à l'autre et je les querellais. Hélas ! nous ne pouvions découvrir de remède : les vaches n'étaient plus, et voici que les dieux nous envoyaient leurs signes : les dépouilles marchaient ; les chairs cuites et crues meuglaient autour des broches ; on aurait dit la voix des bêtes elles-mêmes[31].

Durant six jours entiers, mes braves compagnons ont de quoi banqueter : ils avaient au Soleil pris ses plus belles vaches. Mais lorsque Zeus, le fils de Cronos, nous envoie la septième journée, le Notos qui soufflait en tempête s'apaise : on s'embarque à la hâte, on replante le mât, on tend les voiles blanches, on pousse vers le large et l'île disparaît : devant nous, plus de terres ; rien que le ciel et l'eau. Zeus nous pend sur la coque une sombre nuée, dont la mer s'enténèbre. Mais notre course est brève. En hurlant, nous arrive un furieux Zéphyr qui souffle en ouragan ; la rafale, rompant d'un coup les deux étais, nous renverse le mât et fait pleuvoir tous les agrès à fond de cale ; le mât, en s'abattant sur le gaillard de poupe, frappe au front le pilote et lui brise le crâne ; la tête est en bouillie ; l'homme, comme un plongeur, choit du haut du gaillard, et son âme vaillante abandonne ses os. Zeus tonne en même temps et foudroie le vaisseau ; la foudre vient frapper le vaisseau qui capote et que le soufre emplit ; tous mes gens sont à l'eau. Mes gens sont emportés par les vagues ; ils flottent, autour du noir croiseur, pareils à des corneilles ; le dieu leur refusait la journée du retour.

Moi, je courais d'un bout à l'autre du navire, quand un paquet de mer disloque la membrure ; la quille se détache et la vague l'emporte. Mais le mât arraché flottait contre la quille, et l'un des contre-étais y restait

31. Pour un prodige semblable, cf. XX, 345-349.

ἐπίτονος βέβλητο, βοὸς ῥινοῖο τετευχώς·
τῷ ῥ' ἄμφω συνέεργον ὁμοῦ τρόπιν ἠδὲ καὶ ἱστόν,
ἑζόμενος δ' ἐπὶ τοῖς φερόμην ὀλοοῖσ' ἀνέμοισιν.
"Ενθ' ἤτοι Ζέφυρος μὲν ἐπαύσατο λαίλαπι θύων,
ἦλθε δ' ἐπὶ Νότος ὦκα, φέρων ἐμῷ ἄλγεα θυμῷ,
ὄφρ' ἔτι τὴν ὀλοὴν ἀναμετρήσαιμι [Χάρυβδιν.
παννύχιος φερόμην, ἅμα δ' ἠελίῳ ἀνιόντι
ἦλθον ἐπὶ Σκύλλης σκόπελον δεινήν τε] Χάρυβδιν.
ἡ μὲν ἀνερροίβδησε θαλάσσης ἁλμυρὸν ὕδωρ·
αὐτὰρ ἐγὼ ποτὶ μακρὸν ἐρινεὸν ὑψόσ' ἀερθείς,
τῷ προσφὺς ἐχόμην ὡς νυκτερίς, οὐδέ πῃ εἶχον
οὔτε στηρίξαι ποσὶν ἔμπεδον οὔτ' ἐπιβῆναι·
ῥίζαι γὰρ ἑκὰς εἶχον· ἀπήωροι δ' ἔσαν ὄζοι,
μακροί τε μεγάλοι τε, κατεσκίαον δὲ Χάρυβδιν.
νωλεμέως δ' ἐχόμην, ὄφρ' ἐξεμέσειεν ὀπίσσω
ἱστὸν καὶ τρόπιν αὖτις· ἐελδομένῳ δέ μοι ἦλθον
[ὀψ'· ἦμος δ' ἐπὶ δόρπον ἀνὴρ ἀγορῆθεν ἀνέστη
κρίνων νείκεα πολλὰ δικαζομένων αἰζηῶν,
τῆμος δὴ τά γε δοῦρα Χαρύβδιος ἐξεφαάνθη].
ἧκα δ' ἐγὼ καθύπερθε πόδας καὶ χεῖρε φέρεσθαι,
μέσσῳ δ' ἐνδούπησα παρὲξ περιμήκεα δοῦρα,
ἑζόμενος δ' ἐπὶ τοῖσι διήρεσα χερσὶν ἐμῇσι.
[Σκύλλην δ' οὐκέτ' ἔασε Πατὴρ ἀνδρῶν τε θεῶν τε
ἐσιδέειν· οὐ γάρ κεν ὑπέκφυγον αἰπὺν ὄλεθρον.]
"Ενθεν δ' ἐννῆμαρ φερόμην· δεκάτῃ δέ με νυκτὶ
νῆσον ἐς Ὠγυγίην πέλασαν θεοί, ἔνθα Καλυψὼ
ναίει ἐυπλόκαμος, δεινὴ θεὸς αὐδήεσσα,
ἥ μ' ἐφίλει τ' ἐκόμει τε. τί τοι τάδε μυθολογεύω;
ἤδη γάρ τοι χθιζὸς ἐμυθεόμην ἐνὶ οἴκῳ,
σοί τε καὶ ἰφθίμῃ ἀλόχῳ· ἐχθρὸν δέ μοί ἐστιν
αὖτις ἀριζήλως εἰρημένα μυθολογεύειν.

attaché : c'était un cuir de bœuf ; je m'en sers pour lier ensemble mât et quille, et sur eux je m'assieds : les vents de mort m'emportent.

Le Zéphyr cesse alors de souffler en tempête. Mais le Notos accourt pour m'angoisser le cœur, car il me ramenait au gouffre de Charybde : toute la nuit, je flotte ; au lever du soleil, je me trouve devant la terrible Charybde et l'écueil de Skylla.

Or Charybde est en train d'avaler l'onde amère. Je me lève sur l'eau ; je saute au haut figuier ; je m'y cramponne comme une chauve-souris. Mais je n'ai le moyen ni de poser le pied ni de monter au tronc ; car le figuier, très loin des racines, tendait ses longs et gros rameaux pour ombrager Charybde.

Sans faiblir, je tiens là, jusqu'au dégorgement qui vient rendre à mes vœux et le mât et la quille.

Quand je revois mes bois qui sortent de Charybde, c'était l'heure tardive où, pour souper, le juge, ayant entre plaideurs réglé mainte querelle, rentre de l'agora. Je lâche pieds et mains pour retomber dessus ; mais sur l'eau, je me plaque entre mes longues poutres... Je remonte dessus ; je rame des deux mains, et le Père des dieux et des hommes me fait échapper cette fois aux regards de Skylla ; sinon, j'étais perdu ; la mort était sur moi ; et neuf jours, je dérive ; à la dixième nuit, le ciel me jette enfin sur cette île océane, où la nymphe bouclée, la terrible déesse douée de voix humaine, Calypso, me reçoit et me traite en amie...

Mais pourquoi vous reprendre ce récit d'hier soir ? Je l'ai fait devant toi et ta vaillante épouse... Quand l'histoire est connue, je hais de la redire. »

[Ὣς ἔφαθ'· οἱ δ' ἄρα πάντες ἀκὴν ἐγένοντο σιωπῇ.
κηληθμῷ δ' ἔσχοντο κατὰ μέγαρα σκιόεντα.
Τὸν δ' αὖτ' Ἀλκίνοος ἀπαμείβετο φώνησέν τε·
ΑΛΚ. — Ὦ Ὀδυσεῦ, ἐπεὶ ἵκευ ἐμὸν ποτὶ χαλκοβατὲς δῶ,
ὑψερεφές, τώ σ' οὔ τι πάλιν πλαγχθέντά γ' ὀίω
ἂψ ἀπονοστήσειν, εἰ καὶ μάλα πολλὰ πέπονθας.
ὑμέων δ' ἀνδρὶ ἑκάστῳ ἐφιέμενος τάδε εἴρω,
ὅσσοι ἐνὶ μεγάροισι γερούσιον αἴθοπα οἶνον
αἰεὶ πίνετ' ἐμοῖσιν, ἀκουάζεσθε δ' ἀοιδοῦ.
εἵματα μὲν δὴ ξείνῳ ἐυξέστῃ ἐνὶ χηλῷ
κεῖται καὶ χρυσὸς πολυδαίδαλος ἄλλά τε πάντα
δῶρ', ὅσα Φαιήκων βουληφόροι ἐνθάδ' ἔνεικαν·
ἀλλ' ἄγε οἱ δῶμεν τρίποδα μέγαν ἠδὲ λέβητα
ἀνδρακάς· ἡμεῖς δ' αὖτε ἀγειρόμενοι κατὰ δῆμον
τισόμεθ'· ἀργαλέον γὰρ ἕνα προικὸς χαρίσασθαι.
Ὣς ἔφατ' Ἀλκίνοος· τοῖσιν δ' ἐπιήνδανε μῦθος.
οἱ μὲν κακκείοντες ἔβαν οἶκον δὲ ἕκαστος·
ἦμος δ' ἠριγένεια φάνη ῥοδοδάκτυλος Ἠώς,
νῆα δ' ἐπεσσεύοντο, φέρον δ' εὐήνορα χαλκόν.
καὶ τὰ μὲν εὖ κατέθηχ' ἱερὸν μένος Ἀλκινόοιο,
αὐτὸς ἰὼν διὰ νηός, ὑπὸ ζυγά, μή τιν' ἑταίρων
βλάπτοι ἐλαυνόντων, ὁπότε σπερχοίατ' ἐρετμοῖς·
οἱ δ' εἰς Ἀλκινόοιο κίον καὶ δαῖτ' ἀλέγυνον.

1. Pour une bonne introduction à ce chant, cf. Hoekstra, 1989, 147-160.

2. Cf. VIII, 387 sq., et 424 sq.

(CHANT XIII[1]*.)* Il dit : tous se taisaient et, tenus sous le charme, ils gardaient le silence dans l'ombre de la salle.

Alkinoos enfin prit la parole et dit :

ALKINOOS. – « Puisque à mon seuil de bronze et sous les hauts plafonds de ma demeure, Ulysse, te voici parvenu, tu n'auras plus, je crois, pour rentrer au logis, de longues aventures, quels que soient les malheurs autrefois endurés ! Quant à vous, les doyens, je veux vous adresser à chacun ma demande, à vous qui, tous les jours, en écoutant l'aède, buvez chez moi le vin d'honneur aux sombres feux : pour notre hôte déjà, en ce coffre poli, sont rangés les tissus, les ouvrages en or et les autres présents qu'ont envoyés nos conseillers de Phéacie[2] ; allons ! ajoutons-y le don d'un grand trépied et d'un chaudron par tête[3] ; sur le peuple, demain, nous ferons la levée[4] qui nous remboursera ; car ces frais, pour chacun de nous, seraient trop lourds. »

Il dit : tous d'applaudir ces mots d'Alkinoos et chacun pour dormir rentra dans son logis. Mais sitôt que sortit de son berceau de brume l'Aurore aux doigts de roses, on courut au vaisseau, pour y porter le bronze, attribut des guerriers. Sa Force et Sainteté, montant lui-même à bord, s'en alla disposer les objets sous les bancs, pour que rien ne gênât les gens de l'équipage, si l'on forçait de rames ; puis, chez Alkinoos, on revint et l'on fit les apprêts du dîner.

3. Sur ces cadeaux, moins précieux que les précédents, cf. Scheid-Tissinier, 1994, 170 sq.

4. M. Finley, 1990, 120, insiste sur le caractère cérémonial de la remise de ces cadeaux aristocratiques.

Τοῖσι δὲ βοῦν ἱέρευσ' ἱερὸν μένος Ἀλκινόοιο
μῆρα δὲ κήαντες δαίνυντ' ἐρικυδέα δαῖτα
τερπόμενοι· μετὰ δέ σφιν ἐμέλπετο θεῖος ἀοιδός,
Δημόδοκος, λαοῖσι τετιμένος. αὐτὰρ Ὀδυσσεὺς
πολλὰ πρὸς ἠέλιον κεφαλὴν τρέπε παμφανόωντα,
δῦναι ἐπειγόμενον· δὴ γὰρ μενέαινε νέεσθαι.
[ὡς δ' ὅτ' ἀνὴρ δόρποιο λιλαίεται, ᾧ τε πανῆμαρ
νειὸν ἀν' ἕλκητον βόε οἴνοπε πηκτὸν ἄροτρον·
ἀσπασίως δ' ἄρα τῷ κατέδυ φάος ἠελίοιο
δόρπον ἐποίχεσθαι, βλάβεται δέ τε γούνατ' ἰόντι·
ὣς Ὀδυσῆ' ἀσπαστὸν ἔδυ φάος ἠελίοιο.]
Αἶψα δὲ Φαιήκεσσι φιληρέτμοισι μετηύδα,
Ἀλκινόῳ δὲ μάλιστα πιφαυσκόμενος φάτο μῦθον·
ΟΔΥ. — Ἀλκίνοε κρεῖον, πάντων ἀριδείκετε λαῶν,
πέμπετέ με σπείσαντες ἀπήμονα, χαίρετε δ' αὐτοί·
ἤδη γὰρ τετέλεσται ἅ μοι φίλος ἤθελε θυμός,
πομπὴ καὶ φίλα δῶρα, τά μοι θεοὶ οὐρανίωνες
ὄλβια ποιήσειαν· ἀμύμονα δ' οἴκοι ἄκοιτιν
νοστήσας εὕροιμι σὺν ἀρτεμέεσσι φίλοισιν.
ὑμεῖς δ' αὖθι μένοντες εὐφραίνοιτε γυναῖκας
κουριδίας καὶ τέκνα· θεοὶ δ' ἀρετὴν ὀπάσειαν
παντοίην, καὶ μή τι κακὸν μεταδήμιον εἴη.
Ὣς ἔφαθ'· οἱ δ' ἄρα πάντες ἐπῄνεον ἠδὲ κέλευον
πεμπέμεναι τὸν ξεῖνον, ἐπεὶ κατὰ μοῖραν ἔειπε.
Καὶ τότε κήρυκα προσέφη μένος Ἀλκινόοιο·
ΑΛΚ. — Ποντόνοε, κρητῆρα κερασσάμενος μέθυ νεῖμον
πᾶσιν ἀνὰ μέγαρον, ⟨ἵν' εὐ⟩ξάμενοι Διὶ πατρὶ
τὸν ξεῖνον πέμπωμεν ἑὴν ἐς πατρίδα γαῖαν.
Ὣς φάτο· Ποντόνοος δὲ μελίφρονα οἶνον ἐκίρνα,
νώμησεν δ' ἄρα πᾶσιν ἐπισταδόν· οἱ δὲ θεοῖσιν
ἔσπεισαν μακάρεσσι, τοὶ οὐρανὸν εὐρὺν ἔχουσιν,

vers 25 : Ζηνὶ κελαινεφέι Κρονίδῃ, ὃς πᾶσι ἀνάσσει

Pour les fêter, Sa Force et Sainteté le roi fit immoler un bœuf à Zeus, fils de Cronos, le dieu des nuées sombres, le roi de tous les êtres, dont on brûla les cuisses, et l'on fut à la joie de ce noble festin ; puis l'aède divin, que révérait ce peuple, Démodocos[5], chanta.

Mais Ulysse, des yeux, guettait à chaque instant le rapide déclin du soleil embrasé : il voulait tant partir !

Ainsi vont au souper les vœux du laboureur lorsque, dans la jachère, ses bœufs tachés de vin ont traîné tout le jour la charrue d'assemblage ! Et comme il est joyeux quand, le soleil éteint, il revient, les genoux flageolants, au souper ! D'un cœur aussi joyeux, Ulysse salua le coucher du soleil et, soudain, c'est aux bons rameurs de Phéacie, mais surtout à leur roi, qu'il adressa ces mots :

ULYSSE. – « Seigneur Alkinoos, l'honneur de tout ce peuple, faites aux dieux l'offrande, puis reconduisez-moi, sain et sauf, au logis. Je vous fais mes adieux. Vous avez accompli tous les vœux de mon cœur : ce départ, ces cadeaux, puissent les dieux du ciel me les rendre prospères ! et puissé-je au logis retrouver sains et saufs ma femme et tous les miens ! Et vous qu'ici je laisse, puissiez-vous rendre heureux et vos enfants et vos compagnes de jeunesse ! et, les dieux vous donnant toute félicité, qu'à jamais le malheur épargne votre peuple ! »

Il dit : tous, d'applaudir et d'émettre le vœu qu'on remmenât cet hôte qui savait si bien dire.

Sa Force Alkinoos appela le héraut :

ALKINOOS. – « Pontonoos, fais-nous le mélange au cratère et donne-nous du vin à tous, en cette salle, pour prier Zeus le père et renvoyer cet hôte à la terre natale[6]. »

Il dit : Pontonoos mêla dans le cratère un vin fleurant le miel, puis s'en vint à la ronde emplir toutes les coupes, et chacun, sans quitter son siège, fit l'offrande aux dieux, aux Bienheureux, maîtres des champs du ciel.

5. Sur cet aède et ses chants, cf. VIII, 44, 73 et note.

6. Avant un voyage ou un départ à la guerre, on honorait les dieux avec des sacrifices propitiatoires et des libations.

αὐτόθεν ἐξ ἑδρέων· ἀνὰ δ' ἵστατο δῖος Ὀδυσσεύς,
Ἀρήτῃ δ' ἐν χειρὶ τίθει δέπας ἀμφικύπελλον
καί μιν φωνήσας ἔπεα πτερόεντα προσηύδα·
ΟΔΥ. — Χαῖρέ μοι, ὦ βασίλεια, διαμπερές, εἰς ὅ κε γῆρας
ἔλθῃ καὶ θάνατος, τά τ' ἐπ' ἀνθρώποισι πέλονται.
αὐτὰρ ἐγὼ νέομαι· σὺ δὲ τέρπεο τῷδ' ἐνὶ οἴκῳ
παισί τε καὶ λαοῖσι καὶ Ἀλκινόῳ βασιλῆϊ.
Ὣς εἰπὼν ὑπὲρ οὐδὸν ἐβήσετο δῖος Ὀδυσσεύς.
τῷ δ' ἅμα κήρυκα προΐει μένος Ἀλκινόοιο,
ἡγεῖσθαι ἐπὶ νῆα θοὴν καὶ θῖνα θαλάσσης.
Ἀρήτη δ' ἄρα οἱ δμῳὰς ἅμ' ἔπεμπε γυναῖκας,
τὴν μὲν φᾶρος ἔχουσαν ἐυπλυνὲς ἠδὲ χιτῶνα,
τὴν δ' ἑτέρην χηλὸν πυκινὴν ἅμ' ὄπασσε κομίζειν·
ἡ δ' ἄλλη σῖτόν τε φέρεν καὶ οἶνον ἐρυθρόν.
Αὐτὰρ ἐπεί ῥ' ἐπὶ νῆα κατήλυθον ἠδὲ θάλασσαν,
αἶψα τά γ' ἐν νηὶ γλαφυρῇ πομπῆες ἀγαυοὶ
δεξάμενοι κατέθεντο, πόσιν καὶ βρῶσιν ἅπασαν·
κὰδ δ' ἄρ' Ὀδυσσῆι στόρεσαν ῥῆγός τε λίνον τε
νηὸς ἐπ' ἰκριόφιν γλαφυρῆς, ἵνα νήγρετον εὕδοι,
πρυμνῆς· ἂν δὲ καὶ αὐτὸς ἐβήσετο καὶ κατέλεκτο
σιγῇ· τοὶ δὲ κάθιζον ἐπὶ κληῖσι ἕκαστοι
κόσμῳ, πεῖσμα δ' ἔλυσαν ἀπὸ τρητοῖο λίθοιο.
εὖθ' οἱ ἀνακλινθέντες ἀνερρίπτουν ἅλα πηδῷ,
καὶ τῷ νήδυμος ὕπνος ἐπὶ βλεφάροισιν ἔπιπτε,
νήγρετος, ⟨ἡσυχίῳ⟩ θανάτῳ ἄγχιστα ἐοικώς.
[ἡ δ', ὥς τ' ἐν πεδίῳ τετράοροι ἄρσενες ἵπποι,
πάντες ἅμ' ὁρμηθέντες ὑπὸ πληγῇσιν ἱμάσθλης,
ὑψόσ' ἀειρόμενοι ῥίμφα πρήσσουσι κέλευθον,
ὣς ἄρα τῆς πρύμνη μὲν ἀείρετο, κῦμα δ' ὄπισθε
πορφύρεον μέγα θῦε πολυφλοίσβοιο θαλάσσης.]
ἡ δὲ μάλ' ἀσφαλέως θέεν ἔμπεδον· οὐδέ κεν ἴρηξ
κίρκος ὁμαρτήσειεν, ἐλαφρότατος πετεηνῶν.]

Mais déjà le divin Ulysse était debout ; dans la main d'Arété, il mit la double coupe et lui dit, élevant la voix, ces mots ailés :

Ulysse. – « Ô reine, à ton bonheur ! ton bonheur éternel, jusqu'au jour où viendront la vieillesse et la mort : c'est notre lot à nous. Puisque je vais partir, ah ! qu'en cette maison, longtemps fassent ta joie le roi Alkinoos, tes enfants et ton peuple ! »

Et comme le divin Ulysse, sur ces mots, avait franchi le seuil, Sa Force Alkinoos lui donna un héraut pour le mener jusqu'au croiseur, sur le rivage ; avec eux, Arété dépêcha trois servantes : la première portait la robe avec l'écharpe tout fraîchement lavée ; l'autre suivait, portant le coffre aux bois épais, et la troisième avait le pain et le vin rouge.

Quand ils eurent atteint le navire et la mer, les nobles convoyeurs se hâtèrent de prendre les vivres pour la route et de les déposer dans le fonds du vaisseau ; puis, des draps de linon, ils firent pour Ulysse, sur le gaillard de poupe, un lit où le héros dormirait loin du bruit. Alors il s'embarqua, se coucha sans rien dire ; en ordre, les rameurs prirent place à leurs bancs ; de la pierre trouée, on détacha l'amarre, et bientôt, reins cambrés, dans l'embrun de l'écume, ils tiraient l'aviron.

Mais déjà, sur ses yeux, tombait un doux sommeil[7], sans sursaut, tout pareil à la paix de la mort : comme, devant le char, on voit quatre étalons s'élancer dans la plaine et pointer tous ensemble et dévorer la route sous les claques du fouet ; ainsi pointait la proue et, dans les gros bouillons du sillage, roulait la mer retentissante, et le vaisseau courait sans secousse et sans risque, et l'épervier, le plus rapide des oiseaux, ne l'aurait pas suivi.

7. Ce doux sommeil diffère de l'assoupissement qui causa la perte d'Ulysse au départ de l'île d'Éole, cf. X, 31.

Ὣς ἡ ῥίμφα θέουσα θαλάσσης κύματ' ἔταμνεν
ἄνδρα φέρουσα θεοῖσ' ἐναλίγκια μήδε' ἔχοντα,
ὃς πρὶν μὲν μάλα πολλὰ πάθ' ἄλγεα ὃν κατὰ θυμόν·
δὴ τότε γ' ἀτρέμας εὗδε, λελασμένος ὅσσ' ἐπεπόνθει.
Εὖτ' ἀστὴρ ὑπερέσχε φαάντατος, ὅς τε μάλιστα
ἔρχεται ἀγγέλλων φάος Ἠοῦς ἠριγενείης,
τῆμος δὴ Νήσῳ προσεπίλνατο ποντοπόρος νηῦς.
Φόρκυνος δέ τίς ἐστι λιμὴν ἁλίοιο γέροντος
ἐν δήμῳ Ἰθάκης, δύο δὲ προβλῆτες ἐν αὐτῷ
ἀκταὶ ἀπορρῶγες, λιμένος ποτὶ πεπτηυῖαι,
αἵ τ' ἀνέμων σκεπόωσι δυσαήων μέγα κῦμα
ἔκτοθεν· ἔντοσθεν δέ τ' ἄνευ δεσμοῖο μένουσι
νῆες ἐύσσελμοι, ὅτ' ἂν ὅρμου μέτρον ἵκωνται.
αὐτὰρ ἐπὶ κρατὸς λιμένος τανύφυλλος ἐλαίη·
ἀγχόθι δ' αὐτῆς ἄντρον ἐπήρατον ἠεροειδές,
ἱρὸν Νυμφάων, αἳ Νηιάδες καλέονται.
ἐν δὲ κρητῆρές τε καὶ ἀμφιφορῆες ἔασι
λάϊνοι, ἔνθα δ' ἔπειτα τιθαιβώσσουσι μέλισσαι·
ἐν δ' ἱστοὶ λίθεοι περιμήκεες, ἔνθά τε Νύμφαι
φάρε' ὑφαίνουσιν ἁλιπόρφυρα, θαῦμα ἰδέσθαι·
ἐν δ' ὕδατ' ἀενάοντα· δύω δέ τέ οἱ θύραι εἰσίν,
αἱ μὲν πρὸς Βορέαο καταιβαταὶ ἀνθρώποισιν·
αἱ δ' αὖ πρὸς Νότου εἰσὶ θεώτεραι· οὐδέ τι κείνῃ
ἄνδρες ἐσέρχονται· ἀλλ' ἀθανάτων ὁδός ἐστιν.
Ἔνθ' οἵ γ' εἰσέλασαν πρὶν εἰδότες· ἡ μὲν ἔπειτα
ἠπείρῳ ἐπέκελσεν, ὅσον τ' ἐπὶ ἥμισυ πάσης,
σπερχομένη· τοῖον γὰρ ἐπείγετο χέρσ' ἐρετάων.

vers 91 : ἀνδρῶν τε πτολέμους ἀλεγεινά τε κύματα πείρων

8. Probablement Vénus.

9. Fils de Nérée, le Vieux de la mer, et de Gaia, la Terre, Phorkys est une divinité marine. Ici il s'agit du mouillage (Port Vathy ou baie de Dexia) ; cf. Byre, 1994, 1-13.

Il courait, il volait, fendant le flot des mers, emportant ce héros aux divines pensées, dont l'âme avait connu, autrefois, tant d'angoisses à batailler sur terre, à peiner sur les flots. Maintenant, sans un geste, il dormait, oubliant tous les maux endurés.

Juste à l'heure où paraît la reine des étoiles[8], qui vient pour annoncer le lever de l'Aurore en son berceau de brume, le navire, achevant sa course sur la mer, abordait en Ithaque.

Le Vieillard de la mer, Phorkys[9], a dans les champs d'Ithaque un de ses ports. Deux pointes avancées, qui dressent face à face leurs falaises abruptes, rejettent au-dehors les colères du vent et de la grande houle ; au-dedans, les rameurs peuvent abandonner leur vaisseau sans amarre, sitôt qu'ils ont atteint la ligne du mouillage. À la tête du port, un olivier s'éploie, et l'on trouve tout près la sainte grotte obscure et charmante des nymphes, qu'on appelle Naïades[10]. On y voit leurs cratères, leurs amphores de pierre, où vient rucher l'abeille et, sur leurs grands métiers de pierre, les tissus peints en pourpre de mer, que fabriquent leurs mains, – enchantement des yeux ! – et leurs sources d'eaux vives.

La grotte a deux entrées : par l'une, ouverte au nord, descendent les humains ; l'autre s'ouvre au midi ; mais c'est l'entrée des dieux ; jamais homme ne prend ce chemin d'Immortels.

En ce port connu d'eux, les Phéaciens pénètrent. Ils s'échouent sur la grève et presque une moitié de leur

10. Divinités des eaux. Les Naïades recevaient un culte dans cette grotte d'Ithaque que certains associent à celle de Marmorospilia, proche de la baie de Dexia, d'autres à la baie de Polis où l'on a trouvé des offrandes à ces divinités, soit treize trépieds (cf. Hoekstra, *ad* vv. 217-218, et Stubbings, 418-419).

οἱ δ' ἐκ νηὸς βάντες ἐυζύγου ἤπειρον δὲ
πρῶτον Ὀδυσσῆα γλαφυρῆς ἐκ νηὸς ἄειραν
αὐτῷ σύν τε λίνῳ καὶ ῥήγεϊ σιγαλόεντι
κὰδ δ' ἄρ' ἐπὶ ψαμάθῳ ⟨ἐ⟩ θέσαν δεδμημένον ὕπνῳ,
ἐκ δὲ κτήματ' ἄειραν, ἅ οἱ Φαίηκες ⟨ἔδωκαν⟩,
καὶ τὰ μὲν οὖν παρὰ πυθμέν' ἐλαίης ἀθρόα θῆκαν
ἐκτὸς ὁδοῦ, μή πώ τις ὁδιτάων ἀνθρώπων
πρὶν Ὀδυσῆ' ἔγρεσθαι ἐπελθὼν δηλήσαιτο·
αὐτοὶ δ' αὖ οἶκον δὲ πάλιν κίον· οὐδ' Ἐνοσίχθων
λήθετ' ἀπειλάων, τὰς ἀντιθέῳ Ὀδυσῆι
πρῶτον ἐπηπείλησε· Διὸς δ' ἐξείρετο βουλήν·
ΠΟΣ. — Ζεῦ πάτερ, οὐκέτ' ἐγώ γε μετ' ἀθανάτοισι θεοῖσι
τιμήεις ἔσομαι, ὅτε με βροτοὶ οὔ τι τίουσι,
Φαίηκες, τοί πέρ τε ἐμῆς ἔξεισι γενέθλης.
καὶ γὰρ νῦν Ὀδυσῆα φάμην κακὰ πολλὰ παθόντα
οἴκαδ' ἐλεύσεσθαι, νόστον δέ οἱ οὔ ποτ' ἀπηύρων
πάγχύ ⟨γ'⟩ ἐπεὶ σὺ πρῶτον ὑπέσχεο καὶ κατένευσας·
οἱ δ' εὕδοντ' ἐν νηὶ θοῇ ἐπὶ πόντον ἄγοντες
κάτθεσαν ἐν Ἰθάκῃ, ἔδοσαν δέ οἱ ἀγλαὰ δῶρα,
πόλλ', ὅσ' ἂν οὐδέ ποτε Τροίης ἐξ ἤρατ' Ὀδυσσεύς,
εἴ περ ἀπήμων ἦλθε, λαχὼν ἀπὸ ληίδος αἶσαν.
Τὸν δ' ἀπαμειβόμενος προσέφη νεφεληγερέτα Ζεύς·
ΖΕΥΣ — Ὢ πόποι, Ἐννοσίγαι' εὐρυσθενές, οἷον ἔειπες.
οὔ τί σ' ἀτιμάζουσι θεοί· χαλεπὸν δέ κεν εἴη
πρεσβύτατον καὶ ἄριστον ἀτιμίῃσιν ἰάλλειν.
ἀνδρῶν δ' εἴ πέρ τίς σε βίῃ καὶ κάρτεϊ εἴκων
οὔ τι τίει, σοὶ δ' ἐστὶ καὶ ἐξοπίσω τίσις αἰεί.
ἔρξον ὅπως ἐθέλεις καί τοι φίλον ἔπλετο θυμῷ.

vers 121 : ... ἀγαυοὶ
πασαν οἴκαδ' ἰόντι διὰ μεγάθυμον Ἀθήνην
vers 136 : χαλκόν τε χρυσόν τε ἅλις ἐσθῆτά θ' ὑφαντήν

navire y monte, tant les bras des rameurs avaient donné l'élan ! Ils sautent hors des bancs, prennent d'abord Ulysse et, du creux du vaisseau, l'enlèvent en ses draps et son linon moiré ; sans rompre son sommeil, sur le sable, ils le posent ; ils tirent du vaisseau les richesses données par les rois phéaciens pour revenir chez lui : il devait ces présents au grand cœur d'Athéna ; ils les mettent en tas, au pied de l'olivier, à l'écart de la route, de peur que les passants n'en viennent dérober, avant qu'il se réveille, puis, reprenant la mer, le croiseur s'en retourne.

Mais l'Ébranleur du sol n'avait pas oublié ses menaces d'antan à ce divin Ulysse. Il s'en était allé prendre l'avis de Zeus :

POSIDON. – « Quel respect, Zeus le Père, auront encor pour moi, les dieux, les Immortels, quand les mortels me bravent, même ces Phéaciens qui sont nés de ma race[11] ? Je savais bien qu'Ulysse, à travers mille maux, rentrerait au logis ; connaissant dès l'abord ta promesse jurée, jamais je n'ai voulu le priver du retour. Mais c'est tout endormi, qu'à bord de leur croiseur, ces gens de Phéacie lui font passer la mer pour le mettre en Ithaque, avec de tels présents (un pareil chargement d'or, de bronze et d'étoffes) qu'Ulysse revenu d'Ilion sans encombre, n'eut jamais rapporté pareil lot de butin. »

Zeus, l'assembleur des nues, lui fit cette réponse :

ZEUS. – « Misère ! que dis-tu ! les dieux te mépriser, toi, l'Ébranleur du sol à la force géante ! Je voudrais bien les voir ne pas te respecter, toi, leur aîné, leur chef[12] ! Mais s'il est des mortels dont l'audace se croie de force à te braver, n'as-tu pas aujourd'hui et demain la vengeance ? Fais comme il te plaira pour assouvir ton cœur. »

11. Sur cette généalogie, cf. VII, 56 sq.

12. Ce texte s'oppose à *Iliade*, XIII, 355, où Zeus est présenté comme le plus âgé des enfants de Cronos et de Rhéa. Cependant, chez Hésiode, *Th.*, 453-506, Zeus apparaît comme le plus jeune des Cronides.

Τὸν δ' ἠμείβετ' ἔπειτα Ποσειδάων ἐνοσίχθων·
ΠΟΣ. — Αἶψά κ' ἐγὼ ἔρξαιμι, Κελαινεφές, ὡς ἀγορεύεις·
ἀλλὰ σὸν αἰεὶ θυμὸν ὀπίζομαι ἠδ' ἀλεείνω.
νῦν αὖ Φαιήκων ἐθέλω περικαλλέα νῆα
ἐκ πομπῆς ἀνιοῦσαν ἐν ἠεροειδέι πόντῳ 150
ῥαῖσαι, ἵν' ἤδη σχῶνται, ἀπολλήξωσι δὲ πομπῆς. 151
Τὸν δ' ἀπαμειβόμενος προσέφη νεφεληγερέτα Ζεύς· 153
ΖΕΥΣ — Ὢ πέπον, ὡς μὲν ἐμῷ θυμῷ δοκεῖ εἶναι ἄριστα·
ὁππότε κεν δὴ πᾶ⟨σαν⟩ ἐλαυνομένην προΐδωνται 155
λαοὶ ἀπὸ πτόλιος, θεῖναι λίθον ἐγγύθι γαίης
νηὶ θοῇ ἴκελον, ἵνα θαυμάζωσιν ἅπαντες. 157
Αὐτὰρ ἐπεὶ τό γ' ἄκουσε Ποσειδάων ἐνοσίχθων, 159
βῆ ῥ' ἴμεν ἐς Σχερίην, ὅθι Φαίηκες γεγάασιν. 160
ἔνθ' ἔμεν'· ἡ δὲ μάλα σχεδὸν ἤλυθε ποντοπόρος νηῦς
ῥίμφα διωκομένη· τῆς δὲ σχεδὸν ἦλθ' Ἐνοσίχθων,
ὅς μιν λᾶαν ἔθηκε καὶ ἐρρίζωσεν ἔνερθεν
χειρὶ καταπρηνεῖ ἐλάσας· ὁ δὲ νόσφι βεβήκει·
οἱ δὲ πρὸς ἀλλήλους ἔπεα πτερόεντ' ἀγόρευον 165
Φαίηκες δολιχήρετμοι, ναυσικλυτοὶ ἄνδρες.
Ὧδε δέ τις εἴπεσκε ἰδὼν ἐς πλησίον ἄλλον·
ΧΟΡ. — Ὤμοι, τίς δὴ νῆα θοὴν ἐπέδησ' ἐνὶ πόντῳ
οἴκαδ' ἐλαυνομένην; καὶ δὴ προυφαίνετο πᾶσα.

vers 152 : ἀνθρώπων, μέγα δέ σφιν ὄρος πόλει ἀμφικαλύψαι
vers 158 : ἄνθρωποι, μέγα δέ σφιν ὄρος πόλει ἀμφικαλύψαι

Posidon, l'Ébranleur du sol, lui répondit :

POSIDON. – « J'aurais depuis longtemps fait ce que tu dis là, dieu des sombres nuées ! Mais je crains ta colère et voudrais l'éviter. Aujourd'hui, quand je vois, dans la brume des mers, les Phéaciens rentrer de cette reconduite, je pense à disloquer leur solide vaisseau, pour que, rendus prudents, ils quittent désormais ce métier de passeurs[13], et couvrir leur cité du grand mont qui l'encercle[14]. »

Zeus, l'assembleur des nues, lui fit cette réponse :

ZEUS. – « Cher, voici le parti que choisirait mon cœur. Quand les gens de la ville pourront voir leur vaisseau, de la pomme à la quille, rentrant à pleine vogue, j'en ferais un rocher tout proche de la rive en couvrant leur cité du grand mont qui l'encercle : que ce croiseur de pierre étonne les humains ! »

Il dit, et Posidon, l'Ébranleur de la terre, eut à peine entendu qu'il s'en fut en Schérie, en terre phéacienne, et là, il attendit. Le croiseur, arrivant du large, était tout proche ; il passait en vitesse : l'Ébranleur de la terre fit un pas, étendit la main et, le frappant, l'enracina au fond des eaux comme une roche[15]. Puis il s'en retourna.

Quels discours échangeaient en paroles ailées ces gens de Phéacie, ces armateurs, ces mariniers aux longues rames ! Se tournant l'un vers l'autre, ils se disaient entre eux :

LE CHŒUR. – « Misère ! Ah ! qui vient donc d'entraver dans la mer le croiseur qui rentrait ? on le voyait déjà de la pomme à la quille ! »

13. Sur ces *pompoi apêmones*, « infaillibles passeurs », voir particulièrement VIII, 566 (et aussi VII, 8, 27-28, 36).

14. En VIII, 564-569, Alcinoos avait fait part à Ulysse d'une ancienne prophétie correspondant aux menaces de Poséidon ; cf. Ballabriga, 1998, 198-203.

15. Poséidon se contente de transformer le navire des Phéaciens en rocher, souvenir de son éternelle colère contre les Phéaciens.

Ὣς ἄρα τις εἴπεσκε· τὰ δ' οὐ ἴσαν ὡς ἐτέτυκτο.
τοῖσιν δ' Ἀλκίνοος ἀγορήσατο καὶ μετέειπεν·
ΑΛΚ. — Ὢ πόποι, ἦ μάλα δή με παλαίφατα θέσφαθ' ἱκάνει
πατρὸς ἐμοῦ, ὃς ἔφασκε Ποσειδάων' ἀγάσεσθαι
ἡμῖν, οὕνεκα πομποὶ ἀπήμονές εἰμεν ἁπάντων.
φῆ ⟨δέ ἑ⟩ Φαιήκων ἀνδρῶν εὐεργέα νῆα
ἐκ πομπῆς ἀνιοῦσαν ἐν ἠεροειδέι πόντῳ
ῥαισέμεναι, μέγα δ' ἥμιν ὄρος πόλει ἀμφικαλύψειν.
ὣς ἀγόρευ' ὁ γέρων· τάδε δὴ νῦν πάντα τελεῖται.
ἀλλ' ἄγεθ', ὡς ἂν ἐγὼ εἴπω, πειθώμεθα πάντες·
πομπῆς μὲν παύσασθε βροτῶν, ὅτε κέν τις ἵκηται
ἡμέτερον προτὶ ἄστυ· Ποσειδάωνι δὲ ταύρους
δώδεκα κεκριμένους ἱερεύσομεν, αἴ κ' ἐλεήσῃ
μηδ' ἡμῖν περίμηκες ὄρος πόλει ἀμφικαλύψῃ.
Ὣς ἔφαθ'· οἱ δ' ἔδεισαν, ἑτοιμάσσαντο δὲ ταύρους.

ΟΔΥΣΣΗΟΣ ΑΦΙΞΙΣ ΕΙΣ ΙΘΑΚΗΝ

Ὣς οἱ μέν ῥ' εὔχοντο Ποσειδάωνι ἄνακτι
δήμου Φαιήκων ἡγήτορες ἠδὲ μέδοντες,
ἑστεῶτες περὶ βωμόν· ὁ δ' ἔγρετο δῖος Ὀδυσσεὺς
εὕδων ἐν γαίῃ πατρωίῃ, οὐδέ μιν ἔγνω
ἤδη δὴν ἀπεών· περὶ γάρ ⟨τέ οἱ⟩ ἠέρα χεῦε
Παλλὰς Ἀθηναίη, κούρη Διός, ὄφρα μιν αὐτῷ
ἄγνωστον τεύξειε ἕκαστά τε μυθήσαιτο,
[μή μιν πρὶν ἄλοχος γνοίη ἀστοί τε φίλοι τε,
πρὶν πᾶσαν μνηστῆρας ὑπερβασίην ἀποτῖσαι.]
τοὔνεκ' ἄρ' ἀλλοειδέα φαινέσκετο πάντα ἄνακτι,
ἀτραπιτοί τε διηνεκέες λιμένες τε πάνορμοι
πέτραι τ' ἠλίβατοι καὶ δένδρεα τηλεθόωντα·

16. Ce sacrifice est à la fois une manifestation d'action de grâces (le dieu n'a pas détruit Schérie) et une façon de se concilier la bonne

Ainsi parlaient les gens sans comprendre l'affaire. Mais, prenant la parole, Alkinoos leur dit :

Alkinoos. – « Ah ! misère ! je vois s'accomplir les oracles du vieux temps de mon père : Posidon, disait-il, nous en voudrait un jour de notre renommée d'infaillibles passeurs et, lorsque reviendrait de quelque reconduite un solide croiseur du peuple phéacien, le dieu le briserait dans la brume des mers, puis couvrirait le bourg du grand mont qui l'encercle. Tous ces mots du vieillard, vont-ils donc s'accomplir ? Allons, croyez-m'en tous : faites ce que je dis ; renonçons à passer quiconque vient chez nous ; offrons à Posidon douze taureaux de choix ; implorons sa pitié[16] ; qu'il laisse notre bourg sans l'avoir recouvert de la longue montagne. »

Il dit, et, pris de crainte, le peuple phéacien apprêtait les taureaux...

La rentrée d'Ulysse[17]

Pendant qu'en Phéacie, entourant son autel, doges et conseillers adressaient leur prière à leur roi Posidon, Ulysse s'éveillait de son premier sommeil sur la terre natale, mais sans la reconnaître après sa longue absence ; car Pallas Athéna, cette fille de Zeus, avait autour de lui versé une nuée, afin que, de ces lieux, il ne reconnût rien et qu'il apprît tout d'elle : ni sa femme, ni son peuple, ni ses amis ne devaient le connaître, tant que, des prétendants, il n'aurait pas puni toutes les violences. Aussi, devant les yeux du maître, tout n'était que sites étrangers, les mouillages des ports, les rocs inaccessibles, les sentes en lacet et les arbres touffus.

volonté de Poséidon. Ce sacrifice a probablement lieu sur l'agora, près de l'autel, évoquée en VI, 267.

17. Pour l'arrivée d'Ulysse à Ithaque, cf. Pucci, 1995, 147-149.

στῆ δ' ἄρ' ἀναΐξας καί ῥ' ἔσιδε πατρίδα γαῖαν,
ᾤμωξέν τ' ἄρ' ἔπειτα καὶ ὣ πεπλήγετο μηρὼ
χερσὶ καταπρηνέσσ', ὀλοφυρόμενος δὲ προσηύδα·
[ΟΔΥ. — Ὤ μοι ἐγώ, τέων αὖτε βροτῶν ἐς γαῖαν ἱκάνω;
ἦ ῥ' οἵ γ' ὑβρισταί τε καὶ ἄγριοι οὐδὲ δίκαιοι
ἦε φιλόξεινοι καί σφιν νόος ἐστὶ θεουδής;
πῇ δὴ χρήματα πολλὰ φέρω τάδε; πῇ δὲ καὶ αὐτὸς
πλάζομαι; αἴθ' ὄφελον μεῖναι παρὰ Φαιήκεσσιν
αὐτοῦ· ἐγὼ δέ κεν ἄλλον ὑπερμενέων βασιλήων
ἐξικόμην, ὅς κέν με φίλει καὶ ἔπεμπε νέεσθαι.
νῦν δ' οὔτ' ἄρ πῃ θέσθαι ἐπίσταμαι, οὐδὲ μὲν αὐτοῦ
καλλείψω, μή πως μοι ἕλωρ ἄλλοισι γένηται.]

ΟΔΥ. — Ὢ πόποι, οὐκ ἄρα πάντα νοήμονες οὐδὲ δίκαιοι
ἦσαν Φαιήκων ἡγήτορες ἠδὲ μέδοντες,
οἵ μ' εἰς ἄλλην γαῖαν ἀπήγαγον· ἦ τέ μ' ἔφαντο
ἄξειν εἰς Ἰθάκην εὐδείελον, οὐδὲ τέλεσσαν.
Ζεὺς ⟨δέ⟩ σφεας τίσαιθ' ἱκετήσιος, ὅς τε καὶ ἄλλους
ἀνθρώπους ἐφορᾷ καὶ τίνυται ὅς τις ἁμάρτῃ.
ἀλλ' ἄγε δὴ τὰ χρήματ' ἀριθμήσω καὶ ἴδωμαι,
μή τί μοι οἴχωνται κοίλης ἐπὶ νηὸς ἄγοντες.
Ὣς εἰπὼν τρίποδας περικαλλέας ἠδὲ λέβητας
ἠρίθμει καὶ χρυσὸν ὑφαντά τε εἵματα καλά.
τῶν μὲν ἄρ' οὔ τι πόθει· ὁ δ' ὀδύρετο πατρίδα γαῖαν
ἑρπύζων παρὰ θῖνα πολυφλοίσβοιο θαλάσσης,
πόλλ' ὀλοφυρόμενος. σχεδόθεν δέ οἱ ἦλθεν Ἀθήνη
ἀνδρὶ δέμας ἐικυῖα νέῳ, ἐπιβώτορι μήλων,
παναπάλῳ, οἷοί τε ἀνάκτων παῖδες ἔασι,
δίπτυχον ἀμφ' ὤμοισιν ἔχουσ' εὐεργέα λώπην,
ποσσὶ δ' ὑπὸ λιπαροῖσι πέδιλ' ἔχε, χειρὶ δ' ἄκοντα.
Τὴν δ' Ὀδυσεὺς γήθησε ἰδὼν καὶ ἐναντίος ἦλθε
καί μιν φωνήσας ἔπεα πτερόεντα προσηύδα·

Brusquement relevé, debout, il contemplait le pays de ses pères... Il se prit à gémir et, du plat de ses mains se frappant les deux cuisses, il eut un cri d'angoisse :

ULYSSE. – « Quel est donc ce pays ? hélas ! chez quels mortels suis-je enfin revenu ? chez un peuple sauvage, des bandits sans justice ? ou des gens accueillants qui respectent les dieux ? Où l'en vais-je porter cet amas de richesses ? moi-même, où m'en aller ? Que ne suis-je resté là-bas en Phéacie ! j'aurais bien rencontré quelque autre roi puissant qui m'aurait accueilli et reconduit chez moi. Maintenant je ne sais où mettre tous ces biens... Et pourtant, je ne puis les abandonner là, en proie à tout venant.

Misère ! ah ! voilà donc ces gens de Phéacie ! ces gens sensés et justes ! Doges et conseillers, c'est eux qui m'ont jeté sur la terre étrangère, eux qui m'avaient tant dit qu'ils me ramèneraient en mon aire d'Ithaque ! Puisqu'ils n'en ont rien fait, que Zeus les récompense, le Zeus des suppliants, qui, surveillant les hommes, sait punir leurs forfaits ! Mais allons ! que je compte et revoie mes richesses : pourvu qu'en s'en allant, ils n'aient rien emporté au creux de leur vaisseau ! »

Il dit et dénombra les splendides trépieds, et les chaudrons, et l'or, et les belles étoffes : il ne lui manquait rien. Mais avec quels sanglots il pleurait sa patrie, en se traînant au bord des vagues mugissantes !

Athéna vint à lui. Elle avait pris les traits d'un jeune pastoureau[18], d'un tendre adolescent qui serait fils de roi. Sur l'épaule, elle avait la double et fine cape, à la main la houlette et, sous ses pieds luisants, la paire de sandales.

Ulysse en la voyant eut le cœur plein de joie. Il vint à sa rencontre et dit ces mots ailés :

18. Sur cette épiphanie d'Athéna, cf. Pucci, 1995, 150. Chez Circé, c'est également sous les traits d'un adolescent qu'Hermès se présente à Ulysse ; cf. X, 278-279.

ΟΔΥ. — Ὦ φίλ', ἐπεί σε πρῶτα κιχάνω τῷδ' ἐνὶ χώρῳ,
χαῖρέ τε καὶ μή μοί τι κακῷ νόῳ ἀντιβολήσαις,
ἀλλὰ σάω μὲν ταῦτα, σάω δ' ἐμέ· σοὶ γὰρ ἐγώ γε
εὔχομαι ὥς τε θεῷ καί σευ φίλα γούναθ' ἱκάνω.
καί μοι τουτ' ἀγόρευσον ἐτήτυμον, ὄφρ' ἐῢ εἰδῶ·
τίς γῆ, τίς δημος; τίνες ἀνέρες ἐγγεγάασιν;
ἦ πού τις νήσων εὐδείελος, ἠέ τις ἀκτὴ
κεῖθ' ἁλὶ κεκλιμένη ἐριβώλακος ἠπείροιο;
Τὸν δ' αὖτε προσέειπε θεὰ γλαυκῶπις Ἀθήνη·
ΑΘΗ. — Νήπιός εἰς, ὦ ξεῖν', ἢ τηλόθεν εἰλήλουθας,
εἰ δὴ τῆνδέ ⟨μ⟩ε γαῖαν ἀνείρεαι. οὐδέ τι λίην
οὕτω νώνυμός ἐστι· ἴσασι δέ μιν μάλα πολλοί,
ἠμὲν ὅσοι ναίουσι πρὸς ἠῶ τ' ἠέλιόν τε,
ἠδ' ὅσσοι μετόπισθε ποτὶ ζόφον ἠερόεντα·
ἤτοι μὲν τρηχεῖα καὶ οὐχ ἱππήλατός ἐστιν,
οὐ δὲ λίην λυπρή, ἀτὰρ οὐδ' εὐρεῖα τέτυκται.
ἐν μὲν γάρ οἱ σῖτος ἀθέσφατος, ἐν δέ τε οἶνος
γίνεται· αἰεὶ δ' ὄμβρος ἔχει τεθαλυῖά θ' ἐέρση·
αἰγίβοτας δ' ἀγαθὴ καὶ ⟨σ⟩ύβοτος· ἔστι μὲν ὕλη
παντοίη· ἐν δ' ἀρδμοὶ ἐπηετανοὶ παρέασι.
τῶ τοι, ξεῖν', Ἰθάκης γε καὶ ἐς Τροίην ὄνομ' ἵκει,
τήν περ τηλοῦ φασιν Ἀχαιΐδος ἔμμεναι αἴης.
Ὣς φάτο· γήθησεν δὲ πολύτλας δῖος Ὀδυσσεὺς
καί μιν φωνήσας ἔπεα πτερόεντα προσηύδα,
οὐ δ' ὅ γ' ἀληθέα εἶπε, πάλιν δ' ὅ γε λάζετο μῦθον,
αἰὲν ἐνὶ στήθεσσι νόον πολυκερδέα νωμῶν·
ΟΔΥ. — Πυνθανόμην Ἰθάκης γε καὶ ἐν Κρήτῃ εὐρείῃ,
τηλοῦ ὑπὲρ πόντου. νῦν δ' εἰλήλουθα καὶ αὐτὸς
χρήμασι σὺν τοίσδεσσι, λιπὼν δ' ἔτι παισὶ τοσαῦτα

vers 251 : χαίρων ᾗ γαίῃ πατρωΐῃ, ὥς οἱ ἔειπε
252 : Παλλὰς Ἀθηναίη, κούρη Διὸς αἰγιόχοιο

ULYSSE. – « Ami, puisqu'en ces lieux, c'est toi que, le premier, je rencontre, salut ! Accueille-moi sans haine ! et sauve-moi ces biens ! et me sauve moi-même ! Comme un dieu, je t'implore et suis à tes genoux. Dis-moi tout net encor ; j'ai besoin de savoir : quel est donc ce pays ? et quel en est le peuple ? et quelle en est la race ? Est-ce une île pointant sur les flots comme une aire ou, penchée sur la mer, n'est-ce que l'avancée d'un continent fertile ? »

Athéna, la déesse aux yeux pers, répliqua :

ATHÉNA. – « Es-tu fol, étranger, ou viens-tu de si loin ? Sur cette terre, ici, c'est toi qui m'interroges ? Pourtant, elle n'est pas à ce point inconnue : elle a son grand renom, aussi bien chez les gens de l'aube et du midi que dans les brumes du noroît, au fond du monde ! Elle n'est que rochers peu faits pour les chevaux[19] ; mais, sans être très pauvre et sans être très vaste, elle a du grain, du vin plus qu'on ne saurait dire, de la pluie en tout temps et de fortes rosées : un bon pays à chèvres ! un bon pays à porcs ! des bois de toute essence ; des trous d'eau toujours pleins. Et voilà, étranger, pourquoi le nom d'Ithaque est allé jusqu'à Troie, que l'on nous dit si loin de la terre achéenne ! »

À ces mots, quelle joie eut le divin Ulysse : douceur de la patrie, que la fille du Zeus à l'égide, Athéna, venait de lui nommer !

Reprenant la parole, le héros d'endurance lui dit ces mots ailés – mais c'était menteries ; pour jouer sur les mots, jamais en son esprit les ruses ne manquaient :

ULYSSE. – « Ithaque ! on m'en parla, loin d'ici, outre-mer, dans les plaines de Crète. Je ne fais qu'arriver avec ce chargement ; j'en ai laissé là-bas autant à ma famille,

19. Description semblable d'Ithaque en IV, 605 sq.

φεύγω, ἐπεὶ φίλον υἷα κατέκτανον Ἰδομενῆος,
Ὀρσίλοχον πόδας ὠκύν, ὃς ἐν Κρήτῃ εὐρείῃ
ἀνέρας ἀλφηστὰς νίκα ταχέεσσι πόδεσσι,
οὕνεκά με στερέσαι τῆς ληΐδος ἤθελε πάσης,
οὕνεκ' ἄρ' οὐ ᾧ πατρὶ χαριζόμενος θεράπευον
δήμῳ ἔνι Τρώων, ἀλλ' ἄλλων ἦρχον ἑταίρων.
τὸν μὲν ἐγὼ κατιόντα βάλον χαλκήρεϊ δουρὶ
ἀγρόθεν, ἐγγὺς ὁδοῖο λοχησάμενος σὺν ἑταίρῳ·
νὺξ δὲ μάλα δνοφερὴ κάτεχ' οὐρανόν· οὐδέ τις ἡμέας
ἀνθρώπων ἐνόησε· λάθον δέ ἑ θυμὸν ἀπούρας.
αὐτὰρ ἐπεὶ δὴ τόν γε κατέκτανον ὀξέϊ χαλκῷ,
αὐτίκ' ἐγὼν ἐπὶ νῆα κιὼν Φοίνικας ἀγαυοὺς
ἐλλισάμην καί σφιν μενοεικέα ληΐδα δῶκα.
τούς μ' ἐκέλευσα Πύλον δὲ καταστῆσαι καὶ ἐφέσσαι
ἢ' εἰς Ἤλιδα δῖαν, ὅθι κρατέουσιν Ἐπειοί.
ἀλλ' ἦτοί σφεας κεῖθεν ἀπώσατο ἶς ἀνέμοιο
πόλλ' ἀεκαζομένους· οὐδ' ἤθελον ἐξαπατῆσαι·
κεῖθεν δὲ πλαγχθέντες ἱκάνομεν ἐνθάδε νυκτός,
σπουδῇ δ' ἐς λιμένα προερέσσαμεν· οὐδέ τις ἥμιν
δόρπου μνῆστις ἔην, μάλα περ χατέουσιν ἑλέσθαι·
ἀλλ' αὔτως ἀποβάντες ἐκείμεθα νηὸς ἅπαντες.
ἔνθ' ἐμὲ μὲν γλυκὺς ὕπνος ἐπέλαβε κεκμηῶτα·
οἱ δὲ χρήματ' ἐμὰ γλαφυρῆς ἐκ νηὸς ἑλόντες
κάτθεσαν, ἔνθα περ αὐτὸς ἐπὶ ψαμάθοισιν ἐκείμην·
οἱ δ' ἐς Σιδονίην εὐναιομένην ἀναβάντες

vers 263 : Τρωιάδος, τῆς εἵνεκ' ἐγὼ πάθον ἄλγεα θυμῷ
264 : ἀνδρῶν τε πτολέμους ἀλεγεινά τε κύματα πείρων

20. Les mensonges d'Ulysse ont un fond de vérité. En effet, Idoménée est le roi de Crète qui participa à la guerre de Troie (cf. *Il.*, II, 645-652 ; *Od.*, III, 191), même si ce fils semble être une invention d'Ulysse. Dans l'*Odyssée*, Orsiloque est aussi le nom du père de Dioclès, roi de Phères (cf. III, 489 = XV, 187). Sur la fascination que la Crète exerçait chez les Grecs des anciens temps, cf. Hoekstra, *ad* vv. 256-286 ; Muhly, 1970, 19-64 ; Wathelet, 1974, 5-14.

le jour que j'ai dû fuir, après avoir tué, dans nos plaines de Crète, le fils d'Idoménée, le coureur Orsiloque, qui, pour ses pieds légers, n'avait pas de rival chez les pauvres humains[20]. Il voulait me priver de tout ce butin-là, ce butin de Troade, pour lequel j'avais eu tant de maux à souffrir en bataillant sur terre, en peinant sur les flots : car j'avais, disait-il, mécontenté son père et trahi son service, pour commander ma bande au pays des Troyens. Un soir qu'il revenait des champs, je le frappai du bronze de ma lance : j'étais en embuscade avec un compagnon, sur le bord du chemin ; la nuit la plus obscure avait empli le ciel ; personne ne pouvait nous voir ; en plein secret, je lui fis rendre l'âme[21]. Dès que je l'eus tué à la pointe du bronze, je courus implorer, à bord de leur vaisseau, de nobles Phéniciens[22]. Je leur offris sur mon butin de quoi leur plaire. Je les avais priés de me mettre à Pylos[23] ou de me débarquer dans la divine Élide[24], chez les rois épéens. Mais la rage du vent les jeta hors de route : ils luttèrent en vain, sans vouloir me duper ; écartés de Pylos, c'est en ces lieux qu'ils vinrent... Cette nuit, leurs rameurs nous ont fait à grand-peine entrer en cette rade ; personne ne parla du souper dont pourtant nous avions grand besoin ; mais, sitôt débarqués, tout le monde dormait... Le bon sommeil qui me prit là ! j'étais brisé ! Du creux de leur navire, ils ont

21. Ulysse évoque l'exil qui succéda à ce meurtre imaginaire. En effet, les meurtriers devaient s'exiler pour se purifier et éviter de contaminer leur cité. Cf. *Il.*, XIII, 695-696 ; XXIII, 85 sq. ; *Od.*, XIV, 380 ; XV, 272 sq. ; XXIII, 118-120.

22. Dans l'*Odyssée*, les Phéniciens sont réputés pour leur art de la navigation et aussi, grâce aux récits d'Ulysse, pour leur manque de scrupules commerciaux. La même image est soulignée surtout en XIV, 288, XV, 415, 419, 473.

23. Sur Pylos, cf. I, 93 et note.

24. Sur cette région du nord-ouest du Péloponnèse, connue pour ses élevages de chevaux, cf. IV, 635.

ᾤχοντ'· αὐτὰρ ἐγὼ λιπόμην ἀκαχήμενος ἦτορ.
"Ὣς φάτο· μείδησεν δὲ θεὰ γλαυκῶπις Ἀθήνη
χειρί τέ μιν κατέρεξε, δέμας δ' ἤικτο γυναικί
καί μιν φωνήσασ' ἔπεα πτερόεντα προσηύδα·
ΑΘΗ. — Κερδαλέος κ' εἴη καὶ ἐπίκλοπος ὅς σε παρέλθοι
ἐν πάντεσσι δόλοισι, καὶ εἰ θεὸς ἀντιάσειε.
σχέτλιε, ποικιλομῆτα, δόλων ἆτ', οὐκ ἄρ' ἔμελλες,
οὐδ' ἐν σῇ περ ἐὼν γαίῃ, λήξειν ἀπατάων
μύθων τε κλοπίων, ⟨φίλοι⟩ οἵ τοι παιδόθεν εἰσίν;
ἀλλ' ἄγε μηκέτι ταῦτα λεγώμεθα, εἰδότες ἄμφω
κέρδε', ἐπεὶ σὺ μέν ἐσσι βροτῶν ὄχ' ἄριστος ἁπάντων
βουλῇ καὶ μύθοισιν, ἐγὼ δ' ἐν πᾶσι θεοῖσι
μήτι τε κλέομαι καὶ κέρδεσιν· οὐδὲ σύ γ' ἔγνως
Παλλάδ' Ἀθηναίην, κούρην Διός, ἥ τέ τοι αἰεὶ
ἐν πάντεσσι πόνοισι παρίσταμαι ἠδὲ φυλάσσω,
καὶ δέ σε Φαιήκεσσι φίλον πάντεσσιν ἔθηκα.
νῦν αὖ δεῦρ' ἱκόμην, ἵνα τοι σὺν μῆτιν ὑφήνω
χρήματά τε κρύψω, ὅσα τοι Φαίηκες ἀγαυοὶ
ὤπασαν οἴκαδ' ἰόντι ἐμῇ βουλῇ τε νόῳ τε,
εἴπω θ' ὅσσά τοι αἶσα ⟨τε⟩οῖσ⟨ιν⟩ ἐνὶ ⟨μεγάρ⟩οισι
κήδε' ἀνασχέσθαι· σὺ δὲ τετλάμεναι καὶ ἀνάγκῃ,
μηδέ τῳ ἐκφάσθαι μήτ' ἀνδρῶν μήτε γυναικῶν
πάντων, οὕνεκ' ἄρ' ἦλθες ἀλώμενος, ἀλλὰ σιωπῇ
πάσχειν ἄλγεα πολλά, βίας ὑποδέγμενος ἀνδρῶν.
Τὴν δ' ἀπαμειβόμενος προσέφη πολύμητις Ὀδυσσεύς·

vers 289 : καλῇ τε μεγάλῃ τε καὶ ἀγλαὰ ἔργ' εἰδυίῃ

tiré mes biens, les ont mis près de moi qui dormais dans le sable, puis se sont rembarqués vers Sidon, leur grand-ville, et sont partis en me laissant à ma tristesse. »

À ces mots, Athéna, la déesse aux yeux pers, eut un sourire aux lèvres. Le flattant de la main et reprenant ses traits de femme, de grande et belle femme, artiste en beaux ouvrages[25], elle lui dit ces paroles ailées :

ATHÉNA. – « Quel fourbe, quel larron, quand ce serait un dieu, pourrait te surpasser en ruses de tout genre ! Pauvre éternel brodeur ! n'avoir faim que de ruses ! Tu rentres au pays et ne penses encore qu'aux contes de brigands, aux mensonges chers à ton cœur depuis l'enfance... Trêve de ces histoires ! nous sommes deux au jeu : si, de tous les mortels, je te sais le plus fort en calculs et discours, c'est l'esprit et les tours de Pallas Athéna que vantent tous les dieux... Tu n'as pas reconnu cette fille de Zeus, celle qu'à tes côtés, en toutes tes épreuves, tu retrouvas toujours, veillant à ta défense, celle qui te gagna le cœur des Phéaciens ! Et maintenant encor, si tu me vois ici, c'est que je veux tramer avec toi tes projets et cacher ces richesses qu'au départ tu reçus des nobles Phéaciens, quand je leur en donnai l'idée et le conseil... Sache donc les soucis que, jusqu'en ton manoir, le destin te réserve. Il faudra tout subir, sans jamais confier à quiconque, homme ou femme, que c'est toi qui reviens après tant d'aventures ; sans mot dire, il faudra pâtir de bien des maux et te prêter à tout, même à la violence ! »

Ulysse l'avisé lui fit cette réponse :

25. Pour cette nouvelle épiphanie d'Athéna, qui suscita une abondante littérature, et que P. Pucci considère comme une « illisible *mètis* », cf. 1995, 153-159.

ΟΔΥ. — Ἀργαλέον σε, θεά, γνῶναι βροτῷ ἀντιάσαντι
καὶ μάλ' ἐπισταμένῳ· σὲ γὰρ αὐτὴν παντὶ ἐίσκεις.
τοῦτο δ' ἐγὼν εὖ οἶδ', ὅτι μοι πάρος ἠπίη ἦσθα,
εἷος ἐνὶ Τροίῃ πολεμίζομεν υἷες Ἀχαιῶν.
αὐτὰρ ἐπεὶ Πριάμοιο πόλιν διεπέρσαμεν αἰπύν,
βῆμεν δ' ἐν νήεσσι, θεὸς δ' ἐκέδασσεν Ἀχαιούς,
οὔ σέ γ' ἔπειτα ἴδον, κούρη Διός, οὐδὲ νόησα
νηὸς ἐμῆς ἐπιβᾶσαν, ὅπως τί μοι ἄλγος ἀλάλκοις.
[ἀλλ' αἰεὶ φρεσὶν ᾗσιν ἔχων δεδαϊγμένον ἦτορ
ἠλώμην, εἵως με θεοὶ κακότητος ἔλυσαν.
πρίν γ' ὅτε Φαιήκων ἀνδρῶν ἐν πίονι δήμῳ
θάρσυνάς τ' ἐπέεσσι καὶ ἐς πόλιν ἤγαγες αὐτή.]
νῦν δέ σε πρὸς πατρὸς γουνάζομαι· οὐ γὰρ ὀίω
ἥκειν εἰς Ἰθάκην εὐδείελον, ἀλλά τιν' ἄλλην
γαῖαν ἀναστρέφομαι· σὲ δὲ κερτομέουσαν ὀίω
ταῦτ' ἀγορευέμεναι, ἵν' ἐμὰς φρένας ἠπεροπεύσῃς·
εἰπέ μοι εἰ ἐτεόν γε φίλην ἐς πατρίδ' ἱκάνω.

Τὸν δ' ἠμείβετ' ἔπειτα θεὰ γλαυκῶπις Ἀθήνη·

ΑΘΗ. — Αἰεί τοι τοιοῦτον ἐνὶ στήθεσσι νόημα.
τῷ σε καὶ οὐ δύναμαι προλιπεῖν δύστηνον ἐόντα,
οὕνεκ' ἐπητής ἐσσι καὶ ἀγχίνοος καὶ ἐχέφρων.
[ἀσπασίως γάρ κ' ἄλλος ἀνὴρ ἀλαλήμενος ἐλθὼν
ἵετ' ἐνὶ μεγάροισ' ἰδέειν παῖδάς τ' ἄλοχόν τε.
σοὶ δ' οὔ πω φίλον ἐστὶ δαήμεναι οὐδὲ πυθέσθαι,
πρίν γε τ⟨ε⟩ῆς ἀλόχου πειρήσεαι, ἥ τέ τοι αὔτως
ἧσται ἐνὶ μεγάροισιν, ὀιζυραὶ δέ οἱ αἰεὶ
φθίνουσιν νύκτές τε καὶ ἤματα δάκρυ χεούσῃ.]
αὐτὰρ ἐγὼ τὸ μὲν οὔ ποτ' ἀπίστεον, ἀλλ' ἐνὶ θυμῷ
ᾔδε', ὃ νοστήσεις ὀλέσας ἄπο πάντας ἑταίρους·
ἀλλά τοι οὐκ ἐθέλησα Ποσειδάωνι μάχεσθαι
πατροκασιγνήτῳ, ὅς τοι κότον ἔνθετο θυμῷ,
χωόμενος ὅτι οἱ υἱὸν φίλον ἐξαλάωσας.

ULYSSE. – « Déesse, quel mortel, quelqu'habile qu'il soit, pourrait te reconnaître aussitôt rencontrée : tu prends toutes les formes[26] ! Ce que je sais bien, moi, c'est que ton dévouement était à mes côtés tant qu'au pays de Troie, les fils de l'Achaïe ont mené la bataille. Mais du jour que l'on eut saccagé sur sa butte la ville de Priam et que, montés à bord, un dieu nous dispersa, dès lors, fille de Zeus, je cessai de te voir ; je ne te sentis pas embarquée à mon bord pour m'épargner les maux. Tout le temps que j'errai, je ne connus jamais que doutes en mon cœur, jusqu'au jour où les dieux me tirèrent de peines. Alors, au bon pays des gens de Phéacie, c'est toi dont les discours vinrent m'encourager et me guider en ville ! Maintenant je t'en prie par ton Père : réponds ! je suis à tes genoux ; je ne puis croire encor que je sois arrivé en mon aire d'Ithaque ; c'est sur un autre sol que me voici perdu... Tu te railles, je sais, et ne parles ainsi que pour leurrer mon cœur... Est-il bien vrai, dis-moi, que c'est là ma patrie ? »

Athéna, la déesse aux yeux pers, répliqua :

ATHÉNA. – « C'est donc toujours le même esprit en ta poitrine ! Non ! je ne puis t'abandonner en ton malheur. Tu sais trop finement deviner et comprendre. Un autre n'eût été, après tant de traverses, qu'aux joies de l'arrivée, au besoin de revoir chez lui enfants et femme. Mais toi, tu ne veux pas demander et savoir ; par toi-même, tu veux juger de ton épouse. Sache qu'en ton manoir, elle passe les nuits dans l'éternelle angoisse, et les jours à pleurer. Oh ! moi, je n'ai jamais douté : je savais bien qu'un jour tu rentrerais, après avoir perdu le dernier de tes hommes. Mais je n'ai pas voulu combattre Posidon, le frère de mon père : il avait contre toi, qui aveugla son fils, tant de rancune au cœur[27] !

26. Sur cette pantotropie d'Athéna (cf. *Od.*, VII, 20 ; VIII, 194 ; voir aussi *Il.*, II, 280 ; VII, 59 etc.), cf. Pucci, 1995, 156 sq.

27. Pour cette rancune, cf. I, 20-21 ; V, 282 sq. ; XI, 102-104.

ἀλλ' ἄγε τοι δείξω Ἰθάκης ἕδος, ὄφρα πεποίθῃς.
Φόρκυνος μὲν ὅδ' ἐστὶ λιμήν, ἁλίοιο γέροντος,
ἥδε δ' ἐπὶ κρατὸς λιμένος τανύφυλλος ἐλαίη·
τοῦτο δέ τοι σπέος εὐρύ, κατηρεφές, ἔνθα σὺ πολλὰς
ἔρδεσκες Νύμφῃσι τεληέσσας ἑκατόμβας·
τοῦτο δὲ Νήριτόν ἐστιν ὄρος καταειμένον ὕλῃ.
Ὣς εἰποῦσα θεὰ σκέδασ' ἠέρα· εἴσατο δὲ χθών·
γήθησέν τ' ἄρ' ἔπειτα πολύτλας δῖος Ὀδυσσεὺς
χαίρων ᾗ γαίῃ, κύσε δὲ ζείδωρον ἄρουραν.
Αὐτίκα δὲ Νύμφῃσ' ἠρήσατο χεῖρας ἀνασχών
ΟΔΥ. Νύμφαι νηιάδες, κοῦραι Διός, οὔ ποτ' ἐγώ γε
ὄψεσθ' ὔμμ' ἐφάμην· νῦν δ' εὐχωλῇσ' ἀγανῇσι
χαίρετ'· ἀτὰρ καὶ δῶρ' ⟨ἔτι⟩ δώσομεν, ὡς τὸ πάρος περ,
αἴ κεν ἐᾷ πρόφρων με Διὸς θυγάτηρ ἀγελείη
αὐτόν τε ζώειν καί μοι φίλον υἱὸν ἀέξῃ.
Τὸν δ' αὖτε προσέειπε θεὰ γλαυκῶπις Ἀθήνη·
ΑΘΗ — Θάρσει· μή τοι ταῦτα μετὰ φρεσὶ σῇσι μελόντων·
ἀλλ' ἄγε χρήματα μὲν μυχῷ ἄντρου θεσπεσίοιο
θείομεν αὐτίκα νῦν, ἵνα περ τάδε τοι σόα μίμνῃ·
αὐτοὶ δὲ φραζόμεθ' ὅπως ὄχ' ἄριστα γένηται.
Ὣς εἰποῦσα θεὰ δῦνε σπέος ἠεροειδές,
μαιομένη κευθμῶνας ἀνὰ σπέος· αὐτὰρ Ὀδυσσεὺς
ἆσσον πάντ' ἐφόρει, χρυσὸν καὶ ἀτειρέα χαλκὸν
εἵματά τ' εὐποίητα, τά οἱ Φαίηκες ἔδωκαν.
καὶ τὰ μὲν εὖ κατέθηκε, λίθον δ' ἐπέθηκε θύρῃσι
Παλλὰς Ἀθηναίη, κούρη Διὸς αἰγιόχοιο.

vers 347 : ἀγχόθι δ' αὐτῆς ἄντρον ἐπήρατον, ἠεροειδές,
348 : ἱρὸν Νυμφάων, αἳ Νηιάδες καλέονται

28. Sur cette montagne, cf. IX, 21-22.

Mais regarde avec moi le sol de ton Ithaque : tu me croiras peut-être... La rade de Phorkys, le Vieillard de la mer, la voici ! et voici l'olivier qui s'éploie à l'entrée de la rade ; près de lui, cette obscure et charmante caverne, c'est la grotte des Nymphes qu'on appelle Naïades ! voici l'antre voûté, voici la grande salle où tu vins, tant de fois, offrir une parfaite hécatombe aux Naïades ! et voici, revêtu de ses bois, le Nérite[28] ! »

À ces mots, Athéna dispersa la nuée : le pays apparut ; quelle joie ressentit le héros d'endurance ! il connut le bonheur, cet Ulysse divin. Sa terre ! il en baisait la glèbe nourricière, puis, les mains vers le ciel, il invoquait les Nymphes :

ULYSSE. – « Ô vous, filles de Zeus, ô Nymphes, ô Naïades, que j'ai cru ne jamais revoir, je vous salue ! Acceptez aujourd'hui mes plus tendres prières. Bientôt, comme autrefois, vous aurez nos offrandes, si la fille de Zeus, la déesse au butin, me restant favorable, m'accorde, à moi, de vivre, à mon fils, de grandir ! »

Athéna, la déesse aux yeux pers, l'incitait :

ATHÉNA. – « Courage ! et que ton cœur écarte un tel souci ! Mais hâtons-nous : au fond de la grotte sacrée, déposons tes richesses ; que tu n'en perdes rien ! puis nous tiendrons conseil pour le meilleur succès. »

À ces mots, pénétrant dans l'ombre de la grotte, la déesse en allait visiter les recoins, pendant qu'en toute hâte, Ulysse apportait l'or, le bronze inaltérable et les bonnes étoffes, présents des Phéaciens, et la fille du Zeus à l'égide[29], Athéna, les rangeait avec soin et mettait sur l'entrée de la grotte une pierre.

29. Attribut de Zeus, l'égide, ou la peau de chèvre, est une sorte de bouclier qui sert à la fois à protéger celui qui le porte mais aussi à terrasser celui qui le regarde. Zeus prête souvent l'égide à Athéna dans l'*Iliade*, raison pour laquelle par la suite elle devient également l'attribut de la déesse.

Τὼ δὲ καθεζομένω ἱερῆς παρὰ πυθμέν' ἐλαίης
φραζέσθην μνηστῆρσιν ὑπερφιάλοισιν ὄλεθρον.
Τοῖσι δὲ μύθων ἦρχε θεὰ γλαυκῶπις Ἀθήνη·
ΑΘΗ. — Διογενὲς Λαερτιάδη, πολυμήχαν' Ὀδυσσεῦ,
φράζευ ὅπως μνηστῆρσιν ἀναιδέσι χεῖρας ἐφήσεις,
οἳ δή τοι τρίετες μέγαρον κάτα κοιρανέουσι,
μν⟨αό⟩μενοί ⟨τε τ⟩ἑὴν ἄλοχον καὶ ἕδνα διδόντες·
ἡ δὲ σὸν αἰεὶ νόστον ὀδυρομένη κατὰ θυμὸν
πάντας μὲν ἔλπει καὶ ὑπίσχεται ἀνδρὶ ἑκάστῳ,
ἀγγελίας προϊεῖσα· νόος δέ οἱ ἄλλα μενοινᾷ.
Τὴν δ' ἀπαμειβόμενος προσέφη πολύμητις Ὀδυσσεύς·
ΟΔΥ. — Ὢ πόποι, ἦ μάλα δὴ Ἀγαμέμνονος Ἀτρεΐδαο
φθίσεσθαι κακὸν οἶτον ἐνὶ μεγάροισιν ἔμελλον,
εἰ μή μοι σὺ ἕκαστα, θεά, κατὰ μοῖραν ἔειπες.
ἀλλ' ἄγε μῆτιν ὕφηνον ὅπως ἀποτίσομαι αὐτούς·
πὰρ δέ μοι αὐτὴ στῆθι, μένος πολυθαρσὲς ἐνεῖσα,
οἷον ὅτε Τροίης λύομεν λιπαρὰ κρήδεμνα.
αἴ κέ μοι ὣς μεμαυῖα παρασταίης, Γλαυκῶπι,
καί κε τριηκοσίοισιν ἐγὼν ἄνδρεσσι μαχοίμην.
Τὸν δ' ἠμείβετ' ἔπειτα θεὰ γλαυκῶπις Ἀθήνη·
ΑΘΗ. — Καὶ λίην τοι ἐγώ γε παρέσσομαι, οὐδέ με λήσεις,
ὁππότε κεν δὴ ταῦτα πενώμεθα, καί τιν' ὀίω
αἵματί τ' ἐγκεφάλῳ τε παλαξέμεν ἄσπετον οὖδας
ἀνδρῶν μνηστήρων, οἵ τοι βίοτον κατέδουσιν.
ἀλλ' ἄγε σ' ἄγνωστον τεύξω πάντεσσι βροτοῖσι,

vers 391 : σὺν σοί, πότνα θεά, ὅτε μοι πρόφρασσ' ἐπαρήγοις

30. Athéna évoque clairement l'effronterie des prétendants de Pénélope, confirmant ce que Tirésias avait suggéré à Ulysse en XI, 115 sq.

Le couple était assis sous l'olivier sacré, tramant la mort de ces bandits de prétendants, et ce fut Athéna, la déesse aux yeux pers, qui rouvrit l'entretien :

ATHÉNA. – « Fils de Laërte, écoute ! ô rejeton des dieux, Ulysse aux mille ruses ! songe à tourner tes coups sur ces gens éhontés, qu'on voit, depuis trois ans, usurper ton manoir et, le prix à la main, vouloir prendre ta femme[30]. Elle, c'est ton retour que son âme attristée attend de jour en jour. Mais il lui faut à tous donner des espérances, envoyer à chacun promesses et messages, quand elle a dans l'esprit de tout autres projets. »

Ulysse l'avisé lui fit cette réponse :

ULYSSE. – « Misère ! ah ! j'allais donc trouver en mon manoir, comme l'Atride Agamemnon[31], le jour fatal, si tu n'étais venue tout me dire, ô déesse. Mais voyons, trame-moi le plan de ma vengeance ! et reste à mes côtés pour me verser la même audace valeureuse qu'au jour où, d'Ilion, nous avons arraché les voiles éclatants[32] ! Si d'une telle ardeur, ô déesse aux yeux pers, tu venais m'assister, j'irais me mesurer contre trois cents guerriers avec ta bienveillance auguste et ton secours. »

Athéna, la déesse aux yeux pers, répliqua :

ATHÉNA. – « Oui, toujours et partout, quand nous devrons agir, je serai près de toi, sans te manquer jamais, et je les vois déjà, ces seigneurs prétendant qui dévorent tes vivres, inonder tout le sol de sang et de cervelles ! Quand je t'aurai rendu méconnaissable à tous – je vais

31. En effet, lors de leur entrevue dans le monde des morts (XI, 409 sq.), Agamemnon avait raconté à Ulysse le forfait perpétré par sa femme et son amant.

32. Pour cette image, où la prise d'une ville et le viol d'une femme sont comparés, cf. Nagler, 1974, 44-63 ; Monsacré, 1984, 68-69.

σῇ τ' ἀλόχῳ καὶ παιδί, τὸν ἐν μεγάροισιν ἔλειπες.
αὐτὸς δὲ πρώτιστα συβώτην εἰσαφικέσθαι,
ὅς τοι ὑῶν ἐπίουρος, ὁμῶς δέ τοι ἤπια οἶδε
παῖδά τε σὸν φιλέει καὶ ἐχέφρονα Πηνελόπειαν.
δήεις τόν γε σύεσσι παρήμενον· αἱ δὲ νέμονται
πὰρ Κόρακος πέτρῃ ἐπί τε κρήνῃ Ἀρεθούσῃ,
ἔσθουσαι βάλανον μενοεικέα καὶ μέλαν ὕδωρ
πίνουσαι, τά θ' ὕεσσι τρέφει τεθαλυῖαν ἀλοιφήν.
ἔνθα μένειν καὶ πάντα παρήμενος ἐξερέεσθαι,
ὄφρ' ἂν ἐγὼν ἔλθω Σπάρτην ἐς καλλιγύναικα
Τηλέμαχον καλέουσα, τεὸν φίλον υἱόν, Ὀδυσσεῦ,
ὅς τοι ἐς εὐρύχορον Λακεδαίμονα πὰρ Μενέλαον
ᾤχετο πευσόμενος μετὰ σὸν κλέος, εἴ που ἔτ' εἴης.
Τὴν δ' ἀπαμειβόμενος προσέφη πολύμητις Ὀδυσσεύς·
ΟΔΥ. — Τίπτε γάρ οὔ οἱ ἔειπες, ἐνὶ φρεσὶ πάντ' εἰδυῖα;
ἦ' ἵνα που καὶ κεῖνος ἀλώμενος ἄλγεα πάσχῃ
πόντον ἐπ' ἀτρύγετον; βίοτον δέ οἱ ἄλλοι ἔδουσι.
Τὸν δ' ἠμείβετ' ἔπειτα θεὰ γλαυκῶπις Ἀθήνη·
ΑΘΗ. — Μὴ δή τοι κεῖνός γε λίην ἐνθύμιος ἔστω.
αὐτή μιν πόμπευον, ἵνα κλέος ἐσθλὸν ἄροιτο
κεῖσ' ἐλθών· ἀτάρ οὔ τιν' ἔχει πόνον, ἀλλὰ ἕκηλος
ἧσται ἐν Ἀτρείδαο δόμοις, παρὰ δ' ἄσπετα κεῖται.

vers 398 : κάρψω μὲν χρόα καλὸν ἐ(π)ὶ γναμπτοῖσι μέλεσσι,
399 : ξανθὰς δ' ἐκ κεφαλῆς ὀλέσω τρίχας, ἀμφὶ δὲ λαῖφος
400 : ἕσσω, ὅ κε στυγέῃσι ἰδὼν ἄνθρωπος ἔχοντα,
401 : κνυζώσω δέ τοι ὄσσε πάρος περικαλλέ' ἐόντε,
402 : ὡς ἂν ἀεικέλιος πᾶσι μνηστῆρσι φανήῃς

33. Selon certains, ce rocher tirait son nom de l'homme qui s'y serait jeté. La source Aréthusa serait sa mère et ses eaux symbolise-

donc te flétrir cette si jolie peau sur ces membres flexibles, faire tomber ces blonds cheveux de cette tête, te couvrir de haillons qui saisiront d'horreur les regards des humains ; j'éraillerai tes yeux, ces beaux yeux qu'autrefois, afin qu'aux prétendants tu paraisses hideux, à te femme, à ton fils qu'au manoir tu laissas – il faudra tout d'abord t'en aller chez Eumée, le chef de tes porchers : il te garde son cœur ; il chérit ton enfant, ta sage Pénélope ; c'est près de ses pourceaux que tu le trouveras. Ils ont leurs tects au bord de la Pierre au Corbeau[33], sur la source Aréthuse : là, se gorgeant de glands et s'abreuvant d'eau noire, ils ont tout ce qui met les porcs en belle graisse... Restes-y pour attendre et pour te renseigner, tandis que je m'en vais jusqu'à Lacédémone, la ville aux belles femmes, rappeler, cher Ulysse, Télémaque, ton fils ! car il s'en est allé vers la grand-plaine savoir de Ménélas si l'on parlait de toi, si tu vivais encore. »

Ulysse l'avisé lui fit cette réponse :

ULYSSE. – « Et pour quelle raison ne lui as-tu rien dit, toi, dont l'esprit sait tout ? Tu voulais qu'à son tour, sur la mer inféconde, il errât et souffrît, pendant que son avoir est mangé par ces gens ? »

Athéna, la déesse aux yeux pers, répliqua :

ATHÉNA. – « Oh ! pour lui, que ton cœur ne soit point en souci ! C'est moi qui l'ai conduit, voulant qu'en ce voyage, il acquît bon renom[34] : sans l'ombre d'une peine, il reste bien tranquille au manoir de l'Atride et ne manque de rien[35]. Je sais bien qu'une bande, avec un noir

raient ses pleurs endeuillés. V. Bérard (cf. commentaire *ad loc.*) l'associe à la fontaine Parapigadi. C'est près de cette fontaine, et surtout de la Roche au Corbeau, qu'il se plaît à situer la cabane d'Eumée.

34. Le voyage de Télémaque est une sorte d'initiation à la vie de héros. Athéna le prépare à assumer les responsabilités propres à son rang et à son nom.

35. Pour le séjour de Télémaque chez Ménélas, cf. chant IV.

ἥ μέν μιν λοχόωσι νέοι σὺν νηὶ μελαίνῃ, 425
ἱέμενοι κτεῖναι, πρὶν πατρίδα γαῖαν ἱκέσθαι·
ἀλλὰ τά γ' οὐκ ὀΐω, πρὶν καί τινα γαῖα καθέξει. 427
Ὣς ἄρα μιν φαμένη ῥάβδῳ ἐπεμάσσατ' Ἀθήνη, 429
κάρψε μέν οἱ χρόα καλὸν ἐπὶ γναμπτοῖσι μέλεσσι, 430
ξανθὰς δ' ἐκ κεφαλῆς ὄλεσε τρίχας, ἀμφὶ δὲ δέρμα
πάντεσσιν μελέεσσι παλαιοῦ θῆκε γέροντος,
κνύζωσεν δέ οἱ ὄσσε πάρος περικαλλέ' ἐόντε,
ἀμφὶ δέ μιν ῥάκος ἄλλο κακὸν βάλεν ἠδὲ χιτῶνα,
ῥωγαλέα, ῥυπόωντα, κακῷ μεμορυγμένα καπνῷ. 435
ἀμφὶ δέ μιν μέγα δέρμα ταχείης ἕσσ' ἐλάφοιο,
ψιλόν· δῶκε δέ οἱ σκῆπτρον καὶ ἀεικέα πήρην,
πυκνὰ ῥωγαλέην· ἐν δὲ στρόφος ἦεν ἀορτήρ.

ΟΔΥΣΣΗΟΣ ΠΡΟΣ ΕΥΜΑΙΟΝ ΟΜΙΛΙΑ

Τώ γ' ὣς βουλεύσαντε διέτμαγεν· ἡ μὲν ἔπειτα 439
ἐς Λακεδαίμονα δῖαν ἔβη μετὰ παῖδ' Ὀδυσῆος· 440

vers 428 : ἀνδρῶν μνηστήρων οἵ τοι βίοτον κατέδουσιν

vaisseau, lui tend une embuscade et voudrait le tuer avant qu'il ait revu le pays de ses pères. Mais ne crains rien ; je veille : auparavant, la terre en couvrira plus d'un, parmi ces prétendants qui mangent ton avoir. »

Elle dit et, l'ayant touché de sa baguette[36], flétrit sa jolie peau sur ses membres flexibles ; de sa tête, ses cheveux blonds étaient tombés ; il avait sur le corps la peau d'un très vieil homme ; ses beaux yeux d'autrefois n'étaient plus qu'éraillures, sa robe n'était plus que haillons misérables, loqueteux et graisseux, tout mangés de fumée. Puis Pallas Athéna, lui jetant sur le dos la grande peau râpée d'un cerf aux pieds rapides, lui donna un bâton et une orde besace, qui n'était que lambeaux pendus à une corde.

L'entretien chez Eumée

Quand tout fut concerté entre eux, ils se quittèrent. Athéna s'en allait vers Sparte la divine chercher le fils d'Ulysse.

36. Jusque-là, la déesse n'avait pas utilisé le moyen d'une baguette pour métamorphoser Ulysse (cf. par exemple, VI, 229 sq.). Pour un nouvel emploi de cette baguette, cf. XVI, 172.

αὐτὰρ ὁ γ' ἐκ λιμένος προσέβη τρηχεῖαν ἀταρπὸν
χῶρον ἀν' ὑλήεντα δι' ἄκριας, ᾗ οἱ Ἀθήνη
πέφραδε δῖον ὑφορβόν, ὅ οἱ βιότοιο μάλιστα
κήδετο οἰκήων, οὓς κτήσατο δῖος Ὀδυσσεύς.
Τὸν δ' ἄρ' ἐνὶ προδόμῳ εὗρ' ἥμενον, ἔνθά οἱ αὐλὴ
ὑψηλὴ δέδμητο, περισκέπτῳ ἐνὶ χώρῳ,
καλή τε μεγάλη τε, περίδρομος, ἥν ῥα συβώτης
αὐτὸς δείμαθ' ὕεσσιν ἀποιχομένοιο ἄνακτος,
νόσφιν δεσποίνης καὶ Λαέρταο γέροντος,
ῥυτοῖσιν λάεσσι καὶ ἐθρίγκωσεν ἀχέρδῳ,
σταυροὺς δ' ἐκτὸς ἔλασσε διαμπερὲς ἔνθα καὶ ἔνθα,
πυκνοὺς καὶ θαμέας, ⟨μεγάλους⟩ δρύ⟨α⟩ς ἀμφικεάσσας·
ἔντοσθεν δ' αὐλῆς συφεοὺς δυοκαίδεκα ποίει
πλησίον ἀλλήλων, εὐνὰς συσίν· ἐν δὲ ἑκάστῳ
πεντήκοντα σύες χαμαιευνάδες ἐρχατόωντο,
θήλειαι τοκάδες· τοὶ δ' ἄρσενες ἐκτὸς ἴαυον,
πολλὸν παυρότεροι· τοὺς γὰρ μινύθεσκον ἔδοντες
ἀντίθεοι μνηστῆρες, ἐπεὶ προίαλλε συβώτης
αἰεὶ ζατρεφέων σιάλων τὸν ἄριστον ἁπάντων·
[οἱ δὲ τριηκόσιοί τε καὶ ἑξήκοντα πέλοντο·]
πὰρ δὲ κύνες θήρεσσι ἐοικότες αἰὲν ἴαυον
τέσσαρες, οὓς ἔθρεψε συβώτης, ὄρχαμος ἀνδρῶν.

(CHANT XIV.) Mais Ulysse prenait le sentier rocailleux qui monte à travers bois, du port vers la falaise. Il allait à l'endroit qu'avait dit Athéna, chez le divin[1] porcher, qui, mieux que tous les gens qu'avait acquis Ulysse, soignait les biens du maître.

Il trouva le porcher assis dans l'avant-pièce. En ce lieu découvert, le haut mur de la cour formait un grand beau cercle que, pour loger ses porcs, Eumée avait construit en l'absence d'Ulysse, sans consulter sa dame[2] ni le vieillard Laërte.

Sur les murs en gros blocs, la frise était d'épines ; au-dehors, tout autour, côté à côté plantés, des pieux serrés, d'énormes chênes équarris lui faisaient un rempart ; au-dedans, douze tects pour le sommeil des truies s'alignaient porte à porte : sur le sol de chacun, couchaient cinquante truies qu'on enfermait le soir ; chacune avait mis bas. Mais les mâles restaient au-dehors pour la nuit ; leur nombre était bien moindre, décimés qu'ils étaient pour fournir à la table des divins prétendants, car Eumée, chaque jour, leur devait le plus gras de ses cochons à lard : aussi n'en restait-il plus que trois cent soixante. Quatre chiens les gardaient jour et nuit, quatre fauves, qu'avait nourris le grand commandeur des porchers.

1. L'épithète *dios*, « divin », appliquée au porcher semble étrange, voire parodique. Selon Parry, 1971, 151-152, et Hoekstra, *ad loc.*, cette épithète désignerait tout simplement les personnages de l'âge héroïque.

2. C'est-à-dire Pénélope. L'indépendance d'Eumée souligne sa fidélité et l'intérêt qu'il porte aux affaires de son maître.

Αὐτὸς δ' ἀμφὶ πόδεσσιν ἑοῖσ' ἀράρισκε πέδιλα,
τάμνων δέρμα βόειον ἐυχροές· οἱ δὲ δὴ ἄλλοι
ᾤχοντ' ἄλλυδις ἄλλος ἅμ' ἀγρομένοισι σύεσσιν,
οἱ τρεῖς· τὸν δὲ τέταρτον ἀποπροέηκε πόλιν δὲ
σῦν ἀγέμεν μνηστῆρσιν ὑπερφιάλοισιν ἀνάγκῃ,
ὄφρ' ἱερεύσαντες κρειῶν κορεσαίατο θυμόν.
Ἐξαπίνης δ' Ὀδυσῆα ἴδον κύνες ὑλακόμωροι.
οἱ μὲν κεκλήγοντες ἐπέδραμον· αὐτὰρ Ὀδυσσεὺς
ἕζετο κερδοσύνῃ· σκῆπτρον δέ οἱ ἔκπεσε χειρός.
ἔνθά κε ᾧ πὰρ σταθμῷ ἀεικέλιον πάθεν ἄλγος.
ἀλλὰ συβώτης ὦκα ποσὶ κραιπνοῖσι μετασπὼν
ἔσσυτ' ἀνὰ πρόθυρον· σκῦτος δέ οἱ ἔκπεσε χειρός.
Τοὺς μὲν ὁμοκλήσας σεῦεν κύνας ἄλλυδις ἄλλον
πυκνῇσιν λιθάδεσσιν· ὁ δὲ προσέειπε ἄνακτα·
ΕΥΜ. — Ὦ γέρον, ἦ' ὀλίγου σε κύνες διεδηλήσαντο
ἐξαπίνης, καί κέν μοι ἐλεγχείην κατέχευας.
καὶ δέ μοι ἄλλα θεοὶ δόσαν ἄλγεά τε στοναχάς τε·
ἀντιθέου γὰρ ἄνακτος ὀδυρόμενος καὶ ἀχεύων
ἧμαι, ἄλλοισιν δὲ σύας σιάλους ἀτιτάλλω
ἔδμεναι· αὐτὰρ κεῖνος ἐελδόμενός που ἐδωδῆς
πλάζετ' ἐπ' ἀλλοθρόων ἀνδρῶν δῆμόν τε πόλιν τε,
εἴ που ἔτι ζώει καὶ ὁρᾷ φάος ἠελίοιο.
ἀλλ' ἕπεο· κλισίην δ' ἴομεν, γέρον, ὄφρα καὶ αὐτός,
σίτου καὶ οἴνοιο κορεσσάμενος κατὰ θυμόν,
εἴπῃς ὁππόθεν ἐσσὶ καὶ ὁππόσα κήδε' ἀνέτλης.
Ὣς εἰπὼν κλισίην δ' ἡγήσατο δῖος ὑφορβός,
εἷσεν δ' εἰσαγαγών, ῥῶπας δ' ὑπέχευε δασείας,
ἐστόρεσεν δ' ἐπὶ δέρμα ἰονθάδος ἀγρίου αἰγός,

Eumée était assis, ajustant à son pied la paire de sandales que, dans un cuir de bœuf bon teint, il se taillait. Ses gens étaient partis : trois suivaient la cohue errante des pourceaux ; il avait envoyé le quatrième en ville mener aux prétendants le porc que, chaque jour, ces bandits exigeaient pour faire un sacrifice et manger tout leur saoul.

Soudain, les chiens hurleurs[3], apercevant Ulysse, lui coururent dessus avec de grands abois... Sagement, il s'assit, mais laissa le bâton échapper de ses mains et, devant son étable, il allait endurer le plus triste des sorts, quand, de son pas rapide, Eumée hors de l'auvent accourut derrière eux, si vite que le cuir échappa de ses mains.

À grands éclats de voix, sous une pluie de pierres, il dispersa les chiens, puis il dit à son maître :

EUMÉE. – « Vieillard, encore un peu et, d'un seul coup, mes chiens allaient te mettre en pièces ! La belle renommée que tu m'aurais value[4] ! J'ai déjà, grâce aux dieux, trop de maux et d'angoisses ! Ah ! mon maître divin ! pendant que, tristement, je vis à le pleurer, il me faut élever ses cochons les plus gras pour que d'autres les mangent... Et lui, toujours errant, il a peut-être faim en quelque ville ou champ des peuples d'autre langue, s'il vit, s'il voit encor la clarté du soleil ! Mais allons ! vieux, suis-moi ; entrons dans ma cabane ; je veux que, de son pain, de son vin, toi aussi, tu prennes tout ton saoul, puis tu me conteras d'où tu viens et les maux que ton cœur endura. »

Et le divin porcher, le menant à sa loge, le fit entrer et l'installa sur la banquette, qu'il avait rembourrée de brousse et recouverte de la peau bien velue d'une chèvre sauvage : c'était là qu'il couchait, au large et sur le doux.

3. Sur ces chiens, cf. Hainsworth, 1961, 122-125.

4. Ces propos soulignent le respect d'Eumée à l'égard de l'étranger qu'il considère immédiatement comme un suppliant dont les droits ne doivent pas être bafoués. Voir aussi, v. 55 sq.

αὐτοῦ ἐνεύναιον, μέγα καὶ δασύ. χαῖρε δ' Ὀδυσσεύς,
ὅττί μιν ὣς ὑπέδεκτο, ἔπος τ' ἔφατ' ἔκ τ' ὀνόμαζε·
ΟΔΥ. — Ζεύς τοι δοίη, ξεῖνε, καὶ ἀθάνατοι θεοὶ ἄλλοι
ὅττι μάλιστ' ἐθέλεις, ὅτι με πρόφρων ὑπέδεξο.
Τὸν δ' ἀπαμειβόμενος προσέφης, Εὔμαιε συβῶτα·
ΕΥΜ. — Ξεῖν', οὔ μοι θέμις ἔστ', οὐδ' εἰ κακίων σέθεν ἔλθοι,
ξεῖνον ἀτιμῆσαι· πρὸς γὰρ Διός εἰσιν ἅπαντες
ξεῖνοί τε πτωχοί τε. δόσις δ' ὀλίγη τε φίλη τε
γίνεται ἡμετέρη· ἡ γὰρ δμώων δίκη ἐστὶν
αἰεὶ δειδιότων, ὅτ' ἐπικρατέωσι ἄνακτες
⟨ἄνο⟩οι. ἦ γὰρ τοῦ γε θεοὶ κατὰ νόστον ἔδησαν,
ὅς κεν ἔμ' ἐνδυκέως ἐφίλει καὶ κτῆσιν ὄπασσεν,
οἷά τε ᾧ οἰκῆι ἄναξ εὔθυμος ἔδωκε,
οἶκόν τε κλῆρόν τε πολυμνήστην τε γυναῖκα,
ὅς οἱ πολλὰ κάμῃσι θεὸς δ' ἐπὶ ἔργον ἀέξῃ,
ὡς καὶ ἐμοὶ τόδε ἔργον ἀέξεται, ᾧ ἐπιμίμνω.
τῶ κέ με πόλλ' ὤνησε ἄναξ εἴ ⟨γ'⟩ αὐτόθ' ἐγήρα·
ἀλλ' ὄλεθ'· ὡς ὤφελλ' Ἑλένης ἀπὸ φῦλον ὀλέσθαι.
καὶ γὰρ κεῖνος ἔβη Ἀγαμέμνονος εἵνεκα τιμῆς
Ἴλιον εἰς εὔπωλον, ἵνα Τρώεσσι μάχοιτο.
Ὣς εἰπὼν ζωστῆρι θοῶς συνέεργε χιτῶνα,
βῆ δ' ἴμεν ἐς συφεούς, ὅθι ἔθνεα ἔρχατο χοίρων.
ἔνθεν ἑλὼν δύ' ἔνεικε καὶ ἀμφοτέρους ἱέρευσεν
εὗσέ τε μίστυλλέν τε καὶ ἀμφ' ὀβελοῖσιν ἔπειρεν,
ὀπτήσας δ' ἄρα πάντα φέρων παρέθηκ' Ὀδυσῆι
θέρμ' αὐτοῖσ' ὀβελοῖσ', ἐπὶ δ' ἄλφιτα λευκὰ πάλυνεν.
ἐν δ' ἄρα κισσυβίῳ κίρνη μελιηδέα οἶνον,
αὐτὸς δ' ἀντίον ἷζεν, ἐποτρύνων δὲ προσηύδα·

vers 69 : πρόχνυ, ἐπεὶ πολλῶν ἀνδρῶν ὑπὸ γούνατ' ἔλυσε

En voyant son porcher le recevoir ainsi, Ulysse, plein de joie, lui dit et déclara :

ULYSSE. – « Ô mon hôte ! que Zeus et tous les Immortels, exauçant tes désirs les plus chers, récompensent cet accueil de bonté ! »

Mais toi, porcher Eumée, tu lui dis en réponse :

EUMÉE. – « Étranger, ma coutume est d'honorer les hôtes, quand même il m'en viendrait de plus piteux que toi ; étrangers, mendiants, tous nous viennent de Zeus ; ne dit-on pas : petite aumône, grande joie ? Je fais ce que je puis : tu sais que serviteur vit toujours dans la crainte, quand il faut obéir à des maîtres stupides. Ah ! celui dont les dieux entravent le retour, quels soins et quels égards il aurait eus pour moi ! Il m'aurait établi ! maison, lopin de champ et femme de grand prix, il m'aurait accordé tout ce qu'on peut attendre du bon cœur de son maître, après un long travail que bénissent les dieux. Tu vois qu'ils ont béni ce coin où je m'attache. Vieillissant parmi nous, le maître m'eût comblé. Mais, nous l'avons perdu... Ah ! qu'Hélène[5] et sa race auraient dû disparaître, et sans laisser de trace ! elle qui, de tant d'hommes, a brisé les genoux ! Car lui aussi partit, vers Troie la poulinière, combattre les Troyens pour l'honneur de l'Atride.

Il dit et, par-dessus sa robe, prestement, il serra sa ceinture ; puis, s'en allant aux tects, où restait enfermé le peuple des gorets, il en prit une paire, les rapporta, les immola, les fit flamber et, les ayant tranchés menu, les embrocha.

Quand ce rôti fut prêt, il l'apporta fumant, le mit devant Ulysse, à même sur les broches, en saupoudra les chairs d'une blanche farine, mélangea dans sa jatte un vin fleurant le miel et prit un siège en face, en invitant son hôte :

5. On retrouve dans ce vers un écho des propos que tenait Ulysse en XI, 486-488.

ΕΥΜ. — Ἔσθιε νῦν, ὦ ξεῖνε, τά τε δμώεσσι πάρεστι,
χοίρε'· ἀτὰρ σιάλους γε σύας μνηστῆρες ἔδουσιν,
οὐκ ὄπιδα φρονέοντες ἐνὶ φρεσὶν οὐδ' ἐλεητύν.
οὐ μὲν σχέτλια ἔργα θεοὶ μάκαρες φιλέουσιν,
ἀλλὰ δίκην τίουσι καὶ αἴσιμα ἔργ' ἀνθρώπων.
καὶ μὲν δυσμενέες καὶ ἀνάρσιοι, οἵ τ' ἐπὶ γαίης
ἀλλοτρίης βῶσιν καί σφι Ζεὺς ληΐδα δώῃ,
πλησάμενοι δέ τε νῆας ἔβαν οἶκον δὲ νέεσθαι,
καὶ μὲν τοῖς ὄπιδος κρατερὸν δέος ἐν φρεσὶ πίπτει·
οἵδε δέ τοι ἴσασι, θεοῦ δέ τιν' ἔκλυον αὐδήν,
κείνου λυγρὸν ὄλεθρον, ὅ τ' οὐκ ἐθέλουσι δικαίως
μνᾶσθαι οὐδὲ νέεσθαι ἐπὶ σφέτερ', ἀλλὰ ἕκηλοι
κτήματα δαρδάπτουσιν ὑπέρβιον· οὐδ' ἔπι φειδώ.
ὅσσαι γὰρ νύκτές τε καὶ ἡμέραι ἐκ Διός εἰσιν,
οὔ ποθ' ἓν ἱρεύουσ' ἱερήιον, οὐδὲ δύ' οἴω·
οἶνον δὲ φθινύθουσιν ὑπέρβιον ἐξαφύοντες.
ἦ γάρ οἱ ζωή γ' ἦν ἄσπετος· οὔ τινι τόσση
ἀνδρῶν ἡρώων οὔτ' ἠπείροιο μελαίνης
οὔτ' αὐτῆς Ἰθάκης· οὐδὲ ξυνεείκοσι φωτῶν
ἔστ' ἄφενος τοσσοῦτον· ἐγὼ δέ κέ τοι καταλέξω.
δώδεκ' ἐν ἠπείρῳ ἀγέλαι· τόσα πώεα μήλων
βόσκουσι ξεῖνοί τε καὶ αὐτοῦ βώτορες ἄνδρες.
ἐνθάδε τ' αἰπόλια πλατέ' αἰγῶν ἕνδεκα πάντα
ἐσχατιὴν βόσκοντ', ἐπὶ δ' ἀνέρες ἐσθλοὶ ὄρονται·
τῶν αἰεί σφι ἕκαστος ἐπ' ἤματι μῆλον ἀγινεῖ
ζατρεφέων αἰγῶν ὅς τις φαίνηται ἄριστος.
αὐτὰρ ἐγὼ σῦς τᾶσδε φυλάσσω τε ῥύομαί τε,
καί σφι συῶν τ⟨ι⟩ν' ἄριστον ἒυ κρίνας ἀποπέμπω.

vers 101 : τόσσα συῶν συβόσια, τόσ' αἰπόλια πλατέ' αἰγῶν

EUMÉE. – « Allons ! mange, notre hôte ! dîner de serviteurs ! de simples porcelets ! car nos cochons à lard, les prétendants les croquent, sans un remords au cœur et sans pitié d'autrui. Ah ! les dieux bienheureux détestent l'injustice : c'est toujours l'équité que le ciel récompense, et la bonne conduite ! Les pires des brigands, quand ils s'en vont piller les rivages d'autrui, que Zeus livre à leurs coups, peuvent bien revenir avec leur cale pleine : la crainte et les remords s'abattent sur leurs cœurs. Mais sans doute nos gens, par quelque avis du ciel, ont dû savoir la mort lamentable du maître. Aussi ne font-ils pas leur cour comme se doit : au lieu de retourner sur leurs propres domaines, ce sont nos biens, à nous, que, tout tranquillement, sans rien se refuser, ces bandits nous dévorent. Autant de nuits, autant de jours que Zeus leur fait, il leur faut des victimes, et pas une ni deux ! ils engouffrent le vin ! ils sèchent le cellier ! Sache que notre maître avait la vie très large : ni sur ce continent, dont la côte noircit, ni dans Ithaque même, aucun autre héros n'avait aussi grand train ! Ils se mettraient à vingt sans égaler son bien : veux-tu savoir le compte ? En terre ferme, il a douze troupeaux de vaches, tout autant de moutons, en même nombre aussi les bandes de cochons et les hardes de chèvres, que font paître là-bas[6] des bergers à sa solde ou des hôtes à lui. Ici, dans notre Ithaque, est son armée de chèvres, onze hardes en tout, qu'à l'autre bout de l'île, gardent d'honnêtes gens ; eux aussi, chaque jour, doivent aux prétendants envoyer une bête, en prenant le meilleur de leurs chevreaux dodus. Et tu me vois garder et défendre ses porcs, dont, chaque jour, je dois leur fournir le plus beau ! »

6. En dénombrant les biens d'Ulysse, Eumée suggère qu'une partie du troupeau se trouve sur le continent. Noémon d'Ithaque possédait lui aussi un élevage de mules en Élide (cf. IV, 634-637).

Ὣς φάθ'· ὁ δ' ἐνδυκέως κρέα τ' ἤσθιε πῖνέ τε οἶνον
ἁρπαλέως ἀκέων, κακὰ δὲ μνηστῆρσι φύτευεν.
αὐτὰρ ἐπεὶ δείπνησε καὶ ἤραρε θυμὸν ἐδωδῇ,
πλησάμενος δ' ἄρ ⟨δ⟩ οἱ δῶκε σκύφος, ᾧ περ ἔπινε,
οἴνου ἐνίπλειον· ὁ δ' ἐδέξατο, χαῖρε δὲ θυμῷ
καί μιν φωνήσας ἔπεα πτερόεντα προσηύδα·
ΟΔΥ. — Ὦ φίλε, τίς γάρ σε πρίατο κτεάτεσσιν ἑοῖσιν,
ὧδε μάλ' ἀφνειὸς καὶ καρτερός, ὡς ἀγορεύεις;
φῂς δ' αὐτὸν φθίσθαι Ἀγαμέμνονος εἵνεκα τιμῆς.
εἰπέ μοι αἴ κέ ποθι γνώω τοιοῦτον ἐόντα.
Ζεὺς γάρ που τό γε οἶδε καὶ ἀθάνατοι θεοὶ ἄλλοι,
εἴ κέ μιν ἀγγείλαιμι ἰδών· ἐπὶ πολλὰ δ' ἀλήθην.
Τὸν δ' ἠμείβετ' ἔπειτα συβώτης, ὄρχαμος ἀνδρῶν·
ΕΥΜ. — Ὦ γέρον, οὔ τις κεῖνον ἀνὴρ ἀλαλήμενος ἐλθὼν
ἀγγέλλων πείσειε γυναῖκά τε καὶ φίλον υἱόν·
ἀλλ' ἄλλως κομιδῆς κεχρημένοι ἄνδρες ἀλῆται
ψεύδοντ', οὐδ' ἐθέλουσιν ἀληθέα μυθήσασθαι·
ὃς δέ κ' ἀλητεύων Ἰθάκης ἐς δῆμον ἵκηται,
ἐλθὼν ἐς δέσποιναν ἐμὴν ἀπατήλια βάζει·
ἡ δ' εὖ δεξαμένη φιλέει καὶ ἕκαστα μεταλλᾷ,
καί οἱ ὀδυρομένῃ βλεφάρων ἄπο δάκρυα πίπτει,
[ἣ θέμις ἐστὶ γυναικός, ἐπὴν πόσις ἄλλοθ' ὄληται.]
αἶψά κε καὶ σύ, γεραιέ, ἔπος παρατεκτήναιο,
εἴ τίς τοι χλαῖνάν τε χιτῶνά τε εἵματα δοίη.
τοῦ δ' ἤδη μέλλουσι κύνες ταχέες τ' οἰωνοὶ
ῥινὸν ἀπ' ὀστεόφιν ἐρύσαι· ψυχὴ δὲ λέλοιπεν·
ἢ τόν γ' ἐν πόντῳ φάγον ἰχθύες, ὀστέα δ' αὐτοῦ
κεῖται ἐπ' ἠπείρου ψαμάθῳ εἰλυμένα πολλῇ.
ὣς ὁ μὲν ἔνθ' ἀπόλωλε· φίλοισι δὲ κήδε' ὀπίσσω
πᾶσιν, ἐμοὶ δὲ μάλιστα, τετεύχαται· οὐ γὰρ ἔτ' ἄλλον
ἤπιον ὧδε ἄνακτα κιχήσομαι, ὁππόσ' ἐπέλθω,
οὐδ' εἴ κεν πατρὸς καὶ μητέρος αὖτις ἵκωμαι

Il disait. Mais Ulysse, avalant prestement les viandes et le vin, à grands coups, sans mot dire, et songeant à planter des maux aux prétendants, se restaurait le cœur. Le repas terminé, Eumée emplit de vin la tasse où il buvait et la tendit au maître. Ulysse l'accepta et, d'un cœur plus joyeux, il lui dit, élevant la voix, ces mots ailés :

ULYSSE. – « Ami, quel est celui qui t'avait acheté à ses propres dépens ? Tu viens de me vanter sa richesse et sa force ; tu me dis qu'il est mort pour l'honneur de l'Atride ; s'il est un si grand roi, voyons, dis-moi son nom ; je l'ai connu peut-être : Zeus et les autres dieux immortels savent bien si, l'ayant vu, je puis t'en donner des nouvelles ; j'ai tant couru le monde ! »

Eumée, le commandeur des porchers, répliqua :

EUMÉE. – « Des nouvelles, vieillard ! tous les rouleurs des mers viendraient nous en donner, qu'ils ne convaincraient plus sa femme ni son fils ! Pour obtenir nos soins, tous les gens d'aventures inventent des mensonges, chacun à sa façon ; la vérité est le dernier de leurs soucis ! et dès qu'un vagabond arrive en notre Ithaque, il court chez ma maîtresse et lui conte une histoire. Elle, de l'accueillir, et de le bien traiter, et de l'interroger ! et voilà les sanglots ! et les yeux pleins de larmes ! Il est trop naturel de pleurer un mari qui périt loin des siens ! Et toi aussi, mon petit vieux, tu bâtiras sur-le-champ une histoire, pour avoir les habits, la robe et le manteau. Mais lui ! Voici longtemps, je pense, que les chiens et les oiseaux rapides ont décharné ses os, d'où l'âme s'est enfuie, à moins que les poissons en mer ne l'aient mangé ou que, sur un rivage, une dune profonde ne recouvre ses os. Ici ou là, il est bien mort ! Pour tous les siens, et pour moi plus encor, la vie n'est désormais que tristesse : où que j'aille, je ne retrouverai jamais un si doux maître ! Oui ! j'aurais beau revoir et mon père et ma mère, et la

οἶκον, ὅθι πρῶτον γενόμην καί μ' ἔτρεφον αὐτοί.
οὐδέ νυ τῶν ἔτι τόσσον ὀδύρομαι, ἀχνύμενός περ, 142
ἀλλά μ' Ὀδυσσῆος πόθος αἴνυται οἰχομένοιο. 144
τὸν μὲν ἐγών, ὦ ξεῖνε, καὶ οὐ παρεόντ' ὀνομάζειν 145
αἰδέομαι· περὶ γάρ με φίλει καὶ κήδετο θυμῷ·
ἀλλά μιν ἠθεῖον καλέω καὶ νόσφιν ἐόντα.
Τὸν δ' αὖτε προσέειπε πολύτλας δῖος Ὀδυσσεύς·
ΟΔΥ. — Ὦ φίλ', ἐπεὶ δὴ πάμπαν ἀναίνεαι, οὐδ' ἔτι φῇσθα
κεῖνον ἐλεύσεσθαι· θυμὸς δέ τοι αἰὲν ἄπιστος· 150
ἀλλ' ἐγὼ οὐχ αὔτως μυθήσομαι, ἀλλὰ σὺν ὅρκῳ,
ὡς νεῖται Ὀδυσεύς· εὐαγγέλιον δέ μοι ἔστω
αὐτίκ', ἐπεί κεν κεῖνος ἰὼν τὰ ἃ δώμαθ' ἵκηται. 153
πρὶν δέ κε, καὶ μάλα περ κεχρημένος, οὔ τι δεχοίμην· 155
ἐχθρὸς γάρ μοι κεῖνος ὁμῶς Ἀΐδαο πύλῃσι
γίνεται, ὃς πενίῃ εἴκων ἀπατήλια βάζει.
ἴστω νῦν Ζεὺς πρῶτα θεῶν ξενίη τε τράπεζα· 158
ἦ μέν τοι τάδε πάντα τελείεται ὡς ἀγορεύω· 160
τοῦ μὲν φθίνοντος μηνός, τοῦ δ' ἱσταμένοιο 162
οἴκαδε νοστήσει καὶ τίσεται ὅς κεν κείν⟨ων⟩
ἐνθάδ' ἀτιμάζει ἄλοχον καὶ φαίδιμον υἱόν.
Τὸν δ' ἀπαμειβόμενος προσέφης, Εὔμαιε συβῶτα· 165
ΕΥΜ. — Ὦ γέρον, οὔτ' ἄρ' ἐγὼν εὐαγγέλιον τόδε τίσω·
οὔτ' Ὀδυσεὺς ἔτι οἶκον ἐλεύσεται· ἀλλὰ ἕκηλος
πῖνε, καὶ ἄλλα παρὲξ μεμνώμεθα, μηδέ με τούτων
μίμνησκ'· ἦ γὰρ θυμὸς ἐνὶ στήθεσσιν ἐμοῖσιν

vers 143 : ὀφθαλμοῖσι ἰδέσθαι ἐὼν ἐν πατρίδι γαίῃ
vers 154 : ἕσσαι με χλαῖνάν τε χιτῶνά τε, εἵματα καλά
vers 159 : ἱστίη τ' Ὀδυσῆος ἀμύμονος, ἣν ἀφικάνω
vers 161 : τοῦδ' αὐτοῦ λυκάβαντος ἐλεύσεται ἐνθάδ' Ὀδυσσεύς

maison natale, où tous deux m'ont nourri... Certes, je les regrette (je voudrais, retournant à la terre natale, les revoir de mes yeux[7]) ! et pourtant moins que lui... Car c'est Ulysse absent qui me manque le plus... Ô mon hôte, tu vois que, même en son absence, j'hésite à le nommer. Entre tous, il m'aimait ; j'avais place en son cœur ; il a beau être loin ; il n'a toujours qu'un nom pour moi : c'est le grand frère ! »

Le héros d'endurance, Ulysse le divin, lui fit cette réponse :

ULYSSE. – « Je vois bien, mon ami, que tu nieras toujours ; car, c'en est dit pour toi, il ne reviendra plus ! Ton cœur reste incrédule ! Eh bien ! c'est un serment, ce n'est plus une histoire que, moi, je te ferai sur le retour d'Ulysse ; tu n'auras à payer cette bonne nouvelle que s'il vient à rentrer un beau jour en son manoir, me vêtissant de neuf, la robe et le manteau ; jusque-là, quel que soit mon besoin, je refuse ; les portes de l'Hadès[8] me sont moins odieuses que ces conteurs que fait mentir la pauvreté... Que Zeus m'en soit témoin, et tous les Immortels, et ta table, ô mon hôte, comme aussi ce foyer de l'éminent Ulysse ! je dis que tu verras s'accomplir tous mes mots ! Oui, cette lune-ci, Ulysse rentrera soit à la fin du mois, soit au début de l'autre, Ulysse rentrera chez lui et punira tous ceux qui, dans cette île, ont outragé sa femme et son illustre fils. »

Mais toi, porcher Eumée, tu lui dis en réponse :

EUMÉE. – « Ce n'est pas moi, vieillard, qui te paierai jamais cette bonne nouvelle : Ulysse, en sa maison, jamais ne rentrera... Mais, prends ton temps et bois ! puis laissons le sujet et parlons d'autre chose, car jusqu'au fond du cœur, la tristesse me prend, chaque fois

7. Eumée a été vendu comme esclave à Laërte alors qu'il n'était qu'un jeune enfant, cf. XV, 402 sq.

8. Sur le monde des morts et leur roi, le dieu Hadès, cf. la *Nekyia*, soit le chant XI.

ἄχνυται, ὁππότε τις μνήσῃ κεδνοῖο ἄνακτος.
ἀλλ' ἤτοι ὅρκον μὲν ἐάσομεν· αὐτὰρ Ὀδυσσεὺς
ἔλθοι, ὅπως μιν ἐγώ γ' ἐθέλω καὶ Πηνελόπεια
Λαέρτης θ' ὁ γέρων καὶ Τηλέμαχος θεοειδής.
[νῦν αὖ παιδὸς ἄλαστον ὀδύρομαι, ὃν τέκ' Ὀδυσσεύς,
Τηλεμάχου· τὸν ἐπεὶ θρέψαν θεοὶ ἔρνεϊ ἶσον,
καί μιν ἔφην ἔσσεσθαι ἐν ἀνδράσιν οὔ τι χέρεια
πατρὸς ἑοῖο φίλοιο, δέμας καὶ εἶδος ἀγητόν·
τὸν δέ τις ἀθανάτων βλάψε φρένας ἔνδον ἐίσας
ἠέ τις ἀνθρώπων· ὁ δ' ἔβη μετὰ πατρὸς ἀκουὴν
ἐς Πύλον ἠγαθέην· τὸν δὲ μνηστῆρες ἀγαυοὶ
οἴκαδ' ἰόντα λοχῶσιν, ὅπως ἀπὸ φῦλον ὄληται
νώνυμον ἐξ Ἰθάκης Ἀρκεισίου ἀντιθέοιο.
ἀλλ' ἤτοι κεῖνον μὲν ἐάσομεν, ἤ κε ἁλώῃ
ἦ κε φύγῃ καί κέν οἱ ὑπέρσχῃ χεῖρα Κρονίων.]
ἀλλ' ἄγε μοι σύ, γεραιέ, τὰ σ' αὐτοῦ κήδε' ἐνίσπες,
καί μοι τοῦτ' ἀγόρευσον ἐτήτυμον, ὄφρ' ἐὺ εἰδῶ.
τίς, πόθεν εἰς ἀνδρῶν; πόθι τοι πόλις ἠδὲ τοκῆες;
ὁπποίης τ' ἐπὶ νηὸς ἀφίκεο; πῶς δέ σε ναῦται
ἤγαγον εἰς Ἰθάκην; τίνες ἔμμεναι εὐχετόωντο;
οὐ μὲν γάρ τί σε πεζὸν ὀίομαι ἐνθάδ' ἱκέσθαι.

Τὸν δ' ἀπαμειβόμενος προσέφη πολύμητις Ὀδυσσεύς·

ΟΔΥ. — Τοὶ γὰρ ἐγώ τοι ταῦτα μάλ' ἀτρεκέως ἀγορεύσω.
εἴη μὲν νῦν νῶιν ἐπὶ χρόνον ἠμὲν ἐδωδὴ
ἠδὲ μέθυ γλυκερὸν κλισίης ἔντοσθε (μέν)ουσι
δαίνυσθαι ἀκέοντ'· ἄλλοι δ' ἐπὶ ἔργον ἕποιεν·
ῥηιδίως κεν ἔπειτα καὶ εἰς ἐνιαυτὸν ἅπαντα
οὔ τι διαπρήξαιμι λέγων ἐμὰ κήδεα θυμοῦ.

vers 198 : ὅσσά γε δὴ ξύμπαντα θεῶν ἰότητι μόγησα

que j'entends parler de ce bon maître... Non ! laissons les serments, et qu'Ulysse revienne ! c'est notre vœu à tous, à moi, à Pénélope, au divin Télémaque et au vieillard Laërte ! Mais pour un autre encor, mon angoisse est sans bornes : c'est pour le fils qu'Ulysse engendra, Télémaque ! Les dieux avaient nourri ce rejet de la race ; j'ai cru qu'à l'âge d'homme, il nous rendrait son père, avec sa taille et sa noblesse et sa beauté. Est-ce un homme, est-ce un dieu qui soudain affola cet esprit pondéré ? Voilà qu'il est parti s'enquérir de son père en la bonne Pylos, et nos fiers prétendants le guettent au retour pour éteindre en Ithaque le nom d'Arkésios[9] et sa race divine. Nous n'y pouvons plus rien : se laissera-t-il prendre ? pourra-t-il échapper, si le fils de Cronos étend sur lui son bras ? Mais toi, mon petit vieux, il te faut maintenant nous conter tes chagrins ; parle-moi sans détour : j'ai besoin de savoir. Quel est ton nom, ton peuple et ta ville et ta race ? et quel est le vaisseau qui, chez nous, t'apporta ? comment les gens de mer t'ont-ils mis en Ithaque ? avaient-ils un pays de qui se réclamer ? car ce n'est pas à pied que tu nous viens, je pense ! »

Ulysse l'avisé lui fit cette réponse :

ULYSSE. – « Oui, mon hôte, je vais te répondre sans feinte. Mais nous aurions du temps, des vivres, du bon vin et, sans bouger d'ici, laissant l'ouvrage aux autres, nous resterions tout à notre aise à banqueter, que j'en aurais encor grandement pour l'année avant de te pouvoir défiler mes chagrins, car j'ai pâti de tout sous le courroux des dieux !

9. Originaire de Céphalonie, Arkésios ou Arcisios, est le père de Laërte. Ses ancêtres remontaient à Deucalion.

ἐκ μὲν Κρητάων γένος εὔχομαι εὐρειάων,
ἀνέρος ἀφνειοῖο πάις· πολλοὶ δὲ καὶ ἄλλοι
υἷες ἐνὶ μεγάρῳ ἠμὲν τράφεν ἠδὲ γένοντο
γνήσιοι ἐξ ἀλόχου· ἐμὲ δ' ὠνητὴ τέκε μήτηρ
παλλακίς, ἀλλά με ἶσον ἰθαγενέεσσιν ἐτίμα
Κάστωρ Ὑλακίδης, τοῦ ἐγὼ γένος εὔχομαι εἶναι·
ὃς τότ' ἐνὶ Κρήτεσσι θεὸς ὣς τίετο δήμῳ
ὄλβῳ τε πλούτῳ τε καὶ υἱάσι κυδαλίμοισιν.
ἀλλ' ἤτοι τὸν Κῆρες ἔβαν θανάτοιο φέρουσαι
εἰς Ἀΐδαο δόμους· τοὶ δὲ ζωὴν ἐδάσαντο
παῖδες ὑπέρθυμοι καὶ ἐ⟨ν⟩ὶ κλήρους ἐβάλοντο,
αὐτὰρ ἐμοὶ μάλα παῦρα δόσαν καὶ οἰκί' ἔνειμαν.
ἠγαγόμην δὲ γυναῖκα πολυκλήρων ἀνθρώπων
εἵνεκ' ἐμῆς ἀρετῆς, ἐπεὶ οὐκ ἀποφώλιος ἦα
οὐδὲ φυγοπτόλεμος· νῦν δ' ἤδη πάντα λέλοιπεν·
ἀλλ' ἔμπης καλάμην γέ σ' ὀίομαι εἰσορόωντα
γινώσκειν· ἦ γάρ με δύη ἔχει ἤλιθα πολλή.
ἦ μὲν δὴ θάρσός μοι Ἄρης τ' ἔδοσαν καὶ Ἀθήνη
καὶ ῥηξηνορίην· ὁπότε κρίνοιμι λόχον δὲ
ἄνδρας ἀριστῆας, κακὰ δυσμενέεσσι φυτεύων,
οὔ ποτέ μοι θάνατον προτιόσσετο θυμὸς ἀγήνωρ·
ἀλλὰ πολὺ πρώτιστος ἐπάλμενος ἔγχει ἕλεσκον
ἀνδρῶν δυσμενέων ὅ τέ μοι εἴξειε πόδεσσι.
τοῖος ἔα ἐν πολέμῳ· ἔργον δέ μοι οὐ φίλον ἔσκεν
[οὐδ' οἰκωφελίη, ἥ τε τρέφει ἀγλαὰ τέκνα,]
ἀλλά μοι αἰεὶ νῆες ἐπήρετμοι φίλαι ἦσαν
καὶ πόλεμοι καὶ ἄκοντες ἐΰξεστοι καὶ ὀιστοί,

10. Ulysse débite encore une histoire mensongère qu'il situe en Crète, dont les habitants étaient réputés pour la pratique de la piraterie. Voir aussi XIII, 256-286 et note. Pour une analyse de ce récit, cf. Gigante, 1992, 7-29 ; Clay, 1997, 86-89, et 196-197.

J'ai l'honneur d'être né dans les plaines de Crète[10]. Mon père était fort riche ; de sa femme, il avait de nombreux autres fils, légitimes ceux-là, qu'il élevait chez lui : ma mère, à moi, n'était qu'une esclave achetée. Il me traitait pourtant comme un fils de sa femme, ce Castor l'Hylakide[11], dont le sang fait ma gloire et que le peuple, en Crète, honorait comme un dieu pour ses succès, ses biens et ses valeureux fils. Mais les Parques de mort, l'ayant pris, l'emportèrent aux maisons de l'Hadès, et ses fils pleins d'orgueil partagèrent ses biens, qu'ils tirèrent au sort. Moi, sauf une maison que l'on m'attribua, je n'eus que peu de chose ; mais je pus prendre femme en très riche famille : on vantait ma valeur ; je savais m'occuper, ne pas fuir la bataille... Oh ! c'est loin tout cela ! pourtant je crois qu'au chaume, on devine l'épi : tant de calamités ont fait de moi leur proie !

Arès et Athéna[12] m'avaient pourvu d'audace, et de muscles aussi ! Quand, avec ma poignée de braves bien choisis, je m'en allais planter des maux aux adversaires, ah ! ce n'est pas la mort que voulait regarder mon cœur toujours allant ! Je courais bon premier, je bondissais en tête, et ma lance abattait tout ce qui, devant moi, ne savait pas courir... Mais, si brave au combat, je n'avais aucun goût pour le travail des champs et les soins du ménage qui font les beaux enfants : ce que j'aimais, c'étaient les rames, les vaisseaux, les flèches, les combats, les javelots polis ; tous les outils de mort, qui

11. Selon Hoekstra, *ad loc.*, ce nom et cette généalogie pourraient bien être une plaisanterie d'Ulysse. En effet, *Kastor*, « castor », pourrait être une race de chiens et Hylakide, dérivant de *hylakê*, « aboiement », donnerait au pseudo-Crétois le nom de « Chien fils d'Aboyeur ».

12. Divinités associées à la guerre. Cependant, alors qu'Arès incarne la violence sauvage, le carnage dévastateur, Athéna représente les aspects plus rationnels du combat. Cf. Séchan-Lévêque, 1990, 327-331 (Athéna) ; 243-245 (Arès) ; Burkert, 139-143 ; 169-170.

λυγρά, τά τ' ἄλλοισίν γε καταριγηλὰ πέλονται·
αὐτὰρ ἐμοὶ τὰ φίλ' ἔσκε, τά που θεὸς ἐν φρεσὶ θῆκεν·
[ἄλλος γάρ τ' ἄλλοισιν ἀνὴρ ἐπιτέρπεται ἔργοις.]
πρὶν μὲν γὰρ Τροίης ἐπιβήμεναι υἷας Ἀχαιῶν
εἰνάκις ἀνδράσιν ἦρξα καὶ ὠκυπόροισι νέεσσιν
ἄνδρας ἐς ἀλλοδαπούς, καί μοι μάλα τύγχανε πολλά.
τῶν ἐξαιρεύμην μενοεικέα, πολλὰ δ' ὀπίσσω
λάγχανον· αἶψα δὲ οἶκος ὀφέλλετο, καὶ ⟨κεν⟩ ἔπειτα
δεινός τ' αἰδοῖός τε μετὰ Κρήτεσσι τετύγμην.
ἀλλ' ὅτε δὴ τήνδε στυγερὴν ὁδὸν εὐρύοπα Ζεὺς
ἐφράσαθ', ἣ πολλῶν ἀνδρῶν ὑπὸ γούνατ' ἔλυσε,
δὴ τότ' ἔμ' ἤνωγον καὶ ἀγακλυτὸν Ἰδομενῆα
νήεσσ' ἡγήσασθαι ἐς Ἴλιον· οὐδέ τι μῆχος
ἦεν ἀνήνασθαι· χαλεπὴ ⟨κ'⟩ ἔχε δήμου φῆμις.
ἔνθα μὲν εἰνάετες πολεμίζομεν υἷες Ἀχαιῶν,
τῷ δεκάτῳ δὲ πόλιν Πριάμου πέρσαντες ἔβημεν
οἴκαδε σὺν νήεσσι· θεὸς δ' ἐκέδασσεν Ἀχαιούς.
αὐτὰρ ἐμοὶ δειλῷ κακὰ μήδετο μητίετα Ζεύς·
μῆνα γὰρ οἶον ἔμεινα τεταρπόμενος τεκέεσσι
κουριδίῃ τ' ἀλόχῳ καὶ κτήμασιν· αὐτὰρ ἔπειτα
Αἴγυπτον δέ με θυμὸς ἀνώγει ναυτίλλεσθαι;
νῆας ἔυ στείλαντα, σὺν ἀντιθέοισ' ἑτάροισιν.
ἐννέα νῆας στεῖλα· θοῶς δ' ἐσαγείρετο λαός.
ἐξῆμαρ μὲν ἔπειτα ἐμοὶ ἐρίηρες ἑταῖροι
δαίνυντ'· αὐτὰρ ἐγὼν ἱερήια πολλὰ παρεῖχον
ῥέζειν ⟨τ' ἀθανάτοισ'⟩ αὐτοῖσί τε δαῖτα πένεσθαι
ἑβδομάτῃ δ' ἀναβάντες ἀπὸ Κρήτης εὐρείης
ἐπλέομεν Βορέῃ ἀνέμῳ ἀκραέι καλῷ

13. Sur ce fils petit-fils de Minos, roi de Crète, cf. XIII, 259 et note.

font trembler les autres, faisaient ma joie ; les dieux m'en emplissaient le cœur : à chacun, n'est-ce pas ? son plaisir et sa tâche.

Donc, avant qu'en Troade, on eût vu débarquer les fils des Achéens, j'avais neuf fois déjà, en pays étranger, emmené mes vaisseaux rapides et mes braves : un énorme butin m'en était revenu ; je prélevais d'abord une prime à mon choix, puis je tirais ma part. Aussi, de jour en jour, ma maison s'accroissait ; elle m'aurait valu quelque jour le respect des Crétois, et leur crainte. Mais quand, vers Ilion, le Zeus à la grand-voix nous voulut assigner cet odieux voyage, qui brisa les genoux de tant de nos héros, ce fut moi qu'on chargea de commander la flotte, avec Idoménée[13], notre roi glorieux : nul moyen d'esquiver ; j'aurais eu dans le peuple un trop mauvais renom... Et nous restons là-bas neuf années à combattre en bons fils d'Achéens. Quand, la dixième année, nous avons saccagé la ville de Priam, nous revenons chez nous avec tous nos vaisseaux ; mais un dieu dispersait les autres Achéens[14], et moi, l'infortuné ! quels maux me réservait la sagesse de Zeus !

Je n'avais pas joui un mois de mes enfants, de la femme de ma jeunesse et de mes biens, que l'envie me prenait d'équiper des navires et d'aller en croisière, avec mes compagnons divins, dans l'Égyptos[15]. J'équipe neuf vaisseaux, et les hommes affluent. Six jours, ces braves gens font bombance chez moi ; c'est moi qui, sans compter, fournissais les victimes, tant pour offrir aux dieux que pour servir à table. Le septième, on embarque et, des plaines de Crète, un bel et plein Borée nous

14. Thème déjà apparu dans le récit de Nestor à Télémaque, III, 130 sq.

15. Ulysse et ses compagnons ne débarquèrent pas en Égypte, ce fut le lot de Ménélas (cf. IV, 351 sq.), mais la Crète et l'Égypte, avec son exotisme, étaient un motif de curiosité pour les Grecs.

ῥηιδίως, ὡς εἴ τε κατὰ ῥόον· οὐδέ τις οὖν μοι
νηῶν πημάνθη· ἀλλ' ἀσκηθέες καὶ ἄνουσοι
ἥμεθα· τὰς δ' ἄνεμός τε κυβερνῆταί τ' ἴθυνον.
πεμπταῖοι δ' Αἴγυπτον ἐυρρείτην ἱκόμεσθα.
ἔνθ' ἤτοι μὲν ἐγὼ κελόμην ἐρίηρας ἑταίρους
αὐτοῦ πὰρ νήεσσι μένειν καὶ νῆα ἔρυσθαι,
ὀπτῆρας δὲ κατὰ σκοπιὰς ὤτρυνα ἱ⟨δ⟩έσθαι·
οἱ δ' ὕβρει εἴξαντες, ἐπισπόμενοι μένεϊ σφῷ,
αἶψα μάλ' Αἰγυπτίων ἀνδρῶν περικαλλέας ἀγροὺς
πόρθεον, ἐκ δὲ γυναῖκας ἄγον καὶ νήπια τέκνα,
αὐτούς τε κτεῖνον· τάχα δ' ἐς πόλιν ἵκετ' ἀυτή.
οἱ δὲ βοῆς ἀίοντες ἅμ' ἠοῖ φαινομένηφιν
ἦλθον· πλῆτο δὲ πᾶν πεδίον πεζῶν τε καὶ ἵππων
χαλκοῦ τε στεροπῆς· ἐν δὲ Ζεὺς τερπικέραυνος
φύζαν ἐμοῖσ' ἑτάροισι κακὴν βάλεν· οὐδέ τις ἔτλη
μεῖναι ἐναντίβιον· περὶ γὰρ κακὰ πάντοθεν ἔστη.
ἔνθ' ἡμέων πολλοὺς μὲν ἀπέκτανον ὀξέι χαλκῷ,
τοὺς δ' ἄναγον ζωούς, σφίσι ἐργάζεσθαι ἀνάγκῃ.
αὐτὰρ ἐμοὶ Ζεὺς αὐτὸς ἐνὶ φρεσὶν ὧδε νόημα
ποίησ'· ὡς ὄφελον θανέειν καὶ πότμον ἐπισπεῖν
αὐτοῦ ἐν Αἰγύπτῳ· ἔτι γάρ νύ με πῆμ' ὑπέδεκτο·
αὐτίκ' ἀπὸ κρατὸς κυνέην εὔτυκτον ἔθηκα
καὶ σάκος ὤμοιιν, δόρυ δ' ἔκβαλον ἔκτοσε χειρός·
αὐτὰρ ἐγὼ βασιλῆος ἐναντίον ἤλυθον ἵππων
καὶ κύσα γούναθ' ἑλών· ὁ δ' ἐρύσατο καί μ' ἐλέησεν,
ἐς δίφρον δέ μ' ἔσας ἄγε οἴκαδε δάκρυ χέοντα.
ἦ μέν μοι μάλα πολλοὶ ἐπήισσον μελίῃσι
ἱέμενοι κτεῖναι· δὴ γὰρ κεχολώατο λίην·
ἀλλ' ἀπὸ κεῖνος ἔρυκε, Διὸς δ' ὠπίζετο μῆνιν
ξεινίου, ὅς τε μάλιστα νεμεσσᾶται κακὰ ἔργα.

vers 258 : στῆσα δ' ἐν Αἰγύπτῳ ποταμῷ νέας ἀμφιελίσσας

emmène tout droit, comme au courant d'un fleuve : à bord, pas d'avaries ; ni maladie ni mort ; on n'avait qu'à s'asseoir et qu'à laisser mener le vent et les pilotes. Cinq jours, et nous entrons au beau fleuve Égyptos : je fais entrer tous mes vaisseaux aux deux gaillards dans le fleuve Égyptos.

Une fois arrivé, j'ordonne à tous mes braves de garder les vaisseaux sans bouger de la rive, tandis que j'envoyais des vigies sur les guettes ; mais, cédant à leur fougue et suivant leur envie, les voilà qui se ruent sur les champs merveilleux de ce peuple d'Égypte, les pillant, massacrant les hommes, ramenant les enfants et les femmes. Le cri ne tarde pas d'en venir à la ville : dès la pointe de l'aube, accourus à la voix, piétons et gens de chars emplissent la campagne de bronze scintillant ; Zeus, le joueur de foudre, nous jette la panique, et pas un de mes gens n'a le cœur de tenir en regardant en face : nous étions, il est vrai, dans un cercle de mort.

J'en vois périr beaucoup sous la pointe du bronze ; pour le travail forcé, on emmène le reste. Mais Zeus lui-même alors me fournit une idée… Oh ! comme j'aurais dû mourir dans l'Égyptos, subir la destinée ! la suite allait avoir pour moi tant de malheurs ! Mais ôtant de ma tête mon bonnet de métal, posant le bouclier que j'avais aux épaules, je rejette ma lance et, mains vides, je vais droit aux chevaux du roi : je tombe à ses genoux ; je les tiens embrassés[16]; il a pitié de moi ! C'est lui qui me protège et me prend sur son char ; jusque dans son manoir, il me ramène en larmes ; la foule brandissait ses piques contre moi et demandait ma mort ; c'étaient des forcenés ; mais lui les écartait, redoutant la colère de Zeus l'hospitalier, qui sait toujours tirer vengeance des forfaits.

16. Sur ce geste du suppliant, cf. III, 92 et note.

ἔνθα μὲν ἑπτάετες μένον αὐτόθι, πολλὰ δ' ἄγειρα
χρήματ' ἀν' Αἰγυπτίους ἄνδρας· δίδοσαν γὰρ ἅπαντες.
ἀλλ' ὅτε δή μοι ἐπιπλόμενον ἔτος ⟨ὄγδοον⟩ ἦλθε,
δὴ τότε Φοῖνιξ ἦλθεν ἀνὴρ ἀπατήλια εἰδώς,
τρώκτης, ὃς δὴ πολλὰ κάκ' ἀνθρώπους ἐεώργει·
ὅς μ' ἄγε παρπεπιθὼν ᾗσι φρεσίν, ὄφρ' ἱκόμεσθα
Φοινίκην, ὅθι τοῦ γε δόμοι καὶ κτήματ' ἔκειτο.
ἔνθα παρ' αὐτῷ μεῖνα τελεσφόρον εἰς ἐνιαυτόν.
ἀλλ' ὅτε δὴ μῆνές τε καὶ ἡμέραι ἐξετελεῦντο
ἂψ περιτελλομένου ἔτεος καὶ ἐπήλυθον ὧραι,
ἐς Λιβύην μ' ἐπὶ νηὸς ἐέσσατο ποντοπόροιο
ψεύδεα βουλεύσας, ἵνα οἱ σὺν φόρτον ἄγοιμι,
κεῖθι δέ μ' ὡς περάσειε καὶ ἄσπετον ὦνον ἕλοιτο.
τῷ ἑπόμην ἐπὶ νηός, διόμενός περ, ἀνάγκῃ.
ἡ δ' ἔθεεν Βορέῃ ἀνέμῳ ἀκραέϊ, καλῷ,
μέσσον ὑπὲρ Κρήτης· Ζεὺς δέ σφισι μήδετ' ὄλεθρον.
ἀλλ' ὅτε δὴ Κρήτην μὲν ἐλείπομεν, οὐδέ τις ἄλλη
φαίνετο γαιάων, ἀλλ' οὐρανὸς ἠδὲ θάλασσα,
δὴ τότε κυανέην νεφέλην ἔστησε Κρονίων
νηὸς ὕπερ γλαφυρῆς· ἤχλυσε δὲ πόντος ὑπ' αὐτῆς· 305
ἡ δ' ἐλελίχθη πᾶσα Διὸς πληγεῖσα κεραυνῷ, 306
ἐν δὲ θεείου πλῆτο· πέσον δ' ἐκ νηὸς ἅπαντες. 307
αὐτὰρ ἐμοὶ Ζεὺς αὐτός, ἔχοντί περ ἄλγεα θυμῷ, 310
ἱστὸν ἀμαιμάκετον νηὸς κυανοπρῴροιο
ἐν χείρεσσιν ἔθηκεν, ὅπως ἔτι πῆμα φύγοιμι.
τῷ ῥα περιπλεχθεὶς φερόμην ὀλοοῖσ' ἀνέμοισιν.
ἐννῆμαρ φερόμην, δεκάτῃ δέ με νυκτὶ μελαίνῃ

vers 305 : Ζεὺς δ' ἄμυδις βρόντησε καὶ ἔμβαλε νηὶ κεραυνόν
vers 308 : οἱ δὲ κορώνῃσι ἴκελοι περὶ νῆα μέλαιναν
309 : κύμασιν ἐμφορέοντο· θεὸς δ' ἀποαίνυτο νόστον

Je restai là sept ans, amassant de grands biens : tous me faisaient des dons chez ces peuples d'Égypte. Lorsque s'ouvrit le cours de la huitième année, je vis venir à moi l'un de ces Phéniciens qui savent en conter : sa fourbe avait déjà causé bien des malheurs ! Il m'enjôle pour m'emmener en Phénicie où, de fait, il avait sa maison et ses biens. Là, j'habite chez lui le restant de l'année. Mais lorsque les journées et les mois ont passé, quand, au bout de l'année, le printemps nous revient, il m'emmène en Libye sur un vaisseau du large : il m'en avait conté pour m'avoir à son bord avec ma cargaison ; là-bas, il espérait me vendre le bon prix[17] ; en m'embarquant, je m'en doutais ; mais comment faire ?

Notre vaisseau filait : un bel et plein Borée l'avait poussé déjà au-dessus de la Crète, quand le fils de Cronos décide notre perte... La Crète disparaît : plus une terre en vue ; rien que le ciel et l'eau ! Zeus nous pend sur la coque une sombre nuée, dont la mer s'enténèbre ; il tonne en même temps et lance son éclair ; la foudre vient frapper le vaisseau qui capote et que le soufre emplit : tous mes gens sont à l'eau et comme des corneilles, le flot les ballottait autour du vaisseau noir ; le dieu leur refusait la journée du retour. Mais Zeus, dans ma détresse, me met entre les bras l'énorme mât de ce navire à proue d'azur ; c'est qu'il voulait encor me tirer du péril ! Sur le mât que j'embrasse, je me laisse emporter et je flotte neuf jours, en proie aux vents de mort[18]. C'est en plaine nuit noire, enfin, que, le dixième,

17. Cette transaction qui deviendra un *topos* littéraire dans le roman grec était couramment pratiquée par les pirates avides de gain, cf. VIII, 8-10 ; XV, 403 sq.

18. Ce récit est fondé, en quelque sorte, sur le naufrage du navire d'Ulysse devant Scylla et Charybde : XII, 420 sq.

γαίῃ Θεσπρωτῶν πέλασεν μέγα κῦμα κυλίνδον.
ἔνθά με Θεσπρωτῶν βασιλεὺς ἐκομίσσατο Φείδων
ἥρως ἀπριάτην· τοῦ γὰρ φίλος υἱὸς ἐπελθὼν
αἴθρῳ καὶ καμάτῳ δεδμημένον ἦγ⟨'⟩ ἐς οἶκον,
[χειρὸς ἀναστήσας, ὄφρ' ἵκετο δώματα πατρός,]
ἀμφὶ δέ με χλαῖνάν τε χιτῶνά τε εἵματα ἕσσεν·
ἔνθ' Ὀδυσῆος ἐγὼ πυθόμην· κεῖνος γὰρ ἔφασκε
ξεινίσαι ἠδὲ φιλῆσαι ἰόντ' ἐς πατρίδα γαῖαν
καί μοι κτήματ' ἔδειξεν, ὅσα ξυναγείρατ' Ὀδυσσεύς·
καί νύ κεν ἐς δεκάτην γενεὴν ἕτερόν γ' ἔτι βόσκοι·
τόσσά οἱ ἐν μεγάροις κειμήλια κεῖτο ἄνακτος.
τὸν δ' ἐς Δωδώνην φάτο βήμεναι, ὄφρα θεοῖο
ἐκ δρυὸς ὑψικόμοιο Διὸς βουλὴν ἐπακούσῃ
ὅππως νοστήσῃ Ἰθάκης ἐς πίονα δῆμον
ἤδη δὴν ἀπεών, ἢ' ἀμφαδὸν ἦε κρυφηδόν·
ὤμοσε δὲ πρὸς ἔμ' αὐτόν, ἀποσπένδων ἐνὶ οἴκῳ,
νῆα κατειρύσθαι καὶ ἐπαρτέας ἔμμεν ἑταίρους,
οἳ δή μιν πέμψουσι φίλην ἐς πατρίδα γαῖαν,
ἀλλ' ἐμὲ πρὶν ἀπέπεμψε· τύχησε γὰρ ἐρχομένη νηῦς
ἀνδρῶν Θεσπρωτῶν ἐς Δουλίχιον πολύπυρον.
ἔνθ' ὅ γέ μ' ἠνώγει πέμψαι βασιλῆι Ἀκάστῳ
ἐνδυκέως· τοῖσιν δὲ κακὴ φρεσὶ ἥνδανε βουλὴ
ἀμφ' ἐμοί, ὄφρ' ἔτι πάγχυ δύησ⟨ιν κύρ⟩μα γενοίμην.
ἀλλ' ὅτε γαίης πολλὸν ἀπέπλω ποντοπόρος νηῦς,
αὐτίκα δούλιον ἦμαρ ἐμοὶ περιμηχανόωντο,
ἐκ μέν με χλαῖνάν τε χιτῶνά τε εἷματ' ἔδυσαν,
ἀμφὶ δέ με ῥάκος ἄλλο κακὸν βάλον ἠδὲ χιτῶνα,

vers 324 : χαλκόν τε χρυσόν τε πολύκμητόν τε σίδηρον

19. Comme Acastos (v. 336), ce roi semble une invention du poète. Son nom qui signifie « parcimonieux » ou « avare » pourrait être encore une plaisanterie d'Ulysse.

la grosse mer me roule à la côte thesprote. Là, je suis accueilli, sans rançon, par le roi des Thesprotes, Phidon[19] : le fils de ce héros, me trouvant épuisé de froid et de fatigue, m'avait mené chez lui ; il me prit par la main pour aller chez son père ; on m'y donna le vêtement, robe et manteau.

C'est là qu'on parlé d'Ulysse ; car le roi m'a dit l'avoir reçu, qui rentrait au pays, et l'avoir bien traité. Il m'a même montré tout le tas des richesses que ramenait Ulysse, et du bronze, et de l'or, et du fer travaillé, de quoi bien vivre à deux, pendant dix âges d'homme.

Le manoir était plein de ces objets de prix. Ulysse était parti, disait-on, pour Dodone[20]. Au feuillage divin du grand chêne de Zeus[21], il voulait demander conseil pour revenir au bon pays d'Ithaque : après sa longue absence, devait-il se cacher ou paraître au grand jour ? Sur nos libations d'adieu, dans son logis, le roi m'a fait serment que le navire était à flot et les gens prêts, pour ramener Ulysse à la terre natale. Mais ce fut moi d'abord que Phidon renvoya sur un vaisseau thesprote qui, pour Doulichion[22], le grand marché au blé, se trouvait en partance. Le roi chargea ces gens de veiller sur ma vie et de me ramener chez le roi Acastos. Mais en eux prévalut la mauvaise pensée de me donner en proie aux pires des misères. Quand, la terre quittée, nous sommes au grand large, les voilà qui m'octroient le jour de l'esclavage, m'arrachent mes habits, la robe et le manteau, et jettent sur mon dos cette mauvaise loque, cette robe en haillons

20. Ville au sud-ouest de l'Épire, célèbre pour son sanctuaire oraculaire de Zeus et de Dioné, tenu pour le plus ancien de Grèce (cf. *Il.*, XVI, 233 sq.) ; cf. Parke, 1967, 1-163.

21. Sur la dendromancie et la divination par *kléroi* pratiquées à Dodone, cf. Séchan-Lévêque, 1990, 83-84 ; Burkert, 1985, 114. Ces vers sont répétés en XIX, 296 sq.

22. Île du royaume d'Ulysse que certains associent à Leucade ou à Doulicha, une des Échinades, d'autres encore à Céphalonie ; cf. I, 246 et note.

βωγαλέα, τὰ καὶ αὐτὸς ἐν ὀφθαλμοῖσιν ὅρηαι,
ἑσπέριοι δ' Ἰθάκης εὐδειέλου ἔργ' ἀφίκοντο.
ἔνθ' ἐμὲ μὲν κατέδησαν ἐυσσέλμῳ ἐνὶ νηὶ
ὅπλῳ ἐυστρεφέι στερεῶς, αὐτοὶ δ' ἀποβάντες
ἐσσυμένως παρὰ θῖνα θαλάσσης δόρπον ἕλοντο·
αὐτὰρ ἐμοὶ δεσμὸν μὲν ἀνέγναμψαν θεοὶ αὐτοὶ
ῥηιδίως· κεφαλῇ δὲ κατὰ ῥάκος ἀμφικαλύψας,
ξεστὸν ἐφόλκαιον καταβὰς ἐπέλασσα θαλάσσῃ
στῆθος, ἔπειτα δὲ χερσὶ διήρεσσ' ἀμφοτέρῃσι
νηχόμενος, μάλα δ' ὦκα θύρηθ' ἔα ἀμφὶς ἐκείνων.
ἔνθ' ἀναβάς, ὅθι τε δρίος ἦν πολυανθέος ὕλης,
κείμην πεπτηώς· οἱ δὲ μεγάλα ⟨ἰ⟩άχοντες
φοίτων· ἀλλ', οὐ γάρ σφιν ἐφαίνετο κέρδιον εἶναι
μαίεσθαι προτέρω, τοὶ μὲν πάλιν αὖτις ἔβαινον
νηὸς ἔπι γλαφυρῆς· ἐμὲ δὲ κρύψαν θεοὶ αὐτοὶ
ῥηιδίως καί με σταθμῷ ἐπέλασσαν ἄγοντες
ἀνδρὸς ἐπισταμένου· ἔτι γάρ νύ μοι αἶσα βιῶναι.
Τὸν δ' ἀπαμειβόμενος προσέφης, Εὔμαιε συβῶτα·
ΕΥΜ. — Ἆ δειλὲ ξείνων, ἦ μοι μάλα θυμὸν ὄρινας
ταῦτα ἕκαστα λέγων, ὅσα δὴ πάθες ἠδ' ὅσ' ἀλήθης.
ἀλλὰ τά γ' οὐ κατὰ κόσμον, ὀίομαι, οὐδέ με πείσεις,
εἰπὼν ἀμφ' Ὀδυσῆι. τί σε χρὴ τοῖον ἐόντα
μαψιδίως ψεύδεσθαι; ἐγὼ δ' εὖ οἶδα καὶ αὐτὸς
νόστον ἐμοῖο ἄνακτος, ὅ τ' ἤχθετο πᾶσι θεοῖσι. 366
αὐτὰρ ἐγὼ παρ' ὕεσσιν ἀπότροπος, οὐδὲ πόλιν δὲ 372
ἔρχομαι, εἰ μή πού τι περίφρων Πηνελόπεια
ἐλθέμεν ὀτρύνῃσιν, ὅτ' ἀγγελίη ποθὲν ἔλθοι.

vers 367 : πάγχυ μάλ', ὅττί μιν οὔ τι μετὰ Τρώεσσι δάμασσαν
368 : ἠὲ φίλων ἐν χερσίν, ἐπεὶ πόλεμον τολύπευσε.
369 : τῶ κέν οἱ τύμβον μὲν ἐποίησαν Παναχαιοί,
370 : ἠδέ κε καὶ ᾧ παιδὶ μέγα κλέος ἤρατ' ὀπίσσω·
371 : νῦν δέ μιν ἀκλειῶς Ἅρπυιαι ἀνηρείψαντο

que tu me vois encore. Vers le soir, nous touchons à votre aire d'Ithaque. Ils m'attachent, serré à plusieurs tours de corde, sous les bancs du vaisseau, puis débarquent en hâte et prennent le repas.

Mais, sans peine, une main divine me détache. Alors, de mon haillon, je me couvre la tête; je glisse par l'étrave, je m'allonge sur l'eau et, ramant des deux mains, je me mets à la nage si bien qu'en un instant, hors de prise, loin d'eux, j'aborde au plus épais d'un petit bois en fleurs, où je vais me blottir; je les entends courir, hurler à pleine voix; mais, trouvant sans profit de pousser plus avant, ils retournent bientôt au creux de leur navire... Les dieux, sans plus de peine, m'avaient dissimulé ! Et c'est les mêmes dieux qui m'ont, en ta cabane, amené chez un juste : il faut que vivre encor soit dans ma destinée ! »

Mais, toi, porcher Eumée, tu lui dis en réponse :

EUMÉE. – « Oh ! le plus malheureux des hôtes, tout mon cœur se lève à ce récit d'une si douloureuse et si longue aventure ! Il n'est qu'un point, vois-tu, qui me semble inventé. Non ! non ! je ne crois pas aux contes sur Ulysse ! En ton état, pourquoi ces vaines menteries ? Je suis bien renseigné sur le retour du maître ! C'est la haine de tous les dieux qui l'accabla, puisqu'ils l'ont épargné là-bas, chez les Troyens, ou, la guerre achevée, dans les bras de ses proches ; car des Panachéens[23], il aurait eu sa tombe ! et quelle grande gloire il léguait à son fils ! Mais, tu vois, les Harpyes l'ont enlevé sans gloire... Moi, près de mes cochons, je vis très retiré ; si je vais à la ville, c'est lorsque Pénélope, la plus sage des femmes, me fait quérir en hâte, les jours où, par hasard, lui vient une

23. C'est-à-dire tous les Achéens: les Achéens confédérés qui firent le siège de Troie.

⟨ἄλλοι⟩ μὲν ⟨ἐ⟩ ἕκαστα παρήμενοι ἐξερέουσιν,
ἠμὲν οἳ ἄχνυνται δὴν οἰχομένοιο ἄνακτος
ἠδ' οἳ χαίρουσιν βίοτον νήποινον ἔδοντες·
ἀλλ' ἐμοὶ οὐ φίλον ἐστὶ μεταλλῆσαι καὶ ἔρεσθαι,
ἐξ οὗ δή μ' Αἰτωλὸς ἀνὴρ ἐξήπαφε μύθῳ,
ὅς ῥ' ἄνδρα κτείνας, πολλὴν ἐπὶ γαῖαν ἀληθείς,
ἦλυθ' ἐμὸν πρὸς σταθμόν· ἐγὼ δέ μιν ἀμφαγάπαζον·
φῆ δέ μιν ἐν Κρήτεσσι παρ' Ἰδομενῆι ἰδέσθαι
νῆας ἀκειόμενον, τάς οἱ ξυνέαξαν ἄελλαι
καὶ φάτ' ἐλεύσεσθαι ἢ ἐς θέρος ἢ ἐς ὀπώρην,
πολλὰ χρήματ' ἄγοντα, σὺν ἀντιθέοισ' ἑτάροισι.
καὶ σύ, γέρον πολυπενθές, ἐπεί σέ μοι ἤγαγε δαίμων,
μήτέ τί μοι ψεύδεσσι χαρίζεο μήτέ τι θέλγε·
οὐ γὰρ τοὔνεκ' ἐγώ σ' αἰδέσσομαι οὐδὲ φιλήσω,
ἀλλὰ Δία ξένιον δείσας αὐτό⟨ς⟩ τ' ἐλεαίρων.

Τὸν δ' ἀπαμειβόμενος προσέφη πολύμητις Ὀδυσσεύς·

ΟΔΥ. — Ἦ μάλα τίς τοι θυμὸς ἐνὶ στήθεσσιν ἄπιστος,
οἷόν σ' οὐδ' ὀμόσας περ ἐπήγαγον οὐδέ σε πείθω.
ἀλλ' ἄγε νῦν ῥήτρην ποιησόμεθ'· αὐτὰρ ὄπισθε
μάρτυροι ἀμφοτέροισι θεοί, τοὶ Ὄλυμπον ἔχουσιν.
εἴ κεν νοστήσειε ἄναξ τεὸς ἐς τόδε δῶμα,
ἕσσας με χλαῖνάν τε χιτῶνά τε εἵματα πέμψαι
Δουλίχιον δ' ἰέναι, ὅθι μοι φίλον ἔπλετο θυμῷ·
εἰ δέ κε μὴ ἔλθῃσι ἄναξ τεός, ὡς ἀγορεύω,
δμῶας ἐπισσεύας βαλέειν Μεγάλης κατὰ Πέτρης,
ὄφρα καὶ ἄλλος πτωχὸς ἀλεύεται ἠπεροπεύειν.

Τὸν δ' ἀπαμειβόμενος προσεφώνεε δῖος ὑφορβός·

nouvelle. Il faut les voir alors autour du messager que, tous, ils interrogent, soit qu'ils pleurent la longue absence de mon maître, soit qu'ils vivent en joie, sans crainte du vengeur, à dévorer ses biens ! Moi, j'ai cessé de m'informer, de m'enquérir, du jour qu'un Étolien[24]. Il arrivait chez moi, ayant tué son homme et roulé par le monde vint me leurrer d'histoires ; je le reçus à bras ouverts ; il me conta qu'en Crète il avait vu, auprès d'Idoménée[25], mon maître radoubant ses navires que la tempête avait brisés : à l'été, à l'automne, Ulysse rentrerait avec tout son butin et ses divins guerriers ! Puisque à ton retour, le ciel t'amène sous mon toit, lamentable vieillard, ne crois pas qu'à mentir, on me flatte et me charme ou qu'on gagne à ce prix mes égards et mon cœur. C'est Zeus l'hospitalier que je respecte en toi, et tu m'as fait pitié ! »

Ulysse l'avisé lui fit cette réponse :

ULYSSE. – « Quel esprit incrédule habite en ta poitrine ! Même par serment, je n'ai pu t'ébranler ! et tu ne me crois pas ! Veux-tu donc maintenant que nous fassions un pacte et qu'ensuite les dieux, les maîtres de l'Olympe, entre nous, soient témoins ? Le jour que rentrera ton maître en ce logis, tu me dois les habits, la robe et le manteau, et vers Doulichion où je comptais aller, tu me fais reconduire ; mais s'il ne revient pas, ton maître ! si je mens, tu diras à tes gens de me précipiter du haut de la Grand-Roche, pour qu'aucun mendiant ne croie plus t'enjôler. »

Mais le divin porcher lui disait en réponse :

24. Habitant de la région située à l'ouest de la Grèce continentale, séparée de l'Acarnanie par l'Achéloos. Ce personnage pourrait être un de ces menteurs qu'Eumée mentionne en XIV, 122-132.

25. L'histoire qu'Ulysse racontait à Eumée présente bien des points communs avec celle de l'Étolien, cf. 229 sq. Sur Idoménée, cf. III, 191 et note ; XIII, 259 et note.

ΕΥΜ. — Ξεῖν', οὕτω γάρ κέν μοι ἐυκλείη τ' ἀρετή τε
εἴη ἐπ' ἀνθρώπους, ἅμα τ' αὐτίκα καὶ μετέπειτα,
ὅς σ' ἐπεὶ ἐς κλισίην ἄγαγον καὶ ξείνια δῶκα,
αὖτις δὲ κτείναιμι φίλον τ' ἀπὸ θυμὸν ἑλοίμην·
πρόφρων δή κεν ἔπειτα Δία Κρονίωνα λιτοίμην.
νῦν δ' ὥρη δόρποιο· τάχιστά μοι ἔνδον ἑταῖροι
εἶεν, ἵν' ἐν κλισίῃ λαρὸν τετυκοίμεθα δόρπον.
Ὣς οἱ μὲν τοιαῦτα πρὸς ἀλλήλους ἀγόρευον·
ἀγχίμολον δὲ σύες τε καὶ ἀνέρες ἦλθον ὑφορβοί·
τὰς μὲν ἄρα ἔρξαν κατὰ ἤθεα κοιμηθῆναι·
κλαγγὴ δ' ἄσπετος ὦρτο συῶν αὐλιζομενάων.

ΤΑ ΕΝ ΑΓΡΩΙ...

Αὐτὰρ ὁ οἷσ' ἑτάροισιν ἐκέκλετο δῖος ὑφορβός· 413
ΕΥΜ. — Ἄξεθ' ὑῶν τὸν ἄριστον, ἵνα ξείνῳ ἱερεύσω
τηλεδαπῷ· πρὸς δ' αὐτοὶ ὀνησόμεθ', οἵ περ ὀιζὺν
δὴν ἔχομεν πάσχοντες ὑῶν ἕνεκ' ἀργιοδόντων·
ἄλλοι δ' ἡμέτερον κάματον νήποινον ἔδουσιν.
Ὣς ἄρα φωνήσας κέασε ξύλα νηλέι χαλκῷ·
οἱ δ' ὗν εἰσῆγον μάλα πίονα πενταέτηρον.
τὸν μὲν ἔπειτ' ἔστησαν ἐπ' ἐσχάρῃ· οὐδὲ συβώτης
λήθετ' ἄρ' ἀθανάτων· φρεσὶ γὰρ κέχρητ' ἀγαθῇσιν·
ἀλλ' ὅ γ' ἀπαρχόμενος κεφαλῆς τρίχας ἐν πυρὶ βάλλεν
ἀργιόδοντος ὑός, καὶ ἐπεύχετο πᾶσι θεοῖσι, 423
κόψε δ' ἀνασχόμενος σχίζῃ δρυός, ἣν λίπε κείων·
τὸν δ' ἔλιπε ψυχή. τοὶ δὲ σφάξάν τε καὶ εὗσαν,
αἶψα δέ μιν διέχευαν· ὁ δ' ὠμοθετεῖτο συβώτης,

vers 424 : νοστῆσαι Ὀδυσῆα πολύφρονα ὃν δὲ δόμον δέ

EUMÉE. – « Oui, mon hôte ! voilà le moyen de répandre ma gloire et mes mérites chez les gens d'aujourd'hui et dans tout l'avenir ! T'accueillir en ma loge et te traiter en hôte, pour t'assaillir ensuite et t'enlever la vie ! Ah ! je pourrais alors prier avec espoir Zeus, le fils de Cronos ! Mais pensons au souper : je voudrais bien avoir ici les camarades pour préparer dans la cabane un bon repas. »

Tandis qu'ils échangeaient ces paroles entre eux, voici que les pourceaux et leurs pâtres rentraient. Sous les tects, pour la nuit, on poussa les femelles ; de leurs enclos, montaient des grognements sans fin.

AUX CHAMPS…

Or, le divin porcher appela ses bergers :

EUMÉE. – « Vous allez m'amener le plus beau de nos porcs ; pour cet hôte qui vient de loin, nous le tuerons ! et nous-mêmes, tâchons de profiter aussi ! Nous avons tout le mal ! ces porcs aux blanches dents nous font assez peiner, quand d'autres, sans remords, vivent de nos sueurs ! »

Il disait et, prenant le bronze sans pitié, il en fendait ses bûches. Les autres amenaient un porc de belle graisse, un cochon de cinq ans, que l'on mit aussitôt debout sur le foyer, et le porcher n'oublia pas les Immortels : c'était un bon esprit ! Du porc aux blanches dents, quand il eut prélevé quelques poils de la hure, qu'il jeta dans la flamme en invoquant les dieux pour que le sage Ulysse revînt en sa maison, il assomma la bête d'une bûche de chêne qu'il n'avait pas fendue, et l'âme s'envola.

Saigné, flambé, le porc fut vite dépecé et, sur les viandes crues qu'il détachait des membres, le porcher étendit un large champ de graisse, puis jeta dans le feu

πάντων ἀρχόμενος μελέων, ἐς πίονα δημόν,
καὶ τὰ μὲν ἐν πυρὶ βάλλε, παλύνας ἀλφίτου ἀκτῇ·
μίστυλλόν τ' ἄρα τἆλλα καὶ ἀμφ' ὀβελοῖσιν ἔπειραν
ὤπτησάν τε περιφραδέως ἐρύσαντό τε πάντα,
βάλλον δ' εἰν ἐλεοῖσιν ἀολλέα. ἂν δὲ συβώτης
ἵστατο δαιτρεύσων· περὶ γὰρ φρεσὶν αἴσιμα ᾔδη·
καὶ τὰ μὲν ἕπταχα πάντα διεμοιρᾶτο δαΐζων·
τὴν μὲν ἴαν Νύμφῃσι καὶ Ἑρμ⟨είᾳ, Δι⟩ὸς υἱεῖ,
θῆκεν ἐπευξάμενος, τὰς δ' ἄλλας νεῖμε ἑκάστῳ,
νώτοισιν δ' Ὀδυσῆα διηνεκέεσσι γέραιρεν
ἀργιόδοντος ὑός, κύδαινε δὲ θυμὸν ἄνακτος.
Καί μιν φωνήσας προσέφη πολύμητις Ὀδυσσεύς·
ΟΔΥ. — Αἴθ' οὕτως, Εὔμαιε, φίλος Διὶ πατρὶ γένοιο
ὡς ἐμοί, ὅττί με τοῖον ἐόντ' ἀγαθοῖσι γεραίρεις.
Τὸν δ' ἀπαμειβόμενος προσέφης, Εὔμαιε συβῶτα·
ΕΥΜ. — Ἔσθιε, δαιμόνιε ξείνων, καὶ τέρπεο τοῖσδε,
οἷα πάρεστι. θεὸς δὲ τὸ μὲν δώσει, τὸ δ' ἐάσει,
ὅττί κε ᾧ θυμῷ ἐθέλῃ· δύναται γὰρ ἅπαντα.
Ἦ ῥα καὶ ἄργματα θῦσε θεοῖσ' αἰειγενέτῃσι,
σπείσας δ' αἴθοπα οἶνον Ὀδυσσῆϊ πτολιπόρθῳ
ἐν χείρεσσιν ἔθηκεν· ὁ δ' ἕζετο ᾗ παρὰ μοίρῃ·
σῖτον δέ σφιν ἔνειμε Μεσαύλιος, ὅν ῥα συβώτης
⟨αὐτὸς πὰρ⟩ Ταφίων πρίατο κτεάτεσσιν ἑοῖσιν·
οἱ δ' ἐπ' ὀνείαθ' ἑτοῖμα προκείμενα χεῖρας ἴαλλον.

vers 450 : αὐτὸς κτήσατο οἶος ἀποιχομένοιο ἄνακτος,
451 : νόσφιν δεσποίνης καὶ Λαέρταο γέροντος

ces tranches saupoudrées d'une fine farine, et le reste, coupé menu, fut mis aux broches.

Quand tout fut cuit à point, lorsque, tiré du feu, le rôti fut dressé sur les planches à pain, le porcher se leva et fit les parts : c'était le plus juste des cœurs ! Il mit tout au partage et prépara sept lots. Il offrit le premier, en invoquant Hermès, fils de Zeus et les Nymphes[26]. Il en servit un autre à chacun des convives, mais garda pour Ulysse les filets allongés du porc aux blanches dents, et cette part d'honneur emplit de joie le maître.

Ulysse l'avisé prit alors la parole :

ULYSSE. – « Que Zeus le père, Eumée, t'aime comme je t'aime, puisque, dans mon état, tu daignes me combler ! »

Mais toi, porcher Eumée, tu lui dis en réponse :

EUMÉE. – « Mange, hôte infortuné, et profite de l'heure : donnant ou refusant, les dieux à leur envie font de nous ce qu'ils veulent ; que ne peuvent-ils pas ? »

Ce disant, il offrait aux dieux d'éternité les prémices du porc et les libations d'un vin aux sombres feux ; puis il remit la tasse entre les mains d'Ulysse et s'assit à côté du preneur d'Ilion, devant sa propre part.

Lorsque Mésaulios[27] leur eut servi le pain – c'était un serviteur qu'à ses propres dépens, en l'absence du maître, sans consulter sa dame ou le vieillard Laërte, Eumée avait acquis des marins de Taphos[28] –, tous, vers les parts de choix préparées et servies, ils étendirent les mains.

26. Dans cette atmosphère agreste, il est naturel que les divinités honorées soient Hermès, protecteur des troupeaux et des pâtres, et les nymphes, qui hantent les eaux, les bois et les montagnes. Sur ce rôle d'Hermès, cf. Séchan-Levêque, 1990, 274.

27. Ce nom propre, probablement une invention du poète, signifie « préposé à la cour intérieure ».

28. Sur ce pays et ses habitants, cf. I, 417 et note.

Αὐτὰρ ἐπεὶ πόσιος καὶ ἐδητύος ἐξ ἔρον ἕντο,
σῖτον μέν σφιν ἀφεῖλε Μεσαύλιος· οἱ δ' ἐπὶ κοῖτον,
σίτου καὶ κρειῶν κεκορημένοι, ἐσσεύοντο·
νὺξ δ' ἄρ' ἐπῆλθε κακή, σκοτομήνιος· ὗε δ' ἄρα Ζεὺς
πάννυχος· αὐτὰρ ἄη Ζέφυρος μέγας, αἰὲν ἔφυδρος.
Τοῖσ' Ὀδυσεὺς μετέειπε, συβώτεω πειρητίζων
εἴ πως οἱ ἐκδὺς χλαῖναν πόροι ἤ τιν' ἑταίρων
ἄλλον ἐποτρύνειεν, ἐπεί ἑο κήδετο λίην·
ΟΔΥ. — Κέκλυθι νῦν, Εὔμαιε, καὶ ἄλλοι πάντες ἑταῖροι.
εὐξάμενός τι ἔπος ἐρέω· οἶνος γὰρ ἀνώγει
[ἠλεός, ὅς τ' ἐφέηκε πολύφρονά περ μάλ' ἀεῖσαι
καί θ' ἁπαλὸν γελάσαι, καί τ' ὀρχήσασθαι ἀνῆκε,
καί τι ἔπος προέηκεν, ὅ πέρ τ' ἄρρητον ἄμεινον.
ἀλλ' ἐπεὶ οὖν τὸ πρῶτον ἀνέκραγον, οὐκ ἐπικεύσω].
εἴθ' ὣς ἡβώοιμι βίη τέ μοι ἔμπεδος εἴη,
ὡς ὅθ' ὑπὸ Τροίην λόχον ἤγομεν ἀρτύναντες·
ἡγείσθην δ' Ὀδυσεύς τε καὶ Ἀτρείδης Μενέλαος·
τοῖσι δ' ἅμα τρίτος ἦρχον ἐγών· αὐτοὶ γὰρ ἄνωγον. 471
ἡμεῖς μὲν προτὶ ἄστυ κατὰ ῥωπήια πυκνά, 473
ἂν δόνακας καὶ ἕλος, ὑπὸ τεύχεσι πεπτηῶτες
κείμεθα· νὺξ δ' ἄρ' ἐπῆλθε κακὴ Βορέαο πεσόντος,
πηγυλίς· αὐτὰρ ὕπερθε χιὼν γένετ' ἠύτε πάχνη
ψυχρή, καὶ σακέεσσι περιτρέφετο κρύσταλλος.
ἔνθ' ἄλλοι πάντες χλαίνας ἔχον ἠδὲ χιτῶνας,
εὗδον δ' εὔκηλοι, σάκεσιν εἰλυμένοι ὤμους·
αὐτὰρ ἐγὼ χλαῖναν μὲν ἰὼν ἑτάροισιν ἔλειπον
ἀφραδίῃσ', ἐπεὶ οὐκ ἐφάμην ῥιγωσέμεν ἔμπης,
ἀλλ' ἑπόμην σάκος οἶον ἔχων καὶ ζῶμα φαεινόν.
ἀλλ' ὅτε δὴ τρίχα νυκτὸς ἔην, μετὰ δ' ἄστρα βεβήκει,
καὶ τότ' ἐγὼν Ὀδυσῆα προσηύδων ἐγγὺς ἐόντα
ἀγκῶνι νύξας· ὁ δ' ἄρ' ἐμμαπέως ὑπάκουσε·

vers 472 : ἀλλ' ὅτε δή ῥ' ἱκόμεσθα ποτὶ πτόλιν αἰπύ τε τεῖχος

Quand on eut satisfait la soif et l'appétit, lorsque Mésaulios eut ramassé le pain, on alla se coucher, avec tout son content de viandes et de pain. Là-dessus, la nuit vint, nuit mauvaise et sans lune, où, jusqu'à l'aube, allait tomber la pluie de Zeus ; il soufflait sans arrêt l'un de ces grands zéphyrs qui amènent de l'eau.

Ulysse résolut d'éprouver le porcher, pour voir s'il quitterait et donnerait sa cape ou, ne pensant qu'à soi, en demanderait une à l'un de ses bergers :

ULYSSE. – « Écoutez tous, Eumée et vous, ses compagnons ! j'aurais une prière[29]... C'est le vin qui m'incite, ce fou qui fait chanter, danser et rire aux larmes l'homme le plus rassis et nous tire les mots que mieux vaudrait garder. Mais, ayant commencé de jaser, je dis tout ! Ah ! si j'avais encor ma jeunesse et ma force, comme en cette embuscade que nous avions un jour poussée sous Ilion ! Ulysse et Ménélas l'Atride nous menaient ; ils m'avaient désigné pour commander en tiers ; nous allons sous la ville, au pied de la muraille. Nous voilà sous la ville, en une brousse épaisse : nous nous couchons parmi les joncs et le marais, tapis sous nos armures ; mais survient le Borée ; la nuit se fait mauvaise : nuit de gel, où la neige, en nous tombant dessus, s'étalait en verglas et, sur les rochers, faisait couche de glace.

Tous les autres avaient leur robe et leur manteau ; de leur grand bouclier couverts jusqu'aux épaules, ils dormaient bien tranquilles : j'étais, à l'étourdie, venu sans mon manteau ; je n'avais pas prévu qu'il gèlerait si fort ; je l'avais donc laissé près de mes compagnons, et je n'étais parti qu'avec mon bouclier et ma ceinture en bronze.

Aux deux tiers de la nuit, quand les astres déclinent, je réveille du coude Ulysse, mon voisin ; je lui parle ; aussitôt il me prête l'oreille :

29. Sur la rhétorique de la victime et le récit d'Ulysse chez Eumée, cf. King, 1999, 74-93.

— Διογενὲς Λαερτιάδη, πολυμήχαν' Ὀδυσσεῦ,
οὔ τοι ἔτι ζωοῖσι μετέσσομαι, ἀλλά με χεῖμα
δάμναται· οὐ γὰρ ἔχω χλαῖναν. παρά μ' ἤπαφε δαίμων
οἰοχίτων' ἔμεναι· νῦν δ' οὐκέτι φυκτὰ πέλονται.
— Ὣς ἐφάμην· ὁ δ' ἔπειτα νόον σχέθε τόνδ' ἐνὶ θυμῷ, 490
οἷος κεῖνος ἔην βουλευέμεν ἠδὲ μάχεσθαι·
φθεγξάμενος δ' ὀλίγῃ ὀπί με πρὸς μῦθον ἔειπε·
— Σίγα νῦν, μή τίς σευ Ἀχαιῶν ἄλλος ἀκούσῃ.
— Ἦ καὶ ἐπ' ἀγκῶνος κεφαλὴν σχέθε εἶπέ τε μῦθον· 494
— Λίην γὰρ νηῶν ἑκὰς ἤλθομεν· ἀλλά τι⟨ν' εἴην⟩ 496
εἰπεῖν Ἀτρείδῃ Ἀγαμέμνονι, ποιμένι λαῶν,
εἰ πλέονας παρὰ ναῦφιν ἐποτρύνειε νέεσθαι.
— Ὣς ἔφατ'· ὦρτο δ' ἔπειτα Θόας, Ἀνδραίμονος υἱός,
καρπαλίμως, ἀπὸ δὲ χλαῖναν θέτο φοινικόεσσαν, 500
βῆ δὲ θέειν ἐπὶ νῆας· ἐγὼ δ' ἐνὶ εἵματι κείνου
κείμην ἀσπασίως· φάε δὲ χρυσόθρονος Ἠώς. 502
Τὸν δ' ἀπαμειβόμενος προσέφης, Εὔμαιε συβῶτα· 507
ΕΥΜ. — Ὦ γέρον, αἶνος μέν τοι ἀμύμων, ὃν κατέλεξας.
[οὐδέ τί πω παρὰ μοῖραν ἔπος νηκερδὲς ἔειπες·]
τὼ οὔτ' ἐσθῆτος δευήσεαι οὔτέ τευ ἄλλου, 510
ὧν ἐπέοιχ' ἱκέτην ταλαπείριον ἀντιάσαντα
νῦν· ἀτὰρ ἠῶθέν γε τὰ σὰ ῥάκεα δνοπαλίξεις.
οὐ γὰρ πολλαὶ χλαῖναι ἐπημοιβοί τε χιτῶνες
ἐνθάδε ἕννυσθαι, μία δ' οἴη φωτὶ ἑκάστῳ. 514

vers 495 : κλῦτε φίλοι· θεῖός μοι ἐνύπνιον ἦλθεν ὄνειρος
vers 503 : ὣς νῦν ἡβώοιμι βίη τέ μοι ἔμπεδος εἴη·
504 : δοίη κέν τις χλαῖναν ἐνὶ σταθμοῖσι συφορβῶν,
505 : ἀμφότερον, φιλότητι καὶ αἰδοῖ φωτὸς ἐῆος·
506 : νῦν δέ μ' ἀτιμάζουσι κακὰ χροΐ εἵματ' ἔχοντα
vers 515 : αὐτὰρ ἐπὴν ἔλθῃσιν Ὀδυσσῆος φίλος υἱός,
516 : αὐτός τοι χλαῖνάν τε χιτῶνά τε εἵματα δώσει,
517 : πέμψει δ' ὅππῃ σε κραδίη θυμός τε κελεύει

– Fils de Laërte, écoute, ô rejeton des dieux, Ulysse aux mille ruses ! je m'en vais trépasser ! Cet ouragan me tue ; car je suis sans manteau et, pour venir, un dieu m'a fait traîtreusement ne prendre que ma robe ; je ne vois plus moyen de me tirer d'affaire !

À peine avais-je dit qu'il avait son idée : au conseil, au combat, ah ! quel homme c'était ! De sa voix la plus basse, il me parle et me dit :

– Silence maintenant et, de nos Achéens, que pas un ne t'entende !

Sur son coude plié, il relève la tête :

– Camarades, deux mots ! un dieu vient, en dormant, de m'envoyer un songe. Nous nous sommes risqués un peu loin des vaisseaux : si j'envoyais quelqu'un dire au pasteur des peuples, l'Atride Agamemnon, qu'il faut nous dépêcher un renfort des navires ?

Il disait ; prestement Thoas[30], fils d'Andrémon, se lève et se défait de son manteau de pourpre pour courir aux vaisseaux. Et moi, dans son manteau, je m'endors, – oh ! délices ! laissant monter l'Aurore à son trône doré. Ah ! si j'avais encor ma jeunesse et ma force ! en cette loge, on m'eût donné quelque manteau, autant par amitié que par respect d'un brave ! mais on n'a que mépris pour les haillons que j'ai ! »

Mais toi, porcher Eumée, tu lui dis en réponse :

EUMÉE. – « Vieillard, le beau récit que tu viens de nous faire ! pas un mot maladroit et qui n'aille au profit… Pour ce soir, tout au moins, il ne te manquera ni vêtement ni rien que l'on doive accorder en pareille rencontre au pauvre suppliant ! Mais à l'aube, demain, tu recoudras tes loques, car nous n'avons ici ni manteaux par douzaines, ni robe de rechange : à chaque homme la sienne. Attends le fils d'Ulysse ; aussitôt revenu, c'est lui qui, te donnant la robe et le manteau, te fera reconduire, où que puissent aller les désirs de ton cœur. »

30. Ce guerrier était le chef des Étoliens qui se rendirent à Troie : *Il.*, II, 634-644 ; IV, 527-538, et XV, 281-305.

Ὣς εἰπὼν ἀνόρουσε, τίθει δ' ἄρα οἱ πυρὸς ἐγγὺς
εὐνήν, ἐν δ' ὀίων τε καὶ αἰγῶν δέρματ' ἔβαλλεν.
ἔνθ' Ὀδυσεὺς κατέλεκτ'· ἐπὶ δὲ χλαῖναν βάλεν αὐτῷ
πυκνὴν καὶ μεγάλην, ἥ οἱ παρεκέσκετ' ἀμοιβάς,
ἕννυσθαι ὅτε τις χειμὼν ἔκπαγλος ὄροιτο.
Ὣς ὁ μὲν ἔνθ' Ὀδυσεὺς κοιμήσατο· τοὶ δὲ παρ' αὐτὸν
ἄνδρες κοιμήσαντο νεηνίαι· οὐ δὲ συβώτῃ
ἥνδανεν αὐτόθι κοῖτος, ὑῶν ἄπο κοιμηθῆναι·
ἀλλ' ὅ γ' ἄρ' ἔξω ἰὼν ὡπλίζετο· χαῖρε δ' Ὀδυσσεύς,
ὅττι ῥά οἱ βιότου περικήδετο νόσφιν ἐόντος.
πρῶτον μὲν ξίφος ὀξὺ περὶ στιβαροὺς βάλετ' ὤμους,
ἀμφὶ δὲ χλαῖναν ἑέσσατ' ἀλεξάνεμον, μάλα πυκνήν,
ἂν δὲ νάκην ἕλετ' αἰγὸς ἐυτρεφέος μεγάλοιο,
εἵλετο δ' ὀξὺν ἄκοντα, κυνῶν ἀλκτῆρα καὶ ἀνδρῶν,
βῆ δ' ἴμεναι κείων ὅθι περ σύες ἀργιόδοντες
Πέτρῃ ὕπο Γλαφυρῇ εὗδον, Βορέω ὑπ' ἰωγῇ...

Il dit et, se levant, vint faire, auprès du feu, un lit avec des peaux de moutons et de chèvres. Ulysse s'y coucha. Eumée jeta sur lui l'épais et grand manteau, qu'il avait de rechange pour les jours où l'orage en fureur sévissait. Près d'Ulysse étendu, les jeunes gens d'Eumée se couchèrent aussi ; mais lui, ne voulant pas dormir loin de ses porcs, il s'armait pour sortir. Ulysse fut heureux de voir comme il soignait les biens du maître absent. À sa vaillante épaule, Eumée avait d'abord pendu son glaive à pointe ; il revêtait la plus épaisse de ses capes pour s'abriter du vent, prenait sa peau de bique, une ample peau bien drue, et sa houlette à pointe contre chiens et rôdeurs, puis il s'en fut coucher près des porcs aux dents blanches, sous le Creux de la Roche, à l'abri du Borée...

[ΤΗΛΕΜΑΧΟΥ ΕΠΑΝΟΔΟΣ]

Ἡ δ' εἰς εὐρύχορον Λακεδαίμονα Παλλὰς Ἀθήνη
ᾤχετ', Ὀδυσσῆος μεγαθύμου φαίδιμον υἱὸν
νόστου ὑπομνήσουσα καὶ ὀτρυνέουσα νέεσθαι,
εὗρε δὲ Τηλέμαχον καὶ Νέστορος ἀγλαὸν υἱὸν
εὕδοντ' ἐν προδόμῳ Μενελάου κυδαλίμοιο,
ἤτοι Νεστορίδην μαλακῷ δεδμημένον ὕπνῳ·
Τηλέμαχον δ' οὐχ ὕπνος ἔχε γλυκύς, ἀλλ' ἐνὶ θυμῷ
νύκτα δι' ἀμβροσίην μελεδήματα πατρὸς ἔγειρεν.
Ἀγχοῦ δ' ἱσταμένη προσέφη γλαυκῶπις Ἀθήνη·
ΑΘΗ. — Τηλέμαχ', οὐκέτι καλὰ δόμων ἄπο τῆλ' ἀλάλησαι,
κτήματά τε προλιπὼν ἄνδρας τ' ἐν σοῖσι δόμοισιν
οὕτω ὑπερφιάλους· μή τοι κατὰ πάντα φάγωσι
κτήματα δασσάμενοι, σὺ δὲ τηϋσίην ὁδὸν ἔλθῃς.
ἀλλ' ὄτρυνε τάχιστα βοὴν ἀγαθὸν Μενέλαον
πεμπέμεν, ὄφρ' ἔτι οἴκοι ἀμύμονα μητέρα τέτμῃς·
ἤδη γάρ ⟨ἑ⟩ πατήρ τε κασίγνητοί τε κέλονται
Εὐρυμάχῳ γήμασθαι· ὁ γὰρ περιβάλλει ἅπαντας
μνηστῆρας δώροισι καὶ ἐξώφελλεν ἔεδνα.
[μή νύ τι σεῦ ἀέκητι δόμων ἐκ κτῆμα φέρηται.
οἶσθα γὰρ οἷος θυμὸς ἐνὶ στήθεσσι γυναικός·
κείνου βούλεται οἶκον ὀφέλλειν, ὅς κεν ὀπυίῃ,
παίδων δὲ προτέρων καὶ κουριδίοιο φίλοιο
οὐκέτι μέμνηται τεθνηότος οὐδὲ μεταλλᾷ.
ἀλλὰ σύ γ' ἐλθὼν αὐτὸς ἐπιτρέψειας ἕκαστα

1. Allusion au fils cadet de Nestor, qui accompagna Télémaque à Sparte.

2. Le discours d'Athéna est en grande partie mensonger. Dans l'*Odyssée*, Pénélope ne s'intéresse nullement à Eurymaque, un des

LE RETOUR DE TÉLÉMAQUE

(CHANT XV.) Mais aux plaines de Sparte, Athéna s'en venait trouver le noble fils de son grand cœur d'Ulysse, lui parler du retour et hâter son départ. Télémaque et le fin Nestoride[1] étaient là, reposant dans l'entrée du noble Ménélas. Le tranquille sommeil pesait sur Pisistrate ; mais contre sa douceur, Télémaque luttait ; soucieux de son père, en cette nuit divine, il restait éveillé quand la Vierge aux yeux pers, debout à son chevet :

ATHÉNA. – « Télémaque, il suffit : c'est assez d'aventures si loin de ton logis ! Tu laisses ton avoir, tu laisses ta maison aux mains de tels bandits ! Ils vont tout te manger, se partager tes biens, tandis que tu perdras ton temps à ce voyage. Va-t'en, donc au plus vite demander à ce bon crieur de Ménélas qu'il te remette en route, si tu veux en rentrant retrouver au foyer ton éminente mère. Car voici que son père et ses frères la pressent d'épouser Eurymaque[2] ; de tous les prétendants, ses dons l'ont fait vainqueur ; chaque jour, il augmente encore la somme offerte[3] : prends garde ! à ton insu, si quelqu'un de tes biens sortait de ton logis ! Tu sais le cœur des femmes : c'est toujours la maison de leur nouveau mari qu'elles veulent servir ; leurs fils d'un premier lit, l'époux de leur jeunesse ne comptent plus pour elles ; il est mort ! c'est l'oubli ! Rentre donc et sois là pour confier tes biens à

prétendants les plus violents. D'ailleurs, il n'a jamais été question des frères de Pénélope, ni du rôle qu'ils joueraient en vue du futur mariage de leur sœur.

3. Sur les cadeaux de mariage ou la dot, cf. II, 53 et note.

ὀμφάων ἥ τίς τοι ἀρίστη φαίνεται εἶναι,
εἰς ὅ κέ τοι φήνωσι θεοὶ κυδρὴν παράκοιτιν.]
ἄλλο δέ τοί τι ἔπος ἐρέω· σὺ δὲ σύνθεο θυμῷ·
μνηστήρων σ' ἐπιτηδὲς ἀριστῆες λοχόωσιν
ἐν πορθμῷ Ἰθάκης τε Σάμοιό τε παιπαλοέσσης,
ἱέμενοι κτεῖναι, πρὶν πατρίδα γαῖαν ἱκέσθαι.
ἀλλὰ ἑκὰς Νήσων ἀπέχειν εὐεργέα νῆα,
νυκτὶ δ' ὁμῶς πλείειν· πέμψει δέ τοι οὖρον ὄπισθεν
ἀθανάτων ὅς τίς σε φυλάσσει τε ῥύεταί τε.
αὐτὰρ ἐπὴν πρώτην ἀκτὴν Ἰθάκης ἀφίκηαι,
νῆα μὲν ἐς πόλιν ὀτρῦναι καὶ πάντας ἑταίρους,
αὐτὸς δὲ πρώτιστα συβώτην εἰσαφικέσθαι,
ἔνθα δὲ νύκτ' ἀέσαι, τὸν δ' ὀτρῦναι πόλιν εἴσω
ἀγγελίην ἐρέοντα περίφρονι Πηνελοπείῃ,
οὕνεκά οἱ σῶς ἐσσι καὶ ἐκ Πύλου εἰλήλουθας.
Ἡ μὲν ἄρ' ὣς εἰποῦσ' ἀπέβη πρὸς μακρὸν Ὄλυμπον.
Αὐτὰρ ὁ Νεστορίδην ἐκ ἡδέος ὕπνου ἔγειρε,
λὰξ ποδὶ κινήσας, καί μιν πρὸς μῦθον ἔειπεν·
ΤΗΛ. — Ἔγρεο, Νεστορίδη Πεισίστρατε· μώνυχας ἵππους
ζεῦξον ὑφ' ἅρματ' ἄγων, ὄφρα πρήσσωμεν ὁδοῖο.
Τὸν δ' αὖ Νεστορίδης Πεισίστρατος ἀντίον ηὔδα·
ΠΕΙ. — Τηλέμαχ', οὔ πως ἔστιν ἐπειγομένους περ ὁδοῖο
νύκτα διὰ δνοφερὴν ἐλάαν· τάχα δ' ἔσσεται ἠώς.
ἀλλὰ μέν' εἰς ὅ κε δῶρα φέρων ἐπιδίφρια θήῃ
ἥρως Ἀτρείδης, δουρικλειτὸς Μενέλαος,

vers 31 : ἀλλὰ τά γ' οὐκ ὀΐω· πρὶν καί τινα γαῖα καθέξει
32 : ἀνδρῶν μνηστήρων, οἵ τοι βίοτον κατέδουσιν
vers 39 : ὅς τοι ὑῶν ἐπίουρος, ὁμῶς δέ τοι ἤπα οἶδεν

celle des servantes dont tu verras le zèle, jusqu'au jour où les dieux viendront te présenter quelque digne compagne. Écoute un autre avis et le mets en ton cœur : les chefs des prétendants te guettent, embusqués dans la passe entre Ithaque et la Samé des Roches[4]. Ils veulent te tuer, avant que tu revoies le pays de tes pères. Mais, ne crains rien, je veille, auparavant la terre en recevra plus d'un, des seigneurs prétendants qui dévorent tes vivres. Écarte donc des Îles ton solide croiseur ; vogue toute la nuit : celui des Immortels qui veille à ta défense t'enverra pour rentrer une brise d'arrière. En approchant d'Ithaque, aborde au premier cap, puis renvoie ton navire et tes gens à la ville. Mais toi, monte d'abord retrouver le porcher[5] qui veille sur tes porcs et te garde son cœur ; passe la nuit chez lui et le dépêche en ville pour avertir ta mère, la sage Pénélope, que tu rentres en vie, sain et sauf, de Pylos[6].

La déesse, à ces mots, disparut, regagnant les sommets de l'Olympe.

Mais le fils du divin Ulysse, Télémaque, tira le Nestoride des douceurs du sommeil, en le poussant du pied et lui disant ces mots :

TÉLÉMAQUE. – « Pisistrate ! debout ! allons, fils de Nestor ! amène les chevaux au sabot non fendu ! attelle-les au char, et mettons-nous en route ! »

Mais le fils de Nestor, Pisistrate, lui dit :

PISISTRATE. – « Quel moyen Télémaque, de lancer les chevaux en cette nuit profonde, si pressés que, tous deux, nous soyons de partir ? L'aurore n'est pas loin. Attends que Ménélas l'Atride, le seigneur à la lance fameuse,

4. Sur cette embuscade, cf. IV, 665 sq.

5. C'est-à-dire chez Eumée qui accueille le mendiant Ulysse (cf. XIV).

6. Sur le royaume de Nestor, cf. I, 93 et note ; voir aussi chant III.

καὶ μύθοισ' ἀγανοῖσι παραυδήσας ⟨σ'⟩ ἀποπέμψῃ·
τοῦ γάρ τε ξεῖνος μιμνήσκεται ἤματα πάντα
ἀνδρὸς ξεινοδόκου, ὅς κεν φιλότητα παράσχῃ.
Ὣς ἔφατ'· αὐτίκα δὲ χρυσόθρονος ἤλυθεν Ἠώς·
ἀγχίμολον δέ σφ' ἦλθε βοὴν ἀγαθὸς Μενέλαος,
ἀνστὰς ἐξ εὐνῆς, Ἑλένης πάρα καλλικόμοιο.
Τὸν δ' ὡς οὖν ἐνόησεν Ὀδυσσῆος φίλος υἱός,
σπερχόμενός ῥα χιτῶνα περὶ χροῒ σιγαλόεντα
δῦνεν, [καὶ μέγα φᾶρος ἐπὶ στιβαροῖς βάλετ' ὤμοις
ἥρως,] βῆ δὲ θύραζε, παριστάμενος δὲ προσηύδα·
ΤΗΛ. — Ἀτρείδη Μενέλαε διοτρεφές, ὄρχαμε λαῶν,
ἤδη νῦν μ' ἀπόπεμπε φίλην ἐς πατρίδα γαῖαν·
ἤδη γάρ μοι θυμὸς ἐέλδεται οἴκαδ' ἱκέσθαι.
Τὸν δ' ἠμείβετ' ἔπειτα βοὴν ἀγαθὸς Μενέλαος·
ΜΕΝ. — Τηλέμαχ', οὔ τί σ' ἐγώ γε πολὺν χρόνον ἐνθάδ' ἐρύξω
ἱέμενον νόστοιο· νεμεσσῶμαι δὲ καὶ ἄλλῳ
ἀνδρὶ ξεινοδόκῳ, ὅς κ' ἔξοχα μὲν φιλέῃσιν,
ἔξοχα δ' ἐχθαίρῃσιν· ἀμείνω δ' αἴσιμα πάντα.
[Ἶσόν τοι κακόν ἐσθ', ὅς τ' οὐκ ἐθέλοντα νέεσθαι
ξεῖνον ἐποτρύνει καὶ ὃς ἐσσύμενον κατερύκει.
χρὴ ξεῖνον παρεόντα φιλεῖν, ἐθέλοντα δὲ πέμπειν.]
ἀλλὰ μέν' εἰς ὅ κε δῶρα φέρων ἐπιδίφρια θείω
καλά, σὺ δ' ὀφθαλμοῖσι ἴδῃ, εἴπω δὲ γυναιξὶ
δεῖπνον ἐνὶ μεγάροις τετυκεῖν ἅλις ἔνδον ἐόντων.
[ἀμφότερον, κῦδός τε καὶ ἀγλαΐη καὶ ὄνειαρ,
δειπνήσαντας ἴμεν πολλὴν ἐπ' ἀπείρονα γαῖαν.
εἰ δ' ἐθέλεις τραφθῆναι ἀν' Ἑλλάδα καὶ μέσον Ἄργος,
ὄφρα τοι αὐτὸς ἕπωμαι, ὑποζεύξω δέ τοι ἵππους,

vers 63 : Τηλέμαχος φίλος υἱὸς Ὀδυσσῆος θείοιο

vienne nous apporter ses cadeaux sur le char et te donne congé avec des mots aimables : quel meilleur souvenir pour le restant des jours qu'une bonne amitié établie d'hôte à hôte ? »

À peine avait-il dit que l'Aurore montait sur son trône doré, et voici que le bon crieur de Ménélas, ayant quitté le lit d'Hélène aux beaux cheveux, s'en venait les rejoindre. Dès que le fils d'Ulysse eut aperçu le roi, il vêtit à la hâte sa robe reluisante, jeta sa grande écharpe sur ses fortes épaules et, sortant dans la cour, vint à lui pour lui dire, Télémaque, le fils de ce divin Ulysse :

TÉLÉMAQUE. – « Ménélas, fils d'Atrée, le nourrisson de Zeus, le meneur des guerriers, renvoie-moi, il est temps, au pays de mes pères ; mon cœur n'a plus qu'un vœu ; c'est de rentrer chez moi. »

Ce bon crieur de Ménélas lui répondit :

MÉNÉLAS. – « Puisque tu veux partir, ce n'est pas moi qui vais te retenir ici plus longtemps, Télémaque ! Je blâme également dans l'hôte qui reçoit l'excès d'empressement et l'excès de froideur : j'aime avant tout la règle et trouve aussi mauvais de renvoyer un hôte, quand il veut demeurer, que de le retenir quand il veut s'échapper : à l'hôte que doit-on ? bon accueil s'il demeure, congé s'il veut partir.

Laisse-moi seulement le temps de t'apporter mes cadeaux sur le char ; je veux que tu les voies, que tes yeux les admirent, et je vais dire aux femmes qu'on nous serve une repas, tiré de la réserve. Mon honneur, mon renom, vos aises m'interdisent de vous lancer à jeun de par le vaste monde ! Veux-tu courir l'Hellade[7], séjourner en Argos[8] ? Je vais t'accompagner ; je prendrai mes

7. Allusion au nord de la Grèce ou à la Grèce continentale par opposition au Péloponnèse.

8. Utilisé ici pour désigner soit l'Argolide tout entière, soit le Péloponnèse, royaume des Atrides.

ἄστεα δ' ἀνθρώπων ἡγήσομαι· οὐδέ τις ἡμέας
αὔτως ἀππέμψει, δώσει δέ τι ἕν γε φέρεσθαι
ἠέ τινα τριπόδων εὐχάλκων ἠὲ λεβήτων
ἠὲ δύ' ἡμιόνους ἠὲ χρύσειον ἄλεισον.]
Τὸν δ' αὖ Τηλέμαχος πεπνυμένος ἀντίον ηὔδα·
ΤΗΛ. — Ἀτρείδη Μενέλαε διοτρεφές, ὄρχαμε λαῶν,
βούλομαι ἤδη νεῖσθαι ἐφ' ἡμέτερ'· οὐ γὰρ ὄπισθεν
οὖρον ἰὼν κατέλειπον ἐπὶ κτεάτεσσιν ἐμοῖσι.
μὴ πατέρ' ἀντίθεον διζήμενος αὐτὸς ὄλωμαι,
[ἤ τί μοι ἐκ μεγάρων κειμήλιον ἐσθλὸν ὄληται.]
Αὐτὰρ ἐπεὶ τό γ' ἄκουσε βοὴν ἀγαθὸς Μενέλαος,
αὐτίκ' ἄρ' ᾗ ἀλόχῳ ἠδὲ δμῳῇσι κέλευσε
δεῖπνον ἐνὶ μεγάροις τετυκεῖν ἅλις ἔνδον ἐόντων.
[ἀγχίμολον δέ οἱ ἦλθε Βοηθοΐδης Ἐτεωνεύς,
ἀνστὰς ἐξ εὐνῆς, ἐπεὶ οὐ πολὺ ναῖεν ἀπ' αὐτοῦ·
τὸν πῦρ κῆαι ἄνωγε βοὴν ἀγαθὸς Μενέλαος
ὀπτῆσαί τε κρεῶν· ὁ δ' ἄρ' οὐκ ἀπίθησεν ἀκούσας.]
αὐτὸς δ' ἐς θάλαμον κατεβήσετο κηώεντα,
οὐκ οἶος· ἅμα τῷ γ' Ἑλένη κίε καὶ Μεγαπένθης.
ἀλλ' ὅτε δή ῥ' ἵκαν' ὅθι οἱ κειμήλια κεῖτο,
Ἀτρείδης μὲν ἔπειτα δέπας λάβεν ἀμφικύπελλον,
υἱὸν δὲ κρητῆρα φέρειν Μεγαπένθε' ἄνωγεν
ἀργύρεον· Ἑλένη δὲ παρίστατο φωριαμοῖσιν,
ἔνθά οἱ ἔσαν πέπλοι παμποίκιλοι, οὓς κάμεν αὐτή.
τῶν ἕν' ἀειραμένη Ἑλένη φέρε, δῖα γυναικῶν,
ὃς κάλλιστος ἔην ποικίλμασιν ἠδὲ μέγιστος,
ἀστὴρ δ' ὣς ἀπέλαμπεν· ἔκειτο δὲ νείατος ἄλλων.
βὰν δ' ἴμεναι προτέρω διὰ δώματος, εἷος ἵκοντο
Τηλέμαχον· τὸν δὲ προσέφη ξανθὸς Μενέλαος·

chevaux et je serai ton guide : de ville en ville alors, tu verras devant nous s'ouvrir toutes les portes, affluer au départ les cadeaux, les chaudrons, les beaux trépieds de bronze, les paires de mulets et les coupes en or. »

Posément, Télémaque le regarda et dit :

TÉLÉMAQUE. – « Ménélas, fils d'Atrée, le nourrisson de Zeus, le meneur des guerriers ! je veux rentrer tout droit chez nous ; en m'en allant, je n'ai laissé personne pour veiller sur mes biens ; à chercher trop longtemps ce père égal aux dieux, je risquerais ma perte ou celle d'un objet de prix dans mon manoir. »

Il disait ; mais le bon crieur de Ménélas eut à peine entendu qu'il donnait l'ordre à son épouse et ses serviteurs de servir un repas tiré de la réserve : survint Étéoneus[9], le fils de Boéthos qui sortait de son lit ; il habitait tout prêt ; le bon crieur de Ménélas lui commanda de rallumer le feu et de cuire les viandes ; aussitôt commandé, le fils de Boéthos s'empressa d'obéir.

Puis l'Atride, au trésor embaumé, descendit : sans le quitter, sa femme[10] et son fils[11] le suivaient. Lui-même il s'en alla au dépôt des bijoux et prit la double coupe ; mais, tandis qu'il chargeait son fils Mégapenthès du cratère d'argent, Hélène choisissait, debout auprès des coffres, l'un des voiles brodés, ouvrages de ses mains. Quand elle en eut tiré, cette femme divine, le plus orné de broderies et le plus grand[12] – il brillait comme un astre, étendu tout au fond –, ils revinrent en hâte à travers le manoir retrouver Télémaque, et le blond Ménélas lui adressa ces mots :

9. Ce serviteur de Ménélas est présenté en IV, 22 sq.

10. C'est-à-dire Hélène.

11. Il s'agit de Mégapenthès. Sur ce personnage, cf. IV, 4, 11 et note.

12. Un travail semblable à ceux que le poète de l'*Iliade* attribuait à Hélène (III, 125-128) et à Andromaque (XXII, 440-441). Voir aussi Svenbro, 1994, 61 sq.

ΜΕΝ. — Τηλέμαχ', ἤτοι νόστον, ἐνὶ φρεσὶν ὡς σὺ μενοινᾷς,
ὥς τοι Ζεὺς τελέσειεν, ἐρίγδουπος πόσις Ἥρης. 112
Ὣς εἰπὼν ἐν χειρὶ τίθει δέπας ἀμφικύπελλον
ἥρως Ἀτρείδης· ὁ δ' ἄρα κρητῆρα φαεινὸν
θῆκ' αὐτοῦ προπάροιθε φέρων κρατερὸς Μεγαπένθης,
ἀργύρεον· Ἑλένη δὲ παρίστατο καλλιπάρῃος,
πέπλον ἔχουσ' ἐν χειρί, ἔπος τ' ἔφατ' ἔκ τ' ὀνόμαζε·
ΕΛΕ. — Δῶρόν τοι καὶ ἐγώ, τέκνον φίλε, τοῦτο δίδωμι,
μνῆμ' Ἑλένης χειρῶν, πολυηράτου ἐς γάμου ὥρην,
σῇ ἀλόχῳ φορέειν· τείως δὲ φίλῃ παρὰ μητρὶ
κεῖσθαι ἐνὶ μεγάρῳ. σὺ δέ μοι χαίρων ἀφίκοιο
οἶκον ⟨ἐς ὑψόροφον⟩ καὶ σὴν ἐς πατρίδα γαῖαν.
Ὣς εἰποῦσ' ἐν χειρὶ τίθει· ὁ δ' ἐδέξατο χαίρων,
καὶ τὰ μὲν ἐς πείρινθα τίθει Πεισίστρατος ἥρως
δεξάμενος καὶ πάντα ἑῷ θηήσατο θυμῷ.

vers 113 : δώρων δ', ὅσσ' ἐν ἐμῷ οἴκῳ κειμήλια κεῖται,
114 : δώσω ὃ κάλλιστον καὶ τιμηέστατόν ἐστι.
115 : δώσω τοι κρητῆρα τετυγμένον· ἀργύρεος δὲ
116 : ἔστιν ἅπας, χρυσῷ δ' ἐπὶ χείλεα κεκράανται·
117 : ἔργον δ' Ἡφαίστοιο· πόρεν δέ ἑ Φαίδιμος ἥρως
118 : Σιδονίων βασιλεύς, ὅθ' ἑὸς δόμος ἀμφεκάλυψε
119 : κεῖθί με νοστήσαντα· τεῒν ἐθέλω τόδ' ὀπάσσαι

MÉNÉLAS. – « Télémaque, tu pars ! plaise à l'époux d'Héra, au Zeus retentissant, que ce retour s'achève au gré de tes désirs ! de tous les objets d'art qui sont en mon manoir, je m'en vais te donner le plus beau, le plus rare ; oui, je veux te donner un cratère forgé, dont la panse est d'argent, les lèvres de vermeil. C'est l'œuvre d'Héphaestos[13] : il me vient de Sidon, du seigneur Phaedimos[14], ce roi qui m'abrita, dans sa propre demeure, quand je rentrais ici ; je veux qu'il t'appartienne. »

À ces mots, le seigneur Atride lui remit la belle double coupe ; le fort Mégapenthès déposa devant lui le cratère luisant ; Hélène s'avança, Hélène aux belles joues, qui, tenant le grand voile en sa main, vint lui dire :

HÉLÈNE. – « J'ai mon présent aussi, cher enfant ; prends et garde en souvenir d'Hélène cette œuvre de ses mains. Quand le jour de l'hymen viendra combler tes vœux, que ta femme le porte ; que chez toi, d'ici là, ta mère le conserve... Je te fais mes adieux : ah ! puisses-tu rentrer en ta haute maison, au pays de tes pères ! »

Elle dit et lui mit dans la main le grand voile, qu'il reçut plein de joie.

Le héros Pisistrate, ayant pris ces cadeaux que son cœur admirait, monta les déposer dans le panier du char.

13. Ayant su apprivoiser le feu, Héphaïstos est le forgeron divin. Le poète de l'*Iliade* lui attribue la construction des demeures divines (I, 607-608) ainsi que d'objets précieux qui servent aux mortels, comme le sceptre de Zeus (II, 101-102) qui deviendra celui d'Agamemnon (II, 107-108) ; les armes d'Achille (XVIII, 468 sq.), etc. Dans l'*Odyssée*, il fabrique des chiens qui ornent le palais d'Alcinoos (VII, 91-92) et des liens qui enserrent les amants Aphrodite et Arès (VIII, 274 sq.).

14. Ce nom, probablement inventé par le poète est issu d'une épithète qui signifie « brillant » ou « illustre » et qui désigne plusieurs héros dont Hector, *Il.*, IV, 505 ; Ajax, *Il.*,V, 617 ; Achille, *Il.*, IX, 434 ; Ulysse, *Od.*, X, 251.

Τοὺς δ' ἦγε πρὸς δῶμα κάρη ξανθὸς Μενέλαος·
ἑζέσθην δ' ἄρ' ἔπειτα κατὰ κλισμούς τε θρόνους τε.
χέρνιβα δ' ἀμφίπολος προχόῳ ἐπέχευε φέρουσα
καλῇ, χρυσείῃ, ὑπὲρ ἀργυρέοιο λέβητος,
νίψασθαι, παρὰ δὲ ξεστὴν ἐτάνυσσε τράπεζαν·
σῖτον δ' αἰδοίη ταμίη παρέθηκε φέρουσα
εἴδατα πόλλ' ἐπιθεῖσα, χαριζομένη παρεόντων·
[πὰρ δὲ Βοηθοΐδης κρέα δαίετο καὶ νέμε μοίρας·]
οἰνοχόει δ' υἱὸς Μενελάου κυδαλίμοιο·
οἱ δ' ἐπ' ὀνείαθ' ἑτοῖμα προκείμενα χεῖρας ἴαλλον.
Αὐτὰρ ἐπεὶ πόσιος καὶ ἐδητύος ἐξ ἔρον ἕντο,
δὴ τότε Τηλέμαχος καὶ Νέστορος ἀγλαὸς υἱὸς
ἵππους τε ζεύγνυντ' ἀνά θ' ἅρματα ποικίλ' ἔβαινον,
ἐκ δ' ἔλασαν προθύροιο καὶ αἰθούσης ἐριδούπου.
Τοὺς δὲ μετ' Ἀτρεΐδης ἔκιε ξανθὸς Μενέλαος,
οἶνον ἔχων ἐν χειρὶ μελίφρονα δεξιτερῆφι,
χρυσέῳ ἐν δέπαϊ, ὄφρα λείψαντε κιοίτην,
στῆ δ' ἵππων προπάροιθε, δεδισκόμενος δὲ προσηύδα·
ΜΕΝ. — Χαίρετον, ὦ κούρω, καὶ Νέστορι ποιμένι λαῶν
εἰπεῖν· ἦ γὰρ ἐμοί γε πατὴρ ὣς ἤπιος ἦεν,
εἷος ἐνὶ Τροίῃ πολεμίζομεν υἷες Ἀχαιῶν.
Τὸν δ' αὖ Τηλέμαχος πεπνυμένος ἀντίον ηὔδα·
ΤΗΛ. — Καὶ λίην κείνῳ γε, διοτρεφές, ὡς ἀγορεύεις,
πάντα τάδ' ἐλθόντες καταλέξομεν· αἲ γὰρ ἐγὼν ὣς
νοστήσας Ἰθάκηνδε, κιχὼν Ὀδυσῆ' ἐνὶ οἴκῳ,
εἴποιμ' ὡς παρὰ σεῖο τυχὼν φιλότητος ἁπάσης
ἔρχομαι, αὐτὰρ ἄγω κειμήλια πολλὰ καὶ ἐσθλά.
[Ὣς ἄρα οἱ εἰπόντι ἐπέπτατο δεξιὸς ὄρνις,
αἰετὸς ἀργὴν χῆνα φέρων ὀνύχεσσι πέλωρον,
ἥμερον ἐξ αὐλῆς· οἱ δ' ἰύζοντες ἕποντο
ἀνέρες ἠδὲ γυναῖκες· ὁ δέ σφισιν ἐγγύθεν ἐλθὼν
δεξιὸς ἤϊξε πρόσθ' ἵππων· οἱ δὲ ἰδόντες
γήθησαν, καὶ πᾶσιν ἐνὶ φρεσὶ θυμὸς ἰάνθη.
Τοῖσι δὲ Νεστορίδης Πεισίστρατος ἤρχετο μύθων·

Mais, le blond Ménélas leur montrant le chemin, on rentra dans la salle et l'on s'assit en ligne aux sièges et fauteuils. Vint une chambrière qui, portant une aiguière en or et du plus beau, leur donnait à laver sur un bassin d'argent et dressait devant eux une table polie. Vint la digne intendante : elle apportait le pain et le mit devant eux, puis leur fit les honneurs de toutes ses réserves. Le fils de Boéthos, ayant tranché les viandes, distribua les parts. L'échanson fut le fils du noble Ménélas. Alors, aux parts de choix préparées et servies, ils tendirent les mains. Quand on eut satisfait la soif et l'appétit, Télémaque et le fin Nestoride attelèrent les chevaux sous le joug et, montant sur le char aux brillantes couleurs, poussèrent hors du porche et de l'entrée sonore.

L'Atride les suivait ; il tenait en sa droite, pour le coup de l'adieu, sa coupe d'or remplie d'un vin au goût de miel, et ce blond Ménélas, debout près des chevaux, dit en tendant la coupe :

MÉNÉLAS. – « Jeunes gens, tous mes vœux pour vous et pour Nestor ! En ce pasteur du peuple, j'eus toujours un bon père, tant qu'au pays de Troie, les fils de l'Achaïe ont mené la bataille. »

Posément, Télémaque le regarda et dit :

TÉLÉMAQUE. – « Tout ce que tu nous dis, ô nourrisson de Zeus, sois bien sûr qu'à Nestor, nous le répéterons aussitôt arrivés. Mais, rentrés dans Ithaque, puissé-je aussi trouver Ulysse à son foyer ! et puissé-je lui dire avec quelle bonté tu m'as reçu chez toi et combien de cadeaux merveilleux je rapporte ! »

Il disait : à sa droite un oiseau s'envola, un aigle qui tenait, toute blanche en ses serres une oie privée géante, enlevée de la cour[15] ; avec des cris, servants et femmes le chassaient. Il passa près du char et fila par la droite, en avant des chevaux. Cette vue mit la joie et l'espoir dans les cœurs, et le fils de Nestor, Pisitrate, reprit le premier la parole.

15. Pour un présage semblable, cf. II, 146 sq. et note.

ΠΕΙ. — Φράζεο δή, Μενέλαε διοτρεφές, ὄρχαμε λαῶν,
ἢ νῶιν τόδ' ἔφηνε Διὸς τέρας ἦε σοὶ αὐτῷ ;
Ὣς φάτο· μερμήριξε δ' ἀρηίφιλος Μενέλαος
ὅππως οἱ κατὰ μοῖραν ὑποκρίναιτο νοήσας.
Τὸν δ' Ἑλένη τανύπεπλος ὑποφθαμένη φάτο μῦθον·
ΕΛΕ. — Κλῦτέ μευ· αὐτὰρ ἐγὼ μαντεύσομαι, ὡς ⟨μ'⟩ ἐνὶ θυμῷ
ἀθάνατοι βάλλουσι καὶ ὡς τελέεσθαι ὀίω·
ὡς ὅδε χῆν' ἥρπαξ' ἀτιταλλομένην ἐνὶ οἴκῳ
ἐλθὼν ἐξ ὄρεος, ὅθι οἱ γενεή τε τόκος τε,
ὣς Ὀδυσεὺς κακὰ πολλὰ παθὼν καὶ πόλλ' ἐπαληθεὶς
οἴκαδε νοστήσει καὶ τίσεται· ἠὲ καὶ ἤδη
οἴκοι, ἀτὰρ μνηστῆρσι κακὸν πάντεσσι φυτεύει.
Τὴν δ' αὖ Τηλέμαχος πεπνυμένος ἀντίον ηὔδα·
ΤΗΛ. — Οὕτω νῦν Ζεὺς θείη, ἐρίγδουπος πόσις Ἥρης·
τῶ κέν τοι καὶ κεῖθι θεῷ ὣς εὐχετοῴμην.]
Ἦ καὶ ἐφ' ἵπποιιν μάστιν βάλε· τοὶ δὲ μάλ' ὦκα
ἤιξαν πεδίον δὲ διὰ πτόλιος μεμαῶτες.
Οἱ δὲ πανημέριοι σεῖον ζυγὸν ἀμφὶς ἔχοντες·
δύσετό τ' ἠέλιος σκιόωντό τε πᾶσαι ἀγυιαί·
ἐς Φηρὰς δ' ἵκοντο Διοκλῆος ποτὶ δῶμα,
υἱέος Ὀρτιλόχοιο, τὸν Ἀλφειὸς τέκε παῖδα.
ἔνθα δὲ νύκτ' ἄεσαν· ὁ δὲ τοῖς πὰρ ξείνια θῆκεν.
Ἦμος δ' ἠριγένεια φάνη ῥοδοδάκτυλος Ἠώς,
ἵππους τε ζεύγνυντ' ἀνά θ' ἅρματα ποικίλ' ἔβαινον,
ἐκ δ' ἔλασαν προθύροιο καὶ αἰθούσης ἐριδούπου. 191
Αἶψα δ' ἔπειθ' ἵκοντο Πύλου αἰπὺ πτολίεθρον, 193
καὶ τότε Τηλέμαχος προσεφώνεε Νέστορος υἱόν·

vers 192 : μάστιξεν δ' ἐλάαν· τὼ δ' οὐκ ἀέκοντε πετέσθην

16. Hélène joue donc ici le rôle du devin.

17. La réponse de Télémaque fait écho aux propos qu'Ulysse tenait à Nausicaa en VIII, 467-468.

PISISTRATE. – « Pour qui donc, Ménélas, ô nourrisson de Zeus, ô meneur des guerriers, le ciel nous envoie-t-il ce présage ? réponds : c'est pour nous ou pour toi ? »

Il dit et Ménélas cherchait, le bon guerrier, quelle sage réponse il leur pourrait bien faire. Mais, drapée dans son voile, Hélène fut la plus prompte :

HÉLÈNE. – « Ecoutez-moi ! voici quelle est la prophétie qu'un dieu me jette au cœur et qui s'accomplira. Pour enlever notre oie, nourrie à la maison, vous avez vu cet aigle venir de son berceau et de son nid des monts. Après bien des malheurs et bien des aventures, c'est tout pareillement qu'Ulysse rentrera chez lui pour se venger ; il se peut qu'à cette heure, il soit rentré déjà et plante le malheur à tous les prétendants[16]. »

Posément, Télémaque la regarda et dit :

TÉLÉMAQUE. – « Ah ! que l'époux d'Héra, le Zeus retentissant t'exauce ! et c'est vers toi, comme vers l'un des dieux, que, même de là-bas, s'en iront nos prières[17]. »

Il disait et, du fouet, il poussait l'attelage et, traversant la ville, les chevaux pleins d'ardeur s'élançaient vers la plaine.

Le joug, sur leurs deux cous, tressauta tout le jour. Le soleil se couchait, et c'était l'heure où l'ombre emplit toutes les rues comme on entrait à Phères[18], où le roi Dioclès[19], un des fils d'Orsiloque, un petit-fils d'Alphée, leur offrit pour la nuit son hospitalité.

Mais à peine sortait, de son berceau de brume, l'Aurore aux doigts de roses, qu'attelant les chevaux et montant sur le char aux brillantes couleurs, ils poussaient hors du porche et de l'entrée sonore : un coup pour démarrer ; de grand cœur aussitôt, les chevaux s'envolèrent. Ils eurent vite atteint la butte de Pylos, et Télémaque alors dit au fils de Nestor :

18. Ville de Messénie, peut-être Kalamata. Cf. III, 488 et note.
19. Sur ce personnage et sa généalogie, cf. III, 488 et note.

ΤΗΛ. — Νεστορίδη, πῶς κέν μοι ὑποσχόμενος τελέσειας
μῦθον ἐμόν ; ξεῖνοι δὲ διαμπερὲς εὐχόμεθ' εἶναι
ἐκ πατέρων φιλότητος, ἀτὰρ καὶ ὁμήλικές εἰμεν·
ἧδε δ' ὁδὸς καὶ μᾶλλον ὁμοφροσύνῃσιν ἐνήσει.
μή με παρὲξ ἄγε νῆα, διοτρεφές, ἀλλὰ λίπ' αὐτοῦ,
μή μ' ὁ γέρων ἀέκοντα κατάσχῃ ᾧ ἐνὶ οἴκῳ
ἱέμενος φιλέειν· ἐμὲ δὲ χρεὼ θᾶσσον ἱκέσθαι.
"Ὣς φάτο· Νεστορίδης δ' ἄρ' ἑῷ συμφράσσατο θυμῷ
ὅππως οἱ κατὰ μοῖραν ὑποσχόμενος τελέσειεν·
ὧδε δέ οἱ φρονέοντι δοάσσατο κέρδιον εἶναι·
στρέψ' ἵππους ἐπὶ νῆα θοὴν καὶ θῖνα θαλάσσης,
νηὶ δ' ἐπὶ πρυμνῇ ἐξαίνυτο κάλλιμα δῶρα,
ἐσθῆτα χρυσόν τε, τά οἱ Μενέλαος ἔδωκε,
καί μιν ἐποτρύνων ἔπεα πτερόεντα προσηύδα·
ΠΕΙ. — Σπουδῇ νῦν ἀνάβαινε κέλευέ τε πάντας ἑταίρους,
πρὶν ἐμὲ οἴκαδ' ἱκέσθαι ἀπαγγεῖλαί τε γέροντι.
εὖ γὰρ ἐγὼ τόδε οἶδα κατὰ φρένα καὶ κατὰ θυμόν,
οἷος κείνου θυμὸς ὑπέρβιος, οὔ σε μεθήσει,
ἀλλ' αὐτὸς καλέων δεῦρ' εἴσεται· οὐδέ ἕ φημι
ἂψ ἰέναι κενεόν· μάλα γὰρ κεχολώσεται ἔμπης.
"Ὣς ἄρα φωνήσας ἴμασεν καλλίτριχας ἵππους
ἂψ Πυλίων ἐς ἄστυ, θοῶς δ' ἄρα δώμαθ' ἵκανε.
Τηλέμαχος δ' ἑτάροισιν ἐποτρύνας ἐκέλευσεν·
ΤΗΛ. — Ἐγκοσμεῖτε τὰ τεύχε', ἑταῖροι, νηὶ μελαίνῃ·
αὐτοί τ' ἀμβαίνωμεν, ἵνα πρήσσωμεν ὁδοῖο.
"Ὣς ἔφαθ'· οἱ δ' ἄρα τοῦ μάλα μὲν κλύον ἠδὲ πίθοντο,
αἶψα δ' ἄρ' εἴσβαινον καὶ ἐπὶ κληῖσι κάθιζον.
Ἤτοι ὁ μὲν τὰ πονεῖτο καὶ εὔχετο, θῦε δ' Ἀθήνῃ
νηὶ πάρα πρυμνῇ· σχεδόθεν δέ οἱ ἤλυθεν ἀνὴρ
τηλεδαπός, φεύγων ἐξ Ἄργεος ἄνδρα κατακτάς,
μάντις· ἀτὰρ γενεήν γε Μελάμποδος ἔκγονος ἦεν,

TÉLÉMAQUE. – « Nestoride, veux-tu me donner la promesse de suivre mon conseil ? Nous voici pour jamais des hôtes, je m'en flatte ; nos deux pères amis, notre parité d'âge et ce voyage enfin resserrent notre entente. Conduis-moi, nourrisson de Zeus, près du navire et me laisse à la plage ! J'ai peur que le Vieillard, pour me fêter encore, ne m'oblige à rester au manoir ; j'ai besoin de partir au plus vite. »

Il dit. Le Nestoride en son âme cherchait comment faire et tenir sans faute la promesse : il pensa, tout compté, qu'il valait mieux gagner le croiseur et la plage. Il tourna ses chevaux et, le navire atteint, il apporta du char, sur le gaillard de poupe, les présents magnifiques, les étoffes et l'or donnés par Ménélas, et, pressant Télémaque, lui dit ces mots ailés :

PISISTRATE. – « Monte à bord et fais zèle pour embarquer tes gens : que je n'aie pas le temps, en rentrant au logis, d'informer le Vieillard ! Mon esprit et mon cœur sont bien sûrs d'une chose, c'est que tu n'es pas quitte ; son cœur est violent ; jusqu'ici, en personne, il viendra te chercher et ne rentrera pas à vide, je te jure. Ah ! la belle colère où tu vas nous le mettre ! »

Il disait et, poussant les chevaux aux longs crins, il tournait vers la ville et bientôt atteignait le manoir de Pylos.

Télémaque empressé commandait la manœuvre :

TÉLÉMAQUE. – « Dans notre noir vaisseau, rangez tous les agrès, compagnons ! embarquez ! et mettons-nous en route ! »

Il disait : aussitôt, on obéit à l'ordre et, s'embarquant en hâte, on va s'asseoir aux bancs.

Pendant qu'il s'apprêtait et que, devant la poupe, il faisait son offrande en priant Athéna, un homme s'approcha[20]. Il arrivait de loin. Il avait fui d'Argos, ayant tué son homme. Et c'était un devin du sang de Mélampous.

20. Il s'agit de Théoclymène, que le poète nommera uniquement au v. 256.

ὃς πρὶν μέν ποτ' ἔναιε Πύλῳ ἔνι, μητέρι μήλων,
ἀφνειὸς Πυλίοισι μέτ' ἔξοχα δώματα ναίων·
δὴ τότε γ' ἄλλων δῆμον ἀφίκετο, πατρίδα φεύγων
Νηλέα τε μεγάθυμον, ἀγαυότατον ζωόντων,
ὅς οἱ χρήματα πολλὰ τελεσφόρον εἰς ἐνιαυτὸν
εἶχε βίῃ· ὁ δὲ τέως μὲν ἐνὶ μεγάροις Φυλάκοιο
δεσμῷ ἐν ἀργαλέῳ δέδετο, κρατέρ' ἄλγεα πάσχων,
εἵνεκα Νηλῆος κούρης ἄτης τε βαρείης,
τήν οἱ ἐπὶ φρεσὶ θῆκε θεὰ δασπλῆτις Ἐρινύς.
ἀλλ' ὁ μὲν ἔκφυγε κῆρα καὶ ἤλασε βοῦς ἐριμύκους
ἐς Πύλον ἐκ Φυλάκης καὶ ἐτίσατο ἔργον ἀεικὲς
ἀντίθεον Νηλῆα, κασιγνήτῳ δὲ γυναῖκα
ἠγάγετο πρὸς δώμαθ'· ὁ δ' ἄλλων ἵκετο δῆμον,
Ἄργος ἐς ἱππόβοτον· τόθι γάρ νύ οἱ αἴσιμον ἦεν
ναιέμεναι πολλοῖσι ἀνάσσοντ' Ἀργείοισιν.
ἔνθα δ' ἔγημε γυναῖκα καὶ ὑψερεφὲς θέτο δῶμα,
γείνατο δ' Ἀντιφάτην καὶ Μάντιον, υἷε κραταιώ.
Ἀντιφάτης μὲν ἔτικτεν Ὀικλῆα μεγάθυμον,
αὐτὰρ Ὀικλείης λαοσσόον Ἀμφιάραον·
ὃν περὶ κῆρι φίλει Ζεύς τ' αἰγίοχος καὶ Ἀπόλλων
παντοίῃ φιλότητ'· οὐδ' ἵκετο γήραος οὐδόν,
ἀλλ' ὄλετ' ἐν Θήβῃσι γυναίων εἵνεκα δώρων·
τοῦ δ' υἱεῖς ἐγένοντ' Ἀλκμάων Ἀμφίλοχός τε.
Μάντιος αὖ τέκετο Πολυφείδεά τε Κλεῖτόν τε·
ἀλλ' ἤτοι Κλεῖτον χρυσόθρονος ἥρπασεν Ἠὼς
[κάλλεος εἵνεκα οἷο, ἵν' ἀθανάτοισι μετείη].
αὐτὰρ ὑπέρθυμον Πολυφείδεα μάντιν Ἀπόλλων

21. Fils de Poséidon et de Tyro, il est le père de douze garçons dont Nestor (III, 4 ; 409), et de Péro courtisée par Bias ou Mélampous (XI, 254 ; 281 ; 288).

22. Héros thessalien (cf. *Il.*, II, 705), fondateur de Phylaké.

23. Pour cette personnification de la malédiction, associée dans ce texte à *Até*, que V. Bérard traduit par « folie », cf. Moreau, 1985, 159. Souvent cette divinité apparaît dans sa forme plurielle, comme en II, 135. Voir aussi note à ce passage.

Car jadis Mélampous habitait à Pylos, la mère des troupeaux, où, très riche, il avait le plus beau des manoirs. Mais il avait dû fuir sur la terre étrangère : le généreux Nélée[21], le plus noble des êtres, l'avait, durant un an, dépouillé de ses biens, cependant qu'il était captif chez Phylakos[22] et que, chargé de chaînes, la fille de Nélée lui valait des tortures, pour la lourde folie qu'avait mise en son cœur la terrible Érinys[23]. Mais, éludant la Parque, il put, de Phylaké, ramener à Pylos les vaches mugissantes et punir le divin Nélée de son méfait ; puis, ayant célébré les noces de son frère[24], il quitta le pays et s'en fut vers Argos et ses prés d'élevage. C'est là que le destin lui donna de régner sur des sujets nombreux ; il prit femme[25] ; il bâtit une haute maison ; il engendra deux fils pleins de vigueur, Antiphatès et Mantios.

Le premier engendra Oiclès au grand cœur, dont Amphiaraos naquit, l'entraîneur d'hommes, que le Zeus à l'égide aima de tout son cœur : favori d'Apollon, s'il ne put arriver au seuil de la vieillesse, c'est qu'à Thèbes, il périt des présents d'une femme[26]. Il eut deux fils : Amphilochos[27] et Alkmaon[28]. Mantios à son tour engendra deux enfants, Klitos et Polyphide. Si l'Aurore enleva sur son trône doré Klitos pour sa beauté, s'il est parmi les dieux, c'est Apollon qui fit de l'ardent Polyphide, parmi tous les mortels, le meilleur des devins,

24. Il s'agit de Bias qui aimait Péro ; cf. pseudo-Hésiode, fr. 37 M.-W.

25. Mélampous aurait épousé une des filles de Proetos qu'il avait guéries de la folie qui les faisait courir à travers le Péloponnèse.

26. Sur Amphiaraos et les malheurs qu'Ériphyle lui causa, cf. XI, 326 et note.

27. Il aurait été l'un des prétendants d'Hélène et aurait participé à la guerre de Troie et à l'expédition des Épigones (contre Thèbes). Cf. Apollodore, *Bibliothèque*, III, 6, 2 ; 7, 2, 10.

28. Ce héros se serait dressé en vengeur de son père, en tuant sa mère Ériphyle. Il participa également à l'expédition des Épigones. Cf. Pausanias, VII, 24, 4 ; VIII, 24, 8 ; X, 10 ; Apollodore, *Bibliothèque*, III, 6, 2 ; 7, 2, etc.

θῆκε βροτῶν ὄχ' ἄριστον, ἐπεὶ θάνεν Ἀμφιάραος
ὅς ῥ' Ὑπερησίην δ' ἀπενάσσατο πατρὶ χολωθείς,
ἔνθ' ὅ γε ναιετάων μαντεύετο πᾶσι βροτοῖσι.
Τοῦ μὲν ἄρ' υἱὸς ἐπῆλθε, Θεοκλύμενος δ' ὄνομ' ἦεν,
ὃς τότε Τηλεμάχου πέλας ἵστατο, τὸν δὲ κίχανε
σπένδοντ' εὐχόμενόν τε θοῇ παρὰ νηὶ μελαίνῃ
καί μιν φωνήσας ἔπεα πτερόεντα προσηύδα·
ΘΕΟ. — Ὦ φίλ', ἐπεί σε θύοντα κιχάνω τῷδ' ἐνὶ χώρῳ,
λίσσομ' ὑπὲρ θυέων καὶ δαίμονος ἠδὲ τοκήων
σῆς τ' αὐτοῦ κεφαλῆς καὶ ἑταίρων, οἵ τοι ἕπονται·
εἰπέ μοι εἰρομένῳ νημερτέα μηδ' ἐπικεύσῃς·
τίς, πόθεν εἰς ἀνδρῶν; πόθι τοι πόλις ἠδὲ τοκῆες;
Τὸν δ' αὖ Τηλέμαχος πεπνυμένος ἀντίον ηὔδα·
ΤΗΛ. — Τοὶ γὰρ ἐγώ τοι, ξεῖνε, μάλ' ἀτρεκέως ἀγορεύσω·
ἐξ Ἰθάκης γένος εἰμί· πατὴρ δέ μοί ἐστιν Ὀδυσσεύς,
εἴ ποτ' ἔην· νῦν δ' ἤδη ἀπέφθιτο λυγρὸν ὄλεθρον.
τοὔνεκα νῦν ἑτάρους τε λαβὼν καὶ νῆα μέλαιναν
ἦλθον πευσόμενος πατρὸς δὴν οἰχομένοιο.
Τὸν δ' αὖτε προσέειπε Θεοκλύμενος θεοειδής·
ΘΕΟ. — Οὕτω τοι καὶ ἐγὼν ἐκ πατρίδος, ἄνδρα κατακτάς,
ἐ⟨ξέ⟩φυ⟨γ⟩ον· πολλοὶ δὲ κασίγνητοί τε ἔται τε
Ἄργος ἀν' ἱππόβοτον, μέγα δὲ κρατέουσιν Ἀχαιῶν.
τῶν ὑπαλευάμενος θάνατον καὶ κῆρα μέλαιναν
φεύγω, ἐπεί νύ μοι αἶσα κατ' ἀνθρώπους ἀλάλησθαι.
ἀλλά με νηὸς ἔφεσσαι, ἐπεί σε φυγὼν ἱκέτευσα,
μή με κατακτείνωσι· διωκέμεναι γὰρ ὀίω.
Τὸν δ' αὖ Τηλέμαχος πεπνυμένος ἀντίον ηὔδα·
ΤΗΛ. — Οὐ μὲν δή σ' ἐθέλοντά γ' ἀπώσω νηὸς ἐίσης,
ἀλλ' ἕπευ· αὐτὰρ κεῖθι φιλήσεαι, οἷά κ' ἔχωμεν.

quand Amphiaraos eut disparu du monde ; mais vers Hypérésie[29], le courroux de son père le força d'émigrer ; c'est là qu'il demeurait et que tous les mortels venaient le consulter.

Celui qui survenait était l'un de ses fils nommé Théoclymène. Lorsque, de Télémaque, il se fut approché, le laissant achever offrandes et prières auprès du noir croiseur, il n'éleva la voix que pour ces mots ailés :

THÉOCLYMÈNE. – « Ami, puisqu'en ces lieux je vois ton sacrifice, écoute ma prière ! Au nom de tes offrandes, par le ciel, par ta tête, par celle de tes gens que je vois à ta suite ! réponds à ma demande et dis-moi sans détour ton nom et ta patrie et ta ville et ta race ! »

Posément, Télémaque le regarda et dit :

TÉLÉMAQUE. – « Oui, je veux, étranger, te répondre sans feinte. Ma famille est d'Ithaque et mon père est Ulysse... si ce n'est pas un rêve. Mais voici qu'il est mort et de mort misérable ! j'ai pris cet équipage et, sur ce noir vaisseau, je me suis mis en mer pour m'informer de lui et de sa longue absence. »

Alors Théoclymène au visage de dieu :

THÉOCLYMÈNE. – « J'ai dû fuir, moi aussi, loin du pays natal. J'avais tué mon homme. Parmi les Achéens, il avait dans Argos et ses prés d'élevage des frères et parents si puissants, si nombreux que j'ai dû m'exiler pour éviter la mort et l'ombre de la Parque : mon destin désormais est de courir le monde... Accueille en ton vaisseau l'exilé qui t'implore ! Sauve-moi de leurs coups ; sans doute, ils me poursuivent ! »

Posément, Télémaque le regarda et dit :

TÉLÉMAQUE. – « Comment te refuser ? Tu le veux ! je t'emmène ! À bord du fin navire, suis-moi ; je ferai tout pour t'accueillir là-bas. »

29. Ville d'Achaïe.

Ὣς ἄρα φωνήσας οἱ ἐδέξατο χάλκεον ἔγχος
καὶ τό γ' ἐπ' ἰκριόφιν τάνυσεν νεὸς ἀμφιελίσσης,
ἂν δὲ καὶ αὐτὸς νηὸς ἐβήσετο ποντοπόροιο,
ἐν πρύμνῃ δ' ἄρ' ἔπειτα καθέζετο, πὰρ δέ οἱ αὐτῷ
εἷσε Θεοκλύμενον· τοὶ δὲ πρυμνήσι' ἔλυσαν.
Τηλέμαχος δ' ἑτάροισιν ἐποτρύνας ἐκέλευσεν
ὅπλων ἅπτεσθαι· τοὶ δ' ἐσσυμένως ἐπίθοντο,
ἱστὸν δ' εἰλάτινον κοίλης ἔντοσθε μεσόδμης
στῆσαν ἀείραντες, κατὰ δὲ προτόνοισιν ἔδησαν,
ἕλκον δ' ἱστία λευκὰ ἐυστρέπτοισι βοεῦσι.
Τοῖσιν δ' ἴκμενον οὖρον ἵει γλαυκῶπις Ἀθήνη,
λάβρον ἐπαιγίζοντα δι' αἰθέρος, ὄφρα τάχιστα
νηῦς ἀνύσειε θέουσα θαλάσσης ἁλμυρὸν ὕδωρ
δύσετό τ' ἠέλιος σκιόωντό τε πᾶσαι ἀγυιαί·
ἡ δὲ Φεὰς ἐπέβαλλεν ἐπειγομένη Διὸς οὔρῳ,
ἠδὲ παρ' Ἤλιδα δῖαν, ὅθι κρατέουσιν Ἐπειοί.
ἔνθεν δ' αὖ Νήσοισιν ἐπιπροέηκε Θοῇσιν,
ὁρμαίνων ἤ κεν θάνατον φύγῃ ἦ κε ἁλώῃ.

...ΤΑ ΕΝ ΑΓΡΩΙ

Τὼ δ' αὖτ' ἐν κλισίῃ Ὀδυσεὺς καὶ δῖος ὑφορβὸς
δορπείτην· παρὰ δέ σφιν ἐδόρπεον ἀνέρες ἄλλοι.
αὐτὰρ ἐπεὶ πόσιος καὶ ἐδητύος ἐξ ἔρον ἕντο,
τοῖσ' Ὀδυσεὺς μετέειπε, συβώτεω πειρητίζων
ἤ μιν ἔτ' ἐνδυκέως φιλέοι μεῖναί τε κελεύοι
αὐτοῦ ἐνὶ σταθμῷ ἦ' ὀτρύνειε πόλιν δέ·

vers 295 : βὰν δὲ παρὰ Κρουνοὺς καὶ Χαλκίδα καλλιρέεθρον

Il dit et, recevant la lance armée de bronze, il vint la déposer sur l'un des deux gaillards. Puis, pour prendre la mer, lui-même s'embarqua. Il s'assit à la poupe et fit à ses côtés la place de son hôte. On détacha les câbles. Les gens, sautant à bord, s'assirent à leurs bancs. Télémaque empressé commandait la manœuvre ; ses hommes de répondre à son empressement. On dressa le sapin du mât qui fut planté au trou de la coursie ; on raidit les étais, et la drisse de cuir hissa les voiles blanches. La déesse aux yeux pers leur fit alors souffler la brise favorable dont les fraîches risées, s'élançant de l'éther, allaient sur l'onde amère terminer au plus vite la course du vaisseau. Ils longèrent Krounoi, Chalkis[30] aux belles eaux.

Le soleil se couchait, et c'était l'heure où l'ombre emplit toutes les rues, quand la brise de Zeus leur fit doubler Pheia[31] en vitesse et longer cette Élide divine où règne l'Épéen[32] ; puis ils mirent le cap sur les îles Pointues[33]... Télémaque songeait : pourrait-il fuir la mort ? allait-il être pris ?

AUX CHAMPS

Dans la cabane, Ulysse et le divin porcher soupaient ; à leurs côtés, soupaient aussi les autres. Quand on eut satisfait la soif et l'appétit, Ulysse résolut d'éprouver le porcher, pour voir si, le traitant de tout cœur en ami, Eumée voudrait encor le garder dans sa loge ou s'il l'engagerait à se rendre à la ville.

30. Fleuve et ville d'Élide.

31. Cap occidental de l'Élide, contrée à l'ouest du Péloponnèse.

32. Habitant de l'Élide, cf. *Il.*, II, 615-624.

33. Dans ces vers, le poète fait probablement allusion aux îles Échinades dont le nom dériverait d'*echinos*, « hérisson », d'où « pointues ».

ΟΔΥ. — Κέκλυθι νῦν μ', Εὔμαιε, καὶ ἄλλοι πάντες ἑταῖροι·
ἠῶθεν προτὶ ἄστυ λιλαίομαι ἀπονέεσθαι
πτωχεύσων, ἵνα μή σε κατατρύχω καὶ ἑταίρους.
ἀλλά μοι εὖ θ' ὑπόθευ καὶ ἅμ' ἡγεμόν' ἐσθλὸν ὄπασσον,
ὅς κέ με κεῖσ' ἀγάγῃ· κατὰ δὲ πτόλιν αὐτὸς ἀνάγκῃ
πλάγξομαι, αἴ κέν τις κοτύλην καὶ πύρνον ὀρέξῃ.
καί κ' ἐλθὼν πρὸς δώματ' Ὀδυσσῆος θείοιο
ἀγγελίην εἴποιμι περίφρονι Πηνελοπείῃ
καί κε μνηστήρεσσιν ὑπερφιάλοισι μιγείην,
εἴ μοι δεῖπνον δοῖεν ὀνείατα μυρί' ἔχοντες·
αἶψά κεν εὖ δρώοιμι μετὰ σφίσιν ὅσσ' ἐθέλοιεν.
ἐκ γάρ τοι ἐρέω σὺ δὲ σύνθεο καί μευ ἄκουσον·
Ἑρμείαο ἕκητι διακτόρου, ὅς ῥά τε πάντων
ἀνθρώπων ἔργοισι χάριν καὶ κῦδος ὀπάζει,
δρηστοσύνῃ οὐκ ἄν μοι ἐρίσσειε βροτὸς ἄλλος,
πῦρ τ' εὖ νηῆσαι διά τε ξύλα δανὰ κεάσσαι
δαιτρεῦσαί τε καὶ ὀπτῆσαι καὶ οἰνοχοῆσαι,
οἷά τε τοῖσ' ἀγαθοῖσι παρὰ δρώωσι χέρηες.
Τὸν δὲ μέγ' ὀχθήσας προσέφης, Εὔμαιε συβῶτα·
ΕΥΜ. — Ὤμοι, ξεῖνε, τί ἤτοι ἐνὶ φρεσὶ τοῦτο νόημα
ἔπλετο ; ἦ σύ γε πάγχυ λιλαίεαι αὐτόθ' ὀλέσθαι,
εἰ δὴ μνηστήρων ἐθέλεις καταδῦναι ὅμιλον,
τῶν ὕβρις τε βίη τε σιδήρεον οὐρανὸν ἵκει.
οὔ τοι τοιοίδ' εἰσὶν ὑποδρηστῆρες ἐκείνων,
ἀλλὰ νέοι, χλαίνας εὖ εἱμένοι ἠδὲ χιτῶνας,
αἰεὶ δὲ λιπαροὶ κεφαλὰς καὶ καλὰ πρόσωπα,
οἵ σφιν ὑποδρώωσιν· ἐΰξεστοι δὲ τράπεζαι
σίτου καὶ κρειῶν ἠδ' οἴνου βεβρίθασιν.
ἀλλὰ μέν'· οὐ γάρ τίς τοι ἀνιᾶται παρεόντι,
οὔτ' ἐγὼ οὔτέ τις ἄλλος ἑταίρων, οἵ μοι ἔασιν.
αὐτὰρ ἐπὴν ἔλθῃσιν Ὀδυσσῆος φίλος υἱός,
κεῖνός σε χλαῖνάν τε χιτῶνά τε εἵματα ἕσσει,
πέμψει δ' ὅππῃ σε κραδίη θυμός τε κελεύει.

ULYSSE. – « Écoutez tous, Eumée ! et vous, ses compagnons ! je voudrais vous quitter dès l'aube et m'en aller mendier à la ville, sans rester plus longtemps à ta charge, à la vôtre : tu vas me renseigner et, pour aller là-bas, me fournir le bon guide ; une fois arrivé, je serai bien forcé d'aller de porte en porte voir qui me donnera ou la tasse ou la croûte ; mais, si je puis entrer chez le divin Ulysse, j'irai mettre au courant la sage Pénélope ou, restant parmi ces bandits de prétendants, j'aurai bien à dîner puisqu'ils font si grand-chère ! Je saurai sans retard les servir à leur gré ; car – je peux bien le dire, entends bien et crois-moi –, par la bonté d'Hermès, le divin messager[34], dont tout travail humain reçoit grâce et renom, je suis pour le service un homme unique au monde : bien arranger le feu, fendre les bûches sèches, trancher, rôtir la viande ou faire l'échanson, je sais tous les métiers d'un vilain chez les nobles. »

Avec un grand soupir, tu dis, porcher Eumée :

EUMÉE. – « Ah ! misère ! mon hôte, où ton esprit va-t-il trouver pareil projet ? Tu désires vraiment te jeter dans le gouffre, parmi ces prétendants dont l'audace et les crimes vont jusqu'au ciel de fer ? Ils ont pour les servir des gens d'une autre mine, des jouvenceaux en belle robe et beaux manteaux, aux cheveux bien huilés, à la jolie figure ! et sachant le service ! car leurs tables polies sont encombrées de pain, de viandes et de vin... Reste donc avec nous ; qui se plaint de t'avoir ? ce n'est pas moi, ni l'un des hommes que j'ai là. Attends le fils d'Ulysse : aussitôt revenu, c'est lui qui, te donnant la robe et le manteau, te fera reconduire où que puissent aller les désirs de ton cœur[35].

34. Sur ce dieu et cette épithète, cf. I, 319 et note.

35. Par ces propos, Eumée réaffirme encore sa fidélité à Ulysse et à sa famille.

Τὸν δ' ἠμείβετ' ἔπειτα πολύτλας δῖος Ὀδυσσεύς·
ΟΔΥ. — Αἴθ' οὕτως, Εὔμαιε, φίλος Διὶ πατρὶ γένοιο
ὡς ἐμοί, ὅττι μ' ἔπαυσας ἄλης καὶ ὀιζύος αἰνῆς.
[πλαγκτοσύνης δ' οὐκ ἔστι κακώτερον ἄλλο βροτοῖσιν·
ἀλλ' ἕνεκ' οὐλομένης γαστρὸς κακὰ κήδε' ἔχουσιν
ἀνέρες, ὅν τιν' ἵκηται ἄλη καὶ πῆμα καὶ ἄλγος.]
νῦν δ' ἐπεὶ ἰσχανάᾳς μεῖναί τέ με κεῖνον ἄνωγας,
εἴπ' ἄγε μοι περὶ μητρὸς Ὀδυσσῆος θείοιο
πατρός θ' ὃν κατέλειπεν ἰὼν ἐπὶ γήραος οὐδῷ·
ἦ που ἔτι ζώουσιν ὑπ' αὐγὰς ἠελίοιο;
ἦ' ἤδη τεθνᾶσι καὶ εἰν Ἀίδαο δόμοισι;
Τὸν δ' αὖτε προσέειπε συβώτης, ὄρχαμος ἀνδρῶν·
ΕΥΜ. — Τοὶ γὰρ ἐγώ τοι, ξεῖνε, μάλ' ἀτρεκέως ἀγορεύσω.
Λαέρτης μὲν ἔτι ζώει, Διὶ δ' εὔχεται αἰεὶ
θυμὸν ἀπὸ μελέων φθίσθαι οἷσ' ἐν μεγάροισιν·
ἐκπάγλως γὰρ παιδὸς ὀδύρεται οἰχομένοιο
κουριδίης τ' ἀλόχοιο δαΐφρονος, ἥ ἑ μάλιστα
ἤκαχ' ἀποφθιμένη καὶ ἐν ὠμῷ γήραϊ θῆκεν.
ἡ δ' ἄχεϊ οὗ παιδὸς ἀπέφθιτο κυδαλίμοιο,
λευγαλέῳ θανάτῳ, ὡς μὴ θάνοι ὅς τις ἐμοί γε
ἐνθάδε ναιετάων φίλος εἴη καὶ φίλα ἔρδοι.
ὄφρα μὲν οὖν δὴ κείνη ἔην ἀχέουσά περ ἔμπης,
τόφρα τί μοι φίλον ἔσκε μεταλλῆσαι καὶ ἔρεσθαι,
οὕνεκά μ' αὐτὴ θρέψεν ἅμα Κτιμένῃ τανυπέπλῳ,
θυγατέρ' ἰφθίμῃ, τὴν ὁπλοτάτην τέκε παῖδα·
τῇ ὁμοῦ ἐτρεφόμην· ὀλίγον δέ τί μ' ἧσσον ἐτίμα.
αὐτὰρ ἐπεὶ ῥ' ἥβην πολυήρατον ἱκόμεθ' ἄμφω,
τὴν μὲν ἔπειτα Σάμην δὲ δόσαν καὶ μυρί' ἕλοντο·

36. Sur la tyrannie du ventre, cf. VIII, 215-221. Voir aussi Pucci, 1995, 232-241, et 254-260.

37. Sur les chagrins et la vie retirée que mène Laërte, cf. I, 189 sq., et XI, 197 sq. Pour Anticlée, la mère d'Ulysse, cf. XI, 155 sq.

Le héros d'endurance, Ulysse le divin lui fit cette réponse :

ULYSSE. – « Que Zeus le père, Eumée, t'aime comme je t'aime ! toi qui m'as retiré de la misère errante ; c'est si dur ! est-il rien de pis que mendier ? Ah ! ce ventre maudit ! toujours nous harcelant, c'est lui qui vaut aux gens les maux et les chagrins de cette vie errante[36] ! Puisque tu me retiens, puisque tu me conseilles d'attendre ici ton maître, parle-moi des parents de ce divin Ulysse. Il avait une mère, un père, qu'il laissa au seuil de la vieillesse : sont-ils encor vivants sous les feux du soleil ? ou, morts, sont-ils déjà aux maisons de l'Hadès ? »

Eumée, le commandeur des porchers, répliqua :

EUMÉE. – « Oui, mon hôte, je vais te répondre sans feinte. Laërte vit encore ; mais à Zeus, chaque jour, il demande d'éteindre en ses membres la vie. Il est au désespoir de vivre en ce manoir d'où son fils est absent, où sa femme mourut, l'amie de sa jeunesse[37] ! C'est surtout le regret de cette sage épouse qui le mine et, de lui, fait un vieux avant l'âge ! Elle est morte du deuil de son fils valeureux. Ah ! la mort lamentable ! que l'épargne le ciel à tous ceux qui m'entourent, amis et bienfaiteurs ! Moi, tant qu'elle était là, malgré son grand chagrin, j'allais souvent l'interroger, l'entretenir. C'est elle qui m'avait élevé, elle-même : j'étais le compagnon de sa fille au long voile, de sa grande Ctimène[38], l'aînée de ses enfants ; avec elle nourri, j'avais, ou peu s'en faut, reçu les mêmes soins, jusqu'au jour où, tous deux, nous franchîmes le seuil béni de la jeunesse ; à quelqu'un de Samé[39], ses parents la donnèrent : quels cadeaux ils

38. C'est la seule allusion à la sœur d'Ulysse dans la poésie épique. Le scholiaste au chant X, 440 suggérait que celle-ci avait épousé Eurylochos, un des compagnons d'Ulysse.

39. Sur cette île dépendant du pouvoir d'Ulysse, cf. I, 246 et note.

αὐτὰρ ἐμὲ χλαῖνάν τε χιτῶνά τε εἵματα κείνη
καλὰ μάλ' ἀμφιέσασα ποσίν θ' ὑποδήματα δοῦσα
ἀγρὸν δὲ προΐαλλε, φίλει δέ με κηρόθι μᾶλλον.
νῦν δ' ἤδη τούτων ἐπιδεύομαι· ἀλλά μοι αὐτῷ
ἔργον ἀέξουσιν μάκαρες θεοὶ ᾧ ἐπιμίμνω·
τῶν ἔφαγόν τ' ἔπιόν τε καὶ αἰδοίοισιν ἔδωκα.
ἐκ δ' ἄρα δεσποίνης οὐ μείλιχόν ἐστιν ἀκοῦσαι
οὔτ' ἔπος οὔτέ τι ἔργον, ἐπεὶ κακὸν ἔμπεσε οἴκῳ,
ἄνδρες ὑπερφίαλοι· μέγα δὲ δμῶες χατέουσιν
ἀντία δεσποίνης φάσθαι καὶ ἕκαστα πυθέσθαι
καὶ φαγέμεν πιέμεν τε, ἔπειτα δὲ καί τι φέρεσθαι
ἀγρὸν δ', οἷά τε θυμὸν ἀεὶ δμώεσσιν ἰαίνει.
Τὸν δ' ἀπαμειβόμενος προσέφη πολύμητις Ὀδυσσεύς·
ΟΔΥ. — Ὢ πόποι, ὡς ἄρα τυτθὸς ἐών, Εὔμαιε συβῶτα,
πολλὸν ἀπεπλάγχθης σῆς πατρίδος ἠδὲ τοκήων.
ἀλλ' ἄγε μοι τόδε εἰπὲ καὶ ἀτρεκέως κατάλεξον·
ἠὲ διεπράθετο πτόλις ἀνδρῶν εὐρυάγυια,
ᾗ ἔνι ναιετάασκε πατὴρ καὶ πότνια μήτηρ;
ἦ σέ γε μουνωθέντα παρ' οἴεσιν ἢ παρὰ βουσὶν
ἄνδρες δυσμενέες νηυσὶν λάβον ἠδὲ πέρασσαν
τοῦδ' ἀνδρὸς πρὸς δώμαθ'; ὁ δ' ἄξιον ὦνον ἔδωκε.
Τὸν δ' αὖτε προσέειπε συβώτης, ὄρχαμος ἀνδρῶν·
ΕΥΜ. — Ξεῖν', ἐπεὶ ἂρ δὴ ταῦτά μ' ἀνείρεαι ἠδὲ μεταλλᾷς,
σιγῇ νῦν ξυνίει καὶ τέρπεο πινέ τε οἶνον
ἥμενος. αἵδε δὲ νύκτες ἀθέσφατοι· ἔστι μὲν εὕδειν,
ἔστι δὲ τερπομένοισιν ἀκουέμεν· οὐδέ τί σε χρή,
πρὶν ὥρη, καταλέχθαι· ἀνίη καὶ πολὺς ὕπνος.
τῶν δ' ἄλλων ὅν τε κραδίη καὶ θυμὸς ἀνώγει,
εὑδέτω ἐξελθών· ἅμα δ' ἠοῖ φαινομένηφι
δειπνήσας ἅ⟨ρ'⟩ ὕεσσιν ⟨ἅμ' ἀγρομέν⟩ῃσιν ἑπέσθω.

reçurent ! la reine me vêtit de neuf, robe et manteau, me chaussa de sandales et, m'envoyant aux champs, ne m'en aima pas moins... J'ai perdu tout cela maintenant, avec elle ! Il me reste ce coin, où les dieux fortunés bénissent mon travail, de quoi manger et boire et faire aussi l'aumône. Que pourrait me conter la dame d'aujourd'hui qu'il me fût doux d'apprendre ? ni parole ni fait ! Je vois notre maison en proie à ces bandits ! Pourtant les serviteurs ont grand besoin parfois d'aller voir la maîtresse, lui parler et l'entendre, manger et boire un coup, puis rapporter aux champs quelqu'un de ces cadeaux qui réchauffent toujours le zèle du service. »

Ulysse l'avisé lui fit cette réponse :

ULYSSE. – « Oh ! misère ! as-tu donc commencé tout enfant d'errer si loin de ta patrie, de ta famille ? Allons, porcher Eumée, sans feinte, point par point, conte-moi cette histoire ! fut-ce durant le sac d'une ville aux grand-rues, où demeuraient ton père et ton auguste mère ? fut-ce à garder tout seul le moutons et les bœufs qu'un parti d'ennemis te prit sur ses vaisseaux et vint te vendre ici, au logis de cet homme, qui donna le bon prix ? »

Eumée, le commandeur des porchers, répliqua :

EUMÉE. – « Puisque tu veux savoir, mon hôte, et m'interroges, à ton tour fais silence, prends ton temps, reste assis et bois un coup de vin. Voici les nuits sans fin qui laissent du loisir pour le sommeil et pour le plaisir des histoires ; avant l'heure, il vaut mieux ne pas se mettre au lit ; c'est fatiguant aussi de dormir trop longtemps... Vous autres, si le cœur vous en dit, bon courage ! allez dormir ailleurs ! Dès que l'aube poindra, déjeunez, rassemblez les truies et suivez-les ! Dans la loge, nous deux, buvons et banquetons ! et, pour nous divertir, échangeons maux et peines ! À distance, les

νῶι δ' ἐνὶ κλισίῃ πίνοντέ τε δαινυμένω τε
κήδεσιν ἀλλήλων τερπώμεθα λευγαλέοισι,
μνωομένω· μετὰ γάρ τε καὶ ἄλγεσι τέρπεται ἀνήρ.
τοῦτο δέ τοι ἐρέω, ὅ μ' ἀνείρεαι ἠδὲ μεταλλᾷς.
νῆσός τις Συρίη κικλήσκεται, εἴ που ἀκούεις,
Ὀρτυγίης καθύπερθεν, ὅθι τροπαὶ ἠελίοιο·
οὔ τι περιπληθὴς λίην τόσον, ἀλλ' ἀγαθὴ μέν,
εὔβοτος, εὔμηλος, οἰνοπληθής, πολύπυρος.
πείνη δ' οὔ ποτε δῆμον ἐπέρχεται, οὐδέ τις ἄλλη
νοῦσος ἐπὶ στυγερὴ πέλεται δειλοῖσι βροτοῖσιν·
ἀλλ' ὅτε γηράσκωσι πόλιν κάτα φῦλ' ἀνθρώπων,
ἐλθὼν ἀργυρότοξος Ἀπόλλων, Ἀρτέμιδι ξύν,
οἷσ' ἀγανοῖσι βέλεσσιν ἐποιχόμενος κατέπεφνεν.
ἔνθα δύο πτόλιες· δίχα δέ σφισι πάντα δέδασται·
τῇσιν δ' ἀμφοτέρῃσι πατὴρ ἐμὸς ἐμβασίλευε,
Κτήσιος Ὁρμενίδης, ἐπιείκελος ἀθανάτοισιν.
ἔνθα δὲ Φοίνικες ναυσικλυτοὶ ἤλυθον ἄνδρες,
τρῶκται, μυρί' ἄγοντες ἀθύρματα νηῒ μελαίνῃ.
ἔσκε δὲ πατρὸς ἐμοῖο γυνὴ Φοίνισσ' ἐνὶ οἴκῳ,
καλή τε μεγάλη τε καὶ ἀγλαὰ ἔργ' εἰδυῖα·
τὴν δ' ἄρα Φοίνικες πολυπαίπαλοι ἠπερόπευον.
πλυνούσῃ τις πρῶτα μίγη κοίλῃ παρὰ νηῒ
εὐνῇ καὶ φιλότητι, τά τε φρένας ἠπεροπεύει
θηλυτέρῃσι γυναιξί, καὶ ἥ κ' εὐεργὸς ἔῃσιν.
εἰρώτα δὴ ἔπειτα τίς εἴη καὶ πόθεν ἔλθοι·
ἡ δὲ μάλ' αὐτίκα πατρὸς ἐπέφραδεν ὑψερεφὲς δῶ·
ΣΙΔ. — Ἐκ μὲν Σιδῶνος πολυχάλκου εὔχομαι εἶναι,
κούρη δ' εἴμ' Ἀρύβαντος ἐγὼ ῥυδὸν ἀφνειοῖο·
ἀλλά μ' ἀνήρπαξαν Τάφιοι ληΐστορες ἄνδρες
ἀγρόθεν ἐρχομένην, πέρασαν δέ με δεῦρ' ἀγαγόντες.

vers 401 : ὅς τις δὴ μάλα πολλὰ πάθῃ καὶ πόλλ' ἐπαληθῇ
vers 429 : τοῦδ' ἀνδρὸς πρὸς δώμαθ'· ὁ δ' ἄξιον ὦνον ἔδωκε

maux divertissent leur homme quand on a tant souffert et si loin voyagé... Écoute, toi qui veux savoir et m'interroges.

On appelle Syros – connais-tu ce nom-là ? – une île qui se trouve au-dessus d'Ortygie, du côté du couchant. Ce n'est pas très peuplé, mais c'est un bon pays : des vaches, des moutons, du vin en abondance, du grain en quantité. On n'y connaît jamais la famine, jamais les maladies, fléaux des malheureux humains ; mais, quand les citadins ont atteint la vieillesse, le dieu à l'arc d'argent, qu'Artémis accompagne, Apollon les abat de ses plus douces flèches. Entre elles, deux cités s'en partagent les terres ; sur toutes deux régnait mon père, Ctésios, un des fils d'Orménos, semblable aux Immortels.

On y vit arriver des gens de Phénicie, de ces marins rapaces, qui, dans leur noir vaisseau, ont mille camelotes. Or une Phénicienne était à la maison : la grande et belle fille ! artiste en beaux ouvrages ! et ces routiers de Phéniciens débauchèrent ! Un jour donc, au lavoir, elle s'abandonna sous le flanc du vaisseau... Ah ! le lit et l'amour, voilà qui pervertit les pauvres cœurs de femmes, même des plus honnêtes... Il lui demande, après, son nom et sa patrie. Elle indique aussitôt le haut toit de mon père :

LA SIDONIENNE. – « Mais je suis de Sidon, le grand marché du bronze ; du très riche Arybas, j'ai l'honneur d'être fille ; quand je rentrais des champs, des marins de Taphos, des pirates, m'ont prise et vendue en ces lieux au logis de cet homme qui donna le bon prix. »

Τὴν δ' αὖτε προσέειπεν ἀνήρ, ὃς ἐμίσγετο λάθρῃ·
ΦΟΙ. — Ἦ ῥά κε νῦν πάλιν αὖτις ἅμ' ἡμῖν οἴκαδ' ἕποιο,
ὄφρα ἴδῃ πατρὸς καὶ μητέρος ὑψερεφὲς δῶ
αὐτούς τ'; ἦ γὰρ ἔτ' εἰσὶ καὶ ἀφνειοὶ καλέονται.
Τὸν δ' αὖτε προσέειπε γυνὴ καὶ ἀμείβετο μύθῳ·
ΣΙΔ. — Εἴη κεν καὶ τοῦτ', εἴ μοι ἐθέλοιτέ γε, ναῦται,
ὅρκῳ πιστωθῆναι ἀπήμονα οἴκαδ' ἀπάξειν.
Ὣς ἔφαθ'· οἱ δ' ἄρα πάντες ἐπώμνυον ὡς ἐκέλευεν.
αὐτὰρ ἐπεί ῥ' ὄμοσάν τε τελεύτησάν τε τὸν ὅρκον,
τοῖσ' αὖτις μετέειπε γυνὴ καὶ ἀμείβετο μύθῳ·
ΣΙΔ. — Σιγῇ νῦν· μή τίς με προσαυδάτω ἐπέεσσιν
ὑμετέρων ἑτάρων, ξυμβλήμενος ἢ' ἐν ἀγυιῇ
ἤ που ἐπὶ κρήνῃ· μή τις ποτὶ δῶμα γέροντι
ἐλθὼν ἐκείπῃ, ὁ δ' διοάμενος καταδήσῃ
δεσμῷ ⟨μ'⟩ ἀργαλέῳ, ὑμῖν δ' ἐπιφράσσετ' ὄλεθρον.
ἀλλ' ἔχετ' ἐν φρεσὶ μῦθον, ἐπείγετε δ' ὦνον ὁδαίων.
ἀλλ' ὅτε κεν δὴ νηῦς πλείη βιότοιο γένηται,
ἀγγελίη μοι ἔπειτα θοῶς ἐς δώμαθ' ἱκέσθω·
οἴσω γὰρ καὶ χρυσόν, ὅτις χ' ὑποχείριος ἔλθῃ,
καὶ δέ κεν ἄλλ' ἐπίβαθρον ἐγὼν ἐθέλουσά γε δοίην·
παῖδα γὰρ ἀνδρὸς ἐῆος ἐνὶ μεγάροισ' ἀτιτάλλω,
κερδαλέον δὴ τοῖον, ἅμα τροχόωντα θύραζε·
τόν κεν ἄγοιμ' ἐπὶ νηός· ὁ δ' ὔμιν μυρίον ὦνον
ἄλφοι, ὅπῃ περάσητε κατ' ἀλλοθρόους ἀνθρώπους.
Ἡ μὲν ἄρ' ὣς εἰποῦσ' ἀπέβη πρὸς δώματα πατρός·
οἱ δ' ἐνιαυτὸν ἅπαντα παρ' ἡμῖν αὖθι μένοντες
ἐν νηὶ γλαφυρῇ βίοτον πολὺν ἐμπολόωντο.
ἀλλ' ὅτε δὴ κοίλη νηῦς ἤχθετο τοῖσι νέεσθαι,
καὶ τότ' ἄρ' ἄγγελον ἧκαν, ὃς ἀγγείλειε γυναικί.
ἤλυθ' ἀνὴρ πολύιδρις ἐμοῦ πρὸς δώματα πατρὸς
χρύσεον ὅρμον ἔχων· μετὰ δ' ἠλέκτροισιν ἔερτο.
τὸν μὲν ἄρ' ἐν μεγάρῳ δμῳαὶ καὶ πότνια μήτηρ
χερσίν τ' ἀμφαφόωντο καὶ ὀφθαλμοῖσιν ὁρῶντο,

L'autre, qui l'avait eue en secret, lui répond :

LE PHÉNICIEN. – « Tu ne reviendrais pas avec nous, au pays, revoir tes père et mère en leur haute maison ? Car ils vivent encore ; on les dit toujours riches. »

La femme, reprenant la parole, répond :

LA SIDONIENNE. – « Cela pourrait aller, si tous les gens du bord me prêtaient le serment que vous me remettrez, saine et sauve, au logis. »

Les autres aussitôt jurent à sa demande ; quand ils ont prononcé et scellé le serment, c'est elle qui prend la parole et leur dit :

LA SIDONIENNE. – « Silence maintenant ! que personne jamais ne m'accoste ou me parle, si quelqu'un de vos gens me rencontre soit dans la rue, soit à la source. Il ne faut pas qu'on aille avertir notre vieux ! s'il avait des soupçons, il m'aurait tôt liée d'une corde solide et vous perdrait aussi ! Gardez-moi le secret ! hâtez le chargement et, quand votre vaisseau aura son plein de vivres, vite ! envoyez quelqu'un m'avertir au manoir ! J'apporterai tout l'or que j'aurai sous la main et je voudrais encor, pour payer mon passage, vous livrer un enfant que j'élève au logis ; c'est le fils de cet homme ; il trotte sur mes pas quand je sors dans la rue ; il est de bonne vente ; si je l'amène à bord, on vous en donnera et des cents et des mille, où que vous le vendiez chez les gens d'autre langue. »

Elle dit et revint au logis de mon père. Mais l'année s'acheva : ils restaient toujours là, faisant leur plein de vivres dans le creux du vaisseau. Enfin, la cale pleine, ils étaient pour partir. Un messager s'en vint avertir notre femme. C'était un fin matois qui, pour entrer chez nous, tenait un collier d'or, enfilé de gros ambres. Tandis qu'en la grand-salle, ma mère vénérée et ses femmes prenaient et palpaient le collier, et le mangeaient des yeux, et

ὦνον ὑπισχόμεναι· ὁ δὲ τῇ κατένευσε σιωπῇ.
ἤτοι ὁ καννεύσας κοίλην ἐπὶ νῆα βεβήκει·
ἡ δ' ἐμὲ χειρὸς ἑλοῦσα δόμων ἐξῆγε θύραζε,
εὗρε δ' ἐνὶ προδόμῳ ἠμὲν δέπα' ἠδὲ τραπέζας
ἀνδρῶν δαιτυμόνων, οἵ μευ πατέρ' ἀμφεπένοντο·
οἱ μὲν ἄρ' ἐς θῶκον πρόμολον δήμιό τε φῆμιν.
ἡ δ' αἶψα τρί' ἄλεισα κατακρύψασ' ὑπὸ κόλπῳ
ἔκφερεν· αὐτὰρ ἐγὼν ἑπόμην ἀεσιφροσύνῃσι.
δύσετό τ' ἠέλιος σκιόωντό τε πᾶσαι ἀγυιαί·
ἡμεῖς δ' ἐς λιμένα κλυτὸν ἤλθομεν ὦκα κιόντες,
ἔνθ' ἄρα Φοινίκων ἀνδρῶν ἦν ὠκύαλος νηῦς.
οἱ μὲν ἔπειτ' ἀναβάντες ἐπέπλεον ὑγρὰ κέλευθα,
νῶ' ἀναβησάμενοι· ἐπὶ δὲ Ζεὺς οὖρον ἴαλλε.
ἑξῆμαρ μὲν ὁμῶς πλέομεν νύκτας τε καὶ ἦμαρ·
ἀλλ' ὅτ' ἄρ' ἕβδομον ἦμαρ ἐπὶ Ζεὺς θῆκε Κρονίων,
τὴν μὲν ἔπειτα γυναῖκα βάλ' Ἄρτεμις ἰοχέαιρα·
ἄντλῳ δ' ἐνδούπησε πεσοῦσ' ὡς εἰναλίη κῆξ·
καὶ τὴν μὲν φώκῃσι καὶ ἰχθύσι κύρμα γενέσθαι
ἔκβαλον· αὐτὰρ ἐγὼ λιπόμην ἀκαχήμενος ἦτορ·
τοὺς δ' Ἰθάκῃ ἐπέλασσε φέρων ἄνεμός τε καὶ ὕδωρ,
ἔνθα με Λαέρτης πρίατο κτεάτεσσιν ἑοῖσιν.
οὕτω τήνδε τε γαῖαν ἐγὼ ἴδον ὀφθαλμοῖσι.
Τὸν δ' αὖ διογενὴς Ὀδυσεὺς ἠμείβετο μύθῳ·
ΟΔΥ. — Εὔμαι', ἦ μάλα δή μοι ἐνὶ φρεσὶ θυμὸν ὄρινας
ταῦτα ἕκαστα λέγων, ὅσα δὴ πάθες ἄλγεα θυμῷ.
ἀλλ' ἤτοι σοὶ μὲν παρὰ καὶ κακῷ ἐσθλὸν ἔθηκε
Ζεύς, ἐπεὶ ἀνδρὸς δώματ' ἀφίκεο πολλὰ μογήσας
ἠπίου, ὃς δή τοι παρέχει βρῶσίν τε πόσιν τε
ἐνδυκέως· ζώεις δ' ἀγαθὸν βίον· αὐτὰρ ἐγώ γε
πολλὰ βροτῶν ἐπὶ ἄστε' ἀλώμενος ἐνθάδ' ἱκάνω.

débattaient le prix, l'homme, sans dire un mot, fit signe à la fille et, d'accord, regagna le creux de son vaisseau. Elle aussitôt me prend par la main et m'entraîne. À la porte, dans l'avant-pièce, elle aperçoit les coupes et corbeilles du repas que mon père avait offert à ses collègues ce jour-là ; ils venaient de partir au conseil discuter les affaires du peuple. En passant, elle vole et cache dans son sein trois coupes ; je la suis, pauvre fou que j'étais !

Le soleil se couchait, et c'était l'heure où l'ombre emplit toutes les rues. Nous arrivons, courants, au mouillage connu : nos gens de Phénicie et leur vaisseau rapide étaient bien à leur poste. Ils nous prennent à bord, embarquent et se lancent sur la route des ondes ; Zeus nous envoie le vent ; durant six jours, six nuits, nous voguons sans relâche, et le fils de Cronos nous ouvrait le septième, quand la déesse à l'arc, Artémis, vient frapper de ses traits cette fille ; comme un oiseau de mer, elle tombe et s'affale au fond de la sentine ; il faut, pardessus bord, la jeter en pâture aux poissons et aux phoques et me voilà tout seul avec mon gros chagrin ! En Ithaque, le vent et le flot nous portèrent. C'est là que, de ses biens, Laërte m'acheta... Voilà comment mes yeux ont connu ce pays. »

Le rejeton des dieux, Ulysse, repartit :

ULYSSE. – « Ah ! tout mon cœur, Eumée, se lève dans mon sein à ce récit des maux que ton âme endura. En ton malheur pourtant, Zeus te voulut du bien, puisque, au bout de tes peines, tu trouvas la maison de cet homme si doux, qui te donne en ami le boire et le manger et te fait la vie large ! Moi, pour venir ici, combien j'ai dû rouler les villes des humains ! »

Ὣς οἱ μὲν τοιαῦτα πρὸς ἀλλήλους ἀγόρευον,
καδδραθέτην δ' οὐ πολλὸν ἐπὶ χρόνον, ἀλλὰ μίνυνθα.
αἶψα γὰρ Ἠὼς ἦλθεν ἐύθρονος. οἱ δ' ἐπὶ χέρσου
Τηλεμάχου ἕταροι λύον ἱστία, κὰδ δ' ἕλον ἱστὸν
ἐκ δὲ καὶ αὐτοὶ βαῖνον ἐπὶ ῥηγμῖνι θαλάσσης,
δεῖπνόν τ' ἐντύνοντο κερῶντό τε αἴθοπα οἶνον.
Αὐτὰρ ἐπεὶ πόσιος καὶ ἐδητύος ἐξ ἔρον ἕντο,
τοῖσι δὲ Τηλέμαχος πεπνυμένος ἤρχετο μύθων·
ΤΗΛ. — Ὑμεῖς μὲν νῦν ἄστυ δ' ἐλαύνετε νῆα μέλαιναν,
αὐτὰρ ἐγὼν ἀγροὺς ἐπιείσομαι ἠδὲ βοτῆρας,
ἑσπέριος δ' ἐς ἄστυ ἰδὼν ἐμὰ ἔργα κάτειμι,
ἠῶθεν δέ κεν ὔμμιν ὁδοιπόριον παραθείμην,
δαῖτ' ἀγαθὴν κρειῶν τε καὶ οἴνου ἡδυπότοιο.

[Τὸν δ' αὖτε προσέειπε Θεοκλύμενος θεοειδής·
ΘΕΟ. — Πῇ γὰρ ἐγώ, φίλε τέκνον, ἴω; τεῦ δώμαθ' ἵκωμαι
ἀνδρῶν, οἳ κραναὴν Ἰθάκην κάτα κοιρανέουσιν;
ἦ' ἰθὺς σῆς μητρὸς ἴω καὶ σοῖο δόμοιο;
Τὸν δ' αὖ Τηλέμαχος πεπνυμένος ἀντίον ηὔδα·
ΤΗΛ. — Ἄλλως μέν σ' ἂν ἐγώ γε καὶ ἡμέτερον δὲ κελοίμην
ἔρχεσθ'· οὐ γάρ τι ξενίων ποθή· ἀλλὰ σοὶ αὐτῷ
χεῖρον, ἐπεί τοι ἐγὼ μὲν ἀπέσσομαι, οὐ δέ σε μήτηρ
ὄψεται· οὐ μὲν γάρ τι θαμὰ μνηστῆρσ' ἐνὶ οἴκῳ
φαίνεται, ἀλλ' ἀπὸ τῶν ὑπερωίῳ ἱστὸν ὑφαίνει.
ἀλλά τοι ἄλλον φῶτα πιφαύσκομαι, ὅν κεν ἵκοιο,
Εὐρύμαχον, Πολύβοιο δαΐφρονος ἀγλαὸν υἱόν,
τὸν νῦν ἶσα θεῷ Ἰθακήσιοι εἰσορόωσι·
καὶ γὰρ πολλὸν ἄριστος ἀνὴρ μέμονέν τε μάλιστα

vers 497 : καρπαλίμως, τὴν δ' εἰς ὅρμον προέρεσσαν ἐρετμοῖς,
498 : ἐκ δ' εὐνὰς ἔβζεαλον, κατὰ δὲ πρυμνήσι' ἔδησαν

Pendant qu'ils échangeaient ces paroles entre eux, prenant sur leur sommeil, puis s'endormaient à peine, l'Aurore était montée sur son trône, et déjà les gens de Télémaque abordaient au rivage, amenaient la voilure et déplantaient le mât, en vitesse ; on se met aux rames vers la cale, on jette l'ancre et l'on attache les amarres ; puis sur la grève, où l'équipage descendit, le repas s'apprêta et l'on fit le mélange du vin aux sombres feux. Quand on eut satisfait la soif et l'appétit, Télémaque reprit posément la parole :

TÉLÉMAQUE. – « Vous autres, jusqu'au bourg poussez le noir vaisseau ! Moi, je m'en vais monter aux champs, près des bergers. Ce soir, lorsque j'aurai visité mon domaine, je rentrerai en ville et, dès l'aube, demain, je compte vous offrir le banquet du retour, un bon repas de viande, et mon vin le plus doux. »

Alors Théoclymène au visage de dieu :

THÉOCLYMÈNE. – « Et moi, mon cher enfant ? où faudra-t-il aller ? chez quelqu'un de vos rois en cette aire d'Ithaque ? ou tout droit chez ta mère, en ta propre maison ? »

Posément, Télémaque le regarda et dit :

TÉLÉMAQUE. – « En tout autre moment, c'est moi qui te dirais de t'en aller chez nous ; je ne lésine pas sur l'hospitalité. Mais la place aujourd'hui ne te serait pas bonne. Car je vais être absent et, pour veiller sur toi, ma mère ne peut rien : elle évite au manoir les yeux des prétendants ; loin d'eux, à son étage, elle reste au métier... Mais je vais t'indiquer quelqu'un d'autre : rends-toi chez le noble Eurymaque[40], fils du sage Polybe ; notre peuple déjà l'honore comme un dieu ; de tous les prétendants, c'est encor le meilleur ! il est si désireux de

40. Sur ce personnage, cf. I, 399 et note.

μητέρ' ἐμὴν γαμέειν καὶ 'Οδυσσῆος γέρας ἕξειν.
ἀλλὰ τά γε Ζεὺς οἶδεν 'Ολύμπιος, αἰθέρι ναίων,
εἴ κέ σφι πρὸ γάμοιο τελευτήσει κακὸν ἦμαρ.
῝Ως ἄρα οἱ εἰπόντι ἐπέπτατο δεξιὸς ὄρνις,
κίρκος, 'Απόλλωνος ταχὺς ἄγγελος, ἐν δὲ πόδεσσι
τίλλε πέλειαν ἔχων, κατὰ δὲ πτερὰ χεῦεν ἔραζε
μεσσηγὺς νηός τε καὶ αὐτοῦ Τηλεμάχοιο.
Τὸν δὲ Θεοκλύμενος ἑτάρων ἄπο νόσφι καλέσσας
ἔν τ' ἄρα οἱ φῦ χειρὶ ἔπος τ' ἔφατ' ἔκ τ' ὀνόμαζε·
ΘΕΟ. — Τηλέμαχ', οὔ τοι ἄνευ θεοῦ ἤλυθε δεξιὸς ὄρνις·
ἔγνων γάρ μιν ἐς ἄντα ἰδὼν οἰωνὸν ἐόντα.
ὑμετέρου δ' οὐκ ἔστι γένευς βασιλεύτερον ἄλλο
ἐν δήμῳ 'Ιθάκης· ἀλλ' ὑμεῖς καρτεροὶ αἰεί.
Τὸν δ' αὖ Τηλέμαχος πεπνυμένος ἀντίον ηὔδα·
ΤΗΛ. — Αἲ γὰρ τοῦτο, ξεῖνε, ἔπος τετελεσμένον εἴη·
τῶ κε τάχα γνοίης φιλότητά τε πολλά τε δῶρα
ἐξ ἐμεῦ, ὡς ἄν τίς σε συναντόμενος μακαρίζοι.
῏Η καὶ Πείραιον προσεφώνεε, πιστὸν ἑταῖρον·
ΤΗΛ. — Πείραιε Κλυτίδη, σὺ δέ μοι τά περ ἄλλα μάλιστα
πείθῃ ἐμῶν ἑτάρων, οἵ μοι Πύλον εἰς ἅμ' ἕποντο·
καὶ νῦν μοι τὸν ξεῖνον ἄγων ἐν δώμασι σοῖσιν
ἐνδυκέως φιλέειν καὶ τιέμεν, εἰς ὅ κεν ἔλθω.
Τὸν δ' αὖ Πείραιος δουρικλυτὸς ἀντίον ηὔδα·
ΠΕΙ.—Τηλέμαχ', εἰ γάρ κεν σὺ πολὺν χρόνον ἐνθάδε μίμνοις,
τόνδέ τ' ἐγὼ κομιῶ· ξενίων δέ οἱ οὐ ποθὴ ἔσται.]

devenir l'époux de ma mère et d'avoir la royauté d'Ulysse ! L'aura-t-il ? Zeus le sait ! Du haut de son éther, le maître de l'Olympe pourrait, avant l'hymen, leur octroyer à tous la mauvaise journée ! »

Comme il parlait encore, à sa droite un oiseau, un faucon, s'envola : en ses serres, ce prompt messager d'Apollon plumait une colombe, et les plumes tombaient entre les pieds de Télémaque et le vaisseau. Alors Théoclymène, appelant Télémaque à l'écart de ses gens, le flatta de la main en lui disant tout droit :

THÉOCLYMÈNE. – « Tu n'en saurais douter : cet oiseau à ta droite, c'est un dieu, Télémaque, qui le fit envoler ; je l'ai bien vu ; je sais que c'était un présage ; en ce pays d'Ithaque, il n'est pas sang de roi plus royal que le vôtre, à tout jamais, ici, c'est vous qui l'emportez. »

Posément, Télémaque le regarda et dit :

TÉLÉMAQUE. – « Si les dieux, ô mon hôte, accomplissaient tes dires, tu trouverais chez moi une amitié si prompte et des dons si nombreux que tous, en te voyant, chanteraient ton bonheur. »

Et se tournant vers son fidèle Piraeos :

TÉLÉMAQUE. – « Piraeos le Clytide, aucun des gens qui m'ont suivi jusqu'à Pylos ne m'est aussi soumis que toi en toutes choses. Aujourd'hui, prends cet hôte et le conduis chez toi ! donne-lui tous tes soins et, jusqu'à mon retour, fais-le moi respecter. »

Le bon piquier de Piraeos lui répondit :

PIRAEOS. – « Reste aux champs tout le temps que tu veux, Télémaque : je prendrai soin de lui ; rien ne lui manquera de ce qu'on doit aux hôtes. »

Ὣς εἰπὼν ἐπὶ νηὸς ἔβη, ἐκέλευσε δ' ἑταίρους
αὐτούς τ' ἀμβαίνειν ἀνά τε πρυμνήσια λῦσαι·
οἱ δ' αἶψ' εἴσβαινον καὶ ἐπὶ κληῗσι κάθιζον·
Τηλέμαχος δ' ὑπὸ ποσσὶν ἐδήσατο καλὰ πέδιλα,
εἵλετο δ' ἄλκιμον ἔγχος, ἀκαχμένον ὀξέϊ χαλκῷ,
νηὸς ἀπ' ἰκριόφιν· τοὶ δὲ πρυμνήσι' ἔλυσαν.
Οἱ μὲν ἀνώσαντες πλέον ἐς πόλιν, ὡς ἐκέλευσε· 553
τὸν δ' ὦκα προβιβῶντα πόδες φέρον, ὄφρ' ἵκετ' αὐλήν, 555
ἔνθά οἱ ἦσαν ὕες μάλα μυρίαι, ᾗσι συβώτης
ἐσθλὸς ἐὼν ἐνίαυε, ἀνάκτεσιν ἤπια εἰδώς.

vers 554 : Τηλέμαχος φίλος υἱὸς 'Οδυσσῆος θείοιο

Il dit et, remontant à bord, il donna l'ordre à ses gens d'embarquer et de larguer l'amarre : ils sautèrent à bord et prirent place aux bancs, tandis que Télémaque attachait à ses pieds ses plus belles sandales, puis tirait du gaillard sa forte lance armée d'une pointe de bronze.

Les amarres larguées, l'équipage obéit à l'ordre de ce fils du divin Ulysse, Télémaque, et reprit en ramant le chemin de la ville. Mais déjà Télémaque, à grands pas, se hâtait vers l'enclos que les porcs emplissaient par milliers et vers le campement de ce noble porcher, si fidèle à ses maîtres.

Bibliographie

ODYSSÉE, VIII-XV

C. C. ADAM, « Les rites de l'hospitalité », in *Analyses et Réflexions sur Homère. L'Odyssée*, Paris, 1992, 55-60.

A. W. H. ADKINS, « Threatening, Abusing and Feeling Angry in the Homeric Poem », *JHS*, 89, 1969, 7-21.

–, « Homeric Gods and the Values of Homeric Society », *JHS*, 92, 1972, 1-19.

M. ALDEN, « An Intelligent Cyclops ? », in Σπονδὲς στὸν Ὅμηρο. Ἀπὸ τὰ πρακτικὰ πρὸς συνεδρίου γιὰ τὴν Ὀδύσσεια (2-5 σεπτεμβρίου 1990), Ithaque, 1993, 75-95.

C. ALEXANDER, « A Note on the Stag : *Odyssey* 10. 156-72», *CQ* 51, 520-524.

O. ANDERSEN, « Odysseus and the Wooden Horse », *SO* 52, 1977, 5-18.

E. K. ANHALT, « A bull of Poseidon : the bull's bellow in *Odyssey* 21. 46-50 », *CQ*, 47, 1997, 15-25.

M. J. APTHORP, « Nochmals the Authenticity of *Odyssey* 10. 475-9 », CQ, 42, 270 sq.

D. ARNOULD, *Le Rire et les larmes dans la littérature grecque d'Homère à Platon*, Paris, 1990.

Chr. AUFFARTH, « Protecting Strangers, Establishing an Fundamental Value in the Religion of the Ancient ear East and Ancient Greece », *Numen*, 39, 1992, 193-216.

N. AUSTIN, « Name Magic in the Odyssey », *California Studies in Classical Antiquity*, 5, 1972, 1-19.

Fr. BADER, « Le narcisse, les cigales et les Sirènes, ou les difficultés de la communication », Pise, 1993.

–, « Les Sirènes et la poésie », in D. Conso, N. Nick, B. Pulle (éd.), Mélanges François Kerlouégan, Paris, 1994, 17-42.

A. BALLABRIGA, *Les Fictions d'Homère. L'invention mythologique et cosmographique dans l'*Odyssée, Paris, 1998.

–, « La prophétie de Tirésias », *Métis*, IV, 2, 1989, 291-304.

V. BARTOLETTI, « Aristocrazia e monarchia nell' *Odissea* », *SFIC* 13, 1936, 213-265.

–, « I re omerico », *SFIC* 1935, 185-308.

S. E. BASSET, « Dismissing the Assembly in Homer », *CJ* 26, 1930, 458-460.

Cl. BAURAIN, « Héraclès dans l'épopée homérique », in C. Bonnet, C. Jourdain-Annequin (éd.), *Héraclès d'une rive à l'autre de la Méditerranée, Bilan et perspectives, Actes du colloque de Rome, sept. 1989*, Bruxelles-Rome, 1992, 67-109.

F. R. BLISS, « Homer and the Critics. The Structural Unity of *Odyssey* VIII », *Bucknell Review* 16, 1968, 53-73.

D. D. BOEDEKER, *Aphrodite's Entry into Greek Epic*, Leyde, 1974.

W. BURKERT, *Greek Religion : Archaic and Classical*, trad. angl. J. Raffan, Oxford, 1985.

–, « Das Lied von Ares und Aphrodite », *RhM*, 1962, 36-55.

C. M. BOWRA, *Homer*, Londres, 1972.

–, « Homeric Words in Arcadian Inscriptions », *CQ* 20, 1926, 168-176.

L. BRUIT-ZAIDMAN et P. SCHMITT-PANTEL, *La Religion grecque*, Paris, 1989.

C. BYRE, « The Rhetoric of Description in the *Odyssey* 9. 116-41. Odysseus and the Goat Island », *CJ*, 89, 1994, 357-368.

–, « On the Description of the Harbor of Phorkys and the Cave of the Nymphs, *Odyssey* 13, 96-112 », *AJPh*, 115, 1994, 1-13.

Cl. CALAME, « Le mythe des Cyclopes dans l'*Odyssée* », in B. Gentili et G. Paioni (éd.), *Il mito greco : Atti del Convegno internazionale Urbino 1973*, Rome, 1977, 369-391.

–, *Thésée et l'imaginaire athénien*, Lausanne, 1990.

J.-Cl. CARRIÈRE, « La réponse de Tirésias : le dernier voyage et la mort d'Ulysse selon l'*Odyssée* », in M.-M. Mactoux, E. Genty (éd.), *Mélanges Pierre Lévêque, Annales Littéraires de l'Université de Besançon*, 1992, 19-44.

C. COLLOBERT, « Héphaïstos, l'artisan du rire inextinguible des dieux », in M.-L. Desclos (éd.), *Le Rire des Grecs. Anthropologie du rire en Grèce ancienne*, Grenoble, 2000, 133-141.

E. COOK, « Ferrymen of Elysium and the Homeric Phaeacians », *JIES* 20, 1992, 139-267.

M. O. P. DI LUCA, « Aspectos comicos en la *Iliada* y en la *Odisea* », *Rivista de Estudios Clasicos* 23, 1993, 145-170.

O.S. DUE, « The Meaning of Homeric Formula χρυσηλάκτος καλαδεινή », *CM* 26, 1965, 1-9.

M. DURANTE, « Ricerche sulla preistoria della lingua poetica greca », *Rendiconti dell'Accademia del Lincei* 17, 1962, 25-43 (repris in R. Schmitt [éd.], *Indogermanische Dichtersprache*, Darmstadt, 1968, 291-323).

–, « La fase eolica della poesia omerica », in *Studia Classica e Orientalia A. Pagliaro oblata II*, Rome, 1969, 85-130.

L. E. DOHERTY, « The Internal and Implied Audiences of *Odyssey* 11», *Arethusa* 24, 1991, 145-176.

–, « Tyro in *Odyssey* 11 : Closed and Open Readings », *Helios* 20, 1993, 3-15.

A. T. EDWARDS, « Odysseus against Achilles. The Role of Allusion in the Homeric Epic », *Beiträge zur klassichen Philologie* 171, Königstein, 1985.

Chr. FARAONE, « Hephaestus the Magician and Near Eastern Parallels for Alcinous' Watchdogs », *GRBS* 28, 1987, 257-280.

L. R. FARNELL, *The Cults of the Greek States* (5 vol.), Oxford, 1896-1909.

M. I. FINLEY, *Le Monde d'Ulysse*, trad. fr. par Cl. Vernant-Blanc et M. Alexandre, Paris, 1990 (1re éd. 1969).

A. FORD, « Odysseus after dinner : *Od.*, 9. 2-11 and the traditions of sympotic song », J. N. Kazazis et A. Rengakos (éd.), *Euphrosyne. Studies in ancient epic and its legacy in honor of Dimitris N. Marinotis*, 1999, 109-123.

S. FRANGOULIDIS, « Polyphemus' Prayer to Poseidon, Hom., *Od.* 9. 528-535 », *QUCC* 43, 1993, 45-49.

P. FRIEDLANDER, « Lachende Götter » in *Studien zur antiken Literatur und Kunst*, Berlin, 1969, 3-18 (repris de *Die Antike* X, 1934, 209-226).

R. FRIEDRICH, « The Hybris of Odysseus », *JHS* 111, 1991, 16-28.

Ch. FUQUA, « Proper Behavior in the *Odyssey* », *ICS* 16, 1991, 49-58.

M. GIGANTE, « Civiltà corsara nel mediterraneo. Raconto del falso mendico a Eumeo : *Odissea* XIV », *Aufidus* 16, 1992, 7-29.

J. GLENN, « The Polyphemus Folktale and Homer's Kyklopeia », *Transactions and Proceedings of the American Philological Association* 102, 1971, 133-181.

G. GERMAIN, *Genèse de l'Odyssée*, Paris, 1954.

Fr. GRAF, *La Magie dans l'antiquité gréco-romaine. Idéologie et pratique*, Paris, 1994.

G. K. GRESSETH, « The Homeric Sirens », *TAPA* 101, 1970, 203-218.

J. GRIFFIN, « Homeric Pathos and Objectivity », *CQ* 26, 1976, 161-187.

–, « The Epic Cycle and the Uniqueness of Homer », *JHS* 97, 39-53.

Ch. HARRAUER, « Die Melampus-Sage in der *Odyssee* », in N. John (éd.), *Euphrosyne. Studies in Ancient Epic and its Legacy in Honor of Dimitris N. Marinotis*, Stuttgart, 1999, 132-142.

W. M. HART, « High Comedy in the *Odyssey* », *California Publications in Classical Philology* 12, 1943, 263-278.

A. IRIARTE, « Le chant-miroir des Sirènes », *Métis* 8, 1993 [1996], 147-159.

M. JOST, *Aspects de la vie religieuse en Grèce du début du* V*e* *siècle à la fin du* III*e* *siècle avant J.-C.*, Paris, 1992.

J. JOUANNA, « Libations et sacrifices dans la tragédie grecque », *REG* 105, 1992, 406-434.

B. KING, « The Rhetoric of the Victim : Odysseus in the Swineherd's Hut », *CA* 18, 1999, 74-93.

P. KRETSCHMER, *Griechische Vaseninschriften*, Gütersloh, 1894.

E. LAROCHE, « Sur le nom de l'ivoire », *RPh* 29, 1965, 56-59.

A. LESKY, *Göttliche und menschliche Motivation im homerischen Epos*, Heidelberg, 1961.

–, « Griechen lächen über ihre Götter », *Wiener humanistische Blätter* 4, 1961, 30-40.

P. LÉVÊQUE et L. SÉCHAN, *Les Grandes Divinités de la Grèce*, Paris, 1990.

Th. J. LISOWSKI, *The Language of the Enchantress : the Noun [aude] and the Goddess Circe in Homer's Odyssey*, Harvard, 1993.

N. LORAUX, *Les Expériences de Tirésias*, Paris, 1989.

Br. LOUDEN, « An Extended Narrative Pattern in the *Odyssey* », *GRBS* 34, 1993, 5-33.

–, « Eumaios and Alkinoos : the audience of the *Odyssey* », *Phoenix* 51, 1997, 95-114.

W. A. MAC DONALD, « Overland Communications in Greece during LH III », in E. L. Bennet (éd.), *Mycennaean Studies*, Madison, 1964, 217 sq.

A. MAILLE, « Ulysse et le Cyclope », in *Analyses et Réflexions sur Homère, L'Odyssée*, Paris, 1992, 30-34.

D. MARCOZZI et M. SINATRA, « Alcuni aspetti del Catalogo delle navi del II libro dell'*Iliade* come riflesso di una situazione di transizione », in D. Musti *et al.* (éd.), *La transizione dal miceneo all'alto arcaismo. Dal palazzo alla città, Atti 14-19 mar. 1988*, Roma, 1991, 145-154.

D. MARCOZZI, M. SINATRA et P. VANNICELLI, « Tra epica e storiografia : il Catalogo delle Navi », in D. Marcozzi, M. Sinatra, R. Valeri et P. Vannicelli (éd.), *Giornata di studio in memoria di Marcello Durante*, Rome, 1994, 145-174.

R. MARTIN, *Recherches sur l'agora grecque*, Paris, 1951.

L. MELAZZO, « Ὁ Ἥφαιστος ἀμφιγυήεις », in *Studi di filologia classica in onore di Giusto Monaco, I Letteratura greca*, Palermo, 1991, 55-66.

S. MILANEZI, « La forge d'Héphaïstos ou le malheur d'être dieu », in M. -L. Desclos (éd.), *Bibliographie des hommes. Bibliographie des dieux. Conférences du P.A.R.S.A. Grenoble, 1997-1998*, Grenoble, 2000, 13-39.

E. MINCHIN, « Homer Springs a Surprise : Eumaius'Tale at *Od.* ο 403-484 », *Hermes* 120, 1992, 259-266.

H. MONSACRÉ, *Les Larmes d'Achille. Le héros, la femme et la souffrance dans la poésie d'Homère*, Paris, 1984.

L. MOULINIER, *Le Pur et l'Impur dans la pensée et la sensibilité des Grecs jusqu'à la fin du IVe siècle av. J.-C.*, Paris, 1952.

H. MÜHLESTEIN, « Le nom des deux Ajax », *Studi Micenei* 2, 1967, 41-52.

G. MURRAY, *The Rise of Greek Epic*, Oxford, 1934 (4e éd.).

O. MURRAY, « Omero e l'etnografia », Κώκαλος 34-35, 1988-1989 [1992], 1-17.

G. Nagy, *Le Meilleur des Achéens*, trad. fr., Seuil, 1994.

W. Nestle, *Vom Mythos zum Logos. Die Selbstentfaltung des griechischen Denkens von Homer bis auf die Sophistik und Sokrates*, Stuttgart, 1942.

–, « *Odyssee* – Interpretationen I », *Hermes* 76, 1942, 47-60.

S. D. Olson, « Women's Names and the Reception of Odysseus on Scheria », *EMC* 36, 1992, 1-6.

D. Page, *Folktales in Homer's Odyssey*, Cambridge (Mass.), 1973.

R. Parker, *Athenian Religion. A History*, Oxford, 1997 (1re éd. 1996).

J. Peradotto, « Profecy Degree Zero. Tiresias and the End of the *Odyssey* », in B. Gentili, G. Paioni (éd.), *Oralità, Cultura, Letteratura, Discorso (Atti del Convegno Internazionale, Urbino, 21-25 juill. 1980)*, Rome, 1095, 429-455.

I. N. Perysinakis, « Penelope's ἔεδνα again », *CQ* 41, 1991, 297-302.

J. Pinsent, « Had the Cyclops a Daughter and was Nausicaa a Giant ? », in Σπονδὲς στὸν Ὅμηρο. Ἀπὸ τὰ πρακτικὰ πρὸς συνεδρίου γιὰ τὴν Ὀδύσσεια (2-5 σεπτεμβρίου 1990), Μνήμη Ἰ. Θ. Κακρίδη, Ithaque, 1993, 97-115.

A. Podlecki, « Guest-gifts and Nobodies in *Odyssey* 9 », *Phoenix*, 15, 1967, 125-133.

D. Pralon, « Ce que dit Démodocos », in Fr. Letoublon (éd.), *Hommage à Milman Parry. Le Style formulaire de l'épopée homérique et la théorie de l'oralité poétique*, Amsterdam, 1997, 305-315.

A. G. Privitera, « L'aristia di Odisseo nella terra dei Ciclopi », in *Tradizione e innovazione nella cultura greca da Omero all'età ellenistica, Scritti in onore di Bruno Gentili I-III*, Rome, 1993, 19-50.

P. Pucci, « The Proem of the *Odyssey* », *Arethusa* 15, 1982, 39-62.

–, « The Song of the Sirens », *Arethusa*, 12 (2), 1979, 121-132.

–, *The Song of the Sirens. Essays on Homer*, Oxford, 1998.

–, « Les figures de *mètis* dans l'*Odyssée* », *Mètis* 1, 1986, 7-28.

–, « L'io e l'altro nel racconto di Odisseo sui Ciclopi », *SIFC* 11, 1993, 26-46.

–, *Ulysse Polutropos. Lectures intertextuelles de l'Iliade et de l'Odyssée*, trad. fr., Lille, 1995.

S. REECE, « The Cretan *Odyssey :* A Lie Truer than Truth », *AJP* 115, 1994, 157-173.

K. REINHARDT, *Tradition und Geist : Gesammelte Essays zur Dichtung*, Göttingen, 1960.

G. P. ROSE, « The Unfriendly Phaeacians », *TAPhA*, 100, 1969, 387-406.

Fr. RUZÉ, *Délibération et pouvoir dans la cité grecque de Nestor à Socrate*, Paris, 1997.

E. SCHEID-TISSINIER, *Les Usages du don chez Homère. Vocabulaire et pratiques*, Nancy, 1994.

S. SCHEIN, « Odysseus and Polyphemus in the *Odyssey* », *GRBS*, 11, 1970, 73-83.

A. SCHNAPP-GOURBEILLON, *Lions, héros et masques. Les représentations de l'animal chez Homère*, Paris, 1981.

R. S. SCODEL, « Odysseus and the Stag », *CQ* 44, 1994, 530-534.

Ch. P. SEGAL, « The Phaeacians and the Symbolism of Odysseus' Return », *Arion*, I (4), 1962, 17-64.

–, « Transition and Ritual in Odysseus' Return », *PP*, 22, 1967, 321-342.

–, « Circean Temptations : Homer, Vergil, Ovid », *TAPhA*, 99, 1968, 419-442.

–, « Divine Justice in the *Odyssey* : Poseidon, Cyclops and Helios », *AJPh* 113, 1992, 489-518.

–, *Singers, Heroes and Gods in the Odyssey*, Ithaca-Londres, 1994.

B. SNELL, *The Discovery of the Mind in Early Greek Philosophy and Literature*, Cambridge, 1953.

–, « Die Welt der Götter bei Hesiod », in *Notion du divin depuis Homère jusqu'à Platon*, Entretiens de la Fondation Hardt, Vandœuvres-Genève, 1952, 100-105.

A. M. SNODGRASS, « An Historical Homeric Society ? », *JHS* 94,1974, 114-125.

F. SOLMSEN, « The "Gift" of Speech in Homer and Hesiod », *TAPA* 85, 1954, 1-15.

M. STEINRÜCK, « Die fremde Stimme : der Erzähler und das Schweigen der Frauen im 11. Buch der "*Odyssee*" », *Kleos* 1, 1994, 83-128.

J. STRAUSS CLAY, « Goat Island : *Od.*, 9, 116-141 », *CQ*, 30, 261-64.

–, « The Planktai and Moly : Divine Naming and Knowing in Homer », *Hermes* 100, 1972, 127-131.

R. STROMBERG, « ΕΙΒΩ und ΛΕΙΒΩ bei Homer », *Classica e Medievalia* 21, 1960, 15-17.

E. SUAREZ DE LA TORRE, « Les pouvoirs des devins et récits mythiques : l'exemple de Mélampous », *LEC* 60, 1992, 3-21.

N. SULTAN, *Exile and the Poetics of Loss in Greek Tradition*, New York-Oxford, 1999.

A. TSOPANAKIS, « Lestrigoni », *QUCC* 40, 1992, 7-13.

A. M. TURPET, *La Magie dans la poésie latine*, Paris, 1976.

J.-P. VERNANT, « Les Troupeaux du Soleil et la Table du Soleil », *REG* 85, 1972, XIV-XVII.

–, *La Mort dans les yeux. Figures de l'autre en Grèce ancienne*, Paris, 1985 (2e éd. 1986 ; coll. Pluriel, 1998).

–, *L'Individu, la mort, l'amour. Soi-même et l'autre en Grèce ancienne*, Paris, 1989.

P. VIDAL-NAQUET, « Valeurs religieuses et mythiques de la Terre et du Sacrifice dans l'*Odyssée* », *Annales E.S.C.*, 1970, 1278-1279.

V. VISA, « Les compétitions athlétiques dans l'*Odyssée* : divertissement, mise à l'épreuve et jeux funèbres », *BAGB*, 1994, 31-40.

P. VON DER MÜHLL, « Zur Frage, wie sich die Kyprien zur *Odyssee* verhalten », in *Kleine Schriften*, Bâle, 1976, 148-154.

–, « Die Kimmerier in der *Odyssee* », *MH* 16, 1959, 145-151.

W. VON SODEN, « Die Eremboi der *Odyssee* und die Irrfahrt des Menelaos », *WS* 72, 1959, 26 sq.

A. J. B. WACE et F. H. A. STUBBINGS, *A Companion to Homer*, Londres, 1962.

T. W. WEBSTER, *The Greek Chorus*, Oxford, 1970.

U. v. WILAMOWITZ-MOELLENDORFF, « Hephaistos », in *Kleine Schriften*, V 2, Berlin, 1937, 5-30.

J. YARNALL, *Transformations of Circe. The History of an Enchantress*, Chicago, 1994.

Table

Dans la même collection

1. Aristophane, *Lysistrata*.
2. Aristote, *Constitution d'Athènes*.
3. Cicéron, *L'Amitié*.
4. Platon, *Alcibiade*.
5. Suétone, *Vies des douze Césars, Claude ~ Néron*.
6. Plotin, *Première Ennéade*.
7. Eschyle, *Les Sept contre Thèbes*.
8. Platon, *Critias*.
9. Aristote, *La Poétique*.
10. Horace, *Odes*.
11. Pline l'Ancien, *Histoire Naturelle,* XXXV, *La peinture*.
12. Virgile, *Bucoliques*.
13. Platon, *Ménexène*.
14. Tacite, *Vie d'Agricola ~ La Germanie*.
15. Platon, *Protagoras*.
16. Sophocle, *Antigone*.
17. Sénèque, *La Vie heureuse ~ La Providence*.
18. Cicéron, *Le Bien et le Mal*, *De finibus*, III.
19. Platon, *Gorgias*.
20. Hérodote, *L'Égypte*, *Histoires*, II.
21. César, *Guerre des Gaules*, I-II.
22. Ovide, *Les Amours*.
23. Plotin, *Deuxième Ennéade*.
24. Sophocle, *Œdipe Roi*.
25. Tite-Live, *Histoire romaine, I, La Fondation de Rome*.
26. Virgile, *Géorgiques*.
27. Pseudo-Sénèque, *Octavie*.
28. Catulle, *Poésies*.
29. Aristote, *Politique*, II.
30. Aristophane, *Les Guêpes*.
31. Homère, *Iliade*, chants I à VIII.
32. Euripide, *Les Bacchantes*.
33. Plaute, *Pseudolus*.
34. Tertullien, *Apologétique*.
35. Homère, *Iliade*, chants IX à XVI.
36. Platon, *Phèdre*.
37. Homère, *Iliade*, chants XVII à XXIV.
38. Salluste, *La Conjuration de Catilina*.
39. Cicéron, *Pro Milone*.
40. Platon, *Lysis*.
41. Plotin, *Troisième Ennéade*.

42. Diogène Laërce, *Vie de Platon.*
43. Pline l'Ancien, *Histoire naturelle*, XXXIII, *Nature des métaux.*
44. Pétrone, *Satiricon.*
45. Apulée, *Apologie.*
46. Lucien, *Alexandre ou le faux prophète.*
47. Plutarque, *Les Vies parallèles. Alcibiade ~ Coriolan.*
48. Démosthène, *Sur la Couronne.*
49. Euripide, *Hécube.*
50. Mamertin, *Panégyriques de Maximien* (289 et 291).
51. Platon, *Hippias mineur.*
52. Xénophon, *Anabase*, I-II.
53. Suétone, *Vies des douze Césars, Tibère ~ Caligula.*
54. Salluste, *La Guerre de Jugurtha.*
55. Eschyle, *Les Perses.*
56. Sophocle, *Ajax.*
57. Horace, *Satires.*
58. Homère, *Odyssée*, chants I à VII.
59. Homère, *Odyssée*, chants VIII à XV.
60. Homère, *Odyssée*, chants XVI à XXIV.
61. Juvénal, *Satires.*
62. Cicéron, *De la vieillesse (Caton l'Ancien).*
63. Julien, *Misopogon.*
64. Aristote, *Économique.*
65. Pline l'Ancien, *Histoire naturelle*, XXX, *Magie et pharmacopée.*
66. Platon, *Apologie de Socrate.*
67. Eschyle, *Les Suppliantes.*
68. Christopher Marlowe, *La Tragique Histoire du Docteur Faust.*
69. *La Bhagavad-Gîtâ.*
70. Ben Jonson, *Volpone ou le Renard.*
71. William Shakespeare, *Richard II.*
72. William Shakespeare, *Les Joyeuses Commères de Windsor.*
73. Pierre Gassendi, *Vie et mœurs d'Épicure*, vol. I & II.
74. Thomas Middleton, *Femmes, méfiez-vous des femmes.*
75. John Marston, *La Tragédie de Sophonisbe.*
76. John Webster, *La Duchesse d'Amalfi.*
77. Jean Second, *Les Baisers* - Michel Marulle, *Épigrammes.*
78. Plutarque, *Sur les oracles de la Pythie.*
79. Euripide, *Hélène.*
80. Hérodote, *Marathon, Histoires*, VI.
81. Sénèque, *Lettres à Lucilius*, livres III et IV.
82. Apulée, *Les Métamorphoses ou L'Âne d'or.*
83. Suétone, *Vies des douze Césars, César ~ Auguste.*
84. Aristophane, *Ploutos.*

85. Plutarque, *Érotikos. Dialogue sur l'amour.*
86. Xénophon, *Économique.*
87. Julien, *Lettres.*
88. Hésiode, *Théogonie.*
89. Lucien, *Portraits de philosophes.*
90. Lucien, *Voyages extraordinaires.*
91. Aristophane, *Nuées.*
92. Théocrite, *Idylles.*
93. Ovide, *Les Métamorphoses.*
94. Mullâ Sadrâ Shîrâzî, *Le verset de la lumière. Commentaire.*
95. Thucydide, *La Guerre du Péloponnèse*, livres I, II.
96. Thucydide, *La Guerre du Péloponnèse*, livres III, IV, V.
97. Thucydide, *La Guerre du Péloponnèse*, livres VI, VII, VIII.
98. Cicéron, *Pour Sextus Roscius.*
99. Lucrèce, *De la Nature.*
100. Platon, *Le Banquet.*
101. Lysias, *Contre Ératosthène.*
102. Lucien, *Comédies humaines.*
103. Plutarque, *Sur les délais de la justice divine.*
104. Sénèque, *Tragédies.*
105. Basile de Césarée, *Aux jeunes gens.*
106. Sophocle, *Philoctète.*
107. Aristophane, *Les Grenouilles.*
108. Euripide, *Médée.*
109. Cicéron, *Les Catilinaires.*
110. Achille Tatius, *Le Roman de Leucippé et Clitophon.*
111. Porphyre, *Vie de Plotin.*
112. Virgile, *L'Énéide.*
113. Cicéron, *Les Devoirs.*
114. Eschyle, *Agamemnon.*
115. Plutarque, *Vie d'Antoine.*
116. Lucien, *Dans les secrets des dieux.*
117. Lucien, *Jouer avec les mots.*
118. Flavius Josèphe, *Guerre des Juifs*, V.
119. Flavius Josèphe, *Contre Apion.*
120. Euripide, *Héraclès.*
121. Hésiode, *Les Travaux et les Jours.*
122. Porphyre, *Lettre à Marcella.*
123. Pline le Jeune, *Panégyrique de Trajan.*
124. Épicure, *Lettres, Maximes et Sentences.*
125. Ovide, *Héroïdes.*
126. Aristophane, *L'Assemblée des femmes.*
127. Athénée, *Les Deipnosophistes*, livre XII, *Les plaisirs.*

Ce volume,
le cinquante-neuvième
de la collection « Classiques en poche »,
publié aux Éditions Les Belles Lettres,
a été achevé d'imprimer
en août 2025
sur les presses de
l'imprimerie Présence Graphique
37260 Monts, France

N° d'éditeur : 11310
N° d'imprimeur : 082582142-01
Dépôt légal : mars 2017
Imprimé en France